Contraste insuffisant

**NF Z 43**-120-14

# LE ROMAN
#### D'UN
# BRAVE HOMME

PAR

## EDMOND ABOUT

ÉDITION ILLUSTRÉE DE 52 COMPOSITIONS

PAR ADRIEN MARIE

PARIS
LIBRAIRIE HACHETTE ET C<sup>IE</sup>
79, BOULEVARD SAINT-GERMAIN, 79

# LE ROMAN

D'UN

# BRAVE HOMME

CORBEIL. — IMPRIMERIE CRÉTÉ.

# LE ROMAN
D'UN
# BRAVE HOMME

PAR

# EDMOND ABOUT

ÉDITION ILLUSTRÉE DE 52 COMPOSITIONS
PAR ADRIEN MARIE

PARIS
LIBRAIRIE HACHETTE ET C<sup>IE</sup>
79, BOULEVARD SAINT-GERMAIN, 79
—
1899
Tous droits réservés.

# A VALENTINE

*Pour ton quinzième anniversaire, qui va sonner, fille chérie, je t'offre ce roman comme un bouquet de vérités simples et de sentiments naturels. Tu peux le lire d'un bout à l'autre; j'aime à espérer que plus tard tu le liras à mes petits-fils. Ils y apprendront mainte chose que tu possèdes déjà mieux que personne : le culte de la patrie, l'amour de la famille, la passion du bien, le sentiment du droit, le respect du travail, l'esprit de solidarité qui unit les pauvres aux riches, les illettrés aux savants, ceux qui n'ont et ne sont rien encore à ceux qui ont et qui sont presque tout. La vie sera probablement moins difficile pour tes enfants qu'elle ne l'a été pour ton père : c'est un bonheur périlleux et qui, si l'on n'y prenait garde, nous exposerait à faire souche d'inutiles. Si l'un des tiens, par impossible, manifestait la peur ou le dégoût du travail, tu lui dirais combien de fois à ton réveil tu m'as vu penché sur les feuilles de ce manuscrit; que de soirs tu m'as laissé seul, la plume en main, à l'heure de ton repos. Et si jamais la sotte vanité empoisonnait quelque béjaune de ta nichée, tu lui rappellerais que l'auteur de ce livre, ainsi que son héros, n'a pour ancêtres que des pauvres, des humbles et des petits.*

# CHAPITRE PREMIER

## LES DUMONT

Mes fils sont de braves garçons, assez bien élevés tous les quatre pour que la fantaisie ne leur vienne jamais de couper en deux, comme un ver, le nom très plébéien de leurs aïeux. Toutefois, comme ce n'est pas pour eux seuls ni pour leurs sœurs, mais pour mes futurs gendres et mes petits-enfants que j'écris à cinquante ans ces mémoires, je ne crois pas superflu d'attester que je m'appelle Dumont en un seul mot et que je ne descends d'aucun mont connu dans l'histoire. Enfants, si quelque fabricant de généalogies, attiré par le son de mes écus, s'ingérait de tromper les autres et vous-mêmes sur l'humilité de votre origine, répondez-lui, en le poussant dehors :

« Nous savons mieux que toi qui nous sommes. L'auteur de notre fortune, Pierre Dumont, était fils unique du charpentier Pierre Dumont, dit *Mes Semblables*, et petit-fils de Pierre Dumont, dit *La France*, cultivateur au village de Launay. »

Il faut que vous connaissiez ces deux hommes, dont le souvenir m'est plus cher et plus respectable que tout. Mon aïeul paternel était un de ces prolétaires campagnards qui, sans posséder presque rien, pourraient vivre cent ans sans manquer de pain et élever par surcroît une nombreuse famille. Son patrimoine, la dot de ma grand'mère et les acquêts de la communauté formaient un total bien modeste, car la vente de ce domaine éparpillé sur tout le ban de la commune a produit une douzaine de mille francs, les frais payés. Il y avait une maison d'habitation, antique et délabrée, mais qui me semblait admirable à cause du grand lierre et des moineaux nichés dans les trous; le jardin d'à côté, tout petit, mais commode, car le persil et les légumes y étaient à quatre pas de la cuisine; le jardin d'en bas, situé dans le voisinage du moulin et ravagé par les escargots; le verger, peuplé de vieux arbres sous lesquels mon père et mes oncles ont mené paître tour à tour l'unique vache de la famille. Ajoutez à cela un petit carré de pommes de terre, le long d'un autre champ, clos de murs, où mes pauvres chers vieux reposent aujourd'hui; une vigne où l'on récoltait non seulement quelques barriques de vin aigrelet, mais des haricots mange-tout et des pêches en plein vent, vertes et veloutées, dont l'amertume délicieuse me fond la bouche en eau lorsque j'y pense; enfin, tout en haut du pays, une chènevière où je n'ai jamais vu pousser un brin de chanvre, mais où l'on admirait le roi des cerisiers, un arbre énorme et généreux dont les fruits mûrs à point et dévorés sur place me transportaient au septième ciel. Oh! les cerises de 1838! Jamais je n'en mangerai d'aussi bonnes, car je n'aurai plus jamais dix ans.

Pour expliquer comment cent vingt ares de terre, découpés en petits morceaux, ont pu nourrir cinq garçons et une fille, tous vivants, bien portants et honnêtement établis, j'aurais besoin de vous montrer mes grands-parents dans cette activité tranquille, mais incessante et réglée, qui distingue le petit cultivateur de nos pays. Du plus loin qu'il m'en souvienne, je vois mon grand-père et ma grand'mère levés avec le jour, bien lavés dans l'eau fraîche de leur puits, et cheminant, chacun de son côté, jamais ensemble, vers une besogne ou une autre. Je les vois, quoiqu'ils n'aient jamais eu d'autre montre que le clocher de leur village, réunis ponctuellement à midi autour d'un plat de légumes au lard, flanqué de quelques friandises comme le radis noir en tranches ou la salade de concombres. C'est grand'maman qui fait le pain et la cuisine depuis qu'on a marié ma tante Rosalie au maréchal ferrant de Grancey. Jamais serviteur ni servante n'a mis les pieds dans la maison; on s'est toujours servi les uns les autres. Il y a eu de rudes moments, paraît-il, quand les petits n'étaient encore bons à rien et qu'ils ouvraient des becs insatiables. Et c'est juste à ce moment-là que le pain s'est mis à coûter cinq et six francs la miche, après les guerres de l'Empire. Mais personne n'a trop pâti, et la preuve, c'est qu'on est là, au grand complet. Depuis que les enfants gagnent leur vie à part, les vieux Dumont sont quelquefois tentés de dire qu'il y a trop à la maison pour eux seuls. Leurs forces n'ont pas diminué sensiblement, et ils ont toujours aussi peu de besoins que

RÉUNIS PONCTUELLEMENT A MIDI.

lorsqu'ils nourrissaient un petit peuple. La vache donne plus de beurre et de fromage qu'ils n'en peuvent consommer. Le marché de Courcy, où grand'maman va deux fois par semaine, à pied, son panier sur la tête, paye le farinier et l'épicier. Quant au boucher, un juif ambulant qui colporte les morceaux d'une vache trop vieille ou d'un veau trop enfant, les Dumont n'ont affaire à lui que dans les occasions solennelles. Je ne parle ni du tailleur ni de la couturière, car les habits du père étaient indestructibles, et la mère s'habillait elle-même, de pied en cap, à la vieille mode de Touraine. Elle filait, cousait, tricotait, lavait et repassait avec la dextérité d'une fée; et il faut croire que le bonhomme n'était pas maladroit non plus, car, pour fabriquer une échelle, réparer une tonne ou un cuveau, ajuster une vitre, emmancher un outil, il ne s'adressait qu'à lui-même. Ce n'est ni le docteur ni le pharmacien qui pouvait déranger l'équilibre de leur budget, car ils ont vécu vieux ans sans savoir ce que c'est que d'être malade. Ils étaient donc à l'aise sans argent, chose commune dans nos campagnes : leur superflu s'écoulait chez mes oncles et chez mon père en paniers de fruits, en rayons de miel ou en fromages salés, et jamais un mendiant ne frappait à leur porte sans recevoir des mains de ma grand'mère une tranche de son pain bis.

Je voudrais vous laisser leur portrait plus vivant que le mauvais daguerréotype aux trois quarts effacé qui les montre assis côte à côte sur un banc devant la maison. L'ardeur du soleil, la longueur de la pose, la maladresse de l'artiste forain, tout a concouru, ce me semble, à les défigurer. Mon grand-père, quand je l'ai connu, c'est-à-dire quand j'ai commencé à me connaître moi-même, était un grand vieillard, légèrement voûté, mais solide et nerveux. Ses cheveux blonds, qui ne se sont jamais décidés à blanchir, tombaient en boucles sur le cou et encadraient un visage très fier, aux yeux bleus, aux dents puissantes, au menton carré. Sur sa face toujours rasée, le hâle qui noircit les bruns avait étendu une patine rougeâtre comme celle des bronzes florentins. Son col rabattu et ouvert en toute saison, sans cravate, montrait les veines, les muscles et les tendons d'un cou noueux; on devinait à cet échantillon un corps parfaitement sec et sain, allégé de tout embonpoint par le perpétuel entraînement du travail. Greuze a connu ce type, et il l'a peint plus d'une fois, mais en l'amollissant beaucoup. Ma grand'mère avait été, disait-on, la plus jolie fille du village. Elle-même s'admirait quelquefois, par habitude, dans une vieille gravure coloriée que grand-papa avait achetée au colporteur « pour la ressemblance » et qui s'intitulait : *la Petite Fûtée*. Hélas! la petite fûtée était devenue une bonne grosse mère, et les fossettes de ses joues se noyaient un peu dans les rides. Mais l'œil était toujours vif, les pommettes fraîches, les dents blanches, la voix jeune et mordante. D'ailleurs, c'était ma grand'maman, je l'aimais telle que l'âge, le travail et la maternité l'avaient faite, et je ne l'aurais pas échangée contre une autre. Le vieux Dumont était sans doute du même avis, car il l'aima jusqu'à sa mort, en la querellant tous les jours.

Si l'amour, comme on l'a souvent imprimé, vit de contrastes, il avait de quoi se nourrir dans cet honnête petit ménage. Les deux vieillards ne se ressemblaient pas plus au moral qu'au physique. L'un était hardi, entreprenant, aventureux à l'excès; l'autre, sage, prudente et routinière au delà de toute mesure. Le bonhomme avait accompli, dans son temps, des choses extravagantes; la bonne femme piétinait à petits pas dans les chemins battus. Il y avait en lui quelque chose de la généreuse folie de don Quichotte, et chez elle un atome du bon sens pratique et railleur de Sancho Pança. S'il eût été maître absolu de sa personne et de ses affaires, il aurait fait peut-être une grosse fortune, car il avait l'esprit ouvert à tous les vents, et les bonnes idées ne chômaient pas dans son cerveau. C'est lui qui découvrit, en 1799, la riche marnière de Launay, et qui fit voir à notre agent voyer, sur le tracé de la nouvelle route, en 1817, le banc d'argile réfractaire. Mais grand'maman ne lui permit jamais d'aborder une affaire aléatoire, pas plus qu'elle ne toléra sur les petits lopins de la communauté l'expérience des cultures industrielles, comme le houblon, la garance, la betterave à sucre, qui ont enrichi bien des gens. Les deux ou trois essais qu'il se permit à l'insu de sa femme, sans argent et sans appui moral, réussirent moins bien. Elle en prit avantage sur lui; il en garda un peu d'aigreur contre elle, et ce fut la matière de discussions sans fin où ils n'avaient tort en bonne foi ni l'un ni l'autre.

Mais leurs querelles elles-mêmes étaient d'un bon exemple pour leurs enfants, car le plus grand malotru de la terre, au bruit toujours discret de ces débats, aurait appris à vivre. Jamais les deux vieillards ne se sont tutoyés; ils n'avaient pourtant pas hanté la cour de Louis XV, quoiqu'ils fussent nés tous les deux sous le règne du Bien-Aimé. Les paysans tourangeaux de leur âge et de leur voisinage étaient polis comme eux, et, comme eux, sans avoir appris la grammaire, parlaient un doux langage, aussi harmonieux, limpide et coulant que l'eau du Cher dans le parc de Chenonceaux.

« Père, reprendrez-vous de la salade ?

— Grand merci, mère ; gardez pour vous. »

Voilà le ton de leur conversation lorsque la paix régnait au logis. En temps de guerre, voici les plus gros mots que j'aie eu l'occasion d'entendre :

« Père Dumont, m'est avis que vous vous trompez tout à fait !

— N'ayez crainte, mère Dumont, je sais encore ce que je dis. »

En fin de compte, après maintes querelles aussi terribles que celle-là, ils s'étaient partagé, vers 1800, la direction des affaires. Il avait été convenu que maman Dumont, jeune alors et fort entendue, aurait les clefs de tout, depuis la cave jusqu'au grenier, et qu'en revanche l'éducation des enfants nés et à naître appartiendrait sans réserve au père. Partage inégal, qui livrait à une femmelette de vingt-sept ans les finances, l'agriculture, le commerce, tous les ministères, sauf un ; mais les femmes, qui valent cent fois mieux que nous, nous sont surtout supérieures en économie domestique. L'épargne française est leur ouvrage ; ce sont elles qui ont créé nos milliards à force de cacher de petits sous dans de grands bas. Ma grand'mère, depuis le premier jour jusqu'au dernier, fut une ménagère incomparable, dure à elle-même, sévère aux enfants, sans pitié pour les fantaisies du père Dumont.

« Si je n'étais pas là, lui disait-elle, vous n'auriez ni une pièce de toile dans l'armoire ni un tonneau de vin dans la cave, et vous vous seriez mis vous-même à la broche pour mieux régaler vos amis. »

Dame ! elle ne les aimait pas beaucoup, les amis. Mais c'est en leur fermant parfois la porte au nez qu'elle épargna de quoi leur rendre de vrais services, après avoir aidé mes oncles et mes tantes, qui n'avaient pas tous réussi.

Le grand-père, de son côté, fut un instituteur comme on n'en voyait guère en ce temps-là, ni même aujourd'hui. Il n'était pas grand clerc, je vous l'ai dit ; il savait lire couramment, écrire avec un peu d'effort et compter assez mal, au dire de sa femme; sa bibliothèque, formée de quinze volumes d'histoire et d'autant d'almanachs, garnissait mal une planchette enfumée entre l'horloge à gaine et le vieux baromètre. Mais Pierre Dumont, dit *La France,* n'avait pas son pareil au monde pour commenter éloquemment deux mots qu'on lit sur les drapeaux et qui sont : Honneur et Patrie.

Comme sa famille était vieille, établie à Launay de temps immémorial, et estimée de tout le pays dans un rayon de trois ou quatre lieues, il portait fièrement un nom qui représentait, à ses yeux, plusieurs siècles de travail et de bonne conduite. Ce nom, modeste et banal entre tous, il ne l'eût pas échangé contre ceux de Turenne et Condé réunis ; il gardait une profonde reconnaissance aux braves gens qui le lui avaient transmis d'âge en âge, si net et si pur ; il se faisait un devoir sacré de le garder exempt de blâme, et il voulait que ses enfants en prissent bon soin comme lui. Il s'expliquait là-dessus, en famille, avec un peu d'emphase, mais d'un ton si loyal que personne ne pouvait l'entendre sans partager sa conviction. Sa morale se formulait en axiomes bizarres, mais respectables, dont mon père et mes oncles ne s'avisèrent jamais de rire :

« Un Dumont ne ment pas. Les Dumont n'ont jamais emprunté un sou sans le rendre. Il n'y a pas de place pour le bien d'autrui dans la maison Dumont. Un Dumont ne frappe pas plus faible que lui. Si tu manquais de respect à une femme, tu ne serais pas un Dumont. Les Dumont, de tout temps, ont été les serviteurs de leurs amis. »

Cet enseignement, secondé, selon toute apparence, par le bon naturel des auditeurs, eut pour effet de maintenir à un niveau assez élevé les sentiments de toute la famille. Il était impossible que de jeunes paysans, à peine dégrossis par un magister de village et livrés, dès l'enfance, au travail manuel, devinssent des hommes supérieurs ; mais j'ai pu constater que mon père et mes oncles, et tante Rosalie aussi, exerçaient avec dignité les professions les plus humbles, et que pas un enfant du grand-papa La France n'oublia le respect de son nom.

Le moment est venu d'expliquer le surnom ou le sobriquet du bonhomme. Nos Tourangeaux sont des railleurs impitoyables, prompts à trouver le défaut de la cuirasse et à larder les gens d'un seul mot, comme si l'esprit de Rabelais soufflait encore à travers champs. Or mon grand-père, il faut bien l'avouer, prêtait le flanc à la plaisanterie par un patriotisme trop ardent pour n'être pas démodé.

Il avait été volontaire en 1792, dans sa vingt-deuxième année, et, n'en déplaise au savant académicien qui démolit pieusement la plus noble de nos légendes, il n'avait pas couru à la frontière de Wissembourg comme un chien qu'on fouette, mais comme un bon soldat et un bon citoyen, enflammé de l'amour du pays. Ce n'est pas pour cueillir des lauriers qu'il prit le sac et le fusil, mais pour repousser ce fléau et cette honte abominable qui s'appelle l'invasion. Comme il ne se vantait de rien, sinon d'avoir fait son devoir, et comme il revint se marier sans avoir gagné ou accepté aucun grade, je suis mieux informé de ses dangers et de ses misères que de ses coups d'éclat, s'il en a fait. Mais je crois fermement, sur sa parole, que les armées de la Meuse et du Rhin ont fourni de belles marches sans souliers, et livré de rudes combats le ventre creux. Il racontait avec un mâle plaisir ces actions classiques où la valeur personnelle de l'homme jouait le rôle principal et où les plus savantes combinaisons d'un général en chef étaient bouleversées par une charge à la baïonnette. Mon imagination d'enfant s'allumait aux récits de la délivrance nationale. J'étais bien trop timide et trop respectueux pour aller dire, de but en blanc : Grand-papa, racontez-moi donc la guerre ! Mais lorsque, par bonheur, j'obtenais la permission de passer quelques jours de congé à Launay, on me couchait après souper dans un coin du grand lit à colonnes torses, on tirait sur moi les rideaux de toile de Jouy; la lampe s'allumait; ma grand'mère mettait son rouet en mouvement; mon oncle Joseph, le charron, arrivait, suivi de sa femme; une demi-douzaine de voisins et autant de voisines entraient successivement, les femmes avec leur tricot, les hommes avec leurs grands bras pendants et leurs mains lasses; tout le monde s'asseyait sur les chaises de paille ou sur les bancs de bois poli, et la conversation s'engageait. Après les inévitables propos sur la pluie et le beau temps, choses qui sont d'un intérêt majeur à la campagne, et les mercuriales du marché, et les petits événements de la ville voisine, on abordait des questions plus hautes et d'un intérêt plus général, comme la suppression de la loterie, l'invention des allumettes allemandes, qui devaient remplacer le briquet phosphorique, le retrait des anciennes monnaies, l'obligation du système métrique, la création des chemins de fer, souhaitée par ceux-ci, redoutée par ceux-là, mise en doute par le plus grand nombre. Quelquefois le père Antoine, épicier et cantonnier, tirait de sa poche un journal de la semaine dernière, emprunté à l'unique cabaret du village, et la politique entrait en jeu. Mais soit par un chemin, soit par un autre, mon grand-père arrivait toujours à son thème favori, la glorification de la France et l'exécration de l'étranger. L'étranger, pour lui, se divisait en trois sections également haïssables : l'Allemand, l'Anglais et le Russe. « Tous ces gens-là, disait-il, veulent avoir la France, parce qu'ils ne trouvent chez eux que du sable, de la boue, de la neige et du brouillard, et que la France est le plus beau pays du monde, le plus doux à habiter, le meilleur à cultiver, le plus varié dans ses aspects, le plus riche en produits de toute sorte, et, pour tout dire en un mot, l'enfant gâté de la nature. C'est pourquoi le premier devoir du Français est d'avoir l'œil sur la frontière et de se tenir toujours prêt à défendre le patrimoine national... » Il exprimait avec une émotion poignante ce qu'il avait senti de honte et de colère en apprenant que l'étranger foulait le sol sacré de notre France, et le mouvement spontané qui l'avait fait soldat avec un million de Français, tous patriotes comme lui. Le monde n'a rien connu de plus généreux, de plus désintéressé, de plus grand que cette guerre défensive, telle que je la vois encore à travers mes impressions d'enfant et ces souvenirs de vieillard. J'en rêve encore quelquefois, à mon âge. Mon esprit est hanté de visions à la fois sombres et radieuses, où les soldats français, coude à coude, en bataillon carré, déchirent leurs cartouches avec les dents et repoussent à coups de baïonnette les charges de l'ennemi. Le canon fait un trou, cinq ou six hommes tombent : l'officier, impassible sous ses épaulettes de laine, crie aux autres : Serrez les rangs ! Et le drapeau, ce clocher du régiment, resplendit au milieu de la fumée sous la garde de quelques vieux sous-officiers, résolus à mourir plutôt que de le rendre. Au bout d'une heure ou deux, l'ennemi, repoussé, décimé, découragé, se débande ; on le charge, on le sabre, on le disperse aux cris de : Vive la nation ! vive la République !

Lorsque Pierre Dumont frappait un ennemi de sa main, il ne se privait pas de l'interpeller à la mode des héros d'Homère :

« Beau capitaine, allez voir là-bas si j'y suis ! »

Ou bien :

« Noble étranger, à l'ombre des bosquets paisibles. »

S'il lardait un simple soldat, c'était en style familier :

« Eh ! garçon, cela t'apprendra. Rien de tel ne te fût arrivé si tu avais planté tes choux. »

Cette éloquence était dans l'esprit de l'époque, mais quelquefois peut-être ralentissait-elle l'action. Mon grand-père s'en aperçut un jour qu'il croyait bien pourfendre je ne sais quel émigré de l'armée de Condé.

« Parricide ! lui criait-il, ton dard ne déchirera pas le sein de notre commune mère ! »

Le parricide, un joli freluquet, tout galonné d'or, brandissait une petite épée de cour : il en porta un coup terrible entre les deux poumons de l'orateur, qui resta six mois sur le flanc. Lorsqu'il sortit de l'hôpital, encore mal en point, on lui offrit son congé définitif, qu'il accepta sans se faire prier. La paix de Bâle était signée et le territoire français évacué depuis un bout de temps. Jamais Pierre Dumont n'avait demandé autre chose, et il se souciait fort peu de promener son sac et son fusil à travers les capitales de l'Europe. Chacun chez soi, telle était sa devise ; ni conquérants ni conquis. Aux camarades qui commençaient à parler de palmes et de gloire, il répondait :

« Que voulez-vous ? je suis un volontaire que trois ans de campagnes n'ont pas rendu troupier. Prouvez-moi donc qu'il est superbe et glorieux d'aller faire chez le voisin ce que nous jugeons tous abominable quand le voisin le fait chez nous ! »

Il rentra au village, épousa Claudine Minot, une amie d'enfance à qui il avait dit : Attends-moi ! et gagna lestement ses chevrons de père de famille, sans retourner la tête vers ses anciens camarades de lit, qui passaient maréchaux, princes ou rois sous Bonaparte. Mais au commencement de l'année 1814, quand il sut que les étrangers, si longtemps molestés chez eux, revenaient à la charge et envahissaient la France par tous les bouts, le volontaire de 92 se réveilla plus jeune et plus acharné que jamais. Si j'interprète bien ses demi-mots et les reproches discrets de ma grand'mère, il s'échappa la nuit, comme un voleur, laissant sa femme et ses enfants, courut à pied jusqu'au fin fond de la Champagne et s'engagea dans un régiment où on le fit sergent d'emblée, bien malgré lui, tant les bons sous-officiers étaient devenus rares ! Lui-même n'a jamais compris par quel miracle ou quelle fatalité, après avoir reçu le 27 janvier le galon simple à Saint-Dizier, il se retrouvait dans la même ville, le 25 mars, avec les épaulettes de capitaine. Il faut dire que dans l'intervalle il avait vu Champaubert, Montmirail et Montereau, pris part à vingt combats et assisté à une grande bataille.

Chaque fois que papa Dumont racontait la campagne de France, il y avait toujours un moment où il baissait la voix comme pour raconter des choses mystérieuses. L'auditoire se serrait autour de lui, et moi, dans le grand lit où je faisais le mort, je tendais tous les ressorts de mon être pour saisir le secret plein d'horreur. Et j'accrochais des lambeaux d'histoire où il était question de villageois à l'affût derrière les haies, de coups de fusil tirés à la brune sur les traînards et les isolés, de cadavres enfouis dans les jardins ou jetés dans les puits. Le digne homme parlait avec effroi de cette campagne sinistre, dont les exploits ressemblent terriblement à des crimes.

« Quant à moi, disait-il, je n'ai fait, commandé ou permis rien de tel ; les Dumont ne confondent pas la guerre avec l'assassinat ; mais il faut passer quelque chose au patriotisme exaspéré, et je ne juge personne. »

Le lendemain de ces veillées, je m'échappais furtivement de la chambrette où l'on m'avait porté tout endormi, et l'on me surprenait quelquefois penché sur la margelle d'un puits, cherchant à démêler au fond de l'eau le profil d'un cosaque ou la silhouette d'un pandour.

## CHAPITRE II

### MES SEMBLABLES

Les cinq fils du père La France, n'étant ni paresseux ni manchots, savaient à quatorze ans tout ce que le paysan de chez nous apprend sans maître : monter un cheval à poil, conduire une charrette, tracer un sillon, bêcher un carré de jardin, faucher un pré, tailler la vigne. Mais comme on n'avait ni domaine à leur laisser, ni capitaux à engager pour eux dans quelque ferme, et comme ils répugnaient au métier de garçon de charrue, qui est dur et ingrat entre tous, on les mit en apprentissage selon le goût et l'aptitude de chacun. Le plus jeune, Louis, voulut être cordier ; le quatrième, Joseph, se fit charron ; le troisième, Bernard, fut cordonnier ; Auguste, dit Cadet, apprenait le métier de tisserand lorsqu'il tomba au sort. Il fut soldat six ans, assista à la prise d'Alger, obtint son congé à Lyon, y trouva de l'ouvrage dans la soierie, épousa une honnête et jolie ourdisseuse et ne revint plus. Les pauvres gens ont beau faire tous les efforts et tous les sacrifices pour garder leurs enfants auprès d'eux, la famille la mieux unie est vouée à la dispersion. Maman Dumont se lamentait souvent à l'idée que ses enfants, nourris de son lait, étroitement liés ensemble et dévoués à leurs parents, ne se retrouveraient pas au complet autour de sa table. Ils revenaient au gîte, un jour l'un, tantôt l'autre, jamais tous à la fois. L'oncle Joseph était le seul qui habitât Launay, et il n'y gagnait pas facilement sa vie. Ma tante Rosalie avait trouvé son établissement dans un village distant de deux lieues environ ; mais son mari, bon ouvrier, ne faisait pas fortune, et sa maison était pleine d'enfants. Aussi ne la voyait-on guère.

Mon père était le plus heureux de tous, et naturellement le plus utile aux autres. Il habitait Courcy, le chef-lieu d'arrondissement situé à quatre kilomètres au plus de son village natal. C'est là qu'il avait fait son apprentissage chez maître Housset, le charpentier ; c'est là qu'il était venu se fixer après son tour de France, maître à son tour, auteur d'un *chef-d'œuvre* que j'ai gardé pieusement, et successivement de son vieux patron, dont il avait épousé la fille. J'ai peu connu mon grand-père Housset : il était veuf depuis longtemps et cassé par les rhumatismes. Je sais qu'il vivait chez nous bien soigné, dînant à la place d'honneur, avec ma mère à sa droite et mon père à sa gauche, et qu'il passait presque toutes ses journées dans une chambre pleine d'outils et de bois découpés, à la recherche du mouvement perpétuel. Il mourut, sans l'avoir trouvé, à ma première année d'école.

La maison où je suis né a disparu depuis longtemps, avec neuf ou dix autres, pour faire place à la gare du chemin de fer. Elle était au bord du canal, sur le chemin de halage. Sa petite façade blanche, tapissée de vigne, se cachait au fond d'un vaste enclos toujours encombré de troncs d'arbres, de madriers, de planches, de bois du Nord taillés uniformément et mis en pile. Sur la porte de ce chantier on lisait notre enseigne : « Dumont aîné, charpentier, » et un peu plus bas, sur la droite, une plaque de tôle vernie portait les mots *Sapeur-pompier*. Cinq ou six bambins de mon âge venaient, entre les classes, prendre leurs ébats avec moi sur ce terrain fertile en récréations de tout genre, plein de cachettes incomparables, et merveilleusement disposé pour le jeu de bascule, dont nous raffolions tous. Ma mère poussait les hauts cris quand elle me voyait à cheval au bout d'une poutre en équilibre instable qui montait et descendait tour à tour. Mais papa lui disait : « Laisse-le faire ! Les enfants ne profitent que de leur propre expérience. Une chute l'instruira mieux que vingt leçons... » La méthode avait du bon, car, sans autre professeur de gymnastique que la gaminerie de mon âge et l'instinct de conservation personnelle, je devins agile et prudent. Quelques années plus tard, quand je commençai à me servir de mes yeux comme de mes bras et de mes jambes, j'appris sur le même terrain l'estime et le respect de mon père. Les charpentiers sont presque les seuls ouvriers que la division du travail, si bienfaisante et si funeste en même temps, ne peut pas transformer en machines. Ils sont et doivent être complets, et, dans ce temps où pas un horloger sur mille n'est capable de fabriquer une montre de toutes pièces, ils savent leur métier depuis A jusqu'à Z. Quand je voyais mon père, avec ses outils primitifs, débiter une pièce de bois et la finir si correctement que le rabot n'y eût rien trouvé à reprendre, et quand, le même jour, il ajustait devant moi, sur le sol, les innombrables pièces d'une charpente aussi compliquée que la couverture de l'abattoir neuf ou celle du marché aux grains, je me sentais tout fier d'être son fils, et j'éprouvais autant d'admiration que de reconnaissance pour ce travail manuel dont nous vivions.

Nous en vivions fort bien, ma foi ! et nous étions heureux, sans être riches. Le salon, où l'on n'entrait guère, était meublé d'acajou poli et décoré de belles gravures bien encadrées. On y voyait un tapis neuf devant la cheminée et un petit carreau de moquette au pied de chaque chaise. Dans la salle à manger, toute en noyer, papa, maman, les compagnons, les apprentis et moi, nous nous réunissions trois fois par jour, le matin pour manger la soupe, à midi pour expédier un gros morceau de viande et un énorme plat de légumes, le soir enfin pour partager une pièce de lard ou de bœuf froid, un chaudron de pommes de terre bouillies, une salade et un fromage du pays. La grosse Catherine, notre servante, ne cuisinait pas mal du tout; le pain était blanc et tendre, et chacun se versait du vin à sa soif. Quand ma grand'mère s'invitait sans façon, après le marché, ou quand papa La France nous apportait un panier de ses poires, ma mère descendait elle-même à la cave, et elle reparaissait avec une bouteille de vin cachetée, une dans chaque main.

Le jardinet, que nous cultivions en jouant, le canal voisin, la rivière, les bois, la plaine étaient mis à contribution pour varier notre ordinaire. Mon père était grand pêcheur à la ligne : il lançait l'épervier; il n'était pas malheureux à la chasse. Lorsqu'il avait affaire dans un village des environs, il prenait son fusil, sifflait son chien d'arrêt, mon vieil ami Pluton, glissait son grand compas et son crayon carré dans une poche du carnier et faisait route à travers champs. J'étais libre de l'accompagner quand l'école chômait pour une raison ou pour une autre, et ces courses m'ont laissé des souvenirs chers et charmants.

D'abord, mon père était le plus bel homme qui fût au monde, et j'admirais naïvement en lui le chef-d'œuvre de la nature. Son grand corps svelte et droit, ses yeux noirs ombragés de sourcils touffus, sa figure pâle, allongée par un bouquet de barbe brune, ses cheveux ras, son cou brûlé par le soleil, ses mains puissantes, ses mollets saillants, et jusqu'à ses grands pieds logés tout à leur aise dans leurs souliers de cuir écru, représentaient, au moins pour moi, un type accompli. Je l'aimais surtout dans sa veste de drap ou de coutil, suivant la saison, et sous sa casquette américaine à visière droite. Le dimanche, en redingote noire et en chapeau de soie, il avait l'air emprunté, et c'est à peine si je le reconnaissais à la parade des pompiers sous l'uniforme lourd et brillant qui faisait l'orgueil de ma mère.

Lorsqu'il avait sa veste et son carnier, moi ma blouse grise et mes guêtres, et qu'un heureux destin nous donnait à tous deux la clef des champs, je lui disais, avec un accent de joie et de tendresse inexprimable : « Papa, nous sommes *nous*. » Alors il haussait les épaules, m'embrassait sur le front et répondait en grossissant sa voix : « En route, mauvaise troupe ! » Et, partant du pied gauche, il m'enseignait le pas des compagnons du tour de France : « Une, deux ! une, deux ! la pointe en bas, le jarret tendu ! Voilà comme on arpente un kilomètre en dix minutes. »

Je m'essoufflais bientôt ; il enrayait sa marche, et nous causions. Certes, j'ai eu l'occasion de rencontrer dans ma vie déjà longue beaucoup de vrais savants, diplômés par les facultés et contrôlés par les académies ; mais je persiste à croire que mon père, simple artisan de petite ville, est un des hommes les plus complets que j'aie connus. Il ne savait pas tout, la chose est sûre, mais il savait un peu de tout, et ce peu, il le savait bien, l'ayant appris et presque deviné par lui-même. Son tour de France avait duré trois ans, et il avait mis le temps à profit. Il s'était promené du nord au sud et de l'est à l'ouest, et, tout en travaillant de ses bras pour gagner le pain quotidien, il s'était servi de ses yeux et de ses oreilles. « Mon secret est bien simple, disait-il : je n'ai jamais traversé un champ sans regarder les plantes qui y poussaient, les bêtes qui s'y nourrissaient, et sans échanger quelques mots de bonne amitié avec l'homme qui y travaillait. Jamais non plus je ne suis sorti d'une ville, petite ou grande, sans avoir observé de mon mieux ce qu'on y fabriquait. Ouvrier, j'ai trouvé partout des ouvriers qui savaient peu ou prou leur affaire, et leurs leçons ne m'ont jamais coûté qu'une poignée de mains. » D'ailleurs, n'avait-il pas lui-même touché à tout, mis son petit talent au service de cent industries, construit des fermes, des filatures, des abattoirs, des moulins, des pressoirs, des brasseries, des distilleries, des bateaux pour la mer ? Avant d'amorcer les goujons au bord de notre petite rivière, il avait vu pêcher le hareng sur la côte normande, la sardine en Bretagne et le thon dans la Méditerranée. Ah ! que le tour de France est

EN ROUTE, MAUVAISE TROUPE!

une bonne chose, et qu'on ferait bien d'y pousser les jeunes gens de toute condition !

La lecture est assurément une excellente chose, et mon père ne s'en privait pas depuis qu'il avait un peu de loisir et d'aisance. Il s'était procuré, petit à petit, cinq ou six cents volumes bien choisis ; il feuilletait constamment l'*Encyclopédie des connaissances utiles* et les manuels Roret ; il était même abonné, avec trois ou quatre voisins, à une feuille libérale de Paris ; mais il prisait par-dessus tout les connaissances qu'il avait acquises tout seul. Moi aussi, il m'accoutumait doucement, patiemment, à voir et à penser par moi-même, au lieu de m'imposer ses idées, que mon humeur docile et soumise eût aveuglément acceptées. Plus son autorité sur moi était irrésistible, plus il lui répugnait d'en tirer avantage pour me pétrir l'esprit à son gré. Jamais je n'ai vu professeur plus modeste et moins dogmatique. Il n'affirmait pour ainsi dire rien et se contentait d'attirer mon attention sur les choses, sans dire ce qu'il en savait.

Quand nous entrions dans un bois, par exemple, il me donnait une leçon à chaque pas, et je ne me sentais point à l'école. J'avais pris insensiblement l'habitude d'étudier les couches du terrain chaque fois qu'un talus coupé les mettait en lumière. Je nommais les animaux et les plantes par leurs noms, je les classais en tâtonnant un peu, et il me laissait faire, sauf à me ramener d'un mot ou d'un sourire lorsque je m'égarais. Au fond, il n'était pas beaucoup plus fort en histoire naturelle que grand-papa La France et le vieil instituteur de Launay, mais il avait le don de tout envisager au point de vue pratique : il distinguait soigneusement les animaux utiles des animaux nuisibles, et j'appris de bonne heure à respecter la taupe, le crapaud, la chauve-souris, la couleuvre, les oiseaux insectivores et tous nos amis méconnus. Je désignais exactement, grâce à lui, les diverses essences de bois, leurs qualités, leurs prix ; on ne m'eût pas trompé de beaucoup sur l'âge d'un chêne, et, quand j'étais resté sur mes petites jambes pendant une minute ou deux devant un vétéran de la forêt, j'étais capable de vous dire, à peu de chose près, combien de stères il pouvait donner, tant en bois d'œuvre qu'en bois de chauffage. Au bout de ces petites classes en plein air, il y avait toujours une récompense. Je ne rentrais jamais à la maison sans rapporter un bouquet de violettes, une botte de digitales ou un fagot de bruyères roses pour maman, selon que nous étions au printemps, en été ou en automne. Au temps de la sève montante, papa me fabriquait des flûtes de Pan ou des sifflets taillés dans l'écorce du saule, et des canons en bois de sureau. Nous faisions des récoltes de fraises en juin, de framboises en juillet, de mûres à la fin d'août, et mon père les logeait dans de jolies boîtes rouges ou blanches, aux dépens d'un merisier ou d'un bouleau qu'il écorçait. En septembre, nous ravagions les noisetiers; les châtaigniers, les alisiers et les sorbiers avaient leur tour en octobre. Depuis le mois d'avril jusqu'aux premières gelées, nous ramassions des champignons de toutes les couleurs, morilles, chanterelles, cocherelles, oronges, bolets. Mon père estimait que les hommes sont fous de rejeter par crainte un aliment exquis, presque aussi nourrissant que la viande de boucherie, quand un enfant de dix ans peut apprendre en une saison à distinguer les bons champignons des mauvais. J'étais absolument de cet avis, mais ma mère ne se montra jamais bien rassurée. Elle tremblait un peu devant nos larges platées de cèpes, et elle ne manquait jamais d'en prendre une bouchée ou deux, pour mourir avec nous si nous étions empoisonnés.

Mon père professait et pratiquait une philosophie un peu courte, mais saine et solide, toute en morale, sans ombre de métaphysique. Elle avait pour principes une assez haute conception de la dignité personnelle et un vif sentiment de la solidarité humaine. Il faisait le bien pour le bien, pour avoir, disait-il, le plaisir de raser chaque matin les joues d'un brave homme; et il fuyait les excès en tout genre, parce qu'il ne voulait à aucun prix se dégrader. Je ne sais pas à quelle école il avait appris ce stoïcisme modeste et pratique. Certains emblèmes trouvés au fond d'une armoire m'avaient fait supposer quelque initiation maçonnique, mais ma mère m'assura que, dans l'état de charpentier, on portait quelquefois des insignes professionnels. Ce qui n'est pas douteux, c'est que longtemps après sa mort j'ai rencontré quelques-unes de ses maximes familières dans les *Pensées de Marc-Aurèle*. Comme le philosophe couronné, il était quelque peu citoyen du monde, c'est-à-dire que le patriotisme de grand-papa La France lui semblait trop étroit. Les frontières n'étaient à ses yeux que des lignes de fantaisie, puisque les peuples, unis par l'amitié plus encore que par l'intérêt, ne formaient qu'une grande famille.

« Non! disait-il, nous ne reverrons plus la guerre. Les hommes, en se connaissant, ont appris à s'estimer. D'ailleurs, le monde entier mettrait au ban de l'opinion celui qui traiterait ses semblables en ennemis. »

Voici à quel propos on l'avait surnommé : Mes Semblables. A l'âge de vingt-deux ans, en allant de Nevers à Moulins, il avait eu le bonheur de sauver au péril de sa vie un homme et un cheval qui se noyaient dans la Loire. L'événement s'était passé bien près de la petite ville de Decize, où il se proposait de coucher. Il se sécha, soupa avec ses camarades, et il allait se mettre au lit quand la gendarmerie envahit leur modeste auberge et conduisit tous les charpentiers par-devant monsieur le maire. Ce personnage était un hobereau fort guindé et prodigieusement haut sur cravate, le vrai maire de 1819. Il fit ranger les compagnons sur une ligne et dit au greffier d'entendre le cocher Jean Soubirat. Mon père vit entrer son homme de la Loire, qui le reconnut aussitôt et lui sauta au cou en criant :

« Le voilà, le héros bienfaisant et modeste! »

Le héros n'était pas content. Sa mauvaise humeur redoubla lorsque monsieur le maire le fit sortir du rang, lui demanda ses nom et prénoms, toujours sous l'œil de la gendarmerie, puis l'interpella noblement en ces termes :

« Sais-tu que c'est très bien ce que tu as fait là? »

Lui, qui n'aimait point à s'entendre tutoyer de haut en bas, répondit d'un ton un peu sec :

« Monsieur, si c'était mal, je ne l'aurais pas fait.

— Sans doute, mon garçon. Mais, en te précipitant au sein des ondes, prévoyais-tu qu'un administrateur vigilant signalerait ta noble conduite à Son Excellence monsieur le ministre de l'intérieur?

— Il ne faut pas tant de raisons pour poser un paquet et ôter une veste.

— C'est vrai; mais si, un jour, rentré dans tes foyers, tu recevais une belle médaille d'or ou d'argent avec un grand diplôme signé du roi! Eh! mon gaillard?

— Le roi n'a pas besoin de savoir si les pauvres gens s'aident entre eux; c'est leur affaire.

— Je n'y songeais pas! Tu es pauvre, et quelques louis te feraient plus de profit qu'une récompense honorifique.

— On n'a besoin de rien quand on travaille comme mes compagnons et moi. Et l'on ne reçoit pas l'aumône, Monsieur le maire : on la fait. »

Le maire, qui commençait à s'échauffer, haussa le ton :

« Ainsi, mon brave, tu ne veux rien, ni prime ni médaille! Eh bien! tu es servi. Il ne faut pas être, comme on dit, plus royaliste que le roi.

— Je suis assez payé par le bonheur d'avoir secouru mes semblables.

— Tes semblables? Ah çà, le cheval de Soubirat est donc ton semblable aussi? Au fait, il est un peu rétif. »

Et de rire. Mon père se fâcha tout à fait.

« Monsieur, dit-il, j'ai dit une sottise, et j'en avais le droit, car je ne suis qu'un paysan mal équarri ; mais vous, qui représentez l'autorité, vous n'avez pas le droit de rendre ridicule un honnête homme. »

C'était assez bien répondu, mais nous sommes citoyens d'un pays où ni les bonnes raisons ni les bonnes actions ne désarment la raillerie. Compagnons et gendarmes avaient ri de mon père ; le sobriquet de *Mes Semblables* lui resta. Il le portait d'ailleurs avec une parfaite sérénité, et c'est lui-même qui m'a conté cet épisode de sa jeunesse.

Le mépris des honneurs et l'indifférence en matière d'argent étaient chez lui deux qualités héréditaires : il les tenait de papa La France et les poussait jusqu'à l'extrême, comme lui. Jamais ma mère, qu'il aimait tendrement et qu'il consultait sur toutes choses, ne put le décider à entrer au conseil municipal ou à accepter un grade dans la compagnie de pompiers. Il estimait que le conseil marchait fort bien sans lui, que les hommes capables n'y manquaient pas, et qu'en général il vaut mieux confier les intérêts de la commune aux hommes de loisir qui ont montré quelque sagesse et quelque capacité dans la conduite de leur maison. Quand j'aurai fait mes preuves et cédé mon fonds, disait-il, on pourra voir. Son obstination à rester simple pompier n'était pas seulement affaire de modestie ; il y entrait beaucoup de dévouement. « Je n'ai pas l'habitude de commander, disait-il, et rien ne prouve que je m'en acquitterais mieux ou même aussi bien qu'un autre. En revanche, j'ai l'œil bon, le bras fort et le pied solide ; pas un seul de mes camarades ne m'attraperait à la course sur le toit d'une maison à quatre étages ; pas un ne couperait une poutre enflammée aussi vite que moi. Ce n'est pas pour parader devant la sous-préfecture ou la mairie, mais pour sauver à l'occasion les personnes et les propriétés, que tous les ouvriers du bâtiment s'enrôlent dans la compagnie : ma place est là où je serai le plus utile au jour du danger. Glorieuse ou modeste, il importe peu : c'est ma place. »

S'il manquait d'ambition pour lui-même, il en avait beaucoup pour moi. On l'eût sérieusement affligé et humilié en lui disant que je n'irais jamais à l'École polytechnique. Selon lui, le progrès ne pouvait s'accomplir dans la société que par un travail ascendant des générations dans chaque famille. Il disait quelquefois : « Mon père en sait plus long que le sien n'en a jamais su ; je suis non pas meilleur assurément, mais plus savant que lui : il faut que Pierrot me dépasse ; autrement, ce serait le monde renversé. Fils, tu me monteras sur la tête, ou je te renierai pour mon fils ! »

Le jour où je sortis de l'école primaire pour entrer comme externe au collège communal, il me conduisit par la main jusqu'au cabinet de notre vieux principal, M. Dor, et j'entends encore les conseils de forme bizarre qu'il me donnait chemin faisant :

« Tu étais le premier dans la classe du père Archoux : oublie-le, ce n'est rien, c'est une chose finie, enterrée, à recommencer sur nouveaux frais. Il s'agit maintenant de passer sur le corps de cent cinquante petits bonshommes que tu ne connais pas, avec qui tu ne t'es jamais mesuré, et qui se défendront, sois-en sûr. Si tu en viens à bout, tu iras faire ta rhétorique et tout ce qui s'ensuit au collège royal, et là encore il faut être premier, sous peine de manquer l'Ecole polytechnique. Et à l'École polytechnique, si tu n'es pas premier, tu n'auras pas le choix de ta carrière; tu voudras être ingénieur des mines ou des ponts et chaussées, et l'on te nommera sous-lieutenant, attaché à la personne d'un canon. Joli métier, dans un siècle de paix et de fraternité, où le canon a dit son dernier mot depuis longtemps! Sois donc premier partout où tu iras! Jusqu'à l'âge de vingt-cinq ans, un garçon ne doit songer qu'à une chose : être premier! Et maintenant veux-tu savoir pourquoi? C'est que le banquet de la vie est une table d'hôte, comme j'en ai traversé beaucoup, où il n'y a pas de quoi pour tout le monde. Les premiers arrivés sont bien servis ; les derniers ne trouvent souvent que le torchon au fond du pot. Sois donc premier, mon cher enfant, ne fût-ce que pour avoir le plaisir de donner la moitié de ta part à quelque autre! »

Ce langage m'étonna beaucoup, et je ne pus l'entendre sans un serrement de cœur. Il contrastait étrangement avec la philosophie de mon père, si douce, si humaine, si désintéressée. Le monde m'apparut tout à coup sous un aspect nouveau; le but de la vie se déplaça sans transition comme s'il eût sauté d'un pôle à l'autre. Ainsi donc il ne s'agissait plus d'étudier parce que la science est bonne, de rechercher la vérité pour elle-même, de faire le bien pour le bien, d'aimer l'humanité comme une plus large famille, mais de courir à travers la foule en jouant des coudes, culbutant celui-ci, écrasant celui-là, pour arriver à table avant les autres et manger le meilleur morceau! A cette idée, les larmes me vinrent aux yeux, et j'aurais éclaté en sanglots si je n'avais retrouvé dans les derniers mots de mon père le bon cœur et la générosité que j'aimais tant en lui.

Il devina mon émotion, s'arrêta court au milieu de la rue et se baissa pour m'embrasser cinq ou six fois. « Pauvre petit! pardonne-moi de te montrer sitôt le côté sombre de la vie ; j'oubliais que tu n'as pas douze ans et qu'à ton âge on voit tout en beau. Je suis nerveux, j'ai mal dormi, je ne pense, depuis plusieurs jours, qu'au grand pas, au pas décisif que tu vas faire. Le collège où tu entres aujourd'hui, c'est le chemin des carrières libérales, qui toutes sont de vrais champs de bataille, à ce qu'on dit. Aucun Dumont n'a encore passé par là ; tu ne nous auras pas toujours auprès de toi pour te conduire ; il faut bien que je t'ouvre les yeux sur les rivalités de ce monde, où l'on n'a rien sans l'avoir conquis et disputé. Je ne te prêche pas l'égoïsme, qui est odieux, ni l'orgueil, qui est toujours doublé de sottise; mais j'avais à cœur de t'apprendre aujourd'hui qu'il faut être premier en quelque chose pour servir ses parents, ses amis, ses concitoyens et notre grande patrie, l'humanité. »

## CHAPITRE III

### NOS RÊVES

Je fus le premier de ma classe, mais c'est au bout de plusieurs années que je pénétrai le sens intime de cette exhortation. Mon père avait travaillé un peu plus et beaucoup mieux que ses frères; par le succès autant que par l'âge, il était le premier de tous les Dumont de sa génération et le chef de famille après papa La France. Ce rang lui imposait des devoirs agréables, mais parfois difficiles à remplir. Il se croyait engagé d'honneur à maintenir tous les siens dans une situation décente et à ne tolérer sous aucun prétexte la déchéance d'un seul Dumont. Mais quelques-uns de ces Dumont s'étaient mariés trop jeunes, sans beaucoup de réflexion; ils avaient tous fondé de nombreuses familles. Mon oncle Bernard, par exemple, avait cinq filles, sans un garçon, et il habitait un village marécageux où l'on usait plus de sabots que de souliers. En conséquence, au lieu de travailler de son état, il s'occupait les trois quarts de l'année à des industries de pauvre homme, cherchant des feuilles ou du bois mort dans la forêt, ramassant des faînes pour son huile ou des glands pour nourrir un porc, cueillant le long des haies les prunelles de l'épine noire, dont il faisait de la piquette, allebotant en famille dans les vignes après vendange ou glanant çà et là quelques poignées de blé dans les champs. Tout cela était fort honnête, mais mon père n'aimait pas qu'un des siens, un Dumont, se confondît dans ces besognes misérables avec tous les gueux du village. Bernard était bon travailleur et plus habile que la plupart des artisans de la ville, mais il chômait fatalement les trois quarts de l'année, quoiqu'il eût notre clientèle et celle de nos amis. Mon père prit un grand parti : il acquit le premier fonds de cordonnier qui fut à vendre à Courcy et en fit l'avance à son frère. C'était, en somme, un prêt de cinq ou six mille francs, et notre maison du canal, achetée à crédit, n'était pas entièrement payée !

Il nous arrivait quelquefois d'enrichir un des nôtres sans bourse délier : par exemple, le jour où mon père était si furieux contre l'oncle Louis. En lui faisant visite, il avait découvert que ce pauvre homme employait l'aîné de ses fils à tourner une roue de cordier, au lieu de l'envoyer à l'école. La manivelle et les râteaux étaient plantés le long de la Loire, sur une chaussée ; il faisait froid, le vent soufflait avec rage, et mon cousin Alphonse avait les doigts tout crevassés. Mon père était superbe de colère :

« Malheureux ! criait-il, tu aurais plus tôt fait de crever les yeux à ton fils. L'homme qui ne sait pas lire est plus à plaindre qu'un aveugle. »

L'oncle répondait que son fils irait à l'école plus tard ; qu'en attendant, il faisait une espèce d'apprentissage ; enfin, que la roue ne pouvait pas tourner toute seule, et qu'un garçon doit aider son père.

« La roue ne pourrait pas tourner toute seule ? Qu'en sais-tu ? Cette bise enragée qui nous coupe les oreilles ne te dit rien, ne te conseille rien ? Crois-tu que le vent ne soit bon qu'à donner des engelures à ce petit ? Mais, grand nigaud, s'il fait de la farine sans se lasser jamais, il te fabriquerait tout aussi bravement cordes, cordeaux et ficelles. Tiens ! je t'offre un marché. Il y a dans ma cour quelques vieux bouts de planches qui ne servent à rien. Si d'aujourd'hui en huit je t'installe ici même un moulin à vent qui travaille plus fort et plus régulièrement que dix gamins comme celui-ci, me promets-tu d'envoyer Alphonse à l'école ? »

L'oncle Louis ne se fit pas prier, et dans les délais convenus on lui livra un joli petit moulin, pas bien haut, mais assez fort pour donner du fil à retordre à quatre hommes. Dès que l'outil marcha tout seul, on gagna quelque argent ; on s'agrandit bientôt, et en moins de dix ans la corderie de Louis Dumont devint la plus active et la plus florissante du pays. Alphonse, mon cousin, fut si content de ne plus tourner la manivelle qu'il fit merveille à l'école du bourg, puis au collège et finalement à l'École d'Alfort : il est vétérinaire à Étampes et fort estimé dans la Beauce. Ses deux frères ont repris la maison paternelle, et sa sœur est mariée à un avoué de Blois. Ainsi, pour relever toute une branche de la famille, il a suffi d'un peu de bois et de ferraille, cinq ou six journées de travail et une de ces idées qui valent cher et qui ne coûtent rien.

Mais de telles aubaines sont rares, et c'est par exception que les bonnes pensées se transforment si vite en bon argent. Je dois dire qu'avant et après cette aventure unique, si mon père servit les siens, ce ne fut pas sans bourse délier. Il avait la main très ouverte, et peut-être, comme tous ceux qui gagnent bien leur vie, il se croyait un peu plus riche qu'il ne l'était. Dirai-je que mes oncles abusaient de sa facilité? Non, car ils faisaient tous de leur mieux pour se suffire, et l'on ne recourait à lui que dans les besoins sérieux. Mais ces besoins étaient fréquents, je l'ai su par la suite, et ils se traduisaient par des emprunts de chiffres ronds, sans remboursement vraisemblable. Lorsque les choses allaient un peu trop loin, mon père haussait les épaules et disait :

« C'est bien cher, la famille, mais après tout il n'y a pas d'argent qui vaille ça. »

Il obligeait ses frères parce qu'il les aimait, et aussi pour assurer une vieillesse tranquille à papa et maman La France. A aucun prix il n'eût voulu attrister deux êtres si bons et si fiers. Il les aidait eux-mêmes avec infiniment de respect et de délicatesse, prévenant les besoins nouveaux que l'âge apporte toujours avec lui, demandant la faveur d'échanger une barrique de vin de Bordeaux contre un tonneau de leur piquette, cassant le fauteuil du grand-père pour se donner l'occasion d'en apporter un neuf, ou priant les deux vieux d'essayer par complaisance un sommier élastique qu'il oublia soigneusement de leur reprendre.

Ma mère fut toujours de moitié dans les largesses, les prêts téméraires et ce que nos amis appelaient volontiers les folies de Dumont aîné. Orpheline, sans frères ni sœurs, elle avait adopté avec joie la famille de son mari ; d'ailleurs, elle aimait trop mon père pour ne pas approuver d'avance, les yeux fermés, tout ce qu'il pouvait dire ou faire. Il eut en elle, jusqu'à son dernier jour, une esclave, non pas résignée, mais empressée et heureuse. A force de s'absorber en lui, elle disparaissait pour ainsi dire, et moi-même, moi son fils unique, nourri de son lait, je ne me la rappelle que vaguement dans ses plus brillantes années. Elle était pourtant belle, avec ses grands yeux d'un bleu clair, ses petites dents écartées et son visage pâle encadré de deux longues boucles de cheveux blonds. Sa taille haute et svelte, sans maigreur, faisait valoir les toilettes les plus modestes. Quand je ferme les yeux, je la vois en robe d'indienne et en bonnet de linge, habillée et coiffée de ses propres mains, et plus élégante ainsi que la mairesse, la sous-préfète et toutes les grandes dames de la ville. Les jours de fête, le dimanche, avec un chapeau à la mode et une robe à manches ballonnées, je l'aimais moins, je la reconnaissais à peine ; il me semblait qu'on me l'avait changée comme papa. Dans les conditions modestes, l'homme et la femme ont grand tort de s'endimancher : ils ne sont bien que dans le vêtement accoutumé, celui qui s'est rompu à toutes leurs habitudes et moulé naturellement sur leur personne.

Si mes grands-parents m'ont appris cette harmonie qui naît des contrastes, c'est entre mon père et ma mère que j'ai compris et admiré l'accord parfait. Ils formaient un seul être en deux moitiés, et de même qu'ils partageaient la même bourse, la même table et le même lit, ils n'avaient qu'une opinion, une conscience et une ambition pour deux. Leur ambition, ai-je besoin encore de le dire, était de me pousser assez haut pour que tous les Dumont de ma génération eussent un protecteur en moi. Je devais arriver premier, coûte que coûte, pour tendre la main à vingt autres, et terminer en grand ce que mon père avait ébauché en petit.

Quant à moi, sans avoir même entrevu de loin le but que ces chers rêveurs assignaient à ma vie, je me mis au travail pour leur faire plaisir, et je fus bon élève uniquement parce que j'étais bon fils.

Notre collège communal n'était ni plus ni moins rébarbatif que cent autres établissements du même genre. Comme presque tous les collèges de notre pays, c'était un ancien couvent, qui avait servi de caserne et ressemblait à une prison. Il enfermait une trentaine de captifs, c'est-à-dire d'internes, dont quelques-uns avaient leurs familles à vingt pas du collège. Ils ne sortaient que le dimanche pour les voir. Vingt demi-pensionnaires déjeunaient avec les internes : leur réclusion commençait à huit heures du matin et finissait à quatre heures après-midi. Enfin, nous étions à peu près cent externes, libres d'aller et de venir, de manger à la table de nos parents, de dormir sous leur toit, de courir dans les rues, de jouer sur les places, et de faire tout ce qui nous plaisait, sauf le temps des deux classes, qui duraient quatre heures en tout. Une porte ferrée sur toutes les coutures et qui n'eût certes point déparé la Bastille, contenait les internes dans le devoir ; la cour où ils prenaient leurs récréations était ceinte de hautes murailles. En 1839, toute la ville avait été mise en révolution par l'audace d'un gamin de huit ans et demi qui s'était sauvé du collège pour aller embrasser sa maman. Comme un élève de ma classe, le fils du riche banquier Poulard, avait été mis en pension à la suite de quelque faute, et comme tous nos maîtres avaient soin de maintenir une sorte de cordon sanitaire entre les internes et nous, je crus pendant cinq ou six mois que tous nos camarades de cette catégorie étaient autant de condamnés. On pouvait s'y tromper de bonne foi en les voyant marcher en rang, manger et boire malgré eux toutes sortes de choses qu'ils n'aimaient pas, dormir par ordre quand ils n'avaient pas sommeil et se jeter à bas du lit, tambour battant, en plein hiver, à cinq heures du matin, quand ils dormaient encore à poings fermés. On leur imposait le silence et l'immobilité dans l'âge le plus expansif et le plus turbulent de la vie ; ils étaient cloués sur leurs bancs, du matin au soir, sauf une heure et quart de récréation coupée en trois ou quatre petits morceaux. Telles étaient les mœurs de l'Université de France, à l'époque de mes débuts dans la carrière d'écolier. Notez d'ailleurs que notre principal était le meilleur et le plus paternel des hommes et qu'il était secondé par deux maîtres d'étude excellents : un jeune poète romantique et un vieil humaniste découragé, fort honnêtes gens l'un et l'autre et doux au petit monde qui les environnait. Si nos camarades internes étaient malheureux à faire pitié, ils ne pouvaient s'en prendre qu'à la règle, à cette vieille discipline établie on ne savait quand ni par qui, mais qui ne s'en imposait que plus despotiquement aux maîtres comme aux élèves, et qui pèse encore aujourd'hui, je le crains, sur des milliers d'hommes et d'enfants.

Pour les externes comme moi, le sombre couvent de la rue de Navarre n'était qu'un lieu de passage. J'en sortais avec joie, deux fois par jour, mais j'y entrais sans déplaisir. La classe était un peu sombre, assez froide et absolument nue, sans autre mobilier que des gradins de chêne fixés au sol. Nous étions mal assis, ployés en deux, et obligés d'écrire sur nos genoux. L'enseignement me parut moins complet et moins varié qu'à l'école primaire. L'histoire, la géographie, l'arithmétique et la langue française elle-même étaient alors sacrifiées au latin. Traduire dix lignes de français en latin, puis dix lignes de latin en français, tel était ou du moins tel semblait être le but de la vie. Quand le devoir que j'emportais à la maison n'était pas un thème latin, c'était une version latine. Je n'ai jamais bien su pourquoi la version était un exercice plus intelligent que le thème, mais on m'apprit de bonne heure à ranger dans une espèce d'aristocratie intellectuelle tous ceux qui excellaient à traduire le latin en français. Les forts en thème étaient bien vus du professeur, mais avec une nuance d'infériorité qu'il ne déguisait pas lui-même. Quant à moi, si j'avais été maître absolu de mes actions, j'aurais laissé le latin bien tranquille, d'autant plus qu'on avait oublié de me faire connaître le grand peuple défunt qui parlait cette langue et les écrivains de génie qui l'ont écrite. Cependant, j'apprenais par cœur des morceaux d'une latinité médiocre ou douteuse, comme un petit canard avale tout ce qu'on lui jette ; je récitais aussi, sans en comprendre le premier mot, de grandes pages de grammaire. La grammaire est une des plus hautes branches de la philosophie ; je ne m'en doutais guère alors, et mon cher professeur de sixième, M. Franquin, ne le soupçonnait pas plus que moi. Mais rien ne me coûtait pour satisfaire mes parents; mon très digne maître se faisait un devoir, lui aussi, de transmettre à ses écoliers le peu qu'il avait appris sur les bancs, et, lorsqu'il me faisait l'honneur d'être content de moi, pouvais-je me plaindre de lui? Mon père seul, avec son robuste bon sens, se permettait parfois de critiquer les programmes universitaires.

« Je ne vois pas où l'on te mène, disait-il, avec tout ce latin. Il me semble qu'un peu d'anglais ou d'allemand te ferait plus de profit, surtout si l'on y ajoutait beaucoup de dessin et énormément de mathématiques. Qui est-ce qui m'a bâti un collège où les professeurs n'enseignent que les choses inutiles? Et tu deviens nigaud, par-dessus le marché; tu ânonnes en récitant, tu débites du même ton une fable de la Fontaine ou une oraison funèbre de Bossuet, comme si tu ne comprenais pas ce que tu dis. »

Le fait est qu'au collège il était de bon ton de lire mal et de réciter stupidement. L'élève qui se fût permis une intonation, je ne dis pas spirituelle, mais simplement intelligente, aurait fait rire à ses dépens les neuf dixièmes de la classe. J'avais dû me mettre à la mode et désapprendre les excellents principes de lecture que mon père m'avait donnés.

Nos cours étaient d'ailleurs d'une monotonie singulière : la récitation des leçons, la dictée d'un devoir, la correction des copies et l'explication minutieuse de quelques lignes de latin remplissaient une séance de deux heures. La classe du soir ressemblait à celle du matin, et les deux leçons du lendemain reproduisaient assez exactement les deux leçons de la veille. Cette antique machine universitaire, qui m'avait pris tout entier dans ses engrenages, nous permettait bien rarement d'échanger deux idées entre nous ou avec nos professeurs. Mon premier maître était un homme de sens et d'esprit, j'ai pu m'en assurer plus tard, mais il n'en laissait rien paraître. Vous auriez dit que dans sa chaire il récitait une leçon, lui aussi.

Mais pouvait-on, en équité, lui demander davantage? Il était payé 1 200 francs par an, comme tous ses collègues, et il avait femme et enfants. Le principal touchait 1 500 francs, et il gagnait à peu près autant sur la nourriture des internes, mais les simples professeurs, en dehors de leur traitement, n'avaient d'autres ressources qu'un petit nombre de leçons particulières à 30 ou 40 francs par mois. Ils vivaient tous honorablement, portaient des habits propres et ne faisaient jamais un sou de dettes. Quand j'ai un peu connu la vie, je me suis pris d'admiration pour ces sobres, courageux et modestes savants.

La ville n'était pas assez riche pour améliorer leur sort. Afin d'assurer à ses fils les bienfaits plus ou moins sérieux de l'éducation classique, elle prêtait les bâtiments du collège, elle les entretenait, elle donnait le bois de chauffage et fournissait en outre dix mille francs de subvention. Mais, si les gros bourgeois et les artisans un peu aisés se réjouissaient de garder leurs enfants sous la main moyennant tous ces sacrifices, il s'élevait parfois, au sein du conseil municipal, certains doutes sur la valeur des leçons qu'on nous donnait. Mon père n'était pas seul à demander comment son fils ferait un bout de chemin dans le monde sans autre viatique que le latin. Rien ne prouvait d'ailleurs que ce latin fût de première qualité, car les cours s'arrêtaient après la seconde; il manquait à notre travail et au mérite de nos maîtres la sanction du baccalauréat. Quelques élèves chargés de couronnes étaient entrés en rhétorique au collège royal de Villevieille; ils y avaient paru si faibles que nos succès d'arrondissement en furent quelque peu discrédités. Mais, tandis que ces graves questions se débattaient au-dessus de ma tête, je travaillais avec fureur et j'étais littéralement enflammé par la fièvre d'émulation. Je ne me souciais pas de savoir si nos exercices scolaires étaient bien ou mal ordonnés, ni si l'abus des thèmes et des versions devait développer mon esprit ou m'abêtir à tout jamais. Il s'agissait pour moi de contenter mon père en arrivant au premier rang; je voulais battre une trentaine de camarades qui tous avaient un ou deux ans de latin. Envisagé ainsi, le travail le plus ingrat et le plus fastidieux peut émouvoir et passionner un enfant. Quel que soit le terrain du combat, la victoire n'est jamais indifférente. Je débutai dans mes études par un tel coup de collier que ma mère craignit plus d'une fois pour ma santé, et que mon professeur lui-même me retenait au lieu de me pousser. Levé tôt, couché tard, je rêvais de la classe, et je récitais des leçons en dormant. A table, j'ahurissais les compagnons et les apprentis en leur parlant grammaire; je lisais dans la rue en allant au collège; tous les jeux m'étaient en horreur; j'usais mes yeux, j'usais mes livres. Un enfant de bourgeois qui se fût surmené à ce point serait mort à la peine; heureusement j'étais rustique; j'avais du sang de paysan et d'ouvrier. A la fin du premier semestre, tous les *forts* de ma classe étaient non seulement rejoints, mais dépassés, et le prix d'excellence qu'on donne avant les congés de Pâques fut pour moi.

Je vous laisse à penser si l'on fêta brillamment cette victoire. Lorsque j'apportai à mon père le petit livre doré sur tranche que j'avais gagné en six mois, il le prit avec une émotion visible et me dit:

« C'est bien; c'est bien. Le fils sera plus que son père: la grande loi du progrès ! »

Maman prit le volume et s'en alla le feuilleter à la fenêtre, non pour le lire, car c'était la traduction des *Géorgiques* en vers français, par l'abbé Delille, mais plutôt, je suppose, pour cacher une larme ou deux. On décida, séance tenante, qu'il y aurait un grand dîner à la maison, que Catherine mettrait les petits pots dans les grands, qu'on inviterait tous nos amis, et que MM. Dor et Franquin, le principal et mon professeur, seraient de la partie.

Cela dit, l'heureux père endossa la redingote des dimanches et s'en alla distribuer ses invitations pour le lendemain soir. Elles furent acceptées de bon cœur, comme elles étaient faites ; personne ne prit mal cette sommation à bref délai. Les universitaires, le percepteur, le greffier du tribunal et les autres messieurs virent aussi sans étonnement que tous les travailleurs de la maison conservaient leurs places à table. Ces jeunes gens étaient généralement simples, mais droits et incapables de s'oublier en bonne compagnie. Il y avait même parmi eux un homme vraiment distingué : c'était le contre-maître, mon cher et excellent Basset. Sans ses mains quelque peu gâtées par le travail, ce beau, grand, gros gaillard de quarante ans aurait passé en tout pays pour un homme du meilleur monde. Il avait un peu de lecture, passablement d'esprit naturel et beaucoup d'aisance et de bonhomie. Mon père l'estimait, il amusait ma mère, et, quant à moi, depuis cinq ou six ans qu'il vivait avec nous, je le comptais dans la famille.

Le festin fut non seulement copieux, mais exquis ; on sentait que ma mère y avait mis la main. Elle le servit elle-même, courant sans cesse à la cuisine et constamment sur pied, malgré les instances de ses voisins. C'était mon père qui découpait les viandes et qui remplissait les assiettes, tandis que Basset taillait, comme à la tâche, de solides morceaux de pain. On mangea lentement, sans se presser, car le lendemain était jour de fête, et chacun des convives avait droit à une grasse matinée. Après la soupe et le bœuf, garni de légumes, apparut un gros brochet de la Loire, puis un jambon aux épinards et une dinde gonflée de marrons. La salade vint ensuite avec une montagne de pommes de terre frites et un énorme plat d'écrevisses. Mes maîtres, qui étaient hommes de bonne humeur et de bel appétit, faisaient honneur à la cuisine, tout en célébrant les mérites de leur élève, et en lui promettant un avenir fabuleux. Ils prétendaient que jamais, à leur connaissance, un enfant de mon âge n'avait montré tant d'énergie et de persévérance ; mais le vieux principal insistait pour qu'on ne me poussât plus :

« Maintenant qu'il a regagné le temps perdu, il ne lui reste qu'à garder son rang, et il n'y aura pas grand'peine. »

Mon père conservait quelques doutes ; il n'était pas bien sûr que les premiers de notre petit collège seraient premiers partout. Et mon professeur répondait avec assurance :

« S'il continue comme il a commencé, je vous garantis qu'à vingt ans il pourra choisir et son école et sa carrière. Vous en ferez à volonté un professeur, un médecin, un ingénieur, un avocat. »

Un grand débat s'ouvrait alors sur les beautés et les avantages des diverses professions libérales, hors desquelles mes chers parents ne voyaient pas de salut. Les universitaires prêchaient pour leur saint ; ils disaient que l'enseignement mène à tout, à la députation, au conseil d'État, au ministère ; ils citaient en exemple les noms de Villemain, de Cousin, de Guizot. Ma mère eût préféré que je fusse médecin, pour ne pas me séparer d'elle ; mon père tenait bon pour l'École polytechnique, afin de dire un jour : Mon fils l'ingénieur ! Et quant à moi, je l'avouerai, le goût de l'uniforme, incorrigible chez les jeunes Français, me rangeait à l'avis de mon père. L'École polytechnique, à mes yeux, n'était pas le chemin, mais le but. Je me voyais déjà en grande tenue, l'épée au côté, dans le salon de la sous-préfecture. Aussi fus-je scandalisé lorsque Basset me dit :

« Ah çà, petit patron, tu fais donc fi de la charpente ? C'est pourtant une profession libérale, à preuve qu'elle a enrichi ton papa.

— Non, Basset, dit mon père ; je ne suis pas riche. Je suis peut-être en bonne voie pour le devenir, mais il faudra du temps. Jusqu'ici, j'ai gagné ma vie, et c'est tout.

— Suffit ! reprit-il en riant. Nous n'avons pas compté ensemble. Mais vous ne m'ôterez pas de l'idée que les professions vraiment libérales sont celles qui nous donnent le plus d'argent et qui nous laissent le plus de liberté. M. Morand, le maire, vendait du drap sur la place du Marché : il a quatre chevaux dans son écurie ; M. Poulard, le banquier, a gagné un château et quatre fermes à escompter de méchants petits bouts de papier ; M. Simonnot, de la fabrique, est devenu millionnaire en faisant des assiettes à trois francs la douzaine ; M. Fondrin, l'éleveur de porcs, sous le respect que je vous dois, donne cent mille francs de dot à chacune de ses filles. Et ni M. Morand, ni M. Poulard, ni M. Simonnot, ni M. Fondrin n'ont jamais sollicité les ministres, ni fait leur cour aux électeurs censitaires, ni piétiné dans l'antichambre du préfet, ni tremblé à l'idée d'une disgrâce. Voilà des professions libérales, ou je ne m'y connais pas ! »

Le percepteur s'apprêtait à répondre et sans doute à développer les idées qui avaient cours sous le règne de Louis-Philippe ; mon père faisait sauter le bouchon d'une bouteille de vin de Vouvray, et ma mère portait le premier coup de couteau à un magnifique baba, bourré de raisins secs et incrusté d'amandes, quand la porte s'ouvrit brusquement, et Catherine, notre servante, montra sa face colorée en disant :

« Bien des pardons, la compagnie; mais le ciel est tout rouge sur la vieille ville, et il me semble qu'on entend le clairon. »

En un clin d'œil, tout le monde fut sur pied et hors de la maison. Je vis une immense lueur au nord, j'entendis le rappel des pompiers et, aussitôt après, le tocsin.

« C'est la fabrique, dit mon père. Deux cents personnes sans travail et sans pain, si tout flambait. Excusez-moi, Messieurs, je cours passer ma veste. Vous savez ce que c'est que le devoir. Et vous, les enfants, vite ! En tenue de travail ! »

Il disparut et revint, pour ainsi dire, au même instant avec sa veste de toile, sa ceinture et son casque. Basset, les compagnons, les apprentis furent presque aussi prompts. Nos invités prenaient congé de ma mère en disant : Nous allons faire la chaîne. J'implorai la permission de les suivre et de me rendre utile aussi; est-ce qu'un garçon de douze ans n'a pas le droit de porter les seaux vides ?

« Viens, dit mon père, il n'est jamais trop tôt pour apprendre à bien faire. »

Ma mère n'essaya pas de le retenir ; elle lui dit simplement :

« Pas d'imprudence ! Songe que nous n'avons que toi.

— N'aie pas peur; ça me connaît.

— Ce n'est pas le feu que je crains, c'est l'air et l'eau : une fluxion de poitrine est bientôt prise. Emporte au moins un vêtement pour te couvrir après.

— Si ça te fait plaisir, donne mon vieux manteau au petit. Mais dépêchons; la fabrique brûle ! »

Et de courir.

Je le suivis de loin avec mes maîtres et nos amis.

## CHAPITRE IV

### LE RÉVEIL

L'usine de M. Simonnot, qu'on appelait par excellence la fabrique, était une agglomération de bâtiments vieux et nouveaux, mais généralement vieux, qui se serraient les uns contre les autres sur un terrain de trois hectares. Sauf la maison d'habitation, très propre et haute de deux étages, on n'y voyait guère que des hangars, construits en bois et vermoulus. Tout cela s'était élevé sans plan préconçu, au fur et à mesure des besoins, dans un quartier excentrique où le sol ne valait pas plus de cinq francs le mètre. La nécessité de produire beaucoup, vite et mal, la demande incessante d'une marchandise à vil prix, sans autre mérite, avaient précipité la bâtisse et fait omettre aux entrepreneurs les précautions les plus élémentaires. Par exemple, les séchoirs étaient couverts de chaume, et les piles de bois, seul combustible en usage à cette époque, n'étaient pas couvertes du tout. J'avais souvent entendu dire que la fortune de M. Simonnot était à la merci d'une allumette mal placée; bien des gens estimaient que, pour lui-même, il ferait bien d'être moins dur au pauvre monde. On racontait qu'en 1835 il avait requis la force armée pour réduire ses ouvriers qui s'étaient mis en grève et qui revendiquaient à tort ou à raison une petite part de ses gros bénéfices. Tout cela me revenait en mémoire et à mes compagnons aussi, tandis que nous courions au feu.

C'était bien la fabrique qui brûlait, et l'incendie, on le savait déjà, ne s'était pas allumé tout seul. La voix publique désignait le coupable : c'était un ouvrier espagnol que le chef des emballages, M. Bonafigue, avait congédié le matin même à la suite d'un petit larcin. Il s'était introduit à la nuit tombante dans son ancien atelier ; c'était lui qui avait mis le feu aux copeaux pour brûler la maison et pour punir l'auteur de sa disgrâce, qui logeait au premier étage avec une femme et deux enfants. Un voisin avait vu entrer ce misérable ; personne ne l'avait vu sortir.

Il était dix heures du soir lorsque j'arrivai à l'usine en compagnie de nos amis. Un vaste bâtiment, percé de larges baies, brûlait dans les trois quarts de sa longueur. Le feu sortait par presque toutes les fenêtres ; une épaisse fumée traversait la toiture de tuiles, et parfois une flamme se faisait jour au milieu des tourbillons noirs. Sur cinq pompes, dont trois appartenaient à la ville et deux à la fabrique, une seule était là, dirigée sur le coin de la maison qui ne flambait pas encore. Une foule d'environ deux mille personnes, où l'on reconnaissait, au premier rang, le groupe des autorités, sous-préfet, maire, sergents de ville et gendarmes, regardait avec anxiété cet angle du premier étage que la flamme avait respecté. Tout à coup un grand cri s'éleva sur la place, et je ne vis plus rien que mon père penché vers nous et portant une forme humaine entre les bras. Dix hommes de bonne volonté coururent à une échelle que je n'avais pas aperçue et qu'il touchait pourtant du pied. Le corps fut descendu de mains en mains et porté à travers la foule dans la direction de l'hôpital, tandis que mon père faisait un signe à ses camarades, recevait un énorme jet d'eau sur tout le corps, et se replongeait tranquillement dans la fumée. Il reparut au bout d'une minute, et cette fois en apportant une femme qui criait. Un immense applaudissement salua son retour, et j'entendis : Vive Dumont ! pour la première fois de ma vie. Il faisait horriblement chaud ; le rayonnement de cet énorme foyer allumait de tous côtés une multitude de petits incendies que les pompes éteignaient à mesure. A la place où je me tenais, tous les visages ruisselaient de sueur, et tous les yeux se sentaient brûler ; mais personne ne se fût éloigné pour un empire, tant l'intérêt du drame était poignant. Mon père se montra de nouveau à la fenêtre ouverte : il tenait cette fois deux enfants évanouis. C'était la fin ; on savait dans la fabrique et dans la ville que le chef d'atelier était le seul habitant de cette maison et que sa petite famille ne comptait pas plus de quatre personnes. Il y eut donc une protestation générale lorsqu'on vit que le sauveteur allait rentrer dans la fournaise. De tous côtés on lui criait :

« Assez ! Descendez ! Dumont ! »

Moi-même, entraîné par l'exemple, je l'appelai de toutes mes forces : Papa ! Il entendit, me reconnut, et dessina du bout des doigts un geste que je sentis comme une caresse. A ce moment, le capitaine, M. Mathey, qui dirigeait la manœuvre des pompes, s'avança jusqu'au bas de l'échelle et dit de sa voix de commandement :

« Sapeur Dumont, je vous ordonne de descendre. »

Il répondit :

« Capitaine, le devoir m'ordonne de rester.

— Il n'y a plus personne là-haut.

— Il y a un homme par terre, au fond du couloir.

— C'est impossible.

— Je l'ai vu de mes yeux.

— Encore une fois, descendez ! Le feu gagne.

— Raison de plus pour me hâter ! »

A peine avait-il dit ces mots, à peine le son de sa voix s'était-il éteint dans mon oreille, que le feu jaillit par toutes les ouvertures de la maison, la toiture s'effondra avec un bruit épouvantable, et tout l'espace compris entre les quatre murs du bâtiment ne fut qu'une colonne de flammes.

La foule ne poussa pas un cri devant cette maison, qui était devenue une tombe. Je n'entendis qu'un long murmure, une sorte de gémissement, fait de surprise et de pitié. Peut-être aussi, dans tout ce monde, y avait-il des gens qui, comme moi, n'avaient pas compris.

Il paraît qu'en voyant tant de feu monter dans le ciel, je répétais machinalement, à demi-voix : Eh bien, mais.. ? Je cherchais mon père avec la naïveté d'un enfant qui ne sait pas que la vie humaine tient à si peu. Mon père serait sorti de la maison par une porte de derrière, il serait venu tout à coup me prendre dans ses bras, cela m'aurait paru tout naturel.

En promenant autour de moi un regard à peine effaré, je rencontrai les yeux de mon vieux principal, et je compris.

« Est-ce possible, Monsieur ?

— Pauvre enfant ! »

Ce fut tout. Je m'enfuis éperdument à travers cette masse d'hommes, et j'arrivai à la maison sans savoir quel chemin j'avais suivi.

Ma mère était là, belle, calme et souriante, au milieu de la salle à manger. Devant la table mise à nu et réduite à ses dimensions habituelles, elle aidait Catherine à essuyer les verres du dîner. Je lui lançai le manteau de mon père en criant : « Tiens ! papa n'en a plus besoin ; il est mort dans le feu ; la maison est tombée sur sa tête. »

La pauvre femme écoutait sans entendre ; elle fixait sur moi de grands yeux, tout en frottant son verre, et elle répétait machinalement :

« Tu dis ? tu dis ? tu dis ?

— Je dis qu'il a sauvé quatre personnes et que personne ne l'a sauvé, lui ! Je dis que tu es veuve, ma chère maman, et que je suis orphelin. Je dis que tu as perdu le meilleur des maris, que j'ai perdu le meilleur des pères, et que c'est à moi maintenant, à moi seul de travailler pour toi !

— Tais-toi donc, malheureux ! s'écria-t-elle. Un enfant ne sait pas ce que c'est que la vie et la mort. Ton père nous aime trop pour nous quitter ainsi après treize ans de bonheur. D'ailleurs les hommes comme lui ne meurent pas ; ils sont trop nécessaires à tout le monde.

— Mais, maman, j'étais là ; je l'ai vu dans la maison brûlée.

— Est-ce donc la première fois qu'il va au feu ? n'est-il pas toujours revenu ? Dis-moi qu'il est blessé, qu'il a très mal, je te croirai peut-être ; mais tué, lui, Dumont, jamais ! »

Elle avait un tel air de conviction que je commençais à la croire. Catherine acheva de me troubler en disant : « Voyez donc, madame, comme il est rouge ! Tu as bu du vin pur à dîner, et le grand air t'a fait perdre la tête, méchant gamin ! »

Ma pauvre tête était bien perdue, en effet, car je ne pus que balbutier :

« C'est possible ; on se trompe ; il est entré pour sûr dans la maison, et la maison s'est écroulée dans le feu ; mais dire que je l'ai vu tomber lui-même, non ; ni moi ni personne. Seulement M. Dor, qui était là, m'a serré la main en disant : « Pauvre petit ! »

Je ne demandai pas mieux que de retourner à la fabrique.

« Viens ! » s'écria ma mère.

Et Catherine nous suivit.

Mais nous n'étions pas arrivés au chemin de halage quand la porte du chantier s'ouvrit avec son gros bruit de sonnette, et l'implacable certitude entra au logis. Les convives du soir, deux de nos ouvriers, des amis, des voisins, des obligés de mon pauvre père, arrivaient à la file et nous embrassaient sans parler. A ces témoignages muets, ma mère ne résista plus ; elle fondit en larmes, se laissa tomber sur un siège et me tendit les bras. A genoux devant elle, le visage caché dans les plis de sa robe, étouffant mes sanglots à deux mains, je pris ma part de son supplice, et j'écoutai pendant deux ou trois heures cette musique banale et monotone des consolations qui ne consolent pas.

ELLE FIXAIT SUR MOI DE GRANDS YEUX.

Quelques nouvelles de l'incendie surnageaient çà et là sur un flot de paroles vaines ; chacun des visiteurs racontait ce qu'il avait vu ou entendu. On était maître du feu ; il n'y avait qu'un bâtiment brûlé. M. Bonafigue et sa famille étaient hors de danger ; tout le monde rendait hommage au sang-froid de M. Simonnot, le riche manufacturier, à la belle attitude du sous-préfet et à la vigilance des gendarmes. Le public se perdait en conjectures sur le nom de la victime qui avait succombé avec mon père. Les pompiers s'apprêtaient à passer la nuit sur le lieu du sinistre ; ils arrosaient incessamment les ruines fumantes où deux hommes étaient ensevelis. Le conseil municipal était convoqué le lendemain pour discuter certaines propositions urgentes.

Tous ces faits m'étaient bien indifférents ; je n'avais qu'une idée en tête : c'est que mon père ne reviendrait plus. Mais, dans les émotions violentes, l'esprit surexcité garde l'impression des moindres choses, et j'entends encore cet âne de boulanger, notre voisin, qui s'extasiait sur M. Simonnot disant aux pompiers : « Mes amis, faites la part du feu ! »

Lorsque les derniers visiteurs se furent éloignés, le jour commençait à poindre. Catherine se remit au travail, et je demeurai seul avec ma mère dans ce salon, où mon prix d'excellence, le livre de l'abbé Delille, brillait encore sur le guéridon du milieu. Nous étions brisés de fatigue et de douleur, mais nous ne songions pas à dormir. Ma mère allait, venait, s'agitait dans le vide. Elle disait entre ses dents : Rien, rien, rien ! Je ne comprenais pas, et je lui demandai timidement : Quoi, rien ? Elle éclata :

« Rien ! pas même son corps à ensevelir, à veiller, à baigner de mes larmes ! Quand nous avons perdu ton pauvre grand-papa Housset, j'étais bien profondément affligée, mais j'ai goûté une douceur amère dans les derniers devoirs que je lui ai rendus. Et puis il était vieux, il a été malade, je l'avais soigné, j'avais eu tout le temps de me préparer à sa mort. Et celui-ci, qui disparaît en une minute, dans toute sa santé, toute sa force, toute sa bonne humeur et toute sa vaillance, sans laisser seulement la trace de ses pas sur le sable de notre jardin ! Tu l'as vu partir, il courait à cet incendie comme à une fête ; je ne sais même pas s'il nous a embrassés !

— Oui, maman, » répondis-je sans hésiter. Mais je n'en étais pas bien sûr.

La malheureuse femme se rassit, me prit sur ses genoux, et, tout en caressant ma tête contre son cœur, elle me parla longtemps d'une voix sourde et étranglée que j'entendais pour la première fois.

« Tu ne l'as pas connu, me disait-elle ; tu n'es pas en état de comprendre ce que nous perdons. Moi seule j'ai mesuré la grandeur de son âme, j'ai sondé ce cœur assez large et assez profond pour contenir le monde. Tu vois comme il a fait le sacrifice de sa vie à un étranger, un inconnu, ou même un être imaginaire. Mais mourir, c'est l'affaire d'un instant. Parle-moi des longs dévouements, des services rendus en tout temps, partout et à tous et durant de longues années !

« Le bien qu'il a fait en détail, discrètement, sans en parler à moi-même, dans sa famille, dans notre voisinage, dans son hameau natal et jusque sur les grands chemins suffirait à remplir et à honorer plusieurs vies. On donne des prix de vertu à des gens qui ne vaudront jamais son petit doigt. Ah ! que je l'aimais donc, le cher homme ! Et qu'il méritait d'être aimé ! ! Les femmes sont de fameux juges, va ! On ne leur cache ni les moindres actions ni les plus secrètes pensées... »

Ma mère me berça ainsi jusqu'au grand jour, épanchant sur moi le trop-plein de sa douleur et de sa tendresse, sans éclats de voix, sans gestes violents, sans manifestations dramatiques. Elle me racontait l'histoire de son heureux ménage, comme si je n'en avais pas été le témoin ; elle exaltait la patience, la douceur, la délicatesse, les prévenances et les attentions du mari qu'elle avait perdu. Tout cela était dit posément, et j'écoutais sa chère voix avec un désespoir si tranquille que je me demandais par moments si nous souffrions assez, si nous n'étions pas des monstres et si nos larmes n'étaient pas des larmes dénaturées. Un seul mot m'expliqua cette résignation d'une femme aimante et aimée :

« Enfin que veux-tu ? me dit-elle ; c'était son devoir. Rappelle-toi ses dernières paroles ici et là-bas. Il devait mourir pour les autres, et nous devions rester sans lui. Je ne sais pas si les gens pour lesquels il s'est dévoué nous rendront jamais la pareille, mais qu'importe ? Fais comme lui ; fais ce que tu dois. Dans la vie et la mort, pauvre enfant, montre-toi son digne fils !... »

Tandis que nous nous lamentions ensemble à petit bruit, dans le salon vide, les allées et venues recommençaient discrètement autour de nous. Basset n'avait rien oublié : plusieurs exprès couraient les champs pour porter la triste nouvelle à Launay et dans les villages voisins ; deux compagnons, dans l'atelier du fond, sur le jardin, faisaient un grand cercueil de chêne ; le tailleur, qui avait mes mesures, préparait des habits de deuil, et Catherine, la brave fille, bonne à tout, bâtissait une robe en mérinos noir pour ma mère.

Sur les neuf heures du matin, papa La France entra, son bâton à la main, suivi de ma grand'mère et de l'oncle Joseph ; ils avaient fait la route à pied. Les grands parents me semblèrent vieillis de vingt ans. L'ancien volontaire des lignes de Wissembourg ne pleurait pas, mais il prenait beaucoup sur lui, car son visage était violemment contracté. Après nous avoir embrassés, il entama une harangue solennelle à l'adresse de ma mère :

« Ce jour de deuil, ma fille, est un grand jour. Les actes de courage et de dévouement, quoi qu'il en puisse advenir, ne doivent pas être un sujet de larmes ! On ne pleure point les soldats tués à l'ennemi. Eh bien ! celui que nous avons perdu est mort au champ d'honneur ; il laisse une mémoire bénie et respectée, et l'éclat de son sacrifice rejaillira sur le nom que je lui ai... qu'il vous a... que son fils... »

Le bon vieux ne sut pas achever la petite consolation qu'il avait méditée en chemin, ni comprimer les sanglots qui l'étouffaient. La nature a de ces révoltes. Il se mit à courir autour de la salle en criant :

« Mon cher fils ! mon pauvre Dumont ! Je ne te reverrai donc plus ! »

Grand'maman, qui pleurait silencieusement depuis Launay, s'emporta contre son mari.

« Vous pouvez vous frapper la poitrine, disait-elle au vieillard : c'est vous qui avez conduit mon fils à cette fin cruelle et misérable. Je vous ai averti cent fois que, grâce à vos principes, vos maximes et vos exemples, je ne garderais pas un seul garçon. Père Dumont, les Dumont sont des fous. Ils s'imaginent et vous leur avez appris que leur peau appartient à tout le monde. Voici deux malheureux abandonnés par l'héroïsme d'un père. Qui est-ce qui les nourrira demain ? On n'est pas riche ici, et l'on a des habitudes de largesse. »

Ma mère allait répondre, elle n'en eut pas le temps.

« C'est bien, ma fille, je sais ce que je dis. Dumont n'avait pas plus de secrets pour sa mère que pour sa femme. Et si je parle de demain, c'est afin de vous rappeler que, moi vivante, la veuve et l'orphelin auront toujours du pain sur la planche dans la vieille maison de Launay. Jamais nous ne pourrons vous rendre le demi-quart de ce que mon pauvre fils a fait pour nous. O cher enfant ! cher enfant ! où es-tu ? »

Un esprit plus positif que le mien se fût ému des révélations qui perçaient à travers ces doléances. Mais j'étais neuf en matière d'argent comme tous les enfants qui n'ont jamais manqué de rien ; et, d'ailleurs, je souffrais bien trop pour sentir un autre malheur que la perte de mon père. L'oncle Bernard, tout au contraire, paraissait plus touché de la ruine que du deuil. Il s'expliquait à tort et à travers sur les obligations qu'il avait contractées envers nous ; il répéta plus de six fois que, s'il s'était adressé, de préférence, à son plus proche parent, c'est qu'il le croyait riche ; Dumont, lui-même, lui avait dit de ne pas se gêner pour le remboursement, mais il savait maintenant ce qui lui restait à faire, et il prétendait que sa dette ne fût point passée par profits et pertes avec celles des insolvables et des ingrats. Le fait est qu'il désintéressa ma mère en trois ou quatre ans, au prix des sacrifices les plus pénibles, comme un digne homme qu'il était.

Mes autres oncles, sauf le canut de Lyon, qui n'en pouvait mais, arrivèrent dans la journée avec leurs femmes et leurs enfants, et la maison se remplit de famille. On les installa comme on put ; nos ouvriers cédèrent spontanément toutes leurs chambres, disant qu'ils dormiraient très bien sur les copeaux. La plupart de ces hôtes étaient non seulement las, mais affamés ; Catherine leur distribuait d'un air bourru les reliefs du festin de la veille ; on rencontrait jusque dans l'escalier des hommes, des femmes, des enfants, qui rongeaient un os de volaille, découpaient une tranche de viande sur un morceau de pain, trempaient une croûte dans un verre de vin ou dans un demi-verre d'eau-de-vie. Ce spectacle irritait ma sensibilité d'enfant ; je ne disais rien, mais je me demandais comment tous ces gens-là pouvaient boire et manger quand mon père était mort.

Vers trois heures après-midi, Basset, couvert de cendre et noirci par la fumée, vint nous apprendre que mon père avait été retrouvé dans les décombres. On ne l'avait reconnu qu'à son casque ; le corps, entièrement carbonisé, ne formait plus qu'une masse informe, réduit à presque rien, pas plus volumineux que le corps d'un enfant de quatre ans. Le brave garçon demanda si ma mère voulait voir ses misérables restes. Elle répondit sans hésiter, comme si elle avait prévu la question :

« Non, Basset, je vous remercie. L'image de mon cher Dumont est gravée au fond de mon cœur. Je le verrai toute ma vie grand, beau, fier et riant, tel qu'il était hier soir en sortant de chez nous. Il ne faut pas que cette impression soit effacée par une autre. Laissez-moi conserver intact le peu qui me reste de lui ! »

Cette femme réfléchie, calme et forte eut pourtant un mouvement de fureur en apprenant que la seconde victime de l'incendie était l'ouvrier espagnol. Surpris par l'explosion du feu qu'il avait allumé, et craignant d'être appréhendé au corps par les voisins qui accouraient de toutes parts, il n'avait eu que le temps de grimper au premier étage, et l'asphyxie l'avait terrassé dans le couloir où mon père l'aperçut. Son cadavre, protégé par la chute d'une cloison de briques, fut reconnu sans hésitation par tous les gens de l'usine. Ma mère bondissait à l'idée que le salut d'un tel vaurien était la source de tous nos malheurs.

« C'est donc cela, le devoir? s'écria-t-elle; les justes doivent s'immoler pour un incendiaire! Il faut préserver à tout prix cette tête qui appartient au bourreau! Le devoir! le devoir, c'est toujours beau en soi ; mais avouez que cela peut avoir des effets singuliers dans la vie! »

Mon grand-père, Basset et moi nous nous efforcions vainement de la calmer lorsqu'on lui annonça, non sans quelque solennité, la visite de M. le maire.

M. Morand était suivi de ses adjoints ; cinq ou six conseillers municipaux, nos amis, et dans le nombre M. Mathey, capitaine des pompiers, lui faisaient cortège. L'ancien drapier était de ceux que la fortune et les honneurs ne changent pas ; il avait le cœur sur la main, et c'est avec une simplicité touchante qu'il invita papa La France et tous nos parents à entendre les paroles qu'il apportait. Il arrivait de l'hôtel de ville, où le conseil, sur son initiative, avait voté de généreuses résolutions. Un arrêté municipal, motivé dans les termes les plus honorables pour nous, disait que la commune prenait à sa charge les obsèques et le tombeau de Pierre Dumont, qu'elle adoptait son fils et qu'elle offrait à sa veuve, en témoignage de respectueuse sympathie, une pension de six cents francs. Et, pour finir, on regrettait que les finances de la cité ne lui permissent pas de mieux récompenser le dévouement d'un de ses citoyens les plus intelligents, les plus utiles et les plus courageux.

Ma mère, qui n'avait pas prévu cette démarche, se recueillit un moment, puis, d'une voix légèrement altérée, mais sans donner un libre cours à ses larmes, elle remercia les estimables représentants de la ville.

« Nous acceptons, dit-elle, avec reconnaissance, l'hommage que vous voulez bien décerner à la mémoire de mon cher mari : un hommage n'est pas une aumône. Quant à l'adoption de mon fils par sa ville natale, j'aimerais mieux qu'il l'eût méritée lui-même, comme tant d'autres enfants qui obtiennent une bourse au concours; cependant je vous demande la permission de soumettre le cas au conseil de famille qui doit se réunir dans quelques jours. Mais moi, Messieurs, je n'ai besoin de rien ; je vous assure que le pauvre Dumont ne m'a pas laissée sans ressources ; cette maison est à nous en grande partie ; le fonds aussi vaut quelque chose ; nous avons de bonnes créances à recouvrer ; une veuve n'a pas de grands besoins, il me restera toujours assez pour vivre. Et, tenez, voulez-vous tout savoir ? quand même je serais sans asile et sans pain, je n'accepterais pas un secours qui est comme le prix du sang. Le sang ne se paye pas, Messieurs. Vous avez le cœur trop bien placé pour ne pas me comprendre. Je vous en prie, je vous en conjure, je vous le demande à genoux, faites-moi grâce de votre argent! »

Elle fondit en larmes aux derniers mots, et son émotion nous gagna tous. Le maire, un gros homme tout rond, cachait un esprit juste et des sentiments délicats sous une enveloppe assez épaisse : il s'excusa au lieu d'insister. Grand-papa, qui ne pouvait manquer d'être choisi comme le subrogé tuteur de son petit-fils, demanda quelques éclaircissements sur mon adoption par la ville. M. Morand traduisit la pensée de ses collègues en parlant d'une bourse d'interne jusqu'àla fin de mes études, avec trousseau complet, « afin que le petit ne coûte pas un sou à ses parents ».

Une triste cérémonie mit fin à la conversation. Les camarades de mon père nous apportaient sur un fourgon le peu qui restait de lui. Sur le cercueil de chêne ils avaient étendu le drapeau de la compagnie. Tous les hôtes de la maison vinrent avec nous au-devant de ce lamentable dépôt, que ma mère reçut dignement :

« O mon pauvre Dumont ! s'écria-t-elle, ce n'est pas ainsi que tu devais rentrer chez nous ; mais n'importe : sois le bienvenu ! »

On lui fit une place au milieu du salon, et la famille entière, sauf quelques enfants en bas âge, passa la soirée et la nuit autour du cercueil.

Ces longues heures d'un silence à peine interrompu par quelque sanglot isolé ne furent pas pour moi du temps perdu. Accroupi sur un petit carré de tapis, le visage plongé dans mes deux mains, je m'entretins sans interruption avec celui qui n'était plus en état de m'entendre. Je le remerciais de tout ce qu'il avait fait pour moi, je lui jurais une reconnaissance éternelle. Les conseils qu'il m'avait donnés, les maximes qu'il m'avait enseignées me revenaient successivement à l'esprit, et je lui promettais de m'en souvenir à jamais. Je pris l'engagement de continuer sa vie, selon les intentions qu'il avait souvent manifestées, et de le remplacer dans la mesure de mes moyens en servant ma mère, mes grands-parents, mes oncles, mes cousins et tous ceux qu'il avait aimés. Et je n'eus garde d'oublier, dans une nuit si solennelle, l'amour du genre humain, l'esprit de sacrifice et de dévouement, cette fraternité dont il m'avait offert en mille occasions le précepte et l'exemple.

Plus d'une fois, il faut que je l'avoue, la fatigue, la faim, le sommeil interrompirent ce monologue filial. J'oubliai mon malheur, je revis mon père vivant, actif et gai, courbant les branches d'un coudrier pour me faire cueillir les noisettes, ou me donnant à porter un gros lièvre dont la tête battait mes reins, en secouant nos pruniers en fleur pour abattre les hannetons que je courais distribuer aux poules. Souvent aussi, l'effroyable réalité, reprenant le dessus, me faisait voir à travers les planches bien rabotées et exactement jointes par nos compagnons la masse noire, le corps calciné, l'homme réduit aux proportions d'un enfant de quatre ans, ce rien, ce moins que rien, qui avait été notre tout. Alors je m'éveillais en gémissant, mais la douce main de ma mère se glissait sur ma tête à travers les cheveux et distillait dans mon cerveau par je ne sais quels chemins inconnus une consolation irrésistible.

Enfin le jour parut, et avec lui il nous tomba du ciel un sac d'écus, chose lourde et brutale, de la part de M. Simonnot. Jusque-là, le très riche propriétaire de la fabrique ne nous avait pas donné signe de vie. Il accompagnait son envoi d'une lettre assez longue, en style embarrassé, pour dire que c'était un premier versement, qu'il ne s'en tiendrait pas là, et qu'il se considérait comme le débiteur perpétuel d'une famille dont le chef et le soutien était mort en lui rendant service. Ma mère avait depuis la veille un léger tremblement qui ne lui permettait pas d'écrire. Elle me tira donc à part et me dicta une réponse froide et hautaine. « Monsieur, disait-elle, mon mari n'est pas mort pour vous, mais pour l'humanité, ce qui est bien différent. Vous ne me devez rien, ni à mon fils ; du reste, nous n'avons besoin de personne. J'ai refusé hier une pension de la ville ; ce n'est pas pour accepter aujourd'hui vos mille francs. Une simple visite, une parole de sympathie eût été accueillie avec reconnaissance et ne vous aurait pas coûté si cher. Je suis, avec respect, votre servante. » Et elle signa de son mieux : « Veuve Dumont. »

La cérémonie funèbre commença à dix heures et ne se termina pas avant midi. Elle eut la grandeur et la solennité d'un deuil public. Sur les cinq mille habitants de notre petite ville, un quart à peine était resté pour garder les maisons ; encore tous ceux-là faisaient-ils la haie devant leurs portes. Le sous-préfet en uniforme, le lieutenant de gendarmerie, les employés des finances, le tribunal en robes, le maire et le conseil municipal emplissaient notre rez-de-chaussée ; les pompiers, en grande tenue, avec la musique et les tambours voilés d'un crêpe, se tenaient en bon ordre dans le chantier. Papa La France recevait les autorités et répondait aux compliments de condoléance ; ma mère, environnée de toutes les grandes dames de la ville, pleurait silencieusement dans un coin. On voyait aller et venir des couronnes, petites ou grandes, faites de perles, de papier, d'immortelles, ou des premières fleurs de la saison. J'en remarquai une, très belle et portée par deux enfants ; on y lisait, en lettres d'or, sur un ruban noir : A NOTRE SAUVEUR. C'était l'offrande des quatre malheureux que mon père avait rendus à la vie. Ils sortaient tous de l'hôpital, et les parents, deux Provençaux très bruns, avaient encore des figures de l'autre monde.

Le petit garçon, qui pouvait avoir dix ans, me tendit la main et me dit :

« Je suis Jean Bonafigue. Ton père est mort pour nous ; si jamais tu as besoin que nous mourions pour toi !..... »

Je le regardai bien en face :

« Tu es un brave garçon, si tu as trouvé ça tout seul !

— Non, fit-il, en désignant sa sœur ; c'est elle qui m'a dit de le dire. »

La sœur était une fillette de sept à huit ans, très petite, plus noire qu'un corbeau, plus édentée qu'une vieille, coiffée comme par un chat, et laide de tout point, sauf deux yeux admirables. Elle ajouta d'une voix aiguë, avec un horrible accent du Midi : « Oui, je l'ai dit parce que c'est la vérité et la justice. »

Je ne trouvai rien à répondre, et je les embrassai tous les deux.

On partait. La musique et les tambours ouvrirent la marche ; M. Mathey venait ensuite avec ses lieutenants et la compagnie entière. Le corps était porté à bras par Basset et nos compagnons, qui n'avaient cédé ce devoir à personne. Je marchais seul à la gauche de mon grand-père, qui me tenait par la main ; mes oncles et mes cousins formaient un groupe à notre suite. Après eux, les autorités, nos amis, le collège, l'école primaire, le personnel entier de la fabrique, moins M. Simonnot, qui rejoignit le cortège à mi-route ; une multitude de citadins, riches et pauvres, et force paysans de Launay ou des villages voisins. Ma mère, ma grand'mère, mes tantes et mes cousines suivaient à pied, et derrière elles un millier de femmes en noir.

Tandis que nous traversions la grand'rue, où pas une boutique n'était restée ouverte, mon grand-père s'aperçut que je cédais à une sorte de torpeur bien naturelle après tant de fatigues et d'émotions. Il me secoua doucement et me dit : « Ne t'abandonne pas, Dumont (c'était la première fois qu'il me donnait ce nom, réservé jadis à mon père)! Lève la tête, enfant ; fais comme moi ; montre à ce peuple que tu comprends sa pensée et qu'une manifestation si solennelle sera la grande leçon de ta vie. »

Un regard étonné et légèrement inquiet lui fit voir que ses paroles avaient besoin de commentaire.

« Hé quoi ! reprit-il, trouves-tu naturel que la ville et la campagne rendent de tels honneurs à un modeste charpentier, fils d'un malheureux paysan ? Il ne t'est pas venu à l'esprit que ni le préfet du département, ni M. le comte de Taillemont, qui avait un ancêtre aux croisades, ni le banquier Poulard, ni M. Simonnot, décoré pour ses hautes capacités industrielles, ne seront honorés et pleurés comme ton pauvre père? Quand tu seras un peu plus grand, tu entendras des jugements de toutes les couleurs sur les affaires de ce monde. Les uns te conteront que le pouvoir prime tout, d'autres que c'est l'argent, ou la naissance, ou le savoir, ou l'esprit. Non, mon fils, c'est le cœur! Souviens-toi que les justes et les bons auront toujours le pas sur les malins, sur les savants, sur les puissants, les nobles et les millionnaires, en France, au moins ; je ne te parle pas de l'étranger, où les meilleurs ne valent pas grand'chose. Mais nous sommes un peuple de braves gens; notre pays n'est pas seulement le plus beau, mais le plus équitable du monde, et les hommes courageux et dévoués comme celui qu'on porte là, devant nous, y tiendront toujours le haut du pavé, morts ou vifs! Tâche de lui ressembler en tout, suis ses exemples, advienne que pourra! La mort n'est rien ; ce qu'il y a de terrible et d'odieux, c'est de survivre. Que ne suis-je à sa place et lui à la mienne, mon cher fils! »

Il y eut trois discours au cimetière : le sous-préfet, le maire et le capitaine Mathey louèrent successivement l'honnête homme qu'ils avaient connu et firent de leur mieux pour consoler sa famille. Deux orateurs sur trois étaient fort inexpérimentés ; mais, comme ils eurent le bon goût de parler simplement, ils touchèrent les cœurs. M. Morand, l'ancien drapier, prit pour texte l'hérédité du bien. Il esquissa à grands traits l'histoire des Dumont, race exemplaire, dit-il, où pendant dix générations ni homme ni femme n'avait failli. Il montra comment le sentiment de l'honneur, transmis de génération en génération à des hommes pauvres et presque illettrés, peut faire des travailleurs rangés, des voisins serviables, des citoyens exemplaires et même à l'occasion des héros. Et il termina en disant que ce bon sang ne mentirait pas dans l'enfant adoptif de la ville.

Le pauvre grand-papa La France, électrisé par cette glorification des siens, eut un mouvement absurde et magnifique : il m'enleva dans ses longs bras et me jeta pour ainsi dire au maire, qui prit possession de son pupille en m'embrassant à la face de tous.

J'étais brisé à tel point que dans tout le cours de ma vie je ne me souviens pas d'avoir éprouvé un tel accablement. Le défilé de mes camarades anciens et nouveaux, des connaissances et des inconnus, les poignées de mains, les accolades, les saluts cérémonieux et glacés comme celui de M. Simonnot, me donnèrent une sorte de vertige. Lorsque tout fut fini, je m'échappai du groupe qui ramenait ma mère à la maison et je m'enfuis à travers champs comme un enfant qui fait l'école buissonnière.

Après quelques minutes de course éperdue, j'eus honte de moi-même, je craignais d'inquiéter mes parents et je repris le chemin du chantier.

Mais au détour d'une ruelle, parmi les jardins qui s'étendent entre le cimetière et le faubourg, je me retrouvai nez à nez avec M. Simonnot, le maudit propriétaire de la fabrique. Cet homme impitoyable était assis sur une pierre, et il sanglotait.

## CHAPITRE V

### LE COLLÈGE.

Après le conseil de famille, qui s'était réuni à la mairie sous la présidence du juge de paix, mon subrogé tuteur et mes oncles eurent chez nous une longue conférence avec ma mère. On connaissait sa tendresse pour moi, et l'on craignait qu'elle ne voulût me garder près d'elle à tout prix. La courageuse femme étonna tout le monde par la promptitude et la virilité de ses résolutions. Déjà, sans en rien dire, elle s'était entendue avec Basset, qui reprenait le chantier, les marchandises en magasin, une coupe de bois sur pied, et qui louait notre maison avec promesse de vente. Pour lever l'hypothèque dont elle était grevée, on comptait sur le zèle d'un honnête huissier, notre ami, chargé du recouvrement de toutes nos créances. Tout compte fait et les trois quarts du mobilier vendus, il resterait probablement un actif de 25 à 30 000 francs; c'était assez pour une veuve modeste et tranquille; elle avait déjà retenu dans la ville haute une petite maison de 200 francs par an. Catherine ne voulait pas se séparer de sa maîtresse; mais Catherine, au prix dont elle se contentait, était plutôt une ressource qu'une dépense. J'aurais coûté beaucoup plus cher; la nourriture et l'entretien d'un garçon de mon âge, élevé comme je l'étais, eût entamé le petit capital, qu'il fallait conserver intact. C'était comme un argent sacré : ne représentait-il pas toute une vie de travail? D'ailleurs on voulait me cacher les petits sacrifices qu'on allait faire et les privations dont les deux dignes créatures se régalaient à l'avance. L'internat m'éloignait et m'empêchait de voir ; il coupait court à mes observations, il ménageait une transition entre l'aisance d'hier et la gêne de demain. On accepterait donc le bienfait de la ville, si mon petit cœur d'enfant gâté ne se révoltait pas absolument.

Ce petit cœur se montra ferme, lui aussi. J'affectai même un amour du changement, un goût pour le nouveau, une vaine curiosité qui n'étaient certes pas en moi. Après la séparation éternelle qui m'avait laissé tout meurtri, je souffrais cruellement à l'idée de ne plus voir ma mère tous les jours. La réclusion n'avait jamais été de mon goût ; j'adorais le grand air ; je plaignais les internes d'autant plus que cent fois ils m'avaient conté leurs misères en me chargeant de leurs commissions. Mais une considération d'ordre majeur dominait tout : j'avais toujours présente à l'esprit la parole de M. le maire : il ne fallait pas que « le petit coûtât un sou à ses parents ». Voilà pourquoi je me constituai pensionnaire à la rentrée d'avril, avec une résignation qu'on prit pour de la joie.

Depuis le principal et M${}^{me}$ Dor jusqu'à Lombard, le portier, depuis les grands élèves de seconde jusqu'aux bambins de la septième préparatoire, tout le monde me fit bon accueil. On me connaissait, on m'aimait, on me plaignait ; ce fut à qui me rendrait le collège agréable, ou du moins tolérable. Si j'eus quelque peu à souffrir avant d'être acclimaté, la faute n'en est pas aux personnes, mais aux choses, qui ne pouvaient changer du jour au lendemain pour mes beaux yeux.

La salle d'étude, le dortoir, le réfectoire, la cour de récréation, tout m'étonnait et me choquait. Élevé par mes parents comme un poulain dans un pré, j'avais contracté des habitudes fort innocentes à la maison, mais qui, dans un internat bien réglé, devenaient subversives, pour ne pas dire criminelles. Ainsi, j'apprenais mes leçons en lisant à haute voix et en me promenant à grandes enjambées : quel scandale si j'avais troublé par de telles façons le silence et l'immobilité de l'étude! Chaque fois que j'avais terminé un devoir, je m'en récompensais aussitôt en poussant une course sur les bords du canal, ou en gaulant des noix au jardin, ou en faisant quelques culbutes dans la sciure du chantier. C'était la nature elle-même qui m'avait enseigné ce moyen de reposer le cerveau par la fatigue des muscles. En étude, quand le devoir est fini, il faut fermer le cahier sans rien dire et commencer une autre besogne du même genre, qui ne repose pas du tout. Et nous avions des études de trois heures ! A douze ans, j'étais condamné à demeurer trois heures de suite assis sur un banc de bois, mes devoirs faits, mes leçons apprises, sans dire un mot à mes voisins, sans même avoir la compagnie d'un de ces excellents livres que mon père laissait à ma discrétion dans sa bibliothèque constamment ouverte. Tout volume qui n'est pas compris dans le programme de la classe est un livre de lecture, c'est-à-dire un livre interdit. J'ai vu de malheureux internes dévorer leur dictionnaire, faute de mieux, comme les percherons privés de paille s'en prennent au bois de leur mangeoire.

L'ancien couvent dont on avait fait le collège était un bâtiment énorme, trois fois plus vaste que de raison. On aurait pu y loger tous nos professeurs, qui, vivant au milieu de nous, avec leurs familles, se seraient occupés de notre éducation ; mais personne n'y avait songé. Nous-mêmes, les enfants, nous connaissions à quelques pas de notre grand dortoir glacial en hiver, étouffant en été, incommode et malsain dans toutes les saisons, cinquante cellules proprettes, commodes, faciles à meubler, où l'on eût joliment dormi, chacun chez soi, sans se gêner les uns les autres! Mais dans l'internat tel qu'il était, et qu'il est encore presque partout, il fallait ronfler en commun. Éveillés au son du tambour vers les cinq heures du matin, nous faisions notre toilette à tour de rôle devant de petits lavabos qui versaient, avec leur mince filet d'eau froide, un minimum de propreté pour la figure et pour les mains. Mon père m'avait enseigné une pratique en grand usage chez les compagnons de son temps. Il me plaçait debout dans un cuveau, devant une planche de bois chargée d'une cuvette. Je prenais une éponge dans la main droite, un savon de Marseille dans la gauche, j'arrosais et frottais successivement mes cheveux courts, mon visage, mon cou, mes épaules et le reste jusqu'aux talons, si bien qu'en moins de deux minutes j'étais net des pieds à la tête, et il ne restait plus qu'à me sécher. Cette toilette ne coûtait ni plus de temps, ni plus d'eau, ni plus de savon que celle du collège ; malheureusement elle était incompatible avec la vie en commun, et je dus en faire mon deuil, quitte à me rattraper chez nous tous les dimanches.

Ce que je supportai le mieux, contre toutes les prévisions de ma mère, ce fut le changement de nourriture. La cuisine des collèges n'est jamais bonne et ne peut pas l'être, étant donné le prix dérisoire de l'internat, mais elle n'est jamais absolument mauvaise. J'avais des goûts simples, j'aimais le bœuf bouilli, les choux, les haricots, les légumes communs ; je crois d'ailleurs qu'un bon estomac est le plus indulgent des critiques. Si donc je souffrais quelquefois à l'heure des repas, c'était ou dans mon amour-propre, ou dans certaines fibres du cœur que j'avais un peu trop délicates. Je ne comprenais point, par exemple, qu'on nous servît cet affreux mélange de vin et d'eau qui porte le doux nom d'*abondance*. Nos maîtres avaient donc bien mauvaise opinion de nous? Les apprentis eux-mêmes, à la maison, se versaient librement à boire et trempaient leur vin à leur guise. Je m'étonnais du rationnement des vivres et de ces parts coupées d'avance comme pour limiter l'appétit des uns et conseiller le gaspillage aux autres. Je ne m'accoutumai jamais à voir jeter le pain : mon père m'avait appris à le respecter comme une chose sainte. Mais surtout j'enrageais comme un petit forcené quand je voyais mes camarades faire les dégoûtés, selon l'usage de tous les internats, dénigrer ce qu'on nous servait, crier aux œufs couvés, aux haricots mangés de vers, déblatérer contre l'empoisonneur, c'est-à-dire le cuisinier, et taxer d'avarice un homme aussi honnête et aussi généreux que notre excellent principal. A part ces petites misères, le réfectoire était un lieu que je fréquentais volontiers.

Mais je haïssais franchement, cordialement, la cour de récréation. Elle était laide, elle était nue, elle était toujours poudreuse ou fangeuse, selon la saison, entourée de murs décrépits, fermée par une porte à gros clous et qui sentait la geôle ; elle était trop petite pour trente élèves, et, dans l'intérêt du bon ordre et de la surveillance, on l'avait séparée en deux par une sorte de palissade à claire-voie. Cependant le terrain ne manquait pas ; il y en avait à revendre autour de la grande masure. Nous apercevions même de loin les grands arbres d'un jardin qu'on disait magnifique, mais qui était réservé au principal. Je demandai un jour à notre jeune maître d'étude pourquoi les internes n'entraient jamais dans ce jardin. Il répondit sans hésiter :

« Mais, mon enfant, parce qu'ils saccageraient tout. C'est pour la même raison qu'on n'a pas planté d'arbres dans la cour. »

Cette révélation m'étonna fort : j'étais entré dans bien des jardins, et je n'en avais pas saccagé un seul ; j'avais eu plus d'un arbre à ma merci, et je ne m'étais jamais avisé de les détruire. Il est vrai qu'en ces temps-là je n'étais pas un interne, et il paraît que les internes sont par définition des êtres malfaisants. Dans notre cour étroite, vide et désolée comme un préau de prison, nous n'avions pas assez de place pour courir à bride abattue ; tous les jeux violents, tous les exercices du corps y étaient contraints et gênés. Moi qui avais besoin de mouvement pour détendre mes muscles et chasser les légions de fourmis que l'immobilité de l'étude amassait dans mes jambes, je tentai vainement d'entraîner mes petits camarades : ils avaient déjà pris le pli ; ils se promenaient deux par deux, trois par trois, plus sérieux que des notaires et comme fatigués de la vie. Et dire qu'on aurait été si bien dans les rues ! qu'on aurait fait de si belles parties de barres à l'ombre des tilleuls, sur la place de la mairie ! Dire qu'en un quart d'heure, sans trop courir, je pouvais arriver au bois du Lézard, où la mousse autour des vieux chênes est aussi douce qu'un velours ! Tout cela était bel et bon la semaine dernière ; le principal, les professeurs et les maîtres d'étude trouvaient naturel qu'un externe jouât des jambes et remplît ses poumons de l'air des champs ; mais l'internat commande un autre régime. Ma mère avait le droit de venir m'embrasser dans un coin du parloir à l'heure des récréations : pourquoi m'était-il défendu de courir l'embrasser chez elle? Cela ne se pouvait pas, cela violait le règlement, cela m'aurait dissipé !

Le jeudi, après déjeuner, nous faisions une promenade ou plutôt une marche de trois ou quatre heures par les routes. Sur deux rangs, les grands en tête et les petits à la queue, sous le regard ennuyé d'un maître d'étude ; on allait n'importe où, sans rien voir, sans rien apprendre, sans s'intéresser à rien, et l'on revenait de même. Nous détestions cette corvée, dont on ne rapportait qu'une provision de fatigue, de poussière et d'ennui.

Un tel régime eut sur moi des effets imprévus. Mes devoirs ne furent plus aussi bien faits ni mes leçons aussi bien sues; mes compositions elles-mêmes témoignèrent d'une émulation refroidie, je ne fus plus premier régulièrement et à coup sûr; on perdit l'habitude de me citer comme un élève exemplaire. Ma bonne humeur, mon activité, ma santé exubérante changèrent de nom ; on les qualifia de légèreté incorrigible. Quelques réponses un peu vives aux réprimandes de nos gardiens me firent une réputation de caractère difficile. On me punit très justement, puisque je troublais l'ordre et que je m'écartais de la règle ; je connus le supplice abrutissant du pensum, qui gâta pour un temps ma jolie écriture ; on me priva de récréation, j'en fus bien aise ; il fallut la privation de sortie pour me mater.

Je ne vivais que le dimanche. Courir à la petite maison que les reliques de notre bon temps emplissaient de la cave au grenier, embrasser Catherine, sauter au cou de ma pauvre maman, qui se faisait belle pour moi, me laisser dorloter jusqu'à midi, déjeuner de bon appétit en tête-à-tête avec elle, sortir ensuite à deux, courir les rues, visiter nos amis, ou, si le temps était très beau, arpenter les champs et les bois, goûter sur l'herbe, causer à cœur ouvert, faire de grands projets pour l'avenir : voilà les occupations qui remplissaient cette heureuse et trop courte journée. Quelquefois nous partions dès le matin pour Launay, où les pauvres bons vieux, en grand deuil comme nous, semblaient renaître à notre vue. Maman La France improvisait des festins inouïs ; nous faisions des débauches de framboises et des orgies de fromage à la crème. Mais je me régalais surtout par les yeux : j'étais si content de revoir les petits coins de l'antique maison, de saluer amicalement le chien, le chat, la vache et le cochon aussi ! Il fallait que, bon gré mal gré, mon grand-père me fît chaque fois les honneurs de tout son domaine. Je m'emparais de lui, je le traînais au jardin d'à côté, au jardin d'en bas, au verger, à la vigne, à la chènevière. Et les deux femmes nous suivaient, tandis que ma tante Joseph ou une voisine très capable veillait la potée sur le feu. Dans ces jours de fête, il y avait toujours un moment où malgré soi l'on venait à parler de celui qui n'était plus là, et nous mettions en commun quelques larmes ; mais cela même était bien bon.

Comme il fallait que je fusse rentré à neuf heures précises, on dînait tôt, nous nous mettions en route à huit heures, les grands-parents nous faisaient un bout de conduite après avoir bourré toutes mes poches et pendu à mon bras un panier de provisions.

Jugez de ce qui se passa dans mon cœur la première fois qu'un de nos maîtres me jeta ces trois mots : « Privé de sortie ! »

Je ne dis pas que la punition fût injuste ou excessive : je venais de rosser un de mes camarades à la sortie du réfectoire. C'était le jeune Auguste Poulard, mauvais élève et médiocre sujet en tout genre. Il m'avait appelé *Mes Semblables*, et ce rappel du sobriquet de mon pauvre père, deux mois après sa mort, me parut non seulement odieux, mais impie. Mon voisin, entendant le mot, me dit vivement à l'oreille :

« Appelle-le fils d'usurier !

— Non ! répondis-je, je ne sais pas quel homme est son père, mais il ne m'a rien fait ; c'est au fils que j'en ai. »

Dès que nous fûmes dans la cour, je marchai sur Poulard et je lui criai : « A nous deux ! » Il se mit sur la défensive en appelant au secours ; mais, quand on l'arracha de mes mains, j'avais eu le temps de lui allonger une demi-douzaine de coups de poing, et sa figure était en sang.

L'honnête homme qui me punit eût peut-être été moins sévère s'il avait connu mes raisons, et dans tous les cas M. Dor aurait vu dans la provocation une circonstance atténuante. Mais, comme je ne pouvais me défendre qu'en accusant, je préférai subir ma peine. Six mois plus tôt, j'aurais tout raconté. Mais le collège, en même temps qu'il me donnait les défauts qui lui sont propres, commençait à m'enseigner les qualités qui ne s'apprennent que là.

Les internes de l'Université de France ne reçoivent aucune éducation de leurs maîtres. Ils ont des proviseurs ou des principaux qui administrent, des censeurs qui surveillent, des professeurs qui enseignent, des maîtres d'étude qui font la police : personne n'est chargé de leur dire ce qui est bien ou mal, convenable ou choquant, de bonne ou de mauvaise compagnie. Mais, vivant en commun, dans un frottement perpétuel, ils arrivent à se façonner les uns les autres. Je ne dis pas à se polir, car l'interne, vu dans la cour, a la surface assez inculte. Il est sale, il est débraillé, il a

JE LE TRAÎNAIS AU JARDIN.

mauvais ton, il dit de gros mots, il parle des femmes comme s'il n'avait ni mère ni sœurs ; il taquine des professeurs qu'il sait capables, et des maîtres d'étude qu'il sait malheureux. Il se venge de sa captivité en détruisant le matériel de la prison ; il maraude au jardin, chipe dans la cuisine ou l'office, en vertu de cet axiome scolaire que chiper n'est pas voler. En promenade, il joue de mauvais tours aux boutiquiers et lance des quolibets aux passants ; il est plus gamin quelquefois que les enfants des rues. Mais, si vous grattez la surface, vous trouvez tout un fonds de qualités viriles que le collège développe et qui, sauf accident, ne se perdent jamais. C'est le goût du libre examen, c'est un instinct très vif de l'égalité, c'est l'amour de la justice, le mépris de la faveur; c'est l'esprit de corps, le sentiment de la solidarité ; c'est surtout une loyauté à toute épreuve, une profonde horreur de l'hypocrisie et de la délation, une répugnance invincible pour tout ce qui est faux, vil et bas. Or ces qualités se conservent toute la vie, tandis que les défauts propres à l'internat se corrigent presque toujours avant la fin des études, et infailliblement six mois après.

Lorsqu'on s'occupera de réformer notre système pédagogique, je crois que l'internat sera condamné pour ses rigueurs inutiles ; mais je voudrais qu'on en sauvât quelque chose : le repas de midi et la récréation en commun. Deux externes qui ont suivi les mêmes cours pendant un certain nombre d'années ne sont pas, à proprement parler, camarades; ils ne sont que condisciples, ce qui est assez différent. Si l'un vient au collège en casquette et l'autre en chapeau, l'un sur de gros souliers crottés et l'autre dans le coupé de madame sa mère, on les habituera peut-être à se tutoyer du bout des lèvres, mais ce ne sera pas pour longtemps. Il faut qu'ils aient mordu au même pain, mangé le même bœuf et la même salade, souffert le froid et le chaud dans la même cour, pris part aux mêmes jeux et aux mêmes exercices, échangé des billes, des idées et des coups. Un coup de poing loyalement donné rapproche les enfants plus qu'il ne les sépare. Témoin mon camarade Auguste Poulard : il me sut plus de gré de ma discrétion qu'il ne garda rancune de ma violence; cet héritier de quatre-vingt mille livres de rentes et le pauvre petit boursier que j'étais firent une excellente et solide paire d'amis.

Lorsqu'il sut que son père, homme influent, conseiller général et candidat à la députation, parlait de moi comme d'un mauvais garnement, indigne des bontés de la ville, il s'accusa pour me disculper et plaida si chaudement ma cause qu'il réussit à me faire inviter pour toutes les vacances au château de Larcy. Je fus sensible à ce bon procédé ; mais, outre que je n'étais pas équipé pour faire figure dans un château, il n'y avait pour moi de vraies vacances que chez les vieux parents de Launay. Le soir même de la distribution des prix, après avoir porté mes livres à la maison et mes couronnes au cimetière, je partis avec ma mère et Catherine pour le village tant aimé. On nous y attendait pour deux mois; nos chambres étaient prêtes, nos occupations réglées d'avance. Il était entendu que ma mère réparerait le linge et ferait les travaux de couture, que Catherine aiderait ma grand'mère à la cuisine, au fournil et à la lessive. Quant à moi, j'avais le bon lot : papa La France s'était mis en tête de m'enseigner le plus noble métier du monde, le sien. Et il y réussit à merveille ; car, grâce à ses leçons, je devins et je suis encore aujourd'hui paysan jusqu'au bout des ongles.

La réclusion, la promenade traînante dans la cour et l'air confiné du collège avaient légèrement altéré ma santé. On me trouvait grandi, mais moins large des épaules et moins coloré du visage. La vie en plein champ, le fanage des regains, la vendange, le maniement de la bêche et de la pioche, la récolte des pommes de terre, la façon des fagots et des bourrées eurent bientôt renouvelé mon sang appauvri. Ajoutez à ces exercices les grandes marches sous bois avec les bûcherons et les charbonniers, les longues stations dans les prés, au milieu du troupeau, avec le berger du village, et les brillantes parties de quilles, sur la place, en compagnie de mes cousins et de vingt autres polissons, mes amis : vous comprendrez comment deux mois de séjour à Launay étaient pour moi le plus puissant des toniques et le plus délicieux des remèdes. Mon uniforme à boutons dorés était resté dans le camphre ; en revanche, j'usais tant de blouses que ma mère n'avait pas le temps de les raccommoder.

Dans cette vie active, mais réglée, nous faisions une part raisonnable au travail. Mon maître m'avait donné des devoirs à écrire, des leçons à apprendre ; j'y consacrai les jours de pluie, les heures de fatigue physique ; je logeai dans ma tête au moins quarante fables de la Fontaine, à temps perdu.

Et le premier lundi d'octobre, quand l'heure de la rentrée sonna pour moi et pour tant d'autres malheureux, mon ancien professeur ne me félicita pas seulement de ma belle santé, mais de mon orthographe, de ma latinité. Il dit devant moi au principal :

« C'est singulier ; voici un enfant qui a fait plus de progrès en deux mois de vacances qu'en trois mois de collège.

— C'est peut-être, ajoutai-je timidement, que je ne suis pas un oiseau de volière. »

M. Dor me tira l'oreille en souriant et dit :

« Mauvaise tête ! Tu la regretteras plus tard, cette pauvre vieille prison ! »

En attendant, je la supportai de mon mieux. Je retrouvai avec plaisir mes anciens camarades, et je fis connaissance avec les nouveaux. Un nouvel externe plus jeune et beaucoup plus petit que moi vint se jeter à mon cou en sortant de classe : c'était Jean Bonafigue, le gamin provençal que mon père avait sauvé avec son bon petit singe de sœur.

Je le revis souvent au collège et quelquefois chez ma mère ou chez ses parents. M. et Mᵐᵉ Bonafigue étaient passablement logés dans un des bâtiments neufs de la fabrique : ils avaient de bons meubles, payés par la Compagnie d'assurance, et ils ne semblaient pas malheureux. Ils me firent toujours grand accueil, et je me serais mis plus vite à les aimer s'ils avaient été moins bruyants, moins démonstratifs et moins différents de tous ceux que je connaissais. Et puis, ce scélérat d'accent me donnait sur les nerfs, comme la cuisine épicée de Mᵐᵉ Bonafigue bouleversait mon estomac tourangeau. Leur fille Barbe avait deux ou trois dents de plus qu'à notre première rencontre, mais elle portait encore les cheveux en broussaille, et elle n'embellissait pas; du reste, elle était la première à rire de sa laideur, qu'elle outrait par cent grimaces comiques. On ne s'ennuyait pas avec elle, et nous faisions de bonnes parties. Je promenais souvent les jeunes Bonafigue dans les chemins et les sentiers de Launay ; ils me faisaient plus souvent les honneurs de la fabrique, que je connus bientôt dans ses moindres détails. Mais lorsque par hasard, au milieu de nos jeux, nous voyions apparaître le grand corps anguleux de M. Simonnot avec son nez en bec de corbin et ses favoris rouges, nous nous serions fourrés dans des trous de souris. Mes petits amis tremblaient comme moi devant le très disgracieux seigneur de la faïence, quoique leur père en dit le plus grand bien et que personne n'eût le droit d'en dire aucun mal.

## CHAPITRE VI

### LE NOUVEAU PRINCIPAL.

Au printemps de 1844, il y avait quatre ans que mon père était mort et que j'étais interne au collège. On s'accordait à me trouver très grand et très robuste pour un garçon de seize ans moins deux mois ; mes professeurs me tenaient en estime, mes camarades m'aimaient bien, et personne ne me disputait plus le premier rang dans la classe. Ma mère, toujours en deuil, n'était redevenue ni très gaie ni très forte, mais elle semblait assez bien portante, et, grâce aux bons amis qui avaient arrangé nos affaires, elle ne manquait de rien. Basset avait soldé la maison, presque toutes les créances étaient rentrées, 30 ou 35,000 francs placés sur l'État nous faisaient un revenu net de 1,600 francs. Tout était donc pour le mieux dans notre petit coin du monde, lorsque, à la fin du premier semestre, un événement imprévu agita le collège et la ville entière : notre vieux principal, M. Dor, demanda sa retraite et l'obtint.

Soixante ans d'âge, quarante années de service et beaucoup de rhumatismes accumulés à l'ombre de notre commune prison lui commandaient le repos. Il avait amassé de quoi vivre assez largement dans son pays natal, un coin du Finistère où le beurre coûtait huit sous la livre et le cent d'huîtres quatre sous. M^me Dor, Bretonne comme lui, avait un petit domaine là-bas et des parentés honorables ; elle comptait y marier à quelques hobereaux ses deux filles un peu attardées, mais instruites, agréables encore et nullement rhumatisantes.

Ce départ n'émut pas seulement la colonie de fonctionnaires dont M. Dor était le doyen ; elle inquiéta les familles bourgeoises, qui toutes avaient eu, ou devaient avoir affaire à l'excellent principal. Parmi les élèves eux-mêmes, c'est à peine si deux ou trois indisciplinés, comme Auguste Poulard, affectèrent la joie et parlèrent de délivrance. Les professeurs, les maîtres d'étude, la plupart de mes camarades et moi, nous déplorions la perte de l'homme juste, intelligent et bon qui avait gagné tous nos cœurs par ses qualités personnelles.

La vue du successeur qu'il installa lui-même avec sa bonne grâce accoutumée nous étonna sans nous consoler. Autant M. Dor était net, correct et digne, avec ses petits favoris blancs, son faux col droit et sa redingote ajustée, autant M. Lutzelmann nous parut inculte et farouche. Cheveux longs, barbe touffue, paletot sac et chapeau de feutre mou, le tout fort propre, mais d'une simplicité outrée, lui donnaient un faux air de paysan du Danube. Il était de Colmar, marié à une grande Strasbourgeoise blonde et maigre, et père de quatre enfants, dont une fille dans l'âge ingrat. L'accoutrement de toute la famille était ridicule et son accent barbare. On racontait à demi-voix que notre nouveau principal était une créature de M. Victor Cousin. Ce philosophe l'avait trouvé mourant de faim dans une école industrielle, il l'avait employé à traduire des auteurs allemands et lui avait donné pour salaire une mission de trois années en Angleterre, en Prusse, en Autriche et en Suisse. Pendant trois ans, ce voyageur gorgé d'or à raison de 250 francs par mois avait assommé les bureaux de ses mémoires indigestes, paradoxaux et quelque peu révolutionnaires, que les commis de M. Villemain ne lisaient plus. Le jour où cet Olibrius alsacien, sa tâche terminée, retomba sur les bras d'un ministre qui ne l'avait pas choisi, on s'aperçut qu'il était assez pauvre humaniste, à peine bachelier, et qu'il avait pourtant aussi bon appétit qu'un docteur en théologie. Dans l'heureux monde des fonctionnaires, les esprits originaux sont les plus difficiles à placer. M. Lutzelmann avait donc, malgré ses services, quelque droit à mourir de faim, si son ancien patron ne fût venu à la rescousse. Victor Cousin se montra d'autant plus généreux qu'il pouvait l'être sans bourse délier : il fit donner à son ancien collaborateur un collège obscur, en assez mauvais point et médiocrement noté par les inspecteurs généraux. Voilà du moins la légende qui courait dans les rues ; certains bavards, bien ou mal informés, ajoutaient que l'homme au paletot sac avait carte blanche pour les réformes et les expériences, et que, si le conseil municipal le laissait faire, nous verrions prochainement du nouveau.

C'est sous l'impression de ces idées que les maîtres et les élèves prirent congé de M. Dor. La cour des messageries était pleine ; petits et grands voulaient serrer les mains de l'honnête homme qui s'en allait. M. Lutzelmann et ses trois fils assistèrent bravement à cette explosion de regrets, qui ne leur promettait rien de bon. Lorsque la diligence eut disparu au coin de la grand'rue et du boulevard circulaire, le maire et le nouveau principal se dirigèrent ensemble vers le collège ; M. Morand n'en sortit pas avant la nuit.

Le lendemain, vers neuf heures du soir, les petites vacances étant finies, je repris mélancoliquement le chemin de ma prison. Ce n'était jamais sans douleur que je levais le lourd marteau de la porte. Je fus donc agréablement surpris en voyant que le marteau, la porte et le portier lui-même avaient disparu. Trois de mes camarades se tenaient sur le seuil, les bras ballants, les yeux écarquillés, tout ahuris de l'aventure. Un quatrième survint, chargé de fruits confits et de beurre salé ; il nous apprit que M. Lutzelmann avait donné la porte à repeindre et offert un mois de congé à ce cerbère de Lombard. Ce n'est pas tout : en gagnant le vestibule de la maison, je m'aperçus qu'on avait ôté la barrière entre les grands et les petits. Les deux cours n'en faisaient plus qu'une, et dix fois, vingt fois plus grande, car l'on pouvait circuler librement entre le mur d'enceinte et le couvent sécularisé. Le jardin même, cet impénétrable jardin de principal, avait sa grille ouverte à deux battants.

« Entrons-y, dit un grand.

— Non, répondis-je, ce serait lâche, puisqu'il est ouvert. »

Et tous furent d'avis qu'une escapade, héroïque avant Pâques, serait absolument indigne aujourd'hui. Et nous prîmes le chemin du dortoir, où une nouvelle surprise nous attendait.

Notre jeune maître d'étude, celui qui écrivait des vers et qui s'est fait plus tard un certain nom dans la littérature, attendait que nous fussions au complet. Il nous réunit tous autour de lui, et, après nous avoir montré que la place de son lit, au bout de la grande salle, était vide, il nous dit :

« Le nouveau principal, sachant que j'ai besoin de travailler le soir, a bien voulu me donner une chambre. Mais cette faveur m'est accordée à titre provisoire et sous réserve de votre bon plaisir. Il dépend de vous que je perde ou que je garde la libre disposition de mon temps : je vous supplie donc de prouver par votre conduite que l'on peut abolir sans inconvénient la surveillance du dortoir. »

Tous les élèves lui répondirent à la fois; il n'y eut qu'un cri pour affirmer que nous étions d'honnêtes garçons et que nous ferions désormais notre police nous-mêmes.

« Si vous tenez parole, reprit-il, ce n'est pas à moi seul que vous rendrez service, et j'ai tout lieu de croire que vous serez récompensés. »

Personne ne saisit alors le sens caché de cette promesse; mais un esprit de discipline volontaire soufflait dans la maison : c'est à peine si deux ou trois gamins abusèrent un peu de leur liberté; ils furent rappelés à l'ordre, et vivement.

Le lendemain matin, les plus grands internes, deux élèves de seconde, trouvèrent sur leurs pupitres une invitation à déjeuner le jour même avec M. et M$^{me}$ Lutzelmann. Ils revinrent à l'heure de la classe, enchantés du principal et de sa famille, et tout émerveillés du jardin, où l'homme au paletot sac les avait promenés en fumant sa pipe de porcelaine. Deux autres grands furent priés à dîner, et l'internat tout entier y passa en moins d'une semaine. Si bien que, le sixième jour, nous avions tous fait connaissance avec le principal, sa famille et son intérieur. Et quand M$^{me}$ et M$^{lle}$ Lutzelmann vinrent se promener dans notre cour, en pleine récréation, chacun de nous les aborda avec autant de politesse que si la scène s'était passée dans un salon. Elles nous conduisirent elles-mêmes au fond de leur jardin, où nul élève ne s'était encore aventuré sans invitation. Le principal nous attendait; il loua la discrétion dont nous avions fait preuve et nous pria d'être moins réservés à l'avenir.

Ce paradis terrestre ouvert à tout venant était un rare et curieux spécimen de la vieille horticulture française. On y voyait des pièces d'eau dormante, encadrées dans la pierre de taille, des charmilles épaisses, des faunes moussus grimaçant dans leurs gaines, des ifs taillés en pyramide, un grand cèdre du Liban et quelques-uns de ces arbres qu'on ne cultive plus, comme le pommier cerise, dont les petits fruits rubiconds pendent au bout d'une longue queue. De beaux vieux espaliers couvraient les murs d'un potager tiré au cordeau, où les plates-bandes de fleurs encadraient les carrés de légumes. Tout cela semblait un peu négligé depuis que le farouche Lombard, concierge et aide-jardinier, était en villégiature. Les fils du principal prirent la bêche et le râteau; leur exemple nous gagna tous, et ce travail nous amusa autrement que la toupie et les billes. Bientôt les professeurs, les maîtres d'étude, les externes, les parents de quelques élèves eurent plaisir à nous regarder faire, ou même à faire comme nous. Le principal et sa famille, bonnes gens sans prétentions, accueillaient si cordialement tout le monde que ce coin réservé, peu connu, fit concurrence au jardin public.

L'HOMME AU PALETOT SAC LES AVAIT PROMENÉS EN FUMANT SA PIPE DE PORCELAINE.

Ma mère y venait quelquefois ; M^me Bonafigue y amenait la petite ; les jeunes personnes les mieux élevées, M^lle Simonnot, la sœur de mon ami Poulard, les trois filles de M. Fondrin y apportaient leur tapisserie ou leur crochet, et cette invasion de la bonne compagnie modifia en peu de jours le ton et la tenue du peuple écolier.

M. Lutzelmann profita de la vogue pour organiser au collège un enseignement auquel personne n'avait jamais songé. Il alla voir M. André, le meilleur jardinier de la ville, homme de mœurs patriarcales et d'esprit bienveillant, comme tous ceux de son métier.

« J'ai besoin, lui dit-il, d'un professeur d'horticulture qui soit en même temps très capable et très désintéressé, car le budget du collège ne me permet pas de lui donner un centime pour prix de ses leçons. La voix publique me conseille de vous offrir l'emploi ; l'acceptez-vous ?

— Très volontiers, répondit le bonhomme ; j'ai peu d'ouvrage, et je ne vends pas grand'chose ; c'est le temps qui me manque le moins. »

Ce cours gratuit a changé la face du pays et commencé la fortune du père André. Les héritiers du digne professeur possèdent aujourd'hui une des pépinières les plus florissantes du monde entier, et l'arrondissement est peuplé d'amateurs des deux sexes, qui greffent eux-mêmes leurs rosiers, taillent leurs arbres à fruits, bouturent leurs camélias et hybrident leurs bégonias sans demander conseil à personne.

Le travail du jardin supprima par enchantement les habitudes de pillage et de gaspillage que l'internat avait propagées parmi nous. On dirait que la terre inspire à ceux qui la cultivent un esprit de conservation effrénée. Plutôt que de cueillir une fraise en cachette, nous en aurions ajouté cent, si nous l'avions pu ! Il s'agissait d'en faire un grand panier pour la table du principal, et cet événement, attendu avec impatience, n'arriva que dans la première semaine de juin. M^me Lutzelmann reçut notre ambassade avec un bon gros rire de maman.

« Vous êtes très gentils, nous dit-elle, mais nous ne pourrions jamais tout manger à nous seuls. Il y en a assez pour tout le collège, et vous feriez mieux de nous inviter demain au réfectoire. Les fraises ont meilleur goût quand la nuit a passé dessus ; nous donnerons le sucre et nous apporterons notre plat. »

Ce fut une affaire d'État. L'idée de recevoir chez nous, à notre table, le principal, sa femme et ses enfants, avait mis les cerveaux à l'envers. Nous éprouvions les inquiétudes et les angoisses d'un maître de maison à ses débuts. La toile cirée, les assiettes à cinq sous de la fabrique Simonnot, les couverts de cuivre plaqué, les couteaux ébréchés, nous faisaient honte ; on emprunta du linge et de l'argenterie en ville, on se cotisa pour avoir un vol-au-vent du bon faiseur, l'aubergiste de la *Couronne;* la complaisance des externes fut mise en réquisition, car nul de nous n'avait encore osé franchir la porte absente : une barrière morale nous arrêtait.

Un quart d'heure avant le repas, petits et grands montèrent au dortoir pour laver leurs mains et lisser leurs cheveux, ce qui ne s'était jamais vu. Les maîtres d'étude, eux aussi, firent un petit bout de toilette, et, quand la famille Lutzelmann entra au coup de cloche, on s'aperçut que le paletot sac légendaire était remplacé par une redingote de drap bleu.

Le cuisinier n'avait pas pris sur lui de grossir le menu réglementaire; mais il avait soigné le potage et les deux plats, et, grâce à l'œil du maître, nous étions mieux nourris sans qu'il en coûtât davantage. Les Lutzelmann firent honneur à notre vol-au-vent, et les internes dévorèrent l'énorme gâteau d'amandes pilées auquel la mère et la fille avaient donné leurs soins. Il y eut des fraises pour tout le monde, et le principal les arrosa d'un joli vin framboisé qui ne faisait pas regretter l'*abondance*. Lorsqu'il nous vit en belle humeur, il appuya ses deux poings sur la table et nous dit :

« Mes enfants, on est très bien chez vous ; j'y reviendrai.

— Nous y reviendrons tous, dit la famille, en chœur.

— Et vous serez toujours les bienvenus ! » répondit le doyen des élèves, un grand garçon de dix-sept ans.

Le principal attendait probablement cette réponse, car il partit de là pour nous conter qu'en Angleterre, en Suisse et dans d'autres pays également civilisés, il avait vu les internes s'asseoir deux fois par jour à la table de leurs maîtres, avec les femmes et les filles de la maison ; que ce genre de vie avait mille avantages sans aucun inconvénient sérieux, et que d'ailleurs c'était le seul moyen de faire marcher de front l'instruction et l'éducation, ces deux moitiés de la pédagogie. Il prononçait *pétacochie,* mais nous ne nous moquions plus de son accent.

A dater de ce jour, il n'y eut qu'une table dans la maison, et la famille de M. Lutzelmann devint la nôtre. La nourriture fut excellente sans rien perdre de sa simplicité; chacun se servit à sa guise ; l'odieuse *abondance* disparut ; personne ne gâcha plus ni le pain ni la viande. Mais le nouveau régime eut surtout le mérite de centupler la somme de nos connaissances, de nous suggérer mille idées et de nous former un jugement droit. La grande affaire du principal était de nous faire causer. Sans préméditation apparente, il variait soigneusement le sujet de nos entretiens et savait, en dépliant sa serviette, quelle question il allait mettre sur le tapis. Un jour nous déjeunions d'histoire et nous dînions de morale ; le lendemain il nous servait un plat d'économie politique et un hors-d'œuvre de grammaire, régal cher à tous les Français. Il voulait que petits et grands fussent à la conversation, et il avait le secret d'y intéresser tout le monde.

Avant ces leçons familières, je n'avais pas sondé le vide de l'enseignement classique. Je m'étais bien demandé quelquefois comment un cancre du collège devenait avocat ou médecin distingué, tandis que certains lauréats passaient au rang de simples imbéciles. C'est la conversation de M. Lutzelmann qui m'expliqua cette contradiction apparente en me prouvant que le collège, au moins tel qu'il était de mon temps, n'enseignait absolument rien des choses de la vie. A la table du principal, un bambin de dix ans, fort studieux et premier dans sa classe, était incapable de dire si le blé se fait avec la farine, ou la farine avec le blé. Un grand gaillard de mon âge croyait que les cultivateurs fument leur champ à l'automne en brûlant les mauvaises herbes ; il confondait la fumure et l'écobuage. Le fils d'un juge au tribunal s'escrimait vainement à définir les fonctions d'un notaire, d'un avoué, d'un avocat et d'un huissier. Aucun de nous ne connaissait la Charte du royaume, et mon ami Auguste Poulard, dont le père venait d'être élu député, n'avait qu'une très vague idée du cens électoral. Tous ces jeunes scholars parlaient de leurs pays et de leur temps comme des Hurons fraîchement débarqués ; mais l'étranger leur était également inconnu, et sur l'antiquité elle-même ils n'avaient que des notions vagues ou des idées fausses.

Mon pauvre Lutzelmann ne possédait pas d'autres langues que le français et l'allemand ; il n'était pas fort en latin, et Philaminte ne l'eût certes pas embrassé pour le peu de grec qu'il savait. Je crois bien que décidément il n'était pas bachelier, mais il en aurait remontré sur mille et une affaires à toute la Faculté des lettres. Il s'expliquait sur l'antiquité, comme sur les temps modernes, en homme qui a beaucoup étudié et pensé davantage ; ses jugements avaient le goût et l'épaisseur d'un consommé très réduit, très riche et très nourri. Il esquissait, en peu de mots, souvent bizarres et parfois excessifs, la physionomie d'un pays, d'une nation, d'une personne ancienne ou moderne. L'originalité de son esprit allait volontiers jusqu'au paradoxe ; mais, loin d'imposer ses idées, il provoquait la contradiction. Un de mes camarades, qui avait toujours remporté le prix de mémoire, crut bien faire en lui répétant à peu près mot pour mot une diatribe enragée qu'il avait faite devant nous contre la politique de Cicéron.

« Silence, perroquet ! répondit le digne homme, ce n'est pas mon opinion que je te demande, c'est la tienne. »

Il nous tutoyait tous, grands et petits, comme ses propres enfants. Madame Lutzelmann nous tutoyait aussi, et leur fille, la grande Gredel, nous traitait également en camarades; à quatorze ans, elle était presque aussi garçon que nous; et, quoiqu'elle soit grand'mère depuis longtemps, les souvenirs de cette honnête et franche cordialité sont si puissants que je ne me suis pas encore accoutumé à la regarder comme une femme.

Plusieurs notables de la ville, et entre autres M. Morand, le maire, avaient pris M. Lutzelmann en amitié. Cet homme étrange, tout hérissé d'idées nouvelles, inquiéta d'abord et ne tarda point à séduire ceux qui l'approchaient. On trouva qu'il avait du bon, on se le dit; ce fut bientôt à qui viendrait lui demander ou lui apporter des idées. Il reçut plusieurs fois les autorités à sa table, à la nôtre; le sous-préfet passait souvent une heure au milieu de notre travail au jardin ou de nos jeux dans la cour. La commission municipale qui prenait soin de nos affaires eut avec le principal deux ou trois conférences dont on vit bientôt les effets. Un matin, mon ancien ami Basset prit possession d'un coin de la cour. Il y fit creuser de grands trous et il y planta de belles pièces de charpente, un mât vertical, un mât horizontal, un portique, des barres parallèles, et le reste. M. Mathey, capitaine des pompiers, vint donner un coup d'œil à ce gymnase et le trouva bien. Vers le même temps, un lieutenant en retraite, M. Lequien, prit toutes sortes de mesures, avec Michaud, le tambour de ville, et finit par faire sceller une large plaque de fonte dans le mur du potager. Enfin les plâtriers et les peintres en bâtiments s'emparèrent des vieilles cellules inhabitées; on fit des raccords aux plafonds, et l'on blanchit les murs à la chaux. Et dans une même semaine le principal inaugura un tir à la mode suisse, un gymnase et un dortoir modèle où chaque interne était libre et maître chez lui.

En nous montrant nos chambres toutes petites, mais propres, claires et aérées, M. Lutzelmann nous dit que nous avions le droit d'en compléter l'ameublement au gré de nos familles et à leurs frais. Il ajouta que les serviteurs du collège n'étaient pas assez nombreux pour supporter le surcroît de besogne qui résultait de cette installation, mais qu'on nous savait justes et raisonnables, et que nous ne refuserions certes pas de faire nos lits, de monter notre eau, de cirer nos souliers, de brosser nos habits, d'entretenir la propreté sur nous et autour de nous; d'ailleurs, les fils du principal nous donneraient l'exemple.

Ce programme fut accepté d'enthousiasme. Nous étions si contents que l'héritier du richissime Poulard s'écria :

« Moi, je consentirais à ramoner ma cheminée, si j'en avais une ! »

Le bon Alsacien reprit :

« Pour meubler un peu mieux ces cellules, vous aurez à visiter vos familles et à courir les magasins. Faites-le quand il vous plaira : un collège n'est pas une prison. J'ai le regret de vous apprendre que Lombard, notre ancien portier, a ouvert une auberge dans son village : il ne sera pas remplacé, et vous prendrez vos récréations soit dedans, soit dehors, à votre choix. Seulement, je vous avertis que, si un seul élève oubliait l'heure de la classe ou de l'étude, il remettrait le règlement en question et compromettrait la liberté de tous ses camarades. »

Cette annonce, le croirait-on, nous laissa presque indifférents. Depuis que nos familles, nos correspondants, nos amis et nos simples relations fréquentaient le jardin et la cour du collège; depuis que la porte cochère était enlevée de ses gonds, depuis que le principal et les siens mangeaient à notre table ; depuis surtout que des occupations actives et variées remplissaient tous les intervalles de nos études, le dedans nous intéressait peut-être plus que le dehors. Après avoir longtemps jalousé la liberté des externes, nous leur faisions envie à notre tour, et ils sollicitaient la permission de s'enfermer avec nous.

On la leur accorda sans peine, et les inscriptions au cours gratuit de gymnastique dépassèrent le nombre de cent. M. Mathey dirigea les premières leçons et surveilla les suivantes ; il avait choisi pour prévôts deux jeunes pompiers alertes et intelligents. Les carabines de précision qu'on avait fait venir de Bâle furent maniées assez adroitement par une quarantaine de tireurs inexpérimentés. Comment des gamins de collège qui n'avaient pas touché une arme de leur vie firent-ils l'admiration du vieux Michaud et du lieutenant Lequien ? Tout simplement parce que M. Lutzelmann, dans ses voyages, avait acquis une méthode. Au lieu de planter son élève à cent mètres du but, dans des conditions où le tireur ne fait mouche que par un coup de fortune, il le plaçait d'abord à quelques pas de la cible, et, après lui avoir assuré les jambes et les bras, il lui faisait rectifier son tir, jusqu'à ce qu'il sût presque infailliblement mettre au droit. Celui qui vise bien à dix pas ne tirera pas plus mal à vingt pas, à trente, à soixante ; et pour les plus longues distances il n'aura plus que la hausse à régler. Cet exercice nous rendit non seulement adroits, mais sages ; les accidents d'armes à feu n'arrivent guère qu'à ceux qui n'en connaissent pas le maniement et le danger.

Le lieutenant, encouragé par nos premiers succès et comme électrisé par notre bon vouloir, rêvait de nous donner l'instruction militaire jusqu'à l'école de peloton exclusivement. Par malheur les fusils de munition lui manquaient, et, quand même un arsenal très complaisant en eût prêté une cinquantaine, comment les ajuster à la taille de conscrits dont les plus jeunes avaient neuf ans et les plus vieux seize ou dix-sept ans? La question fut donc ajournée, mais l'activité des élèves et des autres maîtres ne chôma pas pour si peu. Chaque jour nous offrait une nouvelle occupation et un nouveau sujet d'étude. On prit un essaim sur un orme ; ce fut le principe d'un rucher. Quelques graines de vers à soie, apportées par un externe et nourries par les laitues et les mûriers du jardin, commencèrent une petite magnanerie. Les animaux nous envahirent ; grâce aux dons spontanés qui arrivaient de partout, on fit une basse-cour où les oies, les canards, les poules, les dindons, les pigeons de volière, les paons et les pintades se disputaient à coups de bec les miettes de nos repas. Quelques familles de lapins, une chèvre, deux brebis, un cochon furent admis au droit de cité. Il nous manquait encore des vaches et des chevaux pour compléter la ménagerie ; mais les oiseaux, les souris blanches, les couleuvres, les lézards, les cyprins dorés, les tritons, les grenouilles vertes s'ébattaient dans leurs cages ou leurs bocaux, l'aquarium n'étant pas inventé.

Le principal, sa femme et ses enfants connaissaient autrement que de réputation tous ces nouveaux pensionnaires. Ils en parlaient fort bien, quelquefois même savamment. M. Lutzelmann ne craignait pas d'aller chercher un lapin ou un poulet pour le disséquer devant nous, et c'était une leçon d'anatomie. Il avait un vieux microscope, pas très puissant, mais assez bon ; il nous y faisait voir des tissus animaux ou végétaux, des cristallisations, certains liquides animés par la vie turbulente des infusoires. Lorsqu'un de nous le remerciait à la fin de ses excellentes leçons, il répondait d'un ton bourru :

« Je ne sais pas grand'chose. Il faudrait un professeur d'histoire naturelle, nous ne l'avons pas, je le remplace comme je peux, mais ne prenez pas ça pour de la science, non, non ! »

S'il eût été moins maladroit de ses mains, il aurait suppléé avec joie le professeur de dessin qui nous manquait aussi ; mais il était brouillé avec les crayons et les plumes, et les élèves de huitième écrivaient mieux que lui. Il déplorait hautement cette infirmité et jurait que tous ses enfants sauraient dessiner et écrire. A ses yeux, ces deux arts n'en faisaient qu'un chez tout homme complet, car le dessin est l'écriture des objets, comme l'écriture est le dessin des idées. Gredel et les trois garçons, pour lui plaire, étaient devenus calligraphes, mais leur éducation artistique laissait beaucoup à désirer. Et pas un peintre, pas un sculpteur, pas même un architecte, sauf deux maîtres maçons, dans la ville !

A toute fin pourtant, M. Lutzelmann découvrit dans le haut quartier, à quelques portes de la maison où ma mère s'était cloîtrée, un vieux dessinateur de fabrique retiré des affaires à soixante-douze ans avec mille écus de rente. Ses voisins le considéraient comme un ancien commerçant, soit qu'il se fût donné pour tel, soit que les bonnes gens de là-haut ne fissent aucune différence entre celui qui dessine les papiers peints, celui qui les fabrique et celui qui les vend. M. Doussot les avait dessinés longtemps avec quelque succès pour plusieurs maisons de Paris. Son intérieur très modeste annonçait un homme de goût et un amateur distingué. Il vivait avec une petite-nièce, son héritière, au milieu de vitraux anciens, de gravures précieuses, de faïences italiennes et de ces beaux meubles de la Renaissance française, que les bourgeois de 1844 reléguaient sottement au grenier. Pour occuper son temps, il gravait de petites eaux-fortes que personne ne s'avisait d'acheter ni même de voir. Ce modeste vieillard tomba de très haut lorsque le principal, après avoir feuilleté ses cartons, le sollicita d'ouvrir un petit atelier au collège. Il allégua son âge, son incompétence, la très sommaire instruction qu'il avait reçue à l'école Saint-Pierre à Lyon. « Je n'ai jamais appris, disait-il, que l'ornement et la fleur. — C'est beaucoup plus que rien, répondit M. Lutzelmann. Je n'ai jamais rêvé que mes bambins dessineraient comme Ingres, peindraient comme Delacroix ou composeraient comme Horace Vernet. Enseignez-leur seulement à se servir de leurs doigts ; qu'ils sachent voir les objets tels qu'ils sont et exprimer le relief sur une surface plane ; vous aurez fait œuvre utile, et nous ne sommes au monde que pour ça. »

La place ne se rendit pas à la première sommation ; il y fallut plus d'un assaut ; mais cette tête carrée de Lutzelmann avait un argument qui triomphait de toutes les résistances : « Vous ne pouvez pas refuser, puisque c'est un service gratuit ! » Le petit père Doussot apprit donc le chemin du collège.

On ne viole pas impunément les saintes lois de la routine, et jamais une vérité neuve n'a fait son chemin sans accident. Les premières réformes du principal avaient été presque unanimement applaudies ; toutes les femmes se prononcèrent pour l'internat ouvert, aimable et gai. Le jardinage, la gymnastique, le tir, ne soulevèrent aucune objection, le nouveau cours de dessin fut goûté, on se réjouit de savoir que chaque pensionnaire avait sa chambre ; et, sauf quelques esprits rétrogrades, ennemis déclarés de tout progrès, la ville entière rendit justice aux efforts de M. Lutzelmann. Mais ceux-là mêmes qui approuvaient tous les détails de l'œuvre n'étaient pas sans préventions contre l'ensemble : les uns disaient qu'on allait un peu loin, les autres qu'on allait un peu vite ; ils craignaient que le nombre ou la diversité des exercices ne dissipât nos jeunes esprits. Vers la fin de l'année scolaire, ce mouvement de réaction devint si vif et si pressant que le maire s'en émut. Après avoir secondé toutes les entreprises du principal, il ne put refuser de le faire comparaître devant une assemblée de pères de famille présidée par le député, M. Poulard. Les mœurs de notre pays sont douces et cordiales ; un déjeuner chez M. Morand adoucit la rigueur de cette mise en jugement. Les observations et les critiques se développèrent posément, avec une bonhomie qui n'excluait pas la fermeté, et M. Poulard résuma les débats en disant : « Si la ville paye sans marchander le budget du collège, ce n'est pas pour donner à ses enfants une éducation de fantaisie. C'est pour les mettre en état de suivre les cours de rhétorique et de philosophie au collège royal, d'en sortir bacheliers et d'aborder, sans infériorité trop sensible, les carrières civiles ou militaires *sous l'égide* du Gouvernement. »

Le prévenu, notre excellent et cher Alsacien, s'était défendu assez mal au cours de la discussion. Mais après le dessert, devant sa tasse de café, lorsqu'il eut allumé sa grosse pipe de porcelaine, il devint éloquent et presque poétique. Ceux qui l'ont entendu racontent qu'il fit un magnifique éloge de la jeunesse, et qu'il compara le cerveau des écoliers à ces cabinets florentins, beaux petits meubles du xvie siècle, où l'on peut entasser des papiers, des bijoux, des émaux, des médailles, des pierres gravées, sans les remplir ; il y reste toujours des cases vides. Nous avions, selon lui, un pouvoir absorbant, une faculté d'assimilation que l'enseignement le plus riche et le plus varié ne pouvait ni lasser ni même satisfaire, et le grand tort des programmes classiques était de refuser la nourriture ou de n'offrir que viandes creuses à ce prodigieux appétit.

« Croyez-en mon expérience, leur dit-il ; un jeune homme d'esprit moyen qui apprendra dix choses à la fois doit faire plus de progrès dans chacune de ses études que s'il s'était buté à une seule. Du reste, vos professeurs, mes chers et honorés collègues, assurent que le nouveau régime n'a fait tort ni au grec ni au latin. L'amour-propre et l'esprit de corps les abusent peut-être, et je ne suis pas assez bon humaniste moi-même pour contrôler leur jugement ; mais j'ai trouvé un bon moyen de mesurer le niveau de nos études classiques. J'ai prié l'inspecteur d'académie d'emprunter pour nous, au collège royal, le texte des compositions des prix. Nos enfants ont concouru, sans le savoir, avec leurs camarades de Villevieille ; leurs copies sont là-bas, on les a corrigées et classées, j'attends le résultat aujourd'hui, et, quel qu'il soit, dût-il me condamner, soyez certains, Messieurs, que je vous le ferai connaître. »

L'idée de ces concours entre collèges était nouvelle alors ; tous les auditeurs la trouvèrent fort bonne ; le maire seul pensa que son protégé avait commis une imprudence, car l'infériorité de nos études semblait bien établie depuis longtemps. Aussi la surprise et la joie furent-elles au comble lorsque, deux jours après, un pli officiel signé de l'inspecteur d'académie vint réhabiliter les élèves, les professeurs et le courageux principal. Nous avions la moitié des prix et un bon tiers des accessits ! Pour ma part, j'étais le premier en vers et en version latine et le troisième en thème grec. Le recteur avait signalé nos progrès au Ministre, qui se mit en frais d'éloges pour nos maîtres et de livres dorés pour nous. A ces nouvelles, l'opinion publique se retourna sans crier gare : notre principal fut d'autant plus populaire qu'il avait été discuté et presque menacé. Cet original, cet intrus que nos professeurs effarés n'avaient pas encore accepté comme universitaire authentique, se trouva tout à coup en possession d'une autorité illimitée. Vous allez voir comment il en usa dans l'intérêt de ses élèves et particulièrement pour ma fortune et mon bonheur.

## CHAPITRE VII

### CHACUN POUR TOUS

Le deuxième lundi du mois d'août, avant de nous distribuer nos prix, M. Lutzelmann profita de la circonstance qui rassemblait sous des guirlandes de chêne, dans notre ancien dortoir, les autorités et les notables. Il donna d'abord la parole au professeur de seconde, qui, dans un discours très correct, sinon très neuf, fit l'apologie des études classiques et prouva, après beaucoup d'autres, que, si elles laissent peu de choses utiles dans notre esprit, elles nous rompent au travail ingrat et nous apprennent à apprendre. Lorsque ce lieu commun eut été poliment applaudi par les élèves et leurs familles, l'Alsacien barbu se leva, dans son habit noir trop étroit et sa cravate blanche au nœud tout fait. Il n'avait pas de papiers dans les mains, et les premières minutes de son improvisation nous semblèrent assez confuses. On put comprendre, avec beaucoup de bonne volonté, qu'il respectait l'ordre établi, qu'il tenait les programmes officiels pour chose sacrée et que, mettant à part ses opinions personnelles sur l'efficacité de certains exercices, il ne ferait pas tort d'un vers latin aux cent cinquante élèves du collège. Mais un travail de statistique, embrassant les vingt dernières années, prouvait que, dans la ville, neuf jeunes gens sur dix arrêtaient leurs études après la classe de seconde ; l'ambition du baccalauréat, l'attrait des brillantes carrières avait beau les pousser vers le collège royal, ils étaient retenus par la dépense et la distance. L'enseignement classique ne portait donc ses fruits que pour une infime minorité ; le grand nombre restait en route et s'éparpillait à quinze ou seize ans dans le commerce, l'industrie, la basoche, le notariat, la poste, les finances, la partie forestière, les bureaux de l'ingénieur ou de l'agent voyer. S'il était démontré que cent trente-cinq élèves sur cent cinquante n'auraient jamais d'autres leçons que celles du collège communal, le collège avait-il le droit de leur donner une instruction de luxe pur ? Ne leur devait-il pas une certaine préparation à la vie ? N'était-ce pas trahir un peu la confiance des familles que de leur rendre de grands garçons barbouillés de grec et de latin, mais ignorants de toute chose ?

A ce moment, les applaudissements éclatèrent sur tous nos bancs. Les familles y mirent plus de réserve, car le latin et le grec étaient encore en grand crédit chez les estimables bourgeois, qui n'en savaient pas un seul mot.

M. Lutzelmann s'efforça de rassurer son auditoire. Il affirma qu'un principal, voulût-il supprimer ou simplement réduire l'enseignement classique, n'en aurait ni le droit ni le moyen : les programmes du ministère lui liaient les mains ; les professeurs de grammaire et d'humanités occupaient un domaine sur lequel aucun empiétement n'était permis ; on ne pouvait consacrer aux études pratiques, aux leçons de choses, que le temps des récréations. Il l'avait essayé timidement, dans une mesure très restreinte, et l'expérience avait réussi, grâce au concours désintéressé de quelques bons citoyens. Il remercia publiquement M. André, M. Doussot, M. Mathey, M. Lequien et jusqu'au père Michaud. Tous ces noms furent couverts d'applaudissements ; on fit une ovation comique au vieux tambour de ville, qui rougissait comme une fillette et ne savait où se cacher.

L'orateur, enhardi par les bonnes dispositions de son public, démasqua résolument ses batteries. Il exposa qu'en dehors des récréations quotidiennes, dont il avait trouvé l'emploi, on pouvait encore utiliser une demi-journée par semaine. La promenade du jeudi était sotte, ennuyeuse et justement impopulaire ; il s'agissait non pas de l'abolir, mais de la diriger, et l'on pouvait la diriger de telle sorte que les externes voudraient tous se joindre aux pensionnaires, comme ils suivaient déjà pour la plupart les travaux des récréations.

« Voyons, messieurs, dit-il aux parents, que diriez-vous si l'an prochain, sans ajouter un centime au budget du collège, je donnais à vos fils quarante leçons supplémentaires, faites par quarante professeurs aussi savants dans leur partie et plus pratiques assurément que tous les docteurs de Sorbonne ? Ne me regardez pas comme une victime de l'imagination ; ne cherchez point par quel miracle je ferai venir de Paris ou du chef-lieu tant de maîtres capables et dévoués ! Ils sont ici, dans cette salle ; je les ai sous les yeux : je pourrais les désigner tous. C'est vous, monsieur l'ingénieur, et vous, monsieur l'agent voyer, et vous, monsieur le conducteur des ponts et chaussées, qui promènerez ces enfants sur les routes, sur le bord du canal, sur les digues, et leur ferez la classe en plein air. C'est vous, monsieur l'inspecteur, vous, monsieur le garde général, vous, monsieur le brigadier, qui les introduirez l'été prochain dans ce splendide laboratoire de la nature qui s'appelle la forêt. Je suis sûr, monsieur Simonnot, que vous serez heureux d'offrir à nos élèves, devenus les vôtres, l'exemple d'une florissante industrie, qui est la richesse et l'orgueil du pays. Je ne vois pas un fabricant, pas un marchand en gros ou en détail, pas un artisan, pas un des fermiers du faubourg qui ne soit prêt à enseigner durant une demi-journée les éléments de la profession qui le fait vivre. Une petite ville comme la nôtre n'est qu'une famille un peu agrandie ; chaque père s'y intéresse à tous les enfants, et chaque enfant y respecte tous les pères. Si une génération d'hommes faits veut bien s'associer à nous pour instruire cette jeunesse, la circulation des idées deviendra plus large et plus rapide, le choix d'un état ne sera plus affaire de hasard, nous verrons naître des vocations raisonnées ; mais surtout, avant tout, l'esprit de solidarité nivellera les conditions, échauffera les cœurs, rapprochera jeunes et vieux, riches et pauvres ; c'est l'idéal d'une société vraiment organisée ! »

Le style n'était pas fameux, mais l'orateur avait la voix chaude, et sa bonne volonté se répandait autour de lui comme une heureuse et salutaire contagion. Toute l'assemblée écouta sans impatience le détail du programme, la distribution des travaux selon les saisons. Le boucher, le tanneur, le meunier, le boulanger, l'épicier, le cordonnier, le maçon, mon ami Basset, les travailleurs de tous étages, sentirent bien qu'en leur demandant un petit service on leur faisait un grand honneur, puisqu'il n'est pas de fonction plus haute que l'enseignement. On leur annonça que chacune des leçons du jeudi serait l'objet d'un travail écrit, avec ou sans épures explicatives; que les rédactions devaient être corrigées et classées par le professeur d'un jour sous la surveillance du principal, et qu'au bout de l'année la génération enseignante pourrait donner des prix aux élèves les plus méritants. Pour conclure gaiement, M. Lutzelmann présenta à nos futurs maîtres trois gaillards longs, maigres, blonds, tondus jusqu'au cuir et criblés de taches de rousseur, en un mot ses trois fils. « Faites pour mes enfants, dit-il, ce que je fais pour les vôtres, et tout sera pour le mieux dans la meilleure ville du monde! » On applaudit à faire crouler le dortoir, et notre cours de technologie (pardon du mot) fut ainsi décrété par la population.

L'espérance d'apprendre un peu de tout et de devenir un homme complet comme mon père, avec quelque littérature en plus, me suivit à Launay et me tint l'esprit en éveil jusqu'à la rentrée. Je fis même deux ou trois fois le voyage de la ville pour causer avec le principal, dire bonjour à ses enfants et revoir un peu le collège. Rien de plus contraire à mes habitudes et à celles de tous les écoliers ; mais c'est que le collège, à mes yeux, n'était plus une prison. J'avais pris en grande amitié cette masure hospitalière, où j'étais sûr de retrouver ma chambre proprette, mon lit blanc, mes deux planches chargées de livres et l'appareil très primitif de mes ablutions matinales. Mon cœur se serrait à l'idée qu'il faudrait déloger dans un an et reprendre le collier de misère dans un internat rigoureux, loin de ma mère, de mon principal, de mes chers maîtres et de mes amis.

Ce vieux collège! Je l'aimais un peu moins que ma maison natale, mais beaucoup plus que notre nouveau logis.

Les vacances de 1844 me parurent presque longues. Il faut dire que Launay était singulièrement attristé par la santé de mon grand-père. En quatre années de deuil, le pauvre homme était devenu tout à fait vieux : l'appétit, les forces, la vue, tout lui manquait à la fois. Maman La France le soignait en le querellant; elle accusait « la satanée politique » de ronger le cher homme jusqu'aux os. Je n'ai jamais compris ce reproche, car mon grand-père était un causeur circonspect et un conservateur résolu. Il parlait avec une grande impartialité des cinq ou six régimes sous lesquels il avait vécu, et ne s'échauffait jamais que contre la Terreur, rouge ou blanche. Comme les neuf dixièmes des paysans français, il aimait l'ordre d'abord, la liberté ensuite ; il était attaché à son lopin de terre, et il respectait profondément la loi. Mais un sorcier n'aurait pas su vous dire s'il préférait ou la République ou la Monarchie. « Il faut, nous disait-il quelquefois, s'attacher au gouvernement qu'on a, pourvu qu'il ne se rende pas insupportable. » La royauté constitutionnelle et libérale que Paris nous avait donnée en 1830 l'accommodait assez ; il estimait qu'avant la fin du siècle ce régime de travail et d'épargne ramènerait la France à son rang. Aussi déplora-t-il, le 12 juillet 1842, la fin tragique du duc d'Orléans, qui remettait en question et l'avenir de la dynastie et le maintien des libertés publiques. J'avais eu un jour de congé à l'occasion de ce malheur, et naturellement j'avais couru tout joyeux à Launay. J'y fus reçu par un vieillard frappé qui se répandait en lamentations prophétiques. « Mes enfants, nous disait-il, cette journée coûtera cher au pays. Heureusement pour moi, je serai mort avant les révolutions et les guerres qui se préparent, mais vous les verrez, vous, et je vous plains! »

Son humeur s'assombrit à vue d'œil pendant les deux années suivantes, et, lorsque pendant les vacances de 1844 je lui lisais quelque article de journal sur l'indemnité Pritchard, ses pauvres yeux achevaient de s'éteindre dans les larmes. Les bulletins de nos victoires en Afrique, la bataille de l'Isly, le bombardement de Tanger, affichés coup sur coup, deux jours de suite, à la porte de la mairie, l'irritaient au lieu de le consoler. Il s'écriait : « Pourquoi donc jeter notre poudre aux sauvages? Ne vaudrait-il pas mieux la réserver pour les Anglais? Ah! l'étranger n'a pas dit son dernier mot. La France est un trop bon pays pour que ces gens-là renoncent à l'envahir. Jure-moi, mon petit Dumont, que, si jamais ils passent la frontière, tu feras comme moi, tu prendras le fusil! » Je jurai tout ce qu'il voulut, sans grand effort ni grand mérite, car tous les enfants de mon âge avaient oublié nos défaites et ne supposaient pas que la patrie pût être remise en danger.

Dans ces deux mois, les derniers que je devais passer auprès de lui, il sembla prendre à tâche de récapituler tous les conseils qu'il m'avait donnés en ma vie. Il me recommandait d'honorer notre nom, comme s'il avait cru que j'étais seul à le porter après lui. Je remarquai qu'il me traitait moins en garçon de seize ans qu'en futur chef de famille, plaçant sous ma protection d'écolier mes oncles, mes cousins, ma mère et grand'maman, elle-même :

« Ne les perds pas de vue, reste auprès d'eux autant que tu pourras ; ton pauvre père me remplacerait s'il était vivant, c'est à toi de remplacer ton père. »

Je protestais quelquefois en pleurant contre cette espèce d'investiture ; je lui faisais remarquer qu'il n'avait pas soixante-quinze ans, qu'il était charpenté comme un chêne, que sa santé pourrait se rétablir s'il voulait seulement consulter un médecin. Il secouait la tête avec un sourire triste et répondait :

« Tu as raison de parler ainsi, mais je sais mon affaire. Ma besogne sera bientôt finie, et la tienne va commencer. »

Ma grand'mère jugea que ces tête-à-tête n'étaient bons ni pour lui ni pour moi, car nous en sortions aussi attendris l'un que l'autre. Pour rompre un peu notre intimité, elle appela mes oncles et mes cousins à la rescousse ; il fallut même que ma mère invitât quelques amis de la ville. La vendange du petit carré de vigne, la cueillette des fruits dans le verger et le jardin *d'en bas,* une pêche aux écrevisses dans les prés du moulin, deux ou trois goûters en forêt, servirent de prétexte à ces réunions, qui animèrent un peu la seconde moitié de septembre. Mes bons vieux ne se mettaient pas en frais : une tarte de grand'maman, cinq ou six bouteilles de vin doux, un panier de poires, des noix, quelquefois un plat de saucisses ou un jambon apporté par les convives, nous régalaient abondamment ; la promenade et l'air vif assaisonnaient le tout, et je rentrais sinon très gai, du moins content de ma journée. Un jeudi, nous fûmes envahis par tous les Lutzelmann, petits et grands ; un dimanche, on vit arriver le gros Basset et la famille Bonafigue. Je présentai mon ami Jean au grand-père comme un futur défenseur du pays : il voulait entrer à Saint-Cyr. Le vieillard le palpa plutôt qu'il ne le vit, et le trouva solide.

« Aimes-tu ton père ? lui dit-il.

— Oui, monsieur, de tout mon cœur.

— Et ta mère ?

— Assurément.

— Et ta petite sœur ?

— Vous n'en doutez pas.

— Eh bien ! il faut aimer ton pays plus que ton père, plus que ta mère, plus que ta sœur, plus que toi-même. C'est le grand secret pour bien vivre et pour bien mourir. Petit soldat, un volontaire de 92 te bénit au nom de la France ! »

L'enfant lui répondit avec gravité : « Monsieur, je suis touché du grand honneur que vous me faites, et je n'irai jamais au feu sans me rappeler vos paroles. »

Cependant, Barbe était de cuisine ; elle aidait Catherine et ma grand'mère avec beaucoup de zèle et de dextérité. Sa petite voix de clairon, haute et brillante, ses yeux en feu, son esprit alerte et surtout le désir de plaire, qui débordait pour ainsi dire autour d'elle, furent appréciés de tous. Après son départ, ma grand'mère déclara que cette petite serait d'une laideur irrésistible. Il me sembla que les deux mots juraient ensemble, et je répondis qu'une fille aussi laide que la petite Bonafigue avait beau se montrer spirituelle et bonne entre toutes, elle ne trouverait jamais de mari.

J'étais d'autant moins disposé à la trouver passable que Basset, ce jour-là, s'était souvent gaussé d'elle et de moi. Il y a des moments dans la vie où, sans savoir pourquoi, l'on aime moins ses meilleurs et ses plus vieux amis. Notre ancien contremaître, en quelques heures, s'était donné mille torts à mes yeux. D'abord il était venu à Launay sans être invité, ou du moins sur une invitation vague et assurément périmée, car elle datait de plus d'un an. Mais surtout je le trouvais trop empressé auprès de ma mère, trop paternel avec moi, trop filial avec mes vieux parents, trop..., que dirai-je encore? trop gai, quand j'étais triste, et trop consolé de la mort de son patron. Notre malheur l'avait enrichi ; il entreprenait de grands travaux, il faisait de brillantes affaires, il nous avait complètement désintéressés ; était-ce une raison pour étaler devant nous sa grosse joie et sa triomphante humeur? Comment ce gros garçon que je n'allais jamais voir et que je ne rencontrais pas sans tristesse, car il me rappelait le passé, osait-il être heureux de se retrouver parmi nous? Il plaisantait, il riait, il se donnait des airs de vieil ami, poli sans doute et respectueux, mais familier, avec la veuve de son maître! Je lui prouvai par ma froideur que mon père n'était pas encore oublié de sa famille et que le nom d'un mort ne s'efface pas dans les cœurs comme sur l'enseigne d'une boutique. Le lendemain, j'étais encore outré de ses façons, au point que j'en fis presque une querelle à ma mère. Elle me répondit avec sa douceur accoutumée : « Je n'ai rien remarqué de nouveau chez ce brave garçon ; mais s'il te déplaît, c'est bien simple : nous ne le verrons plus. »

Mon grand-père allait beaucoup mieux lorsque je retournai au collège. Notre séjour à Launay lui avait fait du bien, et, quoiqu'il levât les épaules chaque fois qu'on parlait d'appeler un médecin, nous ne désespérions pas de le sauver.

Je trouvai M. Lutzelmann au milieu des maçons et des peintres. La rentrée avait été magnifique. Grâce au nouveau régime et surtout, je suppose, à nos succès universitaires, le nombre des internes était doublé. Nous étions presque trop, et les conversations instructives du déjeuner et du dîner seraient devenues impossibles si le principal n'avait fait deux tables. Il confia tous les petits à sa femme et à sa fille, qui en savaient assez l'une et l'autre pour les faire causer.

Petits et grands furent admis en masse aux leçons du jeudi, quoique les garçons de mon âge et au-dessus fussent seuls en état de les rédiger. On pensa que les enfants plus jeunes en retiendraient toujours quelque chose. D'ailleurs le professeur d'un jour avait souvent parmi nous un fils de dix à douze ans qui connaissait le métier paternel et se faisait le moniteur de ses camarades.

Le programme, étudié avec grand soin par notre principal, trouva un concours empressé chez tous les habitants de la ville. De la vieille devise égoïste : *Chacun pour soi,* on passa pour ainsi dire sans transition à la formule de l'avenir : *Chacun pour tous.* Non seulement les industriels, les marchands, les cultivateurs, nous enseignèrent ce qu'ils savaient, mais encore ils nous offrirent de grand cœur ce qu'ils avaient, et la leçon se terminait presque toujours pour un joyeux goûter. Ainsi, l'ingénieur des ponts et chaussées, qui nous donna la première leçon à l'écluse n° 7, ne se borna point à faire la théorie des canaux ni à nous expliquer les opérations très simples et très ingénieuses grâce auxquelles un bateau chargé jusqu'aux bords descend ou monte sans secousses un étage de plusieurs mètres : il nous prouva aussi que les canaux sont des étangs en long qui fournissent leur contingent à l'alimentation publique. Une énorme friture de perches et une matelote de brochet, de carpe, de tanche et d'anguille furent les éléments très goûtés de cette démonstration.

Le principal, sans perdre un coup de dent, ajouta que les canaux, un peu mieux cultivés en poisson, produiraient 500 carpes marchandes à l'hectare ; il établit que le passage des bateaux détruisait incessamment le frai sur les bords et qu'on pourrait remédier à ce mal en créant çà et là quelques petits bassins d'alevinage. Et, comme il possédait à fond cette matière, il nous raconta les merveilles qu'il avait vues en Suisse et en Écosse, où l'on faisait éclore en chambre, pour ainsi dire, des poissons de grand prix, comme la truite et le saumon.

Quelquefois le digne homme qui nous ouvrait ses ateliers ou ses chantiers était parfaitement incapable de faire un exposé méthodique. Par exemple, M. Nicole, le gros carrier, nous conduisit au milieu de son exploitation et nous dit :

« Vous êtes à même. On tire la pierre et on la vend ; ce n'est pas plus malin que ça. »

Dans ces occasions, le principal donnait la leçon tout entière, sans se faire valoir, et en laissait le mérite à l'industriel. Par une suite de questions fort simples en apparence, mais très savamment ordonnées, il amenait cet homme à nous dire ce qu'il savait et le laissait souvent émerveillé de lui-même. Souvent aussi, il le payait d'un renseignement ou d'un conseil. Le carrier se plaignait d'être tombé, dans un de ses sondages, sur un nid de cailloux noirs dont on ne ferait jamais rien. M. Lutzelmann lui apprit que ces galets avaient un prix, qu'on les recueillait avec soin sur les côtes de Normandie, entre le Havre et la baie de Somme, et qu'après avoir servi de lest aux navires ils se vendaient 25 francs la tonne aux faïenciers anglais. Or les Anglais ne sont pas seuls à fabriquer des tasses et des pots.

Lorsqu'à la fin d'octobre le père Hanot, fermier de la vieille ville, nous eut bien promenés au milieu de ses emblavures, nous revînmes chez lui pour manger des tartines de beurre ou de fromage blanc, au choix. Le fromage était bon, et le beurre très médiocre. M^me Hanot le faisait mal, comme toutes les femmes de notre pays, mais elle en était assez fière. Le principal lui en fit compliment et s'informa du prix qu'elle en tirait sur le marché.

« Mais douze sous la livre, pas moins, mon bon monsieur ! » répondit-elle.

Il déclara que cela n'était pas payé, conta qu'il avait vu du beurre tout pareil, au moins comme apparence, se vendre couramment deux francs en gros et beaucoup plus cher en détail. C'était en France, dans des départements où ni le climat ni la terre n'étaient meilleurs que chez nous. Et là, chose incroyable, il était admis en principe que la fermière devait payer le bail sur les produits de sa basse-cour et de sa laiterie ; si bien que la récolte de l'homme, paille et grain, était tout profit.

« Ah çà, comment font-elles ? demanda la bonne femme en ouvrant de grands yeux.

— A peu près comme vous ; seulement, il y a un tour de main, pas bien difficile.

— Alors, avec le lait de mes vaches, on pourrait faire du beurre à quarante sous ?

— Approximativement, et du fromage à trente. »

Après les avoir mis en appétit, il s'amusa à laisser leur curiosité en suspens et s'étendit longuement sur la révolution que les chemins de fer allaient porter dans les campagnes : « Les locomotives arrivaient à Orléans, elles ne tarderaient pas à paraître chez nous. Alors les produits de nos fermes s'en iraient au grand débouché, qui est Paris. Paris est riche, il a bon appétit, mais c'est un gourmand connaisseur et qui sait compter. Il prendra tout ce qu'on lui enverra, mais il ne payera pas un poulet maigre au prix d'un chapon de six livres, et, s'il accepte nos petits beurres, soyez sûrs que ce sera au juste prix. »

Tout en devisant de la sorte, il nous avait conduits à l'étable, où douze vaches fort encroûtées n'avaient pas, tant s'en faut, la litière fraîche tous les jours. La laiterie était trop froide, quoiqu'elle manquât d'air et d'eau, et elle sentait l'aigre. La crème montait difficilement dans des pots longs et étroits ; on n'écrémait le lait qu'après l'avoir laissé cailler ; on battait deux fois par semaine, la veille des marchés, au lieu de faire le beurre tous les jours.

En résumé, le tour de main que la mère Hanot était si désireuse de connaître était le bouleversement complet de sa ferme et de ses habitudes. Elle le comprit vite et dit d'un petit ton piqué :

« Je ne me doutais pas, mon bon monsieur, que mon métier s'apprenait au collège.

— Eh bien, répondit-il, je vais mettre le comble à vos étonnements. Dans un pays du Nord qui est très grand, très beau et peuplé des plus braves gens qui soient au monde (c'est la Suède), il y a deux collèges royaux où tous les fils de famille vont compléter leur éducation. On n'y enseigne absolument que la fabrication du beurre et du fromage. »

Je rédigeais avec un zèle passionné ces leçons, qui, grâce à mon père, n'étaient jamais absolument nouvelles pour moi. Mille et un souvenirs de mon heureuse enfance ressuscitaient dans mon esprit avec une substance plus solide et une forme plus précise. Il me fut donc aisé de prendre et de garder le premier rang dans cette classe professée par quarante notables qui tous étaient mes pères adoptifs, puisque depuis cinq ans ils me donnaient le pain quotidien. Mon application à rendre compte des travaux de chacun, et peut-être aussi l'admiration naïve que j'exprimais pour des mérites assez modestes en soi, gagnèrent bien des cœurs ; je fus plus que l'enfant de la petite ville, j'en fus l'enfant gâté.

Nous résumions nos observations du jeudi, le soir même ou le lendemain matin, dans un écrit de quelques pages que M. Lutzelmann expédiait dans sa primeur, et sans le lire, à la personne intéressée. Neuf fois sur dix, l'industriel, l'agriculteur, le fonctionnaire, après avoir lu et classé nos *copies,* invitait le *premier* à déjeuner ou à dîner le dimanche suivant. Le premier, c'était moi, sauf de très rares exceptions, si bien qu'au bout d'un certain temps je fus un peu blasé sur les repas en ville.

Mais les plus belles choses ont le pire destin, comme dit l'autre, et lorsque M. Simonnot me fit mander par-devers lui, le deuxième dimanche de juin 1845, ce ne fut ni pour me bourrer de confitures ni pour me couronner de fleurs.

Trois jours auparavant, il nous avait promenés d'assez mauvaise grâce d'un bout à l'autre de son établissement, sans nul souci de la logique, commençant par les produits manufacturés, finissant par les matières premières, et obstinément sourd aux observations très courtoises du principal. Un aveugle aurait vu que cet homme n'osait pas nous fermer sa porte, mais qu'il voulait nous renvoyer plus ignorants de son affaire que si nous n'étions pas entrés chez lui.

Mes camarades en sortirent tellement ahuris que c'est à peine si quatre ou cinq ébauchèrent une description de quelques pages. Mais moi, qui connaissais la maison et qui m'étais préparé de longue main, par des études minutieuses, à ce que je considérais comme une œuvre de haute justice, je n'eus pour ainsi dire qu'à tirer de mes cartons un dossier aussi complet et aussi sévère que les fameux cahiers des États généraux. Le fabricant, la fabrication et le produit fabriqué, cette pauvre assiette à cinq sous, furent traités de la bonne sorte par l'implacable honnêteté de mes dix-sept ans. Les assiettes valaient moins que rien ; modelées par le vieux procédé avec une mauvaise argile pétrie à coups de pied, elles étaient revêtues d'un détestable émail à base de plomb, que le vinaigre des salades attaquait au grand péril des consommateurs. Cette couverte se craquelait, les graisses de cuisine entraient dans la terre et lui communiquaient un incurable goût de graillon. L'usine était mal construite, insalubre et stupidement outillée ; on n'y employait pas d'autre force motrice que les bras et les jambes, ce qui était un crime de lèse-humanité. Deux cents infortunés de tout âge et de tout sexe y gagnaient strictement non pas de quoi vivre, mais de quoi souffrir et dépérir ; leurs grèves et leurs révoltes mêmes me semblaient parfaitement légitimes. Je comparais le chiffre des salaires à la dépense *minima* d'une famille de cinq personnes, et je prouvais, ce qui n'est jamais difficile, que cette famille devait mourir de faim tous les trois ans. Après avoir indiqué les réformes et les perfectionnements que rêvait ma jeune sagesse, mais que je n'espérais pas voir adopter jamais par une direction routinière, je ne craignais point d'affirmer que les chemins de fer tueraient bientôt une industrie dont la prospérité n'avait pas d'autre base que la main-d'œuvre à vil prix. Et je terminais en disant : « Produit net actuel : 100 000 francs par an, sauf coulage. »

Ce chiffre, accrédité depuis longtemps dans l'opinion publique, n'était pas arbitraire à mes yeux. Il représentait exactement la différence du prix de revient, 2 francs, et du prix de vente, 3 francs, sur une fabrication annuelle de 100 000 douzaines. Et je ne l'affirmais pas sans malice, car M. Simonnot avait la rage de protester chaque fois qu'on lui disait : « Vous qui gagnez 100 000 francs par an. »

Je me présentai devant lui aussi pâle et aussi résolu qu'un belluaire introduit dans la fosse aux lions. L'accueil qui m'était réservé ne pouvait faire aucun doute après ce que j'avais écrit. Quand on m'introduisit, il marchait à grandes enjambées autour d'un cabinet vaste et sévère, où je vis du premier coup d'œil mon travail étalé sur le bureau.

« Ah ! vous voilà, dit-il.

— Ne m'avez-vous pas appelé?

— Oui, et je suis bien aise de vous tenir. »

En même temps, il s'avançait sur moi, les dents serrées, les poings crispés, le visage si dur et si menaçant que je songeai à me défendre. J'étais grand et solide, et une partie de pugilat avec un homme de cinquante-cinq ans m'étonnait sans m'intimider.

Mais il croisa ses mains derrière lui, et, plantant son regard dans mes yeux, il me dit d'une voix mordante :

« Il paraît, monsieur, que vous êtes un observateur de profession. Je dis observateur pour parler poliment. Est-ce pour vous ou pour quelqu'un de mes concurrents que vous faites la police de mon usine?

— Je ne vous connais pas de concurrents, et je ne crois pas que personne soit assez mal inspiré pour copier ce qu'on voit ici. Le principal m'a conduit chez vous, vous m'avez montré la fabrique, j'ai écrit ce que j'en pensais, pour moi d'abord, pour vous ensuite, si vous trouvez du bon dans mes avis.

— Vos avis sont impertinents et d'une méchanceté calculée. Ce n'est pas hier que vous avez pu ramasser à travers ma maison les éléments de ce pamphlet.

— Je crois bien ! vous ne nous avez rien montré.

— D'ailleurs le temps matériel vous eût manqué pour rédiger un tel volume : c'est une œuvre de longue haleine et qu'un blanc-bec de votre âge n'a pu élaborer à lui seul.

— Je vous jure que si !

— Ne jurez pas; il y a des traîtres parmi mes employés; mes ouvriers aussi m'ont donné des preuves de leur haine.

— Ne confondez pas la haine et la misère.

— Eh ! s'ils ne gagnaient pas leur vie, viendraient-ils travailler ici? Est-ce que je les y contrains? Sont-ils nègres, et moi suis-je un planteur de la Martinique?

— Leur métier est dur et malsain, et sans les payer plus cher on pourrait.....

— Oui, oui, les soulager par l'emploi des machines. Mais les machines coûtent cher, et qui me les payera?

— Mais si l'on prenait seulement sur les bénéfices de l'année.....

— Comment donc ! je n'y pensais pas ! Cent mille francs de produit net, sauf coulage. Eh ! je vous ai bien lu. Jeune homme, vous savez bien des choses, on le dit, je le vois; mais il vous en reste beaucoup à apprendre.

IL PRIT MON MALHEUREUX TRAVAIL.

Croyez-moi, lorsque vous verrez un homme de cinquante-cinq ans rester dans les affaires et travailler depuis cinq heures du matin jusqu'à dix heures du soir, concluez hardiment qu'il n'a pas amassé cent mille francs de rente. Et s'il garde pour lui sa fille de vingt-cinq ans, bonne, bien élevée et plutôt belle que laide, c'est qu'il n'a gagné ni cinquante ni même vingt-cinq mille francs de rente.

— Eh! monsieur, je ne me mêle pas de vos affaires, et il ne m'appartient point de chercher quels placements vous avez faits. Je n'ai étudié que la fabrique, et j'ai simplement établi qu'elle gagne cent mille francs par an. Les chiffres sont là!

— Allez vous promener, petit nigaud, avec vos chiffres! »

Il prit mon malheureux travail, le déchira en cent morceaux et le foula aux pieds dans un accès de fureur.

« Peu importe que la boutique gagne cent mille francs si elle ne les gagne pas pour moi! Savez-vous ce que c'est qu'un fonds de roulement? Vous faites-vous quelque idée de la situation d'un industriel qui n'a pas cette pièce indispensable dans son outillage? Vous a-t-on expliqué au collège les rapports du fabricant et du banquier? Connaissez-vous les angoisses et les servitudes de l'échéance? Comprendrez-vous jamais qu'un homme, afin de conserver intact l'honneur de son nom, se condamne à travailler trente ans pour enrichir un prêteur d'argent qui s'amuse? Le nègre, en pareil cas, ce n'est pas l'ouvrier, c'est moi. Il est sûr de toucher sa paye au bout de la quinzaine, et moi je ne sais pas au prix de quels sacrifices mon tyran, le prêteur, me fera acheter cet argent. Et les dépenses imprévues? Pour trouver mille francs un jour férié, quand les bureaux de banque sont fermés, voyez-vous ce puissant manufacturier, ce mortel envié de tous, courir en secret au chef-lieu du département et réveiller un usurier qui hésite à recevoir en nantissement une caisse d'argenterie? Si encore quelqu'un lui savait gré!..... Tenez! vous êtes un ingrat, et vous n'avez pas même l'esprit de votre méchanceté. On n'aurait jamais dû vous laisser franchir cette porte. Depuis le temps que vous polissonnez chez moi avec les enfants Bonafigue, un homme moins confiant se fût mis sur ses gardes. Tant pis pour moi; le mal est fait. Mais, morbleu! sortez vite, et que je ne vous y reprenne plus! »

Je me serais peut-être soulevé contre la haine et le mépris d'un homme froid, du Simonnot de tous les jours. Mais le spectacle de cet emportement inusité me calma; jamais je ne m'étais senti plus maître de moi-même. Posément je fis tête à ce furieux, et je lui dis avec un flegme assez méritoire chez un collégien de seconde:

« Pardon, monsieur, je croyais que mon père m'avait gagné mes entrées à la fabrique. »

Il recula vivement, comme s'il avait marché sur une queue de serpent, et se mit à balbutier :

« Votre père? Dumont? C'était un honnête homme.

— Pas plus honnête que moi, monsieur Simonnot, et pas plus honnête que vous, quoique vous ne me parliez guère honnêtement depuis un quart d'heure. On se trompe les uns sur les autres, et plus mal jugés sont les silencieux et les renfermés comme vous. Vous me croyez méchant, contre l'opinion générale; moi, contre l'opinion générale, je vous crois, je vous sais bon. Ce n'est pas parce que vous venez de m'ouvrir un jour nouveau sur l'état de vos finances, ni même parce que vous m'avez expliqué à demi-mot une bonne action mal comprise et mal accueillie en son temps ; c'est parce que je vous ai vu pleurer seul, dans un petit coin, après l'enterrement de mon père, quand la ville entière disait que vous manquiez de cœur. Vous aviez un visage vraiment bon, ce jour-là, dans la ruelle des jardins, et je l'ai revu tout à l'heure comme dans un éclair quand vous avez nommé ce malheureux Dumont, mort chez vous. Et maintenant que la glace est rompue, laissez-moi expliquer et excuser à vos yeux ce travail qui vous a jeté hors des gonds. C'est pour vous seul que je l'ai écrit, nul que vous ne l'a lu, et maintenant qu'il est déchiré, personne ne le lira. Vous seul, après avoir fait justice des erreurs qu'il contenait, pourriez tirer parti des idées saines que je crois y avoir indiquées. Je suis un critique assez neuf, mais désintéressé s'il en fut. Vous connaissez mon passé, mon présent et mon avenir. En octobre prochain, je quitterai la ville pour entrer au collège royal ; dans trois ans je serai élève de l'École polytechnique, et dans cinq ans ingénieur ou officier ; mes affaires n'auront donc jamais rien à démêler avec les vôtres. Vous le savez, vous m'estimez au fond, et la preuve, c'est qu'en m'accablant de gros mots, ici même, vous m'avez livré noblement le secret de votre crédit. Il sera bien gardé, n'ayez pas peur. Personne ne conspire contre vous, ni mes amis les Bonafigue, ni les employés, ni les autres travailleurs de la fabrique. Je comprends que vous n'aimiez pas les ouvriers lorsqu'ils ont la prétention de partager avec vous les bénéfices que vous n'avez pas encaissés; mais vous devez comprendre aussi que je les aime, puisque mon père en était un, puisque mes oncles en sont tous, puisqu'enfin l'ouvrier et le paysan sont à mes yeux les sauvageons robustes sur lesquels on greffera toujours le savant, l'artiste et le bourgeois. Les réformes qui vous ont déplu dans mon petit travail, les utopies qui vous ont choqué, les progrès qui vous ont paru impossibles, et la rhétorique un peu juvénile qui broche sur le tout, ont leur principe dans une profonde sympathie pour les déshérités de ce monde, ou, plus correctement, pour ceux qui n'ont pas hérité. Rappelez-vous, monsieur, le sacrifice de mon père, et laissez-moi vous dire ici, sur son dernier champ de bataille, que ses conseils et ses exemples sont ma loi. »

Je m'étais animé, mon cœur battait violemment, et chacune de mes paroles produisait comme un bourdonnement dans mes oreilles. M. Simonnot, debout sur ses longues jambes, m'écoutait sans perdre un seul mot, mais sans laisser paraître aucune émotion. S'il eût été un homme semblable aux autres, si, frappé de ma sincérité et confus de son injustice, il m'eût tendu les bras, je lui aurais sauté au cou. Mais par malheur, il n'avait pas le premier mouvement, si ce n'est quelquefois, un mouvement de colère.

Il me demanda, comme un juge :

« Avez-vous quelque chose à ajouter ?

— Et que vous dirai-je de plus ?

— Vous connaissez le fils Poulard ?

— Oui, monsieur ; c'est mon camarade et mon ami.

— N'avez-vous pas été reçu dans sa famille ?

— On m'y a invité une fois, je me suis excusé.

— Bien. Je réfléchirai. J'ai besoin de mettre un peu d'ordre dans mes idées. Si je reconnaissais, après mûr examen, que j'ai été injuste envers vous, je vous le ferais savoir. C'est aujourd'hui jour de congé, je ne veux pas vous retenir plus longtemps loin de madame votre mère. »

Là-dessus il m'ouvrit la porte.

Je ne pus m'empêcher de dire en sortant :

« Quel animal ! »

Eh bien, j'avais tort, car il vint, quinze jours après, me chercher dans la cour du collège. Nous faisions l'exercice avec de vrais fusils, offerts par notre député. Il attendit la fin, me fit signe de venir à lui, et, me prenant amicalement par le bras :

« Mon jeune ami, dit-il, pour qu'un homme de mon âge apporte des excuses à un garçon du vôtre, il faut qu'il ait un tort bien manifeste à réparer. Oubliez tout ce que je vous ai dit l'autre jour, et n'oubliez jamais ce que je vais vous dire. Si quelque événement imprévu traverse votre carrière, si, par exemple, vous échouez dans un concours, ce qui peut arriver aux meilleurs sujets, venez frapper à la fabrique : vous y trouverez un emploi honorable de vos jeunes talents et tous les égards qui sont dus à votre caractère. Pas de remerciements : touchez-là. »

Sa voix tremblait. Il avait mis le temps à s'émouvoir, mais positivement il était ému. Moi, en revanche, je ne l'étais pas du tout : je faillis pouffer de rire à l'idée de fabriquer des assiettes de pacotille sous les auspices du vieux Simonnot.

# CHAPITRE VIII

### LES DEVOIRS IMPRÉVUS

Mon pauvre père m'avait dit cent fois que la volonté de l'homme est plus forte que les événements. Je reconnus bientôt qu'il exagérait notre empire, car ma vocation elle-même dut s'incliner devant la force irrésistible des choses.

L'année scolaire allait finir ; il ne me restait plus qu'à recevoir une demi-douzaine de couronnes auxquelles j'attachais peu de prix, comme tous ceux qui triomphent sans gloire, quand ma mère vint me chercher un matin. Elle était en grand deuil, comme toujours, mais elle avait les yeux plus rouges qu'à l'ordinaire, et, après m'avoir fait endosser mon meilleur uniforme, elle noua un crêpe à mon bras. Grand-papa La France était mort en pleine guérison, avec ses yeux, avec ses forces, quand tout le monde autour de lui recommençait à croire qu'il vivrait cent ans. Lui seul ne s'était fait aucune illusion, et on le vit assez quand on apprit que ce vieillard, étrange jusqu'au bout, avait raboté et cloué son cercueil chez le menuisier du village, poli la dalle de son tombeau, gravé son épitaphe et, dans un terrain de son choix, creusé sa fosse lui-même. Aux deux artisans qu'il honora de sa confiance, il expliquait gaiement qu'il avait toujours travaillé la pierre et le bois à son usage personnel, et qu'un homme logique finit sa vie comme il l'a commencée. Et le petit Lhuillier, fossoyeur communal, raconta que M. Dumont, en lui donnant la pièce, lui avait dit : « J'ai l'habitude de regarder la mort en face ! »

L'apoplexie, qu'il attendait de pied ferme et qu'il voyait venir, ne lui fit pas faux bond ; il mourut d'un coup sec, comme le soldat frappé d'une balle : c'était ce qu'il avait toujours rêvé.

Notre famille et la population du village nous attendaient, ma mère et moi, au seuil de la maison mortuaire. La bière était posée sous les fenêtres, à la place où le grand vieillard s'asseyait tous les soirs d'été avec sa femme et s'allongeait quelquefois sans elle.

Maman La France n'était pas assise dans son fauteuil, comme une veuve des grandes villes ; elle allait et venait en tous sens, plus agitée et plus véhémente que jamais. Sa douleur, sincère et profonde à coup sûr, semblait faite d'étonnement et de colère.

Du plus loin qu'elle vit ma mère, elle lui cria :

« Eh bien, ma fille, que vous semble de ce dernier trait ? Hélas ! il ne m'en a jamais fait d'autres. Je lui avais pardonné sa dernière escapade, il m'avait bien promis de ne plus me laisser seule, et voilà ! »

La dernière escapade, c'était apparemment la campagne de 1814. Elle était pardonnée après plus de trente ans, mais non pas oubliée. Rien de plus singulier que les regards à la fois lamentables et furieux dont la pauvre petite vieille criblait la bière de son mari. Elle ne s'en approchait pas sans invectiver à demi-mots ce déserteur du toit conjugal, ce relaps, cet incorrigible, ce vieux dissimulé, qui, se sentant mourir, avait fait part de ce secret à tout le monde, sauf à sa femme. Mais à chaque moment l'aigreur de cette querelle posthume était tempérée par des cris de tendresse et des sanglots de désespoir.

Comme j'étais un citadin, et même, par mes succès du collège, une façon de petit personnage, les excentricités publiques de grand'maman m'inquiétaient d'abord un peu ; je craignis pour la gravité de la cérémonie. Mais le monde est meilleur que l'on ne croit, car non seulement les amis de la famille, mais les indifférents, les simples curieux de Launay et des villages voisins eurent le bon goût de fermer leurs yeux et leurs oreilles à tout ce qui pouvait les étonner un peu. Personne ne voulut voir que l'amour d'une pauvre petite vieille pour son défunt, et le deuil d'une honnête famille privée de son chef. Un cortège d'anciens soldats affublés d'uniformes grotesques et accourus spontanément pour rendre hommage au vieux patriote eût peut-être semblé risible dans les rues de la ville ; il fit pleurer toute la population de Launay.

Le temps a effacé plus d'une fois l'épitaphe que mon grand-père avait gravée lui-même sur une dalle de pierre blanche, mais j'ai toujours pris soin de la rétablir sans même en corriger les fautes.

CI-GIT

PIERRE DUMONT

VOLONTAIRE DE 1792 ET DE 1814

IL A FAIT SOUCHE

DE BRAVES GENS

QUI FERONS LEUR DEVOIR AUSSI.

VIVE LA FRANCE !

La lecture assidue de quelques livres bien choisis, en comblant les lacunes de son éducation, lui avait appris l'orthographe. Il écrivait assez correctement sa langue, et ce n'est pas, je crois, par ignorance qu'il avait gravé *ferons* pour *feront*. La chose est d'autant plus vraisemblable que, dans son testament, ouvert après les funérailles, je lis :

« Mes enfants *feront* bien, quoiqu'ils ne soient pas tous à l'aise, d'abandonner à leur mère le revenu du petit capital que je laisse en mourant. »

Pourquoi un écrivain si correct sur le papier l'était-il si peu sur la pierre ? Le solécisme, dont on parle encore à l'école primaire de Launay, est-il de pure inadvertance, ou faut-il y chercher une arrière-pensée de l'auteur ? Quant à moi, j'ai pris mon parti, et, dût-on accuser mon cœur d'enfantillage et mon imagination de subtilité ridicule, je maintiendrai que grand-papa La France, lorsqu'il nous rappelait nos devoirs envers le pays, s'associait à nous et s'engageait pour ainsi dire à combattre le bon combat au milieu de ses fils et de ses petits-fils. La solidarité des Français, qu'il avait toujours proclamée, et l'esprit de famille, qui frémissait de la tête aux pieds dans ses vieux os, sont responsables de ce péché bien véniel. A tort ou à raison, je me suis figuré que le vieux cheikh, le grand cacique des Dumont, en écrivant son épitaphe, me donnait rendez-vous sur le champ de bataille pour la première invasion. Si je me suis trompé, cette erreur m'a coûté assez cher pour qu'on me la pardonne ; d'ailleurs je ne la regrette pas.

Le testament olographe emplissait à peine une page de papier timbré ; cependant il était plus long que je ne l'aurais voulu. Après avoir révélé la vente de son petit domaine à un marchand de biens, sous réserve de moitié de la maison et de tout le jardin d'*à côté,* dont grand'maman gardait la jouissance à vie, mon grand-père m'interpellait directement et m'imposait, à moi, mineur, les devoirs d'un chef de famille. Ce n'était pas la première fois qu'il me parlait ainsi, mais la solennité de l'acte et du moment centupla mon émotion ; je me sentis ployer sous un fardeau trop lourd pour mes épaules.

Et la tâche qui s'imposait à moi me parut d'autant plus rude que tous les habitants de Launay trouvaient ma pauvre maman très changée. Les uns lui demandaient : « Avez-vous donc été malade ? » Les autres lui disaient : « Reposez-vous, ou soignez-vous ! » Deux ou trois vieux amis me crièrent à brûle-pourpoint : « Garçon, ne donne pas de souci à ta mère ! »…. C'était elle qui m'en donnait, la chère femme, et pour la première fois de sa vie. J'avais pris la douce habitude de l'admirer autant que je l'aimais. Elle était à mes yeux aussi jeune, aussi belle et aussi florissante qu'aux jours de son bonheur et de notre prospérité. Il ne fallut rien moins que ce cri du village, ce rude avertissement d'un petit peuple inhabile à mentir, pour éveiller mon attention et me montrer la pauvre créature telle que la solitude et la douleur l'avaient faite. Oui, vraiment, elle languissait. Son buste amaigri semblait ployer sous le poids d'un fardeau invisible ; sa voix était légèrement voilée, sa respiration était courte, ses forces s'épuisaient au plus léger effort. Moi qui baisais ses mains à tout propos, comment n'avais-je pas remarqué qu'elles prenaient un ton de cire ? Si les lignes de son visage étaient aussi pures que jamais, le teint avait changé, la couleur était celle d'une plante étiolée.

A l'étonnement douloureux qui suivit cette découverte, il se mêlait en moi je ne sais quel sentiment de remords.

Je savais bien que je n'étais pas un mauvais fils, j'étais sûr de mon cœur ; mais suffit-il d'aimer ? Avais-je pris assez de soins de cette femme, dont j'étais le seul protecteur et l'unique gardien ? Ses grands yeux, qui semblaient regarder au delà du monde, ne protestaient-ils pas contre le vide de la maison, l'absence de la famille, les travaux et les distractions égoïstes du fils ?

Et j'étais sur le point de la laisser plus seule encore. En octobre prochain, pour obéir aux volontés de mon père, je devais commencer un exil de huit ans, au bas mot, entrecoupé de courtes vacances. Trois ans au collège royal, si j'étais reçu à l'École après une seule année de mathématiques spéciales, deux ans à l'École polytechnique, trois ans à l'École des ponts et chaussées : tel était le minimum de nos peines, c'est-à-dire de notre séparation, dans l'hypothèse du succès invariable et du triomphe continu. Les organisateur de nos grandes écoles n'étaient point apparemment des cœurs tendres, ou ils ont prévu tous les cas, sauf le mien.

Or n'oubliez pas que j'étais un privilégié, car l'adoption de ma ville natale, mon travail personnel et quelques dons de la nature me permettaient d'accomplir ce long voyage sans bourse délier. « Il est né coiffé, ce jeune homme ! disait le sous-préfet de Courcy. Si tout lui réussit comme par le passé, à l'âge de vingt-cinq ans il sera ingénieur de troisième classe, sans avoir rien coûté à la bonne madame Dumont. »

J'étais sincèrement de cet avis, lorsqu'on me fit comprendre à demi-mot qu'une séparation de huit ans pourrait coûter à ma mère autre chose que son argent. A l'idée qu'elle pouvait mourir en mon absence et par ma faute, je reculai épouvanté, comme le voyageur qui, marchant en toute sécurité sur une route royale, trouve un pont brisé par l'orage et voit l'abîme ouvert à ses pieds.

Avant tout, je voulus avoir le cœur net et savoir s'il y avait péril en la demeure. Rien ne nous retenait plus à Launay : ma grand'mère, après tant d'émotions, avait besoin de solitude et de repos. Elle ne s'en cachait pas, et, si elle insistait pour me garder deux mois de suite comme autrefois, c'était évidemment affaire de forme. Les volontés du mort, ratifiées par tous les survivants, éludaient les froides horreurs d'une vente et les petites turpitudes d'un partage. Quand on nous eut distribué quelques menus souvenirs dont notre affection faisait tout le prix, il ne nous resta plus qu'à prendre un filial et respectueux congé.

Chacun sentait que la pauvre maman La France, avec ses 600 francs de rente, sa moitié de maison et son bout de jardin, entrait dans une vie plus retirée et plus étroite que jamais, sous la garde peut-être un peu intéressée, mais vigilante et sûre, de l'oncle et de la tante Joseph. J'embrassai tristement mes cousins et cousines, qui n'étaient guère moins découragés. Il nous semblait à tous que nous allions rouler dans tous les sens, chacun pour soi, comme les grains d'un collier dont le fil s'est rompu. Quant à moi, ce Launay que j'avais tant aimé n'était plus qu'un village à moitié désert, un commencement de ruine, depuis que le vieux chef de la famille ne m'y tendait plus ses grands bras.

En rentrant à la ville, je trouvai chez ma mère une lettre de Basset. Notre ancien contremaître ne m'appelait plus *petit patron,* et il me disait *vous.*

« Mon cher Pierre,

« Il y a bien longtemps que nous ne nous sommes vus, et les démarches que j'ai faites pour vous rencontrer ont été plus malheureuses que de raison. Cependant il est impossible que nous soyons des étrangers l'un pour l'autre, puisque vous êtes le fils de l'homme à qui je dois tout. La mort de votre regretté grand-père, votre prochain départ et d'autres circonstances encore me font une nécessité de causer avec vous en présence de M$^{me}$ Dumont. J'espère que vous ne me refuserez ni l'un ni l'autre une faveur dont je ne me suis pas rendu indigne, et je vous prie de croire, mon cher Pierre, à mon inaltérable amitié.

« J. Basset. »

Tout cela était si bien dit et si bien pensé qu'en lisant le billet je fus presque honteux de moi-même. Les meilleurs souvenirs de mon enfance se réveillèrent un moment ; je me rappelai les bons offices, les bons conseils et les bons procédés de cet honnête ouvrier, son dévouement à mon père, l'estime que mes parents avaient toujours professée pour lui. Je me reprochai durement ma sotte bouderie et le caprice inexcusable qui, depuis si longtemps, tenait ce vieil ami à l'écart. Bref, je cédai à l'impulsion de mon cœur, et, sans prendre avis de personne, je répondis :

« Arrive quand tu voudras, mon cher Basset, et tu seras reçu à bras ouverts. »

Catherine était déjà loin, avec cet autographe dans la poche de son tablier, lorsque je contai l'aventure à ma mère. Elle prit un air sérieux, et, sans blâmer ma précipitation, elle demanda pourquoi je n'étais pas allé tout simplement causer avec Basset chez lui. Rien n'indiquait la nécessité d'une intervention féminine dans un entretien dont le ton serait assurément amical. Sa place n'était pas entre nous, disait-elle. Je sentis qu'elle était sur le point de rappeler les causes de ma brusque rupture avec Basset, mais elle tourna court et se mit à parler de choses indifférentes. Moi qui la connaissais assez pour entendre ce qu'elle ne disait pas, je fis un mouvement pour courir après ma lettre et, si j'arrivais trop tard, pour décommander le rendez-vous. La pauvre femme m'arrêta :

« Ce qui est fait est fait, dit-elle avec son pâle sourire. On ne gagne rien à retarder les explications nécessaires. J'ai lu je ne sais où qu'en certaines affaires le moins prévoyant est toujours le plus sage. Tu as peut-être été un profond politique sans le savoir. »

Elle parla longtemps ainsi, à demi-mots, avec une verve fébrile, répondant à mes questions par des phrases en l'air, et riant d'un rire forcé chaque fois que les larmes semblaient monter à mes yeux. L'irritation de ses nerfs gagnait les miens par sympathie. Je la voyais souffrir, et pourtant j'étais plus tenté de la quereller que de la plaindre. Durant cette heure abominablement longue, mon instinct de fils aimant et jaloux observa en elle comme une éclipse de maternité. Elle n'était que femme, et la plus inquiète, la plus capricieuse, la plus inexplicable des femmes.

Cependant Catherine ne rentrait pas. Elle avait eu dix fois le temps d'aller et de venir, car le nouveau chantier de Basset était à quelques minutes de chez nous; mais elle s'oubliait à causer avec les commères, ou elle était tombée dans quelque piège de celui qui voulait arriver avant elle et qui la devança en effet.

Il sonna ; j'allai lui ouvrir, et il m'embrassa sur les deux joues pour entrer en matière :

« Mon cher Pierrot ! je te trouve enfin ! C'est un beau jour ! Serviteur, madame Dumont ! C'est un beau jour. Un bien beau jour. »

Tout en répétant ce refrain d'opéra-comique, il prit place dans notre humble salon, déposa sur le guéridon son chapeau neuf à coiffe blanche, ramena sur ses genoux les deux pans d'une magnifique redingote et tira ses manchettes sur une paire de gants gris perle très corrects.

Ma mère souriait discrètement et semblait avoir retrouvé un beau calme : ses mains de cire tremblaient un peu, voilà tout. Elle échangea avec aisance les banalités qui préludent aux conversations les plus sérieuses ou les plus frivoles, indistinctement ; puis, sans émotion apparente, elle dit à l'ancien contremaître, devenu gros entrepreneur :

« Monsieur Basset, Pierre vous a répondu sur-le-champ, sans même me consulter, parce qu'il s'agissait d'affaire urgente.

— Urgente, si l'on veut, madame Dumont, c'est plus ou moins pressé, selon les personnes. Mais comme l'enfant doit partir un de ces jours et vous laisser seule à Courcy, j'ai pensé, j'ai cru convenable... d'autant que Pierre est mon seul héritier..... »

A ce mot imprévu, la moutarde me monta au nez, et j'interrompis brusquement :

« A quel propos et de quel droit, monsieur, vous faites-vous de ma famille ? Je n'ai besoin de rien ni de personne. »

Il répondit avec une douceur qui n'était pas sans autorité :

« Tu as tort, mon enfant, de me couper la parole. Écoute bien, d'abord ; il sera toujours temps de te fâcher, quand tu sauras. La destinée, mon petit

Pierre, m'a fait riche à tes dépens. Un terrain que ta mère m'avait vendu pour un morceau de pain a été exproprié par le chemin de fer ; j'en ai tiré 100 000 francs, écus sonnants. J'ai doublé la somme en vendant des traverses à la Compagnie : quelques coupes de bois, achetées par ton pauvre père et comprises dans son fonds de commerce, ont été la base de cette opération. Grâce à ton père, tu m'entends bien, j'ai pu me rendre adjudicataire de tous les travaux de charpente, non seulement à la gare de Courcy, mais dans quatorze stations de la ligne, sans préjudice du travail courant, qui va bien. Je n'ai ni associé ni créancier ; le crédit s'offrait à moi, je lui ai tiré ma révérence : il coûtait trop cher ! Mes marchés sont passés de telle sorte qu'avant cinq ans, quoi qu'il advienne, j'aurai le million tout rond, et je serai un des plus gros messieurs de l'arrondissement. Le faïencier, le marchand de cochons et le banquier lui-même, M. Poulard, gros comme le bras, me traiteront d'égal à égal quand il m'arrivera de les aborder dans la rue. Mais je ne me fais pas illusion, je sais que tout ce bien, né et à naître, ne m'appartient que par un coup du sort, au détriment de mon patron et de sa famille. Si M. Dumont ne s'était pas sacrifié dans l'incendie de la fabrique, c'est lui qui serait riche aujourd'hui. Il le serait bien plus que moi, madame Dumont, car il avait à ses côtés la plus entendue, la plus sage et la plus économe des femmes, tandis que je suis un vieux célibataire sans ménage et sans conseil. »

Ma mère fit un mouvement : il l'arrêta tout net et répondit d'avance à ce qu'elle allait dire :

« J'entends. Mariez-vous ! Ce n'est pas, je vous jure, l'occasion qui m'a manqué. On m'a offert de bons partis, les meilleurs de la ville et des environs. Mais comment aurais-je eu le cœur de partager avec Colette ou Jacqueline une prospérité qui, en bonne justice, vous appartient plutôt qu'à moi ? C'est avec vous, madame Dumont, et avec le fils de mon ancien patron, que je voudrais tout mettre en commun, conformément aux lois, si vous pensiez jamais que quinze ans de respect, de dévouement et de sincère amitié m'ont rendu digne d'une si honorable et si heureuse alliance.

— Ah çà, m'écriai-je en bondissant, c'est une demande en mariage !

— Et quand il serait vrai ? reprit sévèrement ma mère. Ce serait à moi de répondre ; tais-toi. »

Elle se tourna vers Basset, et d'un ton de sérénité parfaite, en pesant avec soin chacune de ses paroles, elle lui dit :

« Mon ami, sans approuver entièrement le détour que vous avez pris pour arriver à cet entretien, je suis bien aise de vous avoir entendu et de pouvoir vous répondre devant mon fils. Aussi bien, vous abusez un peu du droit de

MA MÈRE SOURIAIT DISCRÈTEMENT.

circuler dans la ville haute, et depuis quelques mois je vous rencontrais sur mon chemin plus souvent qu'il n'est d'usage et de raison. Je n'ai jamais pris en mauvaise part ces assiduités, dont le but ne pouvait être que honorable, étant donnés votre caractère et le mien. J'étais sûre qu'un jour vous vous déclareriez, et je vous remercie de l'avoir fait en présence de mon fils. Pierre, qu'un tel événement avait pris au dépourvu, a frémi à la seule idée de voir un autre homme prendre chez nous la place de son père : il est jeune, il ne sait pas que ces choses-là arrivent tous les jours, aux applaudissements du monde. Moi, je ne suis ni surprise ni offensée, mais plutôt flattée de ce que vous m'avez dit. Seulement, je dois vous répondre, avec une franchise égale à la vôtre, que j'ai donné à mon pauvre Dumont tout l'amour et toute la jeunesse de mon cœur. Il ne me reste plus qu'une somme de dévouement résigné et d'abnégation mélancolique ; je la dépenserai tout entière au profit de ce grand enfant. Vous croyez voir une femme ici, mon cher Basset ; il n'y a plus qu'une mère, et une mère terriblement vieille, car les années de douleur sont pour nous comme les campagnes de soldats : elles comptent double. »

Il se récria avec une telle vivacité que je crus au premier instant qu'il allait faire des compliments à ma mère. Mais il était homme de ressources et de tact ; et il le prouva aussitôt en saisissant la balle au bond. Cet homme d'épaisse encolure retourna l'argument de son adversaire avec une dextérité qui m'éblouit.

« Ah ! dit-il, vous commencez à sentir le poids de la vie ? Ah ! vous vous trouvez faible et fatiguée ? Vous n'êtes plus que l'ombre de vous-même ? Je le sais bien, et ce n'est pas moi seul qui vous vois dépérir : la ville entière parle de vous comme d'une personne qui s'éteint. Et pourquoi vous en allez-vous, chère madame Dumont? Tout le monde le sait et le dit : parce que vous êtes désœuvrée, vous si active et si vaillante autrefois ! Parce que vous vivez seule, après avoir conduit et dirigé tout un monde, dans une grosse maison. Moi qui vous ai connue au bon temps, je sais ce que vous abattiez d'ouvrage, sans avoir l'air d'y toucher ; et je comprends qu'il vous en coûte de vivre à l'étroit, les bras croisés, comme une statue dans sa niche ou une momie dans sa boîte. Encore avez-vous eu jusqu'à présent quelques heures d'occupation par semaine, grâce au brave enfant que voici. Vous alliez le voir ; il venait ; ses succès vous rendaient heureuse ; ses petits écarts de conduite exerçaient votre autorité ; tout ce qui se rapportait à lui, jusqu'au raccommodage de ses hardes, entretenait en vous..... comment dirai-je? le sentiment et le goût de la vie. Mais le voici qui s'en va, ce fils unique ; à la fin de septembre il vous quitte pour des années : que deviendrez-vous donc sans lui ? »

Ma mère tressaillit, et Basset, comprenant qu'il avait touché la corde sensible, insista sur la détresse morale d'une veuve séparée de son fils. Il eut le bon goût d'éviter la moindre allusion à notre gêne ; mais, tout en nous parlant comme si nous avions eu dix mille francs de rente, il prouva que ma mère, si elle me suivait, serait plus isolée à Villevieille, à Paris et dans n'importe quelle résidence, qu'elle ne l'était à Courcy. Au moins, dans la petite ville où elle était née, elle avait quelque espoir de rencontrer par-ci par-là un visage de connaissance ; mais au chef-lieu du département? mais à Paris? pendant les interminables années d'étude et de casernement qui s'allongeaient devant moi? Quelque résolution qu'elle prît, soit qu'elle restât sans moi, soit qu'elle s'en vînt à ma suite, elle serait seule partout, elle mourrait d'isolement et de tristesse. Un mariage honorable, approuvé de tous, pouvait la rattacher au monde et à la vie : hors de là, point de salut.

Tandis que notre ancien contremaître exposait ses raisons, il se faisait en moi un grand écroulement de projets et d'espérances. Toutes mes ambitions s'en allaient à vau-l'eau, comme les pièces d'un navire échoué sur le roc. Ces belles choses que mon père avait rêvées pour moi, le collège royal, l'École polytechnique, les Ponts et chaussées, les fonctions, les honneurs, les dignités que mes maîtres me montraient de loin et que j'escomptais en esprit depuis plusieurs années avec la confiance intrépide des enfants, s'évanouirent en quelques minutes à la lumière du devoir. C'est ainsi que l'on voit les lambeaux épars de la brume se fondre aux premiers regards du soleil. Dans un moment qui fut et qui sera le plus solennel de ma vie, je devins homme. J'immolai toutes les grandeurs que mon père m'avait promises aux obligations que le pauvre papa La France m'avait rappelées.

« Après tout, disais-je en moi-même, il n'est pas strictement nécessaire que le petit-fils d'un paysan et le fils d'un maître charpentier devienne ingénieur des Ponts. Si la chaîne était allongée d'un anneau, si les brillantes destinées auxquelles j'aspirais hier ne devaient échoir qu'à mon fils, l'éternelle loi du progrès ne serait pas abrogée pour si peu. Ce qui importe aux miens et à moi-même, c'est qu'une vieille famille d'honnêtes gens ne reste pas sans chef ; c'est surtout que ma mère, après une vie de bonté, de dévouement et de sacrifice, ne reste pas à l'abandon. Elle n'a plus que moi ; sa santé n'est pas brillante ; nos parents, nos amis, les indifférents eux-mêmes assurent qu'elle mourra bientôt si je m'en vais ; elle ne dit pas le contraire ; ma place est donc auprès d'elle, et, coûte que coûte, il faut rester. »

Ma résolution prise, un grand calme succéda à tous les mouvements impétueux qui m'agitaient, et j'écoutai froidement ce que Basset avait encore à nous dire. Il parla longtemps et très bien ; si bien que ma pauvre mère fut dix fois sur le point de fondre en larmes au tableau des douleurs qu'il lui prophétisait. Lorsqu'il eut péroré tout son soûl, je lui dis d'un ton cordial :

« Bravo ! mon vieil ami, tu parles d'or ; mais ne te mets plus en frais d'éloquence. Tout ton raisonnement repose sur une erreur de fait. Maman ne sera jamais seule, pas plus qu'elle n'aura l'ennui de se dépayser avec moi : je reste. Mes études sont terminées, à mon sens, car je suis capable de gagner modestement ma vie, et j'entre en possession d'un emploi le 1$^{er}$ septembre prochain. Ne cherche pas ! c'est M. Simonnot qui m'a engagé ; il a ma parole et j'ai la sienne. La fabrique n'est pas une carrière brillante, mais, baste ! un garçon de ma trempe y trouvera le pain quotidien et quelque chose de plus. Je t'étonne, et maman elle-même ouvre de grands yeux, car elle n'était pas dans le secret ; c'est la première nouvelle qu'elle en a. Vous voilà informés l'un et l'autre ; j'ai fait d'une pierre deux coups. »

Ma mère se leva fort émue, et, sans plus s'occuper de Basset que s'il avait été en Chine, elle vint me prendre les mains :

« Pierre, s'écria-t-elle, je ne te demande pas si tu dis la vérité, tu n'as jamais menti. Mais as-tu réfléchi avant de t'engager de la sorte ? Sais-tu ce que tu sacrifies ? Sais-tu ce que tu prends ? Tu n'as pourtant pas oublié les volontés de ton père ?

— Non, mais papa La France m'en a signifié d'autres, bien plus conformes à l'état de nos affaires. Il m'a institué chef de famille ; en cette qualité, c'est bien le moins que je dispose de moi-même.

— Mais, malheureux enfant, tu n'es pas même bachelier !

— Et je ne le serai jamais, selon toute apparence, quoique je me promette bien d'aller tous les soirs au collège et d'y faire mon éducation. Tu n'auras pas à rougir de moi, je te le jure. Mais à quoi me serviraient tous les diplômes universitaires, lorsque j'ai fait mon deuil des emplois du Gouvernement ?

— Tu as raison ! s'écria Basset, et ce n'est pas moi qui jamais t'ai poussé sur le pâturage où ruminent les fonctionnaires. Les métiers les plus libres sont les meilleurs : du reste, on ne fait fortune que dans ceux-là. J'aurais voulu te voir succéder à ton père ; on en a décidé autrement, et, savant comme te voilà, tu croirais descendre en montant sur les toits. Mais puisque tu veux être commis, en attendant mieux, pourquoi donc ne le serais-tu pas de préférence chez un entrepreneur qui t'estime et qui t'aime ? Tu n'es pas faïencier pour un liard, tandis que la charpente, ça te connaît. J'ai justement besoin d'enrôler un jeune homme lettré et de bonnes manières, capable de défendre mes intérêts à coups de plume et à coups de bec contre les ingénieurs du chemin de fer. Il paraît que je ne sais pas m'expliquer, que j'ai la tête trop près du bonnet, que je commence toujours par casser les vitres et que ce n'est pas la bonne méthode. Avec un secrétaire et un ambassadeur comme toi, j'économiserais à la fois ma bile et mon argent.

— Tu me flattes, Basset, mais tu ne me débaucheras pas : j'ai la faïence en tête.

— Qu'est-ce qu'il pourra bien te payer, ton vieux ladre de Simonnot?

— Mon patron n'est pas un prodigue, d'accord ; mais c'est un homme juste, et quoique nous n'ayons pas encore traité la question d'argent, j'espère bien gagner 50 francs par mois d'entrée de jeu.

— Je t'en offre le triple.

— Ce serait trop cher.

— Comment l'entends-tu ?

— De toutes les manières. »

Ma mère ne lui laissa pas le temps de méditer cette réponse péremptoire, et, de sa voix grave et posée, elle conclut pour elle et pour moi :

« Maintenant, mon cher Basset, nous avons dit tous les trois ce que nous avions à dire. Si j'accepte le sacrifice de cet enfant, c'est que je suis bien décidée à ne changer ni d'état ni de nom. Vous voyez devant vous deux personnes profondément touchées de votre amitié et sensibles à vos généreuses intentions, mais capables de se suffire et résolues à vivre exclusivement l'une pour l'autre. Imitez-nous ; arrangez votre vie à part. Vous avez la fortune ; il ne nous reste plus, en vous disant adieu, qu'à vous souhaiter le bonheur. »

Le pauvre garçon étouffa un sanglot, et ses yeux se gonflèrent de larmes :

« Suffit ! dit-il. On sait ce que parler veut dire. Il ne vous manquait plus que de me mettre à la porte ; et j'y suis. Ma démarche méritait mieux, madame Dumont, et vous n'aurez ni à vous plaindre ni à vous étonner si je me venge de vos refus. »

Je m'étais déjà élancé entre ma mère et lui. Il m'écarta de sa puissante main et poursuivit :

« A toi aussi, gamin, je te déclare que je me vengerai, comme un honnête homme et un digne ouvrier peut se venger d'une femme et d'un enfant. Je veillerai sur vous, je vous protégerai malgré vous, et malgré vous je remplacerai, dans la mesure du possible, mon très regretté maître. Je ne suis pas seulement le successeur de Pierre Dumont, je suis son débiteur et le vôtre. Il n'y a ni loi, ni puissance, ni autorité qui m'empêche de pratiquer à votre profit les maximes que le patron m'a enseignées. Je n'ai point, je n'aurai jamais d'autre famille que la sienne. Prenez-en votre parti l'un et l'autre ! Serviteur, madame Dumont ! Bonjour, petit ! »

Cela dit, il ramassa son chapeau neuf et sortit en battant les portes. Je tombai aux genoux de ma mère et je lui dis :

« Chère maman, que je te remercie d'aimer mon père mort comme tu l'aimais vivant !

— Il n'y a pas de mérite à cela, répondit-elle. Mais quand donc nous laissera-t-on tranquille dans notre obscurité ? Je voudrais bien avoir les cheveux blancs. »

## CHAPITRE IX

### LA FABRIQUE

Comme boursier municipal et enfant adoptif de la ville, j'appartenais un peu à tout le monde. Le plus modeste contribuable de la commune estimait qu'en raison des sacrifices qu'il avait faits pour moi, il avait les mêmes droits sur ma petite personne que ma mère, mes oncles et toute la famille. Ce patronage collectif, je dois le dire ici dans la reconnaissance de mon cœur, ne s'était manifesté que par de bons procédés et de bonnes paroles, et si jamais j'en avais connu le poids, c'était comme un enfant gâté, en se mettant au lit, se sent doucement opprimé par une couverture bien chaude. Les bonnes gens de tous étages, les riches et les pauvres, mais les pauvres surtout, avaient une façon de me dire : « Mon cher Pierre, mon cher Dumont », ou même, depuis quelque temps : « Mon cher monsieur Dumont », qui accentuait franchement le pronom possessif. Et je n'en étais ni fâché ni humilié, tant s'en faut, car ce pain de la ville, que je mangeais d'un grand appétit, avait été gagné par mon père.

Toutefois, au moment de choisir une profession à laquelle personne ne m'avait destiné, je n'étais rassuré qu'à demi sur le qu'en-dira-t-on, et je craignais vaguement d'encourir un blâme discret. Lorsqu'une cité se cotise pour l'éducation d'un enfant, il est au moins sous-entendu que l'enfant tâchera de faire honneur à la cité. Or, en 1845, l'opinion publique prisait par-dessus tout les récompenses officielles, les prix, les médailles, les diplômes, les emplois, les honneurs mis au concours par le Gouvernement ; nous étions Chinois en cela, et peut-être le sommes-nous encore un brin. Plus j'avais donné d'espérances à mes concitoyens par quelques succès de collège, plus je risquais de les mécontenter en prenant un emploi modeste, terre à terre, accessible au premier venu. Les autorités, les amis, les professeurs étaient capables de se jeter à la traverse, et je ne pouvais pas expliquer à toute la ville ma soudaine résolution ; à peine avais-je pris le temps de me l'expliquer à moi-même. « Je ne dois pas quitter ma mère, et tout le reste m'est égal ! » Voilà ce que je marmottais entre mes dents sur le chemin de la fabrique, cinq minutes après le départ de Basset. Je voulais en finir d'un seul coup, m'engager sans retour possible, avoir le droit de dire à tous les donneurs de conseils :

« Il est trop tard, je ne m'appartiens plus. »

M. Simonnot ne parut ni content, ni fâché, ni même surpris de ma démarche. Il me laissa entendre qu'il avait prévu le cas, mais sans dire ce qu'il pensait du coup de tête.

« Vous entrerez demain, monsieur Dumont, à 75 francs par mois. Ce n'est pas que j'aie grand besoin de vos services ; mon personnel est au complet, mais je ne manque jamais à la parole donnée. On vous mettra à la correspondance, à la fabrication, à la vente, aux achats, partout où l'on jugera à propos de vous employer ou de vous essayer ; peut-être aussi, l'hiver prochain, vous chargera-t-on de quelques voyages.

— Rien ne me coûtera, monsieur, pour vous montrer ma reconnaissance ; et si un dévouement sans bornes...

— Trêve de rhétorique ! je ne demande à mes employés que d'être honnêtes et assidus. Si vous travaillez bien, vous gagnerez le nécessaire, pas davantage. Inutile de vous apprendre que vous ne ferez pas votre fortune ici : vous savez que je n'y ai pas fait la mienne. Le maximum des traitements à la fabrique est de six mille francs ; c'est ce que je donne au caissier, qui compte trente-cinq ans de services et qui a débuté sous mon père.

— Monsieur, je gagnerai toujours assez pour moi, et d'ailleurs il y a du pain à la maison. Mais vous ! vous qui luttez depuis si longtemps avec tant de courage, permettez-moi d'espérer qu'un jour le succès récompensera vos efforts. Ce n'est pas le dévouement seul que j'apporte à votre service. Je sais un peu, je réfléchis beaucoup, je cherche, j'ai des idées...

— Si vous avez des idées sur la faïence, mon garçon, je vous invite formellement à les laisser chez vous, dans la ville haute. Il n'y a pas de place ici pour les gens à projets, les réformateurs, les utopistes. Ma maison, quoique vieille, est encore assez solide ; elle durera plus que moi, plus que vous-même, pourvu qu'on ne s'avise pas de la réparer ! au premier coup de pioche, tout croulerait. C'est pourquoi je tiens tant à ce que vous appelez ma routine. »

J'essayai de lui faire comprendre en quelques mots bien sentis que, depuis les origines obscures et fabuleuses du genre humain, tous les progrès de la civilisation avaient marqué leur empreinte sur l'argile cuite au feu ; que les perfectionnements de la céramique, plus encore que la consommation du fer, donnaient la mesure d'un peuple à tel ou tel moment de l'histoire, et que l'on pouvait déclarer aux générations les plus profondément enterrées : « Dis-moi dans quoi tu as mangé, je dirai ce que tu étais ! » Donc il semblait fâcheux que dans un temps tel que le nôtre, au milieu d'un mouvement industriel comme l'Europe n'en avait jamais vu, une manufacture française livrât à la consommation des produits où les archéologues futurs ne reconnaîtront certes pas la France de 1845.

Il m'interrompit en criant :

« Ça, jeune homme, c'est du bleu. Vous nagez dans le bleu, et je vous avertis, une fois pour toutes, que je n'aime pas le bleu. Mes produits ne sont pas fameux, c'est accordé ; mais j'en donne au consommateur pour son argent. S'il y a un public pour acheter les assiettes à cinq sous, il y aura toujours, et très logiquement, des usines pour les fabriquer et des boutiques pour les vendre. Je ne vis, je ne dure que par le bon marché ; il est mon seul moyen de défense contre les séductions de la faïence peinte ou imprimée. Je ne peux donc, sous aucun prétexte, élever mes frais généraux, et, si le chemin de fer continue à séduire nos ouvriers par l'appât d'un salaire plus fort et d'un travail moins assidu, je les remplacerai par des enfants et par des femmes. Tout pour le bon marché ! Mais je ne sais pourquoi je discute avec un béjaune de votre âge et de votre expérience. Lorsque vous aurez mis la main à la pâte, vous penserez aux échéances fin courant plutôt qu'aux jugements des archéologues futurs. A demain, huit heures précises ! »

Il me tourna le dos avec sa brusquerie accoutumée et me laissa content et penaud. J'étais bien aise d'avoir une place, un traitement fixe, un avenir modeste et assuré, ce qui est l'idéal de tous les Français ; mais, pour les idées neuves et les projets audacieux qui remplissaient ma pauvre tête, le sol de la fabrique me semblait terriblement ingrat.

La maison Bonafigue se rencontra sur mon chemin, j'y entrai ; Barbe me reçut. Elle était seule et tout en larmes. Un bas bleu, un œuf de bois et une pelote de coton à repriser roulèrent de son genou sur le plancher lorsqu'elle vint à moi.

« Te voilà donc, mon grand ! dit-elle en essuyant ses yeux. Papa est à l'atelier, ma mère est chez la tienne ; Jean court les bois avec ses camarades ; ils coupent des branches de chêne pour la salle des prix ; moi, je travaille.

— Pas beaucoup, ma pauvre mignonne. Il pleuvait tout à l'heure sur ce petit museau. Tu as donc de la peine ?

— Oui, j'en ai pour moi et pour toi. Je pleure ton grand-père, qui était un peu le mien depuis cinq ans, car tu n'as pas oublié, je suppose, à qui je dois la vie.

— C'est bien à toi, ma chère ; mais tu ne le connaissais pas beaucoup, ce pauvre papa La France.

— Je ne suis donc pas allée à Launay ? Je n'étais donc pas là le jour où il a béni mon frère ? Il ne m'a pas choyée et caressée ? Papa La France est le seul homme qui ait été galant pour moi. »

A ce mot, je ne pus m'empêcher de sourire, et elle repartit avec sa vivacité provençale :

« Oui, galant ! Tu n'as pas remarqué qu'il m'appelait sa toute belle ? Et quand je réclamais, car je suis laide et je me rends justice, il prenait maman à témoin ; il lui disait : — Avec ces dents-là, ces cheveux d'un noir bleu et avec ces pruneaux (c'étaient mes yeux), une fille est sûre de plaire. Le nez est peut-être un peu court, mais l'âme est grande par compensation. Madame Bonafigue, le monde est plein de fausses jolies femmes qui plaisent à première vue et qui ne supportent pas l'examen. Barbe est une fausse laide ; plus on la voit, plus on l'apprécie. Mais pourquoi lui avez-vous donné ce malheureux nom ? — Maman lui répondit que j'en avais un autre. — Et lequel ? — Luce ! — De mal en pis. Il y en a de si jolis et de si simples ! Pourquoi donc pas Marie ? — Té ! dit maman, je l'aime aussi, le nom de Marie. A preuve que je l'ai donné à mon fils Jean. — Ça lui fera une belle jambe au régiment ! répliqua le grand-père. — Là-dessus, maman, qui a bon bec, comme tu sais, expliqua comme quoi les prénoms sont affaire de latitude ; que Barbe et Luce vous étonnaient parce que vous viviez au nord de la Loire, mais qu'un Flamand nommé Odilon, ou un Breton nommé Corentin, n'oseraient pas circuler en plein jour, avec leurs noms sur le chapeau, dans les rues d'Aix ou de Marseille. Ton grand-père avoua qu'il y avait du vrai dans ce raisonnement, et que d'ailleurs tout s'arrangeait au mieux si je m'appelais Luce, car Luce a un diminutif charmant, qui est Lucette. — Lucette, me dit-il, tu seras une femme aimante et aimée, et je te garde un mari digne de toi. — Ma mère et moi, nous répondîmes qu'il se

ELLE ÉTAIT SEULE ET TOUT EN LARMES.

moquait; il prit aussitôt ses grands airs de chevalier français, et jura qu'un Dumont ne badinait jamais avec la grâce et l'innocence.

— Pauvre homme! C'est tout lui. Mais as-tu quelque idée du mari qu'il te destinait?

— Aucune! Il a emporté son secret avec lui.

— Quelque gars de Launay, sans doute. Mais quelle idée de choisir un mari pour une gamine de dix ans!

— Gamin toi-même! J'aurai treize ans au mois de mars.

— Ce qui t'en fait douze et demi. Quel est l'heureux mortel à qui mon pauvre vieux voulait offrir ce petit bout de femme? Est-ce Joseph Idoux, le fils du maître d'école? Est-ce Baptiste, l'héritier du tanneur, ou Laurent du moulin, l'homme à l'écrevisse? »

Elle éclata de rire, et moi aussi, en pensant à ce grand nigaud, qui, dans une partie de pêche, s'était laissé pincer le doigt et qui, au lieu d'écraser l'écrevisse, avait hélé toute la compagnie à son secours. Mais elle se repentit aussitôt, et reprenant son sérieux :

« Vilain! dit-elle. Je m'étais arrangée pour pleurer aujourd'hui tout mon soûl. C'est si bon, le vrai crève-cœur et le franc deuil! Pourquoi m'as-tu gâté tout mon chagrin, mauvaise pièce?

— Mais parce que j'avais une grande nouvelle à te conter. Je ne pars plus pour Villevieille à la rentrée ; je reste ici, j'entre comme employé chez M. Simonnot, et nous nous verrons désormais tous les jours de la vie. »

D'abord elle refusa de me croire; puis, quand il lui fut prouvé que je ne mentais pas, la petite Provençale éclata en imprécations chaudes et colorées. J'entendis là le premier cri de la conscience publique.

« Et donc, après ce qu'ils ont fait pour toi, et les promesses que tu as données, et les succès, et les illusions, tu choisis un métier d'imbécile!

— Tu oublies que ton père en est, du métier.

— Té! mon père est mon père et non pas mon justiciable. Ce n'est pas à moi de savoir s'il pouvait mieux. Mais toi, qui as plus d'entendement qu'il n'en faut pour être sous-préfet, ingénieur en chef ou roi de France, tu choisis de *marcher* la terre, de tourner les assiettes et de les cuire au four! Ah! que je te secouerais de bon cœur, si j'étais homme!

— Petite Barbe, je ne marcherai pas la terre glaise, et je compte que bientôt nos ouvriers eux-mêmes ne la pétriront plus avec leurs pieds; je ne travaillerai ni aux tours ni aux fours, si ce n'est pour m'instruire et pour apprendre le métier dans ses moindres détails. »

Je lui parlai de mes nouvelles ambitions; elle en rit à belles dents. Je fis allusion aux devoirs qui me retenaient à Courcy; elle se fâcha tout rouge.

« Est-ce que je ne suis pas là? s'écria-t-elle. Ignores-tu donc, grand nigaud, que, moi vivante, maman Dumont ne manquera ni de soins dans la maladie, ni de consolations dans le chagrin? Si c'est ainsi que vous comptez sur moi, je suis bien bonne de vous aimer autant et plus que ma propre famille! »

Voilà toute la fête qu'on me fit dans la maison des Bonafigue.

En revanche, les deux hommes dont je craignais les remontrances, M. Lutzelmann et M. Doussot, m'approuvèrent sans restriction. Le principal, en bras de chemise dans la salle des prix, aidait les ouvriers à clouer le tapis de l'estrade. Dès qu'il eut entendu mon récit, il m'embrassa de prime saut, le marteau dans une main et une poignée de clous dans l'autre.

« Tu seras ma gloire! dit-il, et beaucoup moins par tes succès de collège que par cette sage et vaillante résolution. Quel exemple pour cette petite ville, aussi honnête et bonne, mais aussi sotte que toutes les petites villes de France, lorsqu'on verra un lauréat chargé de couronnes, un prix d'honneur, un premier en tout et incontestablement supérieur à tous ceux de sa génération, se faire commis de fabrique! On sait dans les bureaux de la sous-préfecture, dans les cages grillées de la recette et de la perception, dans le sanctuaire des hypothèques, dans la cuisine obscure du tribunal, dans les antres de la basoche, sur les chantiers des ponts et chaussées, dans la souricière des droits réunis, que tu étais hier encore un fonctionnaire désigné, un futur consommateur des deniers publics, attaché par avance au grand râtelier du budget. Sans faire brèche à ton patrimoine, sans mise de fonds, sans grand effort, tu n'avais qu'à suivre l'ornière pendant quelques années pour rejoindre le groupe majestueux des hommes arrivés. Et tu dédaignes le chemin battu! Et tu te jettes dans la traverse! mieux encore: dans les labourés! Quel exemple, enfant, pour tes camarades d'hier et de demain! Quelle leçon pour tous ces fils de la petite bourgeoisie qui dédaignent le champ, la boutique ou l'atelier de leurs pères et poursuivent la plus grotesque et la plus mal placée des couronnes: le rond de cuir! Debout, morbleu! debout, languissante et molle jeunesse! J'enrage de penser que, pour les neuf dixièmes de mes élèves, le collège est tout simplement l'antichambre des bureaux. »

Le vieux dessinateur, notre voisin, me félicita aussi chaudement, mais dans un autre style.

« Sais-tu bien, me dit-il, que tu joues un coup de partie, et qui peut nous mener très loin, toi et moi? Je me croyais retiré des affaires et définitivement cloîtré dans le repos, comme il convient à un homme de mon âge;

mais ta faïence est capable de me ressusciter. La céramique, mon garçon, est un très joli coin dans le domaine de l'art décoratif. Les bourgeois de notre temps ne le connaissent pas, et les peintres royaux de la manufacture de Sèvres s'y promènent les yeux fermés. Moi qui te parle, je l'ai parcouru dans tous les sens, en amateur, mais en amateur qui voit clair. Outre les chefs-d'œuvre d'Urbin et de Gubbio que tu vois là, pendus aux murs, j'ai quelque part, dans le grenier, une demi-douzaine de caisses où les produits de Delft, de Rouen, de Moustiers, de Nevers, attendent patiemment l'heure du déballage. Nous les délivrerons bientôt, et tu m'en diras des nouvelles. Je te montrerai des merveilles qui m'ont bel et bien coûté vingt sous la pièce, grâce à la stupidité de mes contemporains. Ma nièce garde aussi, dans le bahut à colonnes torses, au fond de la cuisine, un trésor moins précieux en soi, mais qui peut-être te sera plus utile; c'est un service complet, fabriqué à Strasbourg et à Haguenau par les frères Hannong. L'art français a créé des œuvres plus savantes, il n'a rien fait de plus brillant ni de plus gai. Tu les verras, ces adorables vieilleries que j'ai payées au prix des assiettes de Simonnot, et nous les copierons ensemble.

— Mais si elles se vendent pour rien, à quoi bon les copier?

— A quoi bon, grand enfant? Pour les remettre à la mode! Le public y revient déjà, timidement, sans savoir ce qu'il fait, poussé par quelques amateurs. Dans cette oligarchie de bourgeois censitaires où l'argent bête fait la loi partout, le goût du beau commence à s'éveiller à Paris, à Lyon, à Tours, à Courcy même, où Gaudiot, le plus ignare des brocanteurs, m'a vendu 50 francs une guipure qui en vaut mille. L'an dernier, m'a-t-il dit, je vous aurais cédé ce chiffon pour cent sous; mais la curiosité est en hausse, mon bon monsieur ! »

Le bavardage du vieux peintre me troubla un moment; je crus qu'il m'invitait à fabriquer avec lui des antiquités fausses, et je répondis que ni M. Simonnot ni moi nous ne ferions jamais cette espèce de contrebande.

« Es-tu fou? reprit-il. Pour qui donc me prends-tu? Je te dis que la France se reprend, petit à petit, au goût des belles choses, et que nous sommes gens à lui en servir quelques-unes de notre cru. Il ne s'agit pas de copier les anciens, moins encore de les contrefaire, mais de s'en inspirer et de mettre leurs exemples à profit. Les modernes aussi, dans les pays étrangers, nous donnent des leçons. Un camarade du Havre, qui fréquente les capitaines au long cours, m'a envoyé quatre albums japonais, pleins de croquis étonnants qui feraient un rude effet sur tes faïences.

— Mais M. Simonnot m'a déclaré lui-même qu'il avait horreur du nouveau.

— Bah ! nous l'arracherons à sa routine. Tu vas te mettre à dessiner tous les soirs ; je te dirigerai ; je te révélerai les secrets de la décoration. Et lorsque tu auras acquis cette légèreté de main, cette habitude d'improviser, qui faisaient de tous les faïenciers du dernier siècle autant d'artistes originaux, nous lui fabriquerons un service, à ton patron, dans sa propre baraque ! Et je veux être cuit au four si la première soupe qu'il mangera dans nos assiettes ne nous le livre pas à merci. »

Le bonhomme m'échauffa si bien qu'à l'heure du souper, lorsqu'enfin je rentrai chez nous, ma mère me parut froide. Loin d'applaudir au succès de mon ambassade, elle se reprochait de m'avoir laissé le champ libre. On aurait dit que j'étais une victime sacrifiée par l'égoïsme maternel à cette vieille idole de Simonnot. La pauvre femme jurait maintenant qu'elle n'avait pas besoin de moi ; qu'elle était assez forte pour vivre seule et pour attendre dans son coin l'accomplissement de mes hautes destinées : elle craignait d'avoir désobéi à la dernière volonté de mon père. Je crois surtout qu'elle s'inquiétait de l'opinion et qu'elle prévoyait un mécontentement général, presque un blâme public à la distribution du lendemain.

Sur ce point, je l'avoue, elle ne se trompait qu'à moitié, et mon nouveau patron n'était pas plus rassuré qu'elle ; car, en me voyant arriver le lendemain matin à l'heure dite, il me cria :

« Voulez-vous donc me faire lapider ? La fête de ce jour ne serait pas complète sans vous, le premier lauréat et l'unique boursier de la ville. Allez vous habiller, monsieur, et revenez demain, à la même heure. Il en est de l'exactitude comme de la vertu ; pas trop n'en faut. »

Je regagnai philosophiquement le haut quartier et, après avoir déjeuné de bon appétit, j'endossai pour la dernière fois cet uniforme, assez coquet dans sa simplicité, que ma mère aimait tant, parce que son imagination l'ornait déjà de broderies, d'épaulettes, de croix et d'autres riens également chers aux mamans françaises. Nous sommes tous de notre pays, sages et fous, et je ne vous cache point qu'il m'arriva de soupirer deux ou trois fois en boutonnant le pauvre frac du collège ; il me serrait un peu la taille, mais il faisait si bien valoir mes larges épaules et ma poitrine bombée !

Une heure après, j'étais assis avec mes camarades sur les bancs réservés aux internes, et j'aspirais délicieusement l'âpre et saine odeur des feuilles. Il faut, en vérité, que nos sens exercent un puissant empire sur nos esprits, car aujourd'hui encore, à cinquante ans sonnés, je ne puis pas sentir le parfum du chêne coupé, sans que mes émotions de lauréat se réveillent en grand tumulte ; le cœur me bat, mes yeux se voilent, une coquine de larme... gardez-vous bien de me juger sur cet aveu ! J'étais plus crâne au mois d'août 1845, et, tout en flairant le tanin qui s'exhalait des guirlandes murales, je m'adressais de mâles discours *in petto*.

« Mon petit Pierre, me disais-je, tu as appris un peu de grec et passablement de latin ; il s'agit désormais d'apprendre la vie. C'est moins classique ; mais, en revanche, cela n'est pas plus romantique, hélas ! non. Jusqu'à présent, sans recevoir d'en haut les alouettes toutes rôties, tu as mangé bien des lentilles et maintes tranches de gigot qui ne te coûtaient rien : c'est le lot des enfants. Un homme digne de ce nom ne mord pas dans une croûte de pain qu'il n'ait gagnée honnêtement lui-même. Et tu vas passer homme, non pas à l'ancienneté, mais au choix, demain matin. Laisse-toi proclamer par tes maîtres, applaudir par tes camarades, étourdir par la fanfare de Courcy ; mais sache bien que tu n'es pas logé sur cette terre pour gravir des estrades, fouler des tapis et embrasser des sous-préfets qui te couronnent en musique. Dix minutes de gloire, et ton compte sera réglé ; il faudra prendre rang parmi ceux qui produisent, c'est-à-dire qui servent leurs contemporains, à charge de revanche, donnant, donnant. Ne te plains pas ! c'est la loi commune. Songe plutôt à t'escrimer et à faire œuvre de tes dix doigts. Sais-tu d'où tu viens ? Sais-tu où tu vas ? A peu près. Tu viens d'un digne homme qui t'a élevé de son mieux et qui t'a laissé en mourant son humble avoir. Tu vas continuer ton père, fonder à son exemple une famille honnête, instruite et outillée de tout le patrimoine que tu auras épargné pour elle. Il s'agit de transmettre à d'autres Dumont, tes descendants, ce flambeau de la vie que les rapides générations des hommes, semblables aux coureurs antiques, se passent de main en main ! »

L'homme à la pipe, M. Lutzelmann, interrompit bientôt cette méditation.

Avec le bon esprit, avec le sens correct qui ne lui faisaient jamais défaut, il entreprit de justifier aux yeux des bourgeois de Courcy, mes parents adoptifs, ce que les uns appelaient mon ingratitude et les autres, mon abdication. Durant un long quart d'heure, il ne parla que de moi, sans me nommer. Après nous avoir exposé le fort et le faible de l'enseignement secondaire, qui laboure en tous sens l'esprit des jeunes Français et lui prodigue les façons de la plus savante culture, mais qui ne sème rien, ou presque rien, dans ce sol admirablement préparé, il prit son auditoire à témoin de l'utilité des semailles, et par semailles il entendait les leçons de choses. L'instruction professionnelle que le cultivateur, le marchand ou l'ouvrier donne à ses fils, chez lui, tourne dans une impasse ; elle aboutit à la routine pratique, comme les leçons du collège à la routine théorique. Deux populations juxtaposées dont l'une n'aurait étudié que le détail du métier paternel, et l'autre que les grammaires et les dictionnaires, seraient également stériles, car l'une aurait reçu le grain sans la culture, et l'autre, la culture sans le grain. On pouvait expliquer ainsi l'infériorité relative de la France au milieu de nations moins douées, mais plus logiquement éduquées. Cent fois, à juste titre, les habitants de Courcy s'étaient plaints de dépenser, en commun et en particulier, des sommes assez rondes pour un collège dont les lauréats, tout compte fait, n'étaient propres à rien. Aujourd'hui on pouvait enfin constater que l'enseignement secondaire, renforcé de quelques leçons pratiques, formait des jeunes gens capables de gagner leur vie à dix-sept ans. Et de la gagner à Courcy, chose importante! Restons chez nous! tâchons de vivre heureux sur le coin de terre où le hasard de la naissance nous a jetés, avec nos vieux amis et les compagnons de nos premières années. Défendons-nous contre cette manie, ce vertige d'émigration, qui pousse les campagnards à la ville et les citadins de province à Paris. Est-il donc tant à plaindre, l'indigène des bords de la Loire, l'habitant de cette douce et riante Touraine, celui qui cultive sa vigne ou son carré de choux dans l'aimable jardin de la France?

« Quant à moi, dit le principal, je m'y trouve si bien, au milieu de nos chers élèves et de leurs excellentes familles, que je redoute l'avancement comme la pire des disgrâces. Quand donc le pauvre fonctionnaire, ce nomade malgré lui, aura-t-il le bonheur de s'enraciner dans la terre qui le nourrit et d'avancer sur place, lentement, patiemment, comme les arbres grandissent dans sa cour? En attendant que ce beau rêve se réalise, je ferai pour vous, chers enfants, ce que M. le Ministre devrait bien faire pour moi : je vous détournerai des ambitions vagabondes, je vous prêcherai la résidence, je vous attacherai de toutes mes forces au sol natal. Où trouveriez-vous mieux? Vous auriez beau faire le tour du monde, il n'existe pas une ville mieux bâtie, mieux située, mieux aérée, mieux entourée que cette petite sous-préfecture de Courcy. On y vit confortablement à bon marché; on y mange un pain blanc qui n'a pas son égal sur la terre; on y boit un vin très gentil qui n'a jamais fait mal à personne; on y gagne aisément le nécessaire et même un peu de superflu; les hommes de travail et d'épargne y font fortune, je ne dirai pas aussi vite, mais aussi sûrement qu'à Villevieille, à Blois, à Tours et à Paris. Enfin, quand vous serez en âge de prendre femme, et pour cet acte solennel je déclare que le plus tôt sera le mieux, chacun de vous, mes chers enfants, trouvera chez les jeunes sœurs de ses camarades autant de beauté, autant d'esprit et d'aussi bons principes qu'il en pourrait chercher dans les villes les plus huppées de la France et de l'étranger. »

Un certain nombre de parents et tous nos maîtres, sans exception, froncèrent le sourcil à la fin de cette tirade. Parler du mariage à deux cents écoliers! Rien de plus paradoxal en un temps où l'Université, comme le vieux collège de Courcy, n'était qu'un couvent blanchi à la chaux.

Mais notre invraisemblable principal ne se troublait pas pour si peu. Homme de famille avant tout, mari parfait et père de famille exemplaire, il voyait dans le mariage la grande affaire de la vie ; il avait l'habitude de nous en parler avec tout le sérieux de son esprit et toute la chaleur de son âme. Au lieu de traiter ses disciples comme des unités abstraites, de petites cases numérotées, des récipients destinés à recevoir tant de grec et de latin, il s'appliquait à nous élever par degrés à la qualité d'hommes et de citoyens. Déjà son programme d'études pour la prochaine année scolaire comprenait un cours de danse où la jeunesse des deux sexes s'ébattrait en tout bien tout honneur sous les yeux de M$^{me}$ Lutzelmann et des autres mamans de la ville. Et, malgré l'imprévu de ses méthodes et la bizarrerie de ses façons, les neuf dixièmes de la bourgeoisie se sentaient attirés vers lui. Après avoir flatté le patriotisme local par un sincère éloge du pays et de la population, il achevait sa conquête en montrant que l'esprit de famille peut et doit souffler librement entre les tables et les bancs de l'école. Ma mère et quelques-unes de ses amies m'ont raconté plus tard qu'en entendant ce paysan du Danube, ou du Rhin, parler du mariage à sa marmaille, elles avaient cru voir tomber les murs d'un bagne ou d'un monastère : le collège leur apparut pour la première fois tel qu'il doit être en pays moderne : une maison commune où des enfants bien nés apprennent le travail et la vie.

Aussi applaudit-on à tour de bras, après un moment de surprise, et le succès de mon cher avocat ne fut pas inutile à son client. Le premier nom inscrit au *palmarès* était le mien. Quelques esprits chagrins étaient peut-être venus là pour le siffler ; l'opinion publique, retournée par l'autorité d'un homme supérieur, le porta aux nues. Et, quand le sous-préfet me donna l'accolade, je fus littéralement assourdi par une tempête de bravos.

Ce dernier jour de ma vie scolaire fut signalé par un petit incident, dramatique au début et comique à la fin, dont je ne fus pas seul ému. Le principal nous donnait nos livres de prix, mais il ne nous couronnait pas lui-même. Il nous faisait couronner et embrasser par un fonctionnaire, par un de nos parents ou des amis de notre famille, par un membre du conseil municipal, afin de resserrer les liens qui attachaient le petit peuple du collège à la bourgeoisie de la ville. Jugez de mon émotion lorsque M. Lutzelmann, après m'avoir remis le prix de gymnastique, me montra ma couronne entre les mains de Basset. Le gros entrepreneur, assis auprès des Bonafigue, rayonnait d'orgueil et de joie. C'était la première fois que les autorités du collège lui faisaient cet honneur, bien mérité, du reste, car Basset nous avait construit un gymnase pour rien. Mais, après sa démarche de la veille et l'espèce de rupture qui s'en était suivie, je ne savais comment aborder notre ancien ouvrier face à face. Ma mère souffrait autant que moi ; je voyais de loin sa figure étrangement empourprée derrière ses mains pâles ; il me semblait que toute l'assistance savait notre secret, dardait mille regards sur nous et attendait ma résolution. Cependant je marchais comme un automate, et je cachais mes angoisses sous un petit air d'indifférence et de légèreté ; mais il faut croire que je ne dissimulais pas bien, car la petite Bonafigue, sans savoir où le bât me blessait, par une de ces intuitions qui attestent la supériorité de la femme sur l'homme, devina mon malaise et aussitôt me tira d'affaire. Au moment où je passais devant elle en m'inclinant, elle arracha la couronne à Basset, me l'enfonça jusqu'aux oreilles, et me baisa bruyamment sur les deux joues.

« Pardon, monsieur Basset, dit-elle, je mourais d'envie d'embrasser ce grand nigaud-là. »

Tous les témoins de sa gaminerie en rirent franchement, sauf maman Bonafigue, qui se promit de corriger cette effrontée et qui n'y manqua point à la maison. Mais la petite avait eu un si joli mouvement de chatte, sa figure ronde, cachée dans un maquis de cheveux noirs, offrait un tel mélange de malice et de bonté, que le sensible charpentier ne lui garda pas rancune. Il me tendit sa forte main, que je serrai avec un soupir de soulagement, et je regagnai ma place, sans voir que la couronne, glissant toujours, était devenue un collier.

Le lendemain matin, avant huit heures, je rencontrai le vieux caissier, M. Courtois, sur le chemin de la fabrique, et, comme il n'était plus fort ingambe, je lui offris l'appui de mon bras. « Volontiers, me dit-il, et cela se trouve d'autant mieux que nous allons travailler ensemble. Vous êtes placé sous mes ordres ; on veut vous essayer à la correspondance, d'abord. C'est un travail facile, et, pour vous en tirer à votre honneur, vous n'aurez qu'à désapprendre tout ce que vos maîtres vous ont appris. Pas de littérature, mon cher ! Les fleurs de rhétorique les plus simples sont proscrites par le patron. A peine s'il nous permet d'écrire : « Nous sommes en possession de votre honorée, » et : « Nous avons confié au roulage deux caisses de marchandises dont nous vous souhaitons bonne réception. » Les formules de politesse sont réduites au plus strict nécessaire : « Recevez nos salutations. *Simonnot père et fils.* »

— Mais il a donc un fils ?

— Non ; c'est lui qui a été autrefois l'associé de son père, et, depuis vingt ans qu'il est seul, il conserve sa raison sociale sur ses lettres et ses factures, en mémoire du vieux. C'est un brave homme sans en avoir l'air, un hypocrite au rebours. Il est exaspéré, depuis un mois, par cette émigration des ouvriers que le chemin de fer nous débauche à la douzaine. Je crains qu'il ne vous rende la vie dure, en commençant ; mais parmi nous, au bureau, vous ne trouverez que de bons camarades. Seulement, il ne faut pas vous attendre à primer ici comme au collège. Vous êtes le plus jeune, le dernier venu, le plus inexpérimenté de la bande, et naturellement les besognes ingrates seront pour vous. Mais avec de la modestie, de la bonne volonté, du courage et surtout ces habitudes de franchise et de loyauté qu'on prend au collège, vous vous ferez bien venir des jeunes et des vieux. »

A peine eus-je le temps de le remercier ; nous étions arrêtés devant un petit bâtiment d'un seul étage, étroit et long, couvert en terrasse, et revêtu d'un crépi ardoisé qui s'écaillait partout. Un escalier de deux marches conduisait à la porte unique, et malgré l'inscription qui portait : *Bureaux et Caisse*, il n'y avait qu'un seul bureau, meublé de cinq pupitres, plus une table volante pour moi. Le cabinet du vieux caissier, ses livres, petits et grands, et son coffre-fort étaient au bout de la salle, dans une sorte de forteresse fermée à grand renfort de grilles, de fers de lance et de verrous. Précautions de luxe, on peut le dire, dans un pays où les voleurs étaient si rares que, pour occuper les loisirs de la magistrature, il fallait les faire venir de l'étranger ou de Paris.

Je connaissais mes nouveaux compagnons, comme presque tous les employés de la fabrique. Ils m'accueillirent d'un air de bonhomie et partagèrent leur travail avec moi sans me faire la part du lion. C'était d'ailleurs un jeu d'enfant que cette correspondance, et, malgré les conseils de mon voisin, qui me disait : « Dumont, ne gâtez pas le métier ! » j'abattis en deux heures une tâche qui devait me conduire jusqu'à midi.

Au moment où je me levais pour montrer mon ouvrage à M. Courtois, le patron poussa brusquement la porte et fit irruption chez nous en homme qui ne dédaigne pas de surprendre parfois son monde. Il fit main basse sur tous mes papiers, comme s'il me jugeait capable de lui voler son temps pour écrire des tragédies en cinq actes ou pour lire des romans de Paul de Kock :

« Qu'est-ce que c'est que cette écriture-là? dit-il en fronçant le sourcil. Elle est courante, elle est propre, elle est claire ; ce n'est pas celle d'un échappé de collège.

— Monsieur, je sors du collège, il est vrai, mais depuis bien longtemps M. Lutzelmann a supprimé les pensums, qui nous gâtaient la main. D'ailleurs, permettez-moi de vous le rappeler, ce n'est pas la première fois que vous voyez mon écriture.

— En effet, mais le jour dont vous parlez j'étais moins occupé de la forme que du fond. Est-ce aussi l'Alsacien qui vous a enseigné le style commercial ? Comment vos lettres sont-elles si bien tournées ? Les anciens du bureau ne feraient pas beaucoup mieux.

— Mon chef, M. Courtois, a bien voulu me donner quelques conseils. »

Il haussa les épaules en grommelant :

« Qui donc m'expliquera pourquoi l'on trouve des employés plus qu'on n'en veut, tandis que l'ouvrier passe à l'état d'oiseau rare, de merle blanc ? Le travail du cerveau, qui comporte quelques dons naturels et une certaine éducation, est plus offert que demandé, tandis que le travail musculaire, dont la dernière des brutes est capable, sera bientôt hors de prix. Pourquoi ?

— Monsieur, si vous me faites l'honneur de m'interroger, peut-être aurai-je quelque chose à vous répondre.

— C'est vrai, vous êtes un théoricien, vous. Allons ! ne dérangeons pas cinq hommes pour le plaisir d'un seul enfant. Prenez votre chapeau, et venez ! »

Il m'entraîna vivement, et, sans quitter mon bras gauche, qu'il serrait avec force dans sa main droite, il me fit arpenter avec lui le grand terrain poudreux où les constructions de la fabrique étaient semées comme au hasard.

« Vous savez, vous, dit-il avec son rire amer, pourquoi les employés assiègent ma maison et les ouvriers la désertent ?

— C'est peut-être, monsieur, parce que les uns peuvent y gagner leur vie et les autres ne le peuvent pas.

— Voilà qui est nouveau, mon garçon. Je croyais, moi, que l'ouvrier, affranchi des tracas de la toilette, du mobilier et des autres vanités de ce monde, dispensé de faire figure et de tenir un rang, n'ayant en somme qu'à se loger et à se nourrir, était, à salaire égal, deux fois plus riche que l'employé. Il me semblait aussi, dans la même hypothèse, que l'employé sacrifiait, sans vaines doléances et très philosophiquement, l'intérêt du petit capital (mettons dix mille francs en moyenne) que son instruction a dévoré. Vous n'avez pas, je pense, assez d'humilité dans l'âme pour vous comparer aux bipèdes qui tournent des assiettes sous ce hangar. Cependant leur salaire est le vôtre, à un centime près, car je vous ai promis 75 francs par mois, et je leur donne 2 francs 50 par journée. Vous ne répondrez rien à cela, car l'éloquence des chiffres est plus forte que l'éloquence des phrases.

— Je n'aime pas les phrases, et les chiffres ne m'ont jamais fait peur, monsieur. Vous me permettrez donc de vous dire, chiffres en main, qu'un employé à 75 francs par mois est plus riche de 10 francs au moins que l'ouvrier à 2 francs 50 par jour, car on lui paye, à lui, ses jours de chômage. Considérez ensuite que le chiffre dont vous parlez est un minimum pour moi, un traitement de début, tandis que les malheureux qui suent là, devant nous, n'iront jamais au delà. La famille de l'employé, si elle a fait des sacrifices pour l'éducation d'un enfant, n'est pas tellement dénuée de ressources qu'elle ne l'aide à vivre jusqu'au jour où il pourra se suffire ou même aider les siens. En attendant, il est.., permettez-moi de parler en mon nom, puisque vous m'avez pris à partie. En attendant l'avancement pénible, tardif et médiocre, mais certain, que vous m'avez promis, je suis le commensal de ma mère, je vis dans ma famille, j'ajoute mon salaire à un petit budget bien réglé, tout juste suffisant, dont il renverse heureusement l'équilibre. Et mes 75 francs, transformés en pain, en vin, en viande, en légumes par une ménagère habile, me donnent un bien-être que l'ouvrier ne connaîtra jamais, quand même vous le payeriez cinq francs par jour.

— Qui donc vous parle d'augmenter les salaires ? A quel propos cette hypothèse impertinente et presque cruelle dans la bouche d'un garçon qui connaît le fort et le faible de ma maison ? Je gagne strictement de quoi vivre, vous le savez, et vous venez là, comme un joli cœur, prélever sur mon nécessaire le superflu de ces animaux-là !

— Monsieur, les animaux eux-mêmes ont le droit de se repaître après une journée de travail ! Gardez-vous de me prendre pour un de ces rêveurs qui voudraient taxer les salaires. La loi de l'offre et de la demande réglera seule, en tout pays et en tout temps, le prix du travail. L'État lui-même ne saurait vous contraindre d'embaucher un ouvrier inutile ni de payer un centime de trop le loyer des bras qui vous servent. Mais la logique et l'expérience disent aussi qu'un patron ne pourra jamais retenir les ouvriers malgré eux ni payer leur travail moins cher qu'ils ne l'estiment. La querelle ne peut donc être vidée qu'à l'amiable, par une bonne transaction.

— Je ne transige pas !

— Personne ne vous demande de sacrifier votre droit, qui est absolu ; mais je commence à vous connaître un peu, mon bon monsieur Simonnot ; vous n'êtes pas anthropophage : ce n'est pas à votre dîner qu'on servira jamais des victimes humaines.

— Certainement, je ne mange personne, mais je n'entends pas être mangé.

— Et vous avez raison. Un problème si bien posé est plus qu'à moitié résolu. Vous ne voulez ni ne pouvez accorder à vos ouvriers une augmentation de salaires. Vos ouvriers déclarent qu'il leur est impossible de vivre à si bas prix, et ils le prouvent en allant chercher fortune ailleurs. Cela n'est bon ni pour vous ni pour eux, car, en vous ruinant, les malheureux se gâtent la main, se déclassent et s'exposent à mourir de faim dans quelques mois, quand les rails du chemin de fer seront posés.

— Ils n'auront que ce qu'ils méritent.

— D'accord, mais la fabrique s'en portera-t-elle mieux? Pourquoi donc ne cherchez-vous pas, en père de famille, c'est-à-dire avec la justice et la bonté qui sont en vous, le moyen d'améliorer leur condition sans empirer la vôtre? Ils vous quittent pour gagner dix sous de plus par jour, et ils ne savent pas que l'entrepreneur du chemin de fer, un vieux malin qui fut maçon et cabaretier dans la Nièvre, leur rattrape sa haute paye à la cantine. Si j'étais de vous, monsieur, je m'arrangerais de manière à les augmenter non pas de dix sous, mais d'un franc, sans leur faire tort d'un centime, et sans y mettre un centime du mien.

— En vérité? Je ne suis pas très curieux, mais je voudrais savoir comment.

— Monsieur, vous êtes-vous jamais informé de leur vie? Savez-vous comment on se loge et l'on se nourrit dans cet honnête petit monde?

— Non, par système et de parti pris. Quand un homme m'a donné son travail, quand je lui ai donné mon argent, nous sommes quittes. Plus rien de commun entre nous; chacun chez soi, chacun pour soi.

— Chacun chez soi, c'est bien. Mais chacun pour soi m'a tout l'air d'une hérésie économique. Les hommes sont plus solidaires que vous ne pensez, mon patron. J'ai été élevé dans une maison bien modeste; on y soignait pourtant la nourriture et la santé du moindre apprenti; moyennant quoi pas un homme, pas un gamin n'a donné son compte à mon père. Peut-être trouvez-vous malséant qu'un garçon de mon âge se prononce au pied levé sur des affaires de cette importance, mais ce que je vous dis, je le tiens d'un observateur attentif et sincèrement charitable. L'ouvrier de fabrique, à Courcy, est assez bien logé, car la ville est trop grande pour sa population, mais il n'est pas nourri. Il ne mange à son appétit que les jours de bamboche. Et ce que mon père disait de Courcy est vrai dans presque toute la France. Célibataire ou marié, l'ouvrier est victime de deux fléaux, qui sont le détail et le crédit. Achetant en détail, et au petit détail, il paye tous les objets de consommation deux ou trois fois plus cher que vous; acheteur à crédit, il a des fournisseurs qui lui prêtent son pain quotidien à la petite semaine.

— Eh! qu'il paye comptant! Est-ce ma faute, à moi, s'il a des dettes?

— Oui, car vous ne payez que tous les quinze jours. Je ne vous le reproche pas, monsieur, c'est la coutume. Payé comptant, l'ouvrier payerait comptant et vivrait mieux. Les plus malheureux, à Courcy et ailleurs, sont les célibataires, qui se nourrissent au nombre de dix ou douze dans de mauvais petits cabarets. L'aubergiste, qui n'a ni sou ni maille et qui vit lui-même à crédit, prélève sur les rations de ces infortunés le nécessaire de sa femme et de ses enfants : c'est ainsi qu'on arrive à leur faire dépenser en deux repas près de deux francs sur les deux francs cinquante qu'ils ont gagnés. Et c'est pour échapper à cette vie, qui n'en est pas une, qu'ils suivent aveuglément le premier embaucheur venu.

— Mon garçon, vous raisonnez comme un journal... comme un mauvais journal ; et, si je n'étais pas la patience même, je vous enverrais rédiger le *Patriote de Villevieille,* organe du bouleversement politique et social, qui gagne énormément d'amendes et pas mal de prison, quoiqu'il paraisse à peine tous les mois. Rien n'est plus facile ni plus inutile que de déblatérer à tort et à travers contre l'ordre établi. La France abonde en réformateurs intrépides qui, n'ayant rien à perdre, sont tout prêts à démolir l'édifice que nos pères ont bâti de leurs os et cimenté de leur sang ; mais pas un seul de ces messieurs n'a su dire jusqu'à présent ce qu'il construirait à la place.

— Monsieur, je n'ai jamais lu un journal, et je ne voudrais pas démolir une simple hutte abandonnée par les charbonniers, car je sais par expérience qu'elle peut servir d'abri en temps de pluie. Les Dumont sont conservateurs de père en fils, et tenez ! si vous mettiez à ma disposition ce petit hangar de torchis où personne n'a travaillé depuis peut-être dix ans, je n'aurais garde de le renverser, et peut-être en ferais-je, votre sagesse et votre générosité m'aidant un peu, la pierre angulaire de la fabrique. Laissez-moi réparer cette masure et l'installer à mon idée, et je promets que vos ouvriers ne déserteront plus. »

J'avais piqué sa curiosité, sinon gagné sa confiance. Il m'écouta patiemment et me laissa développer tout à l'aise un plan qui, depuis vingt-quatre heures, se dessinait dans mon cerveau.

« Mon grand-père, qui vivait de rien, et mon père, qui ne se privait de rien, m'avaient dit bien des fois que l'homme n'est pas cher à nourrir. Ma mère, cette ménagère incomparable, était absolument du même avis ; elle ajoutait seulement qu'il faut y mettre de l'épargne et du soin, avec un peu d'intelligence. Je savais par le lieutenant retraité, M. Lequien, ce que coûte l'ordinaire du soldat, et par M$^{me}$ Lutzelmann à quel prix on entretient les grands corps dégingandés et croissants des internes. Ma curiosité, éveillée dès l'enfance, s'était toujours intéressée à la valeur des choses, et je mettais un certain amour-propre à dire le cours des vins ou des farines et les mercuriales du marché. Bref, j'étais arrivé à établir assez exactement le coût de mon service de bouche, abstraction faite des gâteries de Catherine, c'est-à-dire du superflu. Partant de là, j'admettais qu'un adulte, travaillant de ses muscles du matin au soir, devait consommer plus que moi ; mais que les bénéfices de la vie en commun, la manutention simplifiée, l'achat des marchandises au prix du gros et la gratuité presque absolue du combustible dans une usine où la chaleur se perdait de tous côtés, rétabliraient certainement l'équilibre et me permettraient de régler les dépenses d'un faïencier sur les miennes. A ce compte, un repas solide, le déjeuner ou le dîner d'un homme fait, ne devait pas coûter plus de huit sous. Deux sous de pain ; une bonne potée de riz, de choux, de haricots, de pommes de terre ou de lentilles, avec une saucisse, un morceau de lard ou de mouton : quatre sous ; un demi-litre de vin du pays, pas très fort, mais d'un beau rouge et parfaitement naturel : deux sous. Total huit. Le vin se vendait au détail dix sous le litre chez de petits marchands nécessiteux et surchargés d'impôts, mais, en gros, nous pouvions l'obtenir couramment à vingt francs l'hectolitre. Pour commencer, j'étais d'avis de le vendre six sous, au lieu de quatre, ce qui mettait la ration à trois sous et le repas total à neuf. « En quelques mois, le gain réalisé sur cet article me donnera les moyens d'amortir la transformation du hangar en cantine, l'achat des marmites et tous les frais de premier établissement, que j'évalue à 500 francs au plus. Alors nous mettrons le demi-litre de vin à deux sous, le repas à huit, la nourriture quotidienne de l'ouvrier à seize. Et tous ces malheureux, qui travaillent aujourd'hui pour ne pas mourir de faim, et qui se trouvent aussi gueux le 31 décembre qu'ils l'étaient au 1er janvier, sortiront chaque soir de l'usine avec 34 sous nets et liquides sur les 50 qu'ils ont gagnés. On les payera toujours par quinzaine, puisque la coutume est sacrée, mais on les nourrira au comptant, sans grever le budget de la maison. Le caissier leur délivrera au jour le jour des jetons d'un ou deux sous en acompte sur leur salaire, et nous-mêmes nous réglerons nos fournisseurs à trente jours. Dans ces conditions, monsieur, je vous promets que l'ouvrier s'attachera solidement à la fabrique, car vous doublerez ses ressources sans réduire les vôtres, et vous lui donnerez gratis un bien-être qu'il n'a ni connu ni rêvé jusqu'ici. »

M. Simonnot m'écoutait avec une attention soutenue, mais aussi, je dois l'avouer, avec un profond mépris. Fils de patron, patron lui-même, gros contribuable, électeur influent, il appartenait de plein droit à cette aristocratie sans naissance et sans grâce qui datait de quatre-vingt-neuf. Il regardait de très haut M. de Taillemont, descendant des Croisés, fils des géants, parce que le vieux gentilhomme n'était pas dans le mouvement et ne faisait pas travailler deux cents personnes ; mais avec quel orgueil il foulait cette poussière humaine, ces deux cents ouvriers mâles et femelles, suivis de leurs petits ! Il était bon pour eux, il les aidait dans leurs besoins, il leur envoyait le docteur chaque fois qu'ils étaient malades ; mais, s'il avait pu leur donner le salaire ou l'aumône avec des pincettes, il l'eût fait. J'espère qu'il n'y a plus de tels patrons dans notre bon pays de France; toutefois, je n'en jurerais point.

« Jeune homme, me dit-il en alignant les pointes de son col empesé, je ne repousse pas votre idée *à priori*; elle a peut-être un côté pratique, et rien ne prouve qu'elle ne tournera pas à bien, malgré l'ingratitude et la stupidité proverbiales de nos seigneurs les ouvriers. Vous en prendrez quelques-uns par la bouche, si la pâtée est grasse et le vin épais; mais il s'en trouvera beaucoup d'autres pour crier que je gagne sur eux, ou que je les empoisonne, ou simplement pour préférer à un régime honnête le poivre et la piquette du cabaret. N'importe! je prendrai tous les frais d'installation à ma charge, et vous vendrez le vin, comme le reste, au prix coûtant. Mais, cela dit et convenu, laissez-moi m'étonner qu'un jeune homme de votre éducation abaisse son esprit à de telles matières. Je comprends toutes les ambitions, excepté celle qui vous pousse à servir la soupe de ces gens-là.

— Il n'y a pas de honte à servir ceux qui nous servent, et les plus fiers Romains le faisaient une fois par an.

— Si les Romains avaient connu ce sale monde des ouvriers...

— Cher monsieur Simonnot, quel Français de nos jours pourrait remonter quatre étages dans sa généalogie sans y trouver un ouvrier de la ville ou des champs? Ce sont de pauvres gens, vos ouvriers, qui font votre fortune; ce sont de riches bourgeois, vos banquiers, qui la défont au jour le jour. Le sale monde n'est donc pas celui qui se salit les mains à cultiver la terre ou à la pétrir.

— Chut! Ne parlons pas politique! J'autorise votre expérience, je vous ouvre un crédit de 500 francs, je vous permets de prendre quelques heures par jour sur le travail de la correspondance pour diriger et surveiller l'organisation de cette cantine; le tout à une condition: c'est que vous soyez prêt pour le 1ᵉʳ septembre et que la cuisine de vos rêves ne se solde jamais en déficit. Maintenant, jeune philanthrope, allez voir au bureau si j'y suis! »

## CHAPITRE X

### LA CUISINE ET L'ÉCOLE

Ma besogne du matin étant faite et le caissier ne m'en ayant pas donné d'autre, je pris une feuille de papier et je m'amusai à dessiner dans un médaillon le profil de M. Simonnot. Le portrait ne vint pas trop mal, quoique tracé de mémoire, et mes compagnons se le passèrent de main en main. Naturellement, le bonhomme Courtois fut de la fête ; il me complimenta en me grondant :

« Vous savez, me dit-il, que le patron ne plaisante pas avec ses employés.

— Mais si ! car tout à l'heure il m'a dit d'aller voir au bureau s'il y était. Vous êtes témoin qu'il y est.

— C'est égal ; je ne vous conseille pas de lui montrer cette copie de l'original qu'il rase lui-même tous les matins.

— Il la verra pourtant, à la fin du mois, et tirée sur faïence à 400 exemplaires. Je vais porter ce dessin chez mon cher maître, M. Doussot ; nous nous mettrons ce soir à la graver sur cuivre ; nous en tirerons sur papier brouillard des épreuves, que nous reporterons sur 200 pichets verts et 200 gamelles jaunes que j'ai l'intention de tourner, de vernisser et de cuire clandestinement, ici même, avec votre complicité, monsieur Courtois, et de concert avec toute la fabrique. Les gamelles seront d'un litre et les pichets d'un demi-litre ; je vendrai mes pichets deux sous et mes gamelles dix centimes, avec l'auguste image de M. Simonnot par-dessus le marché.

— Et qui vous les achètera?

— Peut-être vous, messieurs, mais sûrement les ouvriers et leurs familles, car on boira dans mes pichets un bon vin de pays à quatre sous le litre, et l'on dégustera dans mes gamelles à l'effigie du patron un rata si délicieux pour quatre sous, qu'un manchot s'en lécherait les doigts. »

Tous les jeunes gens du bureau s'écrièrent ensemble :

« Rata, qui? Rata, quoi? On demande l'auteur du rata !

— Moi, messieurs, si l'on me permet de m'adjoindre un collaborateur, à l'exemple de Scribe et d'Alexandre Dumas.

— Et qui appellerez-vous à l'honneur de vous assister, ô grand homme ?

— Une faible femme, messieurs : Catherine est son nom.

— Catherine Dumont?

— En personne.

— Sarpejeu ! dit le père Courtois, ce n'est pas de la petite bière. Si Catherine Dumont nous fait l'honneur de cuisiner ici, il n'y aura pas un chat à la fabrique qui ne veuille tâter de son fricot. »

Il faut vous dire qu'en 1845 (je parle de longtemps) les domestiques faisaient partie de la famille. Ils vivaient si longtemps dans la même maison qu'on prenait l'habitude de les désigner par le nom de leurs maîtres. Angélique, la femme de chambre des trois filles de l'éleveur de porcs, s'appelait Angélique Fondrin, et le vieux cocher à moustache qui conduisait M. le Maire répondait couramment au nom de Léonard Morand. Ma bonne Catherine, qui est encore à mon service, comme je suis au sien, était alors une robuste gaillarde de trente-quatre ans. Mes parents l'avaient prise toute jeune; elle avait grandi chez nous, elle s'y était façonnée, elle avait appris sans maître le bel art si français et pourtant si rare en France de rôtir un gigot à point, de fricasser un poulet, d'assaisonner discrètement un salmis de perdreaux ou de bécasses. Elle savait pétrir des gâteaux de pommes de terre devant lesquels un pâtissier de profession se fût mis à genoux. Le riz, que toutes les ménagères de Courcy réduisaient à l'état de colle nauséabonde, se transformait, sur ses fourneaux, en perles d'or d'un goût exquis. Elle brillait surtout dans les mets simples, et le percepteur, un digne homme dont l'amitié nous avait suivis dans la ville haute, disait qu'un bœuf aux choux de Catherine valait une dinde truffée de la *Couronne*. Du temps de nos prospérités relatives, la digne créature était citée comme un modèle de délicatesse ; les beaux esprits du cercle prétendaient que pour éviter les ten-

IL ME COMPLIMENTA EN ME GRONDANT.

tations elle avait fait couper l'anse de son panier. Mais, depuis que notre ruine avait réduit ses gages à presque rien, sa probité tournait à la malice et à la sorcellerie ; elle eût volé pour nous la baguette des fées. L'avare de Molière aurait trouvé son idéal dans cette fille, qui louait des os frais chez le meilleur boucher de Courcy pour faire des consommés et des gelées à ma mère. Les os de boucherie et les os de cuisine étaient achetés pêle-mêle, au même prix, par une sorte de chiffonnier ambulant. Catherine prenait chaque semaine quinze ou vingt kilos de bœuf et les rendait au garçon boucher après en avoir soutiré un pot de graisse et un monceau de gélatine par une longue ébullition. Cela lui coûtait quelques sous, une petite tarte de sa façon, ou une simple poignée de mains. La graisse qu'elle obtenait ainsi valait mieux que le beurre et faisait d'excellente friture.

Cette imagination culinaire, acharnée à la poursuite du bon marché et cherchant jour et nuit la nourriture gratuite comme les alchimistes du moyen âge rêvaient la pierre philosophale, ne réussissait pas à tout coup. Elle éprouva de singuliers mécomptes, notamment avec la choucroute, qui se trouva être un plat très cher, et avec les fameuses tripes vantées par Rabelais. On ne saura jamais ce qu'il faut de soins, de temps, de lard et d'épices pour mener à bonne fin ce mets pantagruélique que nos ancêtres, les vieux Tourangeaux, cultivaient jusqu'à l'indigestion.

Catherine se désolait sincèrement de n'être pas un cordon bleu accompli ; elle me demandait pourquoi le Ministre de l'instruction publique (M. le comte de Salvandy, si j'ai bonne mémoire) ne fondait pas dans chaque ville une école de cuisinières, à seule fin de préserver la viande et les légumes, qui se gâchaient partout au préjudice de l'alimentation publique. Et peut-être avait-elle raison, la bonne fille. Mais jusque dans ses erreurs et ses mésaventures elle était un objet d'envie pour toutes les bourgeoises du pays. Si jamais elle écrit ses mémoires comme M. de Talleyrand, cuisinier moins irréprochable, on connaîtra les flatteries, les promesses et les intrigues de cinq ou six nobles dames qui n'auraient pas reculé devant un crime pour la détacher de nous. La vie de province est en proie à ces férocités comiques.

Par bonheur, notre gaillarde était bâtie pour la défense et pour l'attaque. Grande et forte, haute en couleur, avec une finesse de traits que l'embonpoint n'avait que légèrement empâtée, elle pesait 80 kilos en hiver et 78 en été. Le ferblantier de la ville haute, l'aubergiste du *Tonneau d'or*, un contre-maître de la fabrique, avaient sollicité l'honneur de son alliance, quoiqu'il fût avéré qu'elle n'avait pas un centime à la caisse d'épargne. Ah ! qu'elle les avait bien rabroués !

« Il n'y aura jamais pour moi que deux hommes, répondait-elle : défunt mon maître et mon Pierrot. »

Et je ne sais, en vérité, pourquoi elle me citait comme un homme, car elle m'a toujours traité en enfant, et jusqu'au jour de mon mariage elle est venue, tous les soirs de la vie, me border et m'embrasser dans mon lit. Pour expliquer la mutilation morale de cet être puissant et généreux, M. Lutzelmann lui disait :

« Vous avez été mère de famille avant l'âge où l'on devient femme.

— Oui, monsieur le savant, répondait-elle, et j'ai eu tout le bon du mariage sans en connaître les tracas. »

Telle était la cantinière de mon choix, celle que je destinais, sans même l'avoir consultée, à faire et à servir chaque jour deux repas pour deux cents personnes. Mes compagnons du bureau partageaient tous ma confiance en elle ; à l'unanimité, ils la déclaraient bonne pour le service et pensaient que ses talents et sa popularité garantissaient absolument le succès de mon entreprise. Mais ces pauvres garçons, fils de cultivateurs ou d'artisans comme moi, partageaient peu ou prou les sentiments bourgeois de M. Simonnot, et, dans le fond, ils étaient médiocrement flattés de voir un homme de plume, un des leurs, se frotter à cette cuisine Qui nous délivrera de l'esprit de caste, ce fléau qui vient de l'Inde, comme le choléra ?

Le dédain froid que le patron ne m'avait pas dissimulé changea de caractère en changeant de milieu. Je fus criblé de railleries. Un bon gros pataud, qui portait des manches de lustrine noire, me demanda si j'avais réfléchi sur la coupe de mon futur tablier. Le fils du perruquier Martin, un gringalet qu'on appelait Martin-Sec, me dit :

« Vous porterez l'épée ; car enfin la marée peut manquer un jour, et en pareil accident l'exemple de Vatel ne s'indique pas seulement, il s'impose !

— Tais-toi ! cria Florent Bardet, vieux garçon de quarante-cinq ans qui étalait une médaille de sauvetage pour avoir été repêché par un chien. Le roi a dit dans son discours du trône : C'est toujours avec un nouveau plaisir que je vois mes sujets vivre de privations ; et le premier restaurateur qui confectionnera un banquet de cent couverts avec une queue de hareng saur, je le décorerai de l'ordre du Torchon ! »

A ces plaisanteries lourdes et sottes, mais dont on trouverait l'équivalent dans les journaux soi-disant comiques de ce temps-là, je répondais tantôt en étourdi, toujours en homme qui a la foi. Je demandais à mes gratte-papier s'ils étaient de meilleure maison que les rois de l'*Iliade* et de l'*Odyssée*, et je leur montrais ces héros occupés à rôtir eux-mêmes pour leur repas une cuisse de bœuf ou un râble de porc. Et, comme ils se gaussaient niaisement de la poésie grecque, je leur demandais si Papin n'était pas un savant physicien, un des plus grands génies du dix-septième siècle ?

« Or cet homme admirable, qui nous touche de près, car il est né comme nous sur les bords de la Loire, n'a pas cru déroger en inventant le *disgesteur,* une marmite! un pot-au-feu perfectionné! Et Pascal, l'illustre écrivain, le puissant géomètre, est moins grand pour avoir écrit les *Pensées* et les *Provinciales* que pour avoir inventé la brouette et épargné ainsi au genre humain des milliards d'heures de travail.

— Faites cela pour nous, Dumont! Inventez la brouette aux écritures! Que le travail du bureau marche sur des roulettes, et vous serez considéré.

— Ah çà, ce n'est donc pas pour vous que je travaille en cherchant à arrêter l'émigration des ouvriers? Sans main-d'œuvre, pas de marchandise; sans marchandise, pas de profit; sans profit, pas d'argent pour payer vos appointements... je vous laisse en présence du boulanger et du boucher. Vous êtes donc intéressés comme moi, comme le patron, comme les trois quarts de la ville, au succès de mon entreprise. Pensez-en ce qu'il vous plaira, moquez-vous de cette humble cuisine, si telle est la tournure de votre esprit : je ne me découragerai pas pour si peu ; mais, du moins, gardez-moi le secret jusqu'au 1er septembre ; n'ameutez pas les neuf ou dix cabaretiers de bas étage qui exploitent la misère de nos travailleurs. »

Le caissier, qui s'était maintenu jusque-là dans une neutralité bienveillante, prit décidément mon parti. Sans se prononcer à la légère sur le succès d'expérience si neuve dans le pays, il rappela énergiquement à mes nouveaux camarades qu'on doit au moins la paix aux hommes de bonne volonté. Il flétrit même à l'avance ceux qui, par impossible, divulgueraient mon petit projet, soit en ville, soit dans la fabrique.

La cloche de midi coupa court à nos discussions, et chacun mit le cap sur son déjeuner. M. Courtois reprit mon bras, et, aussitôt que nous fûmes seuls dans la rue, il me dit :

« Quel enfant vous êtes! Vous n'avez pas suivi mes conseils. Je vous avais recommandé la modestie, et vous commencez par expédier votre besogne plus vite et mieux que tous les autres. Vos camarades ne vous le pardonneront jamais, et le patron ne vous en a su aucun gré. Ce n'est pas tout : à la première occasion, sous le plus futile prétexte, vous sortez du rang, vous entrez dans la confidence de M. Simonnot, et vous lui faites adopter une idée neuve. Mais, malheureux, si vos cinq compagnons ne vous prenaient pas en grippe, c'est que notre bureau ne serait pas un bureau.

— Vous me les avez annoncés comme les meilleurs fils du monde, et je les ai tous à dos aussitôt que j'essaye de faire le bien !

— Ce n'est pas tout de faire le bien ; il faut le faire avec une discrétion et une habileté qui vous manquent. Plus une idée est juste et pratique, plus il importe de lui trouver un père ou du moins un parrain qui ne soit pas vous. Moi qui vous parle, je n'ai pas inventé grand'chose, car vous voyez que je suis un bonhomme tout uni ; mais, si j'ai introduit deux ou trois perfectionnements dans cette vieille machine, j'ai pris soin de prouver à M. Simonnot qu'il les avait imaginés lui-même. A ce prix, j'ai fait œuvre utile sans porter ombrage à personne et avec le concours de toute l'administration, du haut en bas. Supposez que j'aie prétendu aux éloges ou simplement à la reconnaissance de mes collaborateurs : ce n'est pas seulement des bâtons, c'est le bois du Lézard, c'est la châtaigneraie du Vauzy, c'est la futaie de Taillemont qu'on m'aurait fourrés dans les roues ! Ah ! jeune homme ! jeune homme ! si vous croyez que le progrès est un carrosse qui roule en plaine, vous vous trompez ! »

J'étais vraiment confus de ma légèreté, et déjà, perdant tout courage, j'allais jeter le manche après la cognée, quand le bon vieux me releva.

« Bah ! dit-il, qui vivra verra. Une fois sur cent, la candeur est plus habile que la politique. Ces *pointus* devant qui vous avez pensé tout haut en leur demandant le secret vendent déjà la mèche au milieu de la rue. Ils vous feront avant ce soir autant d'ennemis qu'il y a de gargotiers autour de la fabrique. Mais du même coup ils apprennent à nos ouvriers ce que M. Simonnot a résolu de faire pour eux. Les ouvriers sont de grands enfants, naïfs, curieux et mobiles. La seule annonce d'une révolution pacifique dans la maison peut arrêter le mouvement irréfléchi qui les entraîne hors de chez nous. Tel d'entre eux qui avait déjà relevé ses manches pour porter les traverses ou pour poser les rails changera peut-être d'avis s'il entend dire qu'on s'occupe de lui, qu'on veut lui faire un sort plus tolérable, qu'il sera mieux nourri, qu'il aura plus d'argent mignon sans sortir de ses habitudes et sans apprendre un nouveau métier. Plus d'un qui est parti reviendra au lancer, quand il saura qu'on lui a fait quitter la proie pour l'ombre. Ne vous laissez donc point abattre par le mauvais vouloir de quelques envieux, et poussez bravement votre pointe. L'affaire aurait pu être mieux engagée, raison de plus pour faire feu des quatre pieds, si l'on veut qu'elle arrive à point. »

Réconforté par ces bonnes paroles, je vins conter l'aventure à ma mère, et Catherine, qui nous servait le déjeuner, fut naturellement admise au conseil. Depuis longtemps, les deux chères femmes ne voyaient que par mes yeux ; il me fut donc aisé de les convaincre et de les entraîner. Catherine se sentait de force à nourrir deux cents bouches humaines, à faire la police de sa cantine et à mater les mécontents, s'il s'en trouvait. Ma mère avait compris au premier mot qu'en lui prenant son unique servante je dérangeais toute sa vie ; mais elle avait une telle habitude du sacrifice, petit ou grand, qu'elle acclama cette nouveauté comme la chose la plus réjouissante du monde.

« Nous donnerons l'exemple aux ouvriers, dit-elle ; j'irai manger la nourriture de M. Simonnot avec toi, chez les Bonafigue ou dans quelque coin de bureau. L'hiver, on nous apportera notre gamelle à la maison ; Catherine y ajoutera quelques douceurs, et nous ne connaîtrons plus les parfums ni les tracas de la cuisine. Sais-tu que c'est la vie simplifiée, l'élément matériel réduit à presque rien ? Quel est donc l'auteur qui voudrait qu'une seule pilule avalée tous les matins nous mît en règle avec la nature ? Nous allons nous offrir ce luxe-là, ou peu s'en faut. Il n'y aura que l'épaisseur d'une gamelle entre nous et les purs esprits ! »

Elle ne mentait qu'à moitié, la pauvre mère, car, depuis son veuvage, les bouillons, les biscuits, un doigt de vin et quelques gros baisers de son fils lui composaient un régime bien plus cordial que solide. Quoi qu'il advînt, elle ne pouvait pas se moins nourrir, et j'avais tout lieu d'espérer qu'elle prendrait un peu d'appétit hors de chez elle, en tête à tête avec moi, ou parmi ces crocodiles de Bonafigue, qui semblaient boire le pain pour ménager leurs admirables dents.

Le bonhomme Doussot et M$^{me}$ Lutzelmann, que je visitai le jour même en retournant à la fabrique, entrèrent dans mes idées du premier bond. La femme du principal m'offrit non seulement les leçons de son expérience et la liste de ses fournisseurs, mais son concours actif et assidu. Elle avait presque deux mois à ma disposition, grâce aux vacances. Mon vieux professeur de dessin n'était ni moins actif, malgré son âge, ni moins dévoué ; mais cet esprit pratique jugea que je m'étais trop avancé en promettant de livrer fin courant deux cents pichets et autant de gamelles. La jeunesse ne doute de rien. J'ignorais absolument, quant à moi, les difficultés d'un travail si simple en apparence, mais tout nouveau dans la fabrique de Courcy. Nos ouvriers étaient vraiment habiles à transformer une boulette d'argile en croûte et à mouler la croûte en assiette. Quelques-uns avaient travaillé dans des manufactures moins primitives ; ils savaient ébaucher et même tournasser un vase de dimensions moyennes, mouler une cruche en trois pièces, faire une anse, un bec, un pied ou n'importe quelle garniture. Mais la chimie n'était guère représentée à la fabrique que par un grand baquet rempli d'une purée épaisse, où l'oxyde de plomb et l'oxyde d'étain se mêlaient, en proportions inégales, pour donner l'émail blanc. Aucune autre composition, aucune autre couleur n'avaient droit de cité chez nous. Mon vieux dessinateur se chargeait bien de graver sur cuivre le portrait de M. Simonnot, d'en tirer quatre cents épreuves sur papier brouillard avec la presse qu'il avait, et même de les reporter sur biscuit à l'aide de quelques tampons dans les mains de nos ouvrières, mais ce n'était pas tout. Il s'agissait de couvrir tous les vases d'un émail coloré, mais opaque, pour cacher la laideur du biscuit et au contraire de protéger les médaillons par un vernis transparent. Ce problème, qui ferait sourire aujourd'hui le plus humble apprenti de Creil, de Gien ou de Sarreguemines, nous donna bien du mal et nous fit tâtonner longtemps. Le principal, qui assistait à nos efforts, me répétait souvent :

« Tu le vois, mon garçon, rien n'est facile. Aussi faut-il être indulgent pour les maladresses d'autrui. »

Toutefois, comme il n'avait rien de commun avec le magister de La Fontaine, il me fit venir de Paris le Traité de Brongniart sur les arts céramiques, et c'est dans cet excellent livre que j'ai appris mon métier. M$^{me}$ Lutzelmann se rendait en personne à Villevieille pour acheter les grandes marmites et tout le matériel de cuisine qu'on n'aurait pas trouvé à Courcy. Le maçon réparait mon hangar, le menuisier le coupait dans toute sa longueur par une cloison protectrice, afin que Catherine et son second, le petit sommelier, ne fussent ni envahis ni importunés. Je faisais ouvrir deux guichets pour la distribution des vivres et du vin ; les jetons se frappaient chez le ferblantier de la haute ville. Nous passions des marchés avec le boulanger, le boucher et l'épicier ; les meilleurs vignerons de la banlieue nous envoyaient leurs échantillons et leurs prix.

Ces menus soins ne m'empêchaient pas d'aller tous les jours au bureau et d'y gratter autant de papier que les autres. M. Courtois me défendait contre mes camarades, qui, après m'avoir trahi, ne se faisaient pas faute de m'agacer. Quant au patron, il ne se montrait pas ; je crois même qu'il faisait souvent un détour pour éviter la cantine, soit qu'il craignît de m'intimider, soit qu'il voulût me laisser toute la responsabilité de l'affaire. En revanche, les ouvriers s'intéressaient beaucoup à mon projet : ils venaient voir, ils demandaient des explications. Personne n'émigrait plus : c'était toujours cela de gagné ! Un seul cabaretier s'avisa de me chercher noise. C'était Gaspard Luneau, surnommé le Bœuf, grand ivrogne et redoutable empoisonneur. Pendant deux ou trois jours, il commença par m'injurier entre ses dents quand je passais devant sa boutique ; je ne détournai pas la tête pour lui.

Mais un soir, enhardi par ma patience et sans doute aussi par la boisson, il se campa sur mon chemin en criant :

« C'est donc toi, enfant de la charité, qui veux réduire les honnêtes gens à l'hôpital ? »

Il joignit même le geste à la parole, et ses deux larges mains allaient s'abattre sur mes épaules, lorsque, d'une simple bourrade, je l'invitai à s'asseoir dans le ruisseau. Il rebondit en hurlant et se rua sur moi de plus belle. Je répétai mon geste avec le même succès ; l'hercule se releva moins vivement et commença à se tâter en homme qui n'est pas certain d'avoir son ossature au complet. Je le saluai gravement, et je finis la discussion par ces simples paroles :

« Autant de fois qu'il vous plaira, maître Luneau ! »

La scène avait eu vingt témoins, presque tous gens de la fabrique. Ce colosse était depuis longtemps la terreur de sa clientèle et du quartier. Quand on sut qu'en voulant assommer un gringalet de dix-sept ans il avait trouvé son maître, on se rappela que mon père jouait avec les poutres et les madriers comme avec des fétus de paille, et l'on jugea que le sang des Dumont n'avait pas encore dégénéré. Messieurs les gargotiers se le tinrent pour dit ; et même mes camarades du bureau tempérèrent l'aigreur de leurs plaisanteries. J'étais pourtant trop raisonnable pour répondre à des mots par des coups.

Le 1er septembre arriva. Je l'attendais avec l'anxiété d'un débutant, le cœur serré dans un étau ou suspendu au bout d'un fil. Tantôt je reprochais au temps sa lenteur irritante, tantôt je l'accusais d'aller trop vite pour nous mettre tous au pied du mur et nous prendre sans vert. Au dernier moment, je craignis que les ouvriers, entraînés par leurs habitudes ou liés par leurs dettes, fissent mauvais visage à la cantine ou n'y vinssent chercher que du vin. Les jetons qui se distribuaient dans mon bureau s'enlevèrent dès le matin au nombre de cinq mille ; mais le consommateur ne disait pas s'il avait l'intention de les boire ou de les manger. Mes gamelles et mes pichets avaient trouvé preneurs, comme tout ce qui se vend à crédit et au-dessous du prix de revient ; mais, sur 200 cuillers de fer battu, nous n'en avions placé que soixante. Or le ragoût, mon premier essai, l'échantillon du savoir-faire de Catherine, les prémices de la marmite, ce savant mélange de choux, de pommes de terre et de carottes autour d'une saucisse de dix centimes, formait au juste cent portions. Si l'on nous en laissait pour compte une moitié ou seulement un quart, de quel front oserais-je aborder M. Simonnot ? Tout le bureau, toute l'usine, la ville entière avait les yeux sur moi. Voyez-vous le grand lauréat, le prix d'honneur de Courcy, battu à la première rencontre sur le terrain qu'il a choisi lui-même? Et quel terrain? Qu'allait-il faire dans cette galère?

J'eus un grand mécompte en effet, mais tout autre que celui dont on m'avait menacé. Depuis longtemps, la marmite était vide, raclée à fond, presque écorchée par la cuiller à pot, et la foule se pressait en grondant autour des guichets de la cantine. On avait rapporté du pain, on avait débité en hâte une énorme pièce de petit salé, mise en réserve pour l'imprévu, mais nos nouveaux pensionnaires réclamaient à cor et à cri les légumes, cette incomparable potée dont l'odeur remplissait encore notre hangar et dont les cent premiers consommateurs faisaient l'éloge en se léchant les doigts.

Il n'y en eut ni pour ma mère, ni pour les employés; et moi, qui m'étais bien promis de me régaler pour l'exemple, je ne pus donner d'autre exemple que celui de la résignation. Une chaudière de bouillon, destinée au repas du soir, ferma la bouche aux plus mécontents, et le vin, ce grand consolateur, me fut en aide auprès des autres.

Lorsque je vins m'asseoir, tout haletant, à la table des Bonafigue, devant une bouillabaisse approximative, pêchée dans la rivière et le canal, mais qui dissimulait, sous un luxe effréné d'épices, l'absence des poissons et des crustacés de la mer, la dame du logis commença par railler un peu, disant qu'elle avait eu raison de ne pas s'en fier à moi pour les fournitures de bouche. L'emballeur en chef répondit que l'accident était heureux; il compara ma modeste cantine au grand théâtre de Marseille, où l'on avait refusé du monde pour les débuts de l'immortel Duprez, et il conclut par cette facétie :

Tel qui vient pour Duprez ne s'en va pas *Nourrit*.

Cet excellent M. Bonafigue jouait volontiers sur les mots, comme tous les petits bourgeois de l'époque.

Mais Barbe, la gamine en jupon court, Barbe la débraillée, la hérissée, la folle, envisageait les choses de plus haut. Le succès la touchait fort peu, elle n'en tenait aucun compte : que la cantine fît *florès* ou *fiasco*, c'était tout un pour l'étrange petite fille. En revanche, elle applaudissait à la bonne pensée, au sentiment généreux, au véritable esprit de patronat qui, suivant elle, m'avait inspiré cette modeste entreprise. Autant elle m'avait trouvé bête et petit quand je m'étais mis dans la terre glaise, autant je lui paraissais grand dans la soupe.

« C'est que... comprends-moi bien, disait-elle, d'un côté tu sacrifiais un

JE L'INVITAI A S'ASSEOIR DANS LE RUISSEAU.

avenir splendide à un présent médiocre et obscur, et de l'autre tu dévoues ton temps et ta peine au bien-être des malheureux. A ta santé, Pierrot! Je te rends mon estime... »

La bouillabaisse fut expédiée aussi lestement que les arêtes de perche et de gardon le permettaient. Nous n'avions pas un moment à perdre; Catherine, qui avait déjeuné d'un croûton trempé dans la sauce, était là, rouge comme une pivoine et frémissante comme une guitare, avec ses jetons à compter et son menu du soir à débattre. Le menu fut vite réglé : un mouton et un sac de haricots firent l'affaire. Mais le compte des jetons nous induisit en réflexions graves. Deux cents ouvriers, dont cinquante femmes et cent enfants des deux sexes, auraient dû, suivant nos calculs, se contenter de cent cinquante rations. Or il s'en était délivré plus de deux cents, à la première épreuve, et quoique le ragoût eût manqué. On pouvait donc affirmer que la fabrique avait déjà nourri et abreuvé un certain nombre d'étrangers; et il était facile de prévoir qu'avant peu toutes les familles de nos ouvriers et beaucoup d'autres habitants de Courcy viendraient grossir la clientèle de Catherine. Je n'y voyais pas d'autre inconvénient qu'un surcroît de travail pour quelques-uns d'entre nous, et je ne plaignais pas ma peine; mais M. Bonafigue nous rappela que l'administration des Droits Réunis n'est pas toujours commode et qu'elle pourrait bien nous taxer, nous exercer et nous vexer comme de simples débitants de boissons. J'évitai ce désagrément en faisant fabriquer des jetons de vin d'une forme particulière. On les délivrait le matin, à l'ouverture des ateliers; les adultes ne pouvaient en recevoir que deux, et les enfants n'en avaient qu'un pour les repas de la journée. Le pain, la viande et les légumes, n'ayant rien à débattre avec le fisc, se vendirent à guichet ouvert; il y en eut pour tout le monde, pour les familles d'employés et pour les petits bourgeois du voisinage : Catherine livrait en un repas six ou sept cents rations de viande et de légumes; la demande allait jusqu'à mille dans les grands jours de haricots. Nos ouvriers, bien nourris et contents de leur sort, ne songeaient plus à déserter; il nous en vint de la campagne et même du chef-lieu; les émigrés rentrèrent au bercail : on les reconnaissait au hâle de leurs joues et à la longueur de leurs dents.

Tout le mois s'écoula sans que le vieux patron me fît savoir ce qu'il pensait de mon expérience. J'attendis vainement un mot de louange ou de blâme. Il est vrai que M. Simonnot avait coutume de faire une saison à Vichy, soit pour guérir son foie malade, soit pour chercher le gendre de ses rêves, qui resta longtemps introuvable. Il revint à la fin de septembre, et j'en eus la première nouvelle en passant à la caisse. Le digne M. Courtois, après avoir construit gravement sous mes yeux une pile de vingt pièces de cent sous, me dit avec bonté :

« Garçon, je ne m'attendais pas à dorer si tôt mon bâton de vieillesse. On vous met à cent francs par mois, pour services exceptionnels. C'est la première fois, en trente-cinq années, que j'assiste à un avancement aussi rapide ; mais je n'en ai jamais vu de plus mérité. A propos ! si vous trouviez bon de remercier celui qui vous a rendu justice, il est seul dans son cabinet, et j'ai lieu de penser qu'il vous recevrait avec plaisir. »

Le vieux patron me reçut, en effet ; mais il ne me parut pas moins hérissé qu'à son ordinaire. Cependant il me tendit sa main, une longue main froide et humide.

« Monsieur Dumont, dit-il, vous avez pleinement justifié la confiance que j'avais mise en vous. Votre invention, renouvelée du Petit Manteau-Bleu, a rétabli la régularité du service sans grever mon budget au delà de ce que nous avions prévu. C'est bien, je suis content. Toutefois, vous avez eu tort de fabriquer ici, à mon insu, des articles de fantaisie. »

Il me montra du doigt sa cheminée, où ma gamelle et mon pichet étaient placés comme deux pièces à conviction sur une table de cour d'assises.

« C'est vous qui avez dessiné mon portrait ? »

Je baissai la tête.

« Il n'est pas mal ; ma fille l'a trouvé très ressemblant ; et s'il vous prenait fantaisie d'en faire autant pour elle, dans vos moments perdus, elle vous donnerait quelques séances. Ce que je n'admets pas, ce qui sera toujours incompatible avec les règles d'une bonne administration, c'est qu'on me fasse une surprise, même agréable, au détriment de l'ordre établi et avec la complicité de tout mon personnel. Ne vous justifiez pas ! Je sais que vos intentions étaient pures ; je dois même avouer que l'esprit et les sentiments de la fabrique sont amendés, grâce à vous. Il me semblait que dans une gamelle on ne pouvait fourrer que de la viande et des légumes ; vous y avez fait entrer quelques petites choses métaphysiques, de la fraternité, de la solidarité et autres substantifs bizarres, pour ne pas dire révolutionnaires, qui l'assaisonnent très proprement ; bref, vous êtes un bon socialiste.

— Moi, monsieur ? Ni bon, ni mauvais ! C'est la première fois, je vous jure, que j'entends prononcer ce mot.

— N'importe ; la chose est en vous, et je veux bien l'accepter telle quelle, à dose homéopathique. Seulement, n'allons pas plus loin ! je suis au bout de mon rouleau. Pourquoi vous grattez-vous l'oreille ? Un employé qui se gratte l'oreille devant son patron est un homme qui n'a pas dit tout ce qu'il pense.

— En effet, monsieur, je pensais... je voulais vous dire qu'il ne suffit peut-être pas d'améliorer le régime de ces pauvres gens, et que l'on peut, sans dépenser un sou, les perfectionner eux-mêmes.

— Je les trouve parfaits quand ils font ma besogne et qu'ils ne me volent pas leur temps, qui est à mon argent.

— Ils sont honnêtes en général, et ils le seraient davantage s'ils étaient un peu plus éclairés. Une école du soir, monsieur, une petite classe de rien, pour laquelle nous avons tout, le local, les tables, les bancs, les maîtres ! Il y aurait en tout l'éclairage à payer pendant les mois d'hiver.

— Allons, bon ! Il ne vous manquait plus que de prendre la férule en main ? Ce n'est donc pas assez de l'écumoire ?

— Mais, monsieur, les trois quarts des enfants qui travaillent ici ne savent pas lire.

— Tant mieux pour eux ! Cette sainte ignorance les sauve du danger des carrières libérales, où les demi-savants meurent de faim par milliers. Tant mieux pour nous, car, si tout le monde savait lire, personne ne voudrait marcher ma terre ni chauffer mes fours. »

A cette déclaration d'égoïsme, tous les sentiments généreux que mon père m'avait légués commencèrent à bouillonner dans mon cœur ; ses tirades les plus chaleureuses se réveillèrent dans ma mémoire, et je crois, en vérité, que j'allais être éloquent, lorsque le patron m'arrêta d'un coup sec :

« Assez ! dit-il ; laissons là ces folies. Si les ouvriers de la fabrique, petits et grands, ont envie de se déclasser par les lettres ou les sciences, ils ont le soir à eux ; je ne m'informe pas de ce qu'ils font hors d'ici. Et si les philanthropes de Courcy, le principal en chapeau mou, les professeurs du collège, M. Doussot, vous-même, mon cher, trouvez plaisant de leur donner des soins dont ils ne vous sauront aucun gré, ce n'est pas moi assurément qui troublerai vos fêtes. Usez de vos loisirs à votre guise ; le temps et l'argent que vous épargnez sont à vous. Aujourd'hui, puisque je vous tiens, je parle en homme sérieux à un enfant qui peut le devenir. Pour des raisons que je ne veux ni ne dois vous faire connaître, j'ai décidé qu'à partir de demain vous sortiriez de mes bureaux, où votre apprentissage est terminé. Vous quitterez la redingote pour la blouse, car vous devenez ouvrier. Je sais que ce nouvel état ne peut vous inspirer ni honte ni répugnance ; d'ailleurs, mon très regretté père m'a fait passer par là, et je ne m'en porte pas plus mal. Vous n'êtes pas un sot ; vous verrez dans ce changement moins une déchéance qu'une promesse d'avancement illimité. Si l'on vous force à traverser en cinq ou six ans tous les ateliers de la fabrique, si l'on vous initie à tous les secrets du métier, c'est apparemment que l'on pense à faire de vous plus et mieux qu'un caissier à 6000 francs, comme cet excellent Courtois. Comment ai-je changé d'avis sur votre compte? Et pourquoi vous faisje entrevoir un avenir magnifique après vous avoir défendu de viser haut? Ne le demandez pas; je ne saurais vous répondre; mais soyez certain qu'il n'y a pas un atome de féerie dans l'affaire et que, si vous arrivez, ce sera par la conduite et le travail. »

Je le savais de reste, et je ne m'en plaignais pas. Une famille ambitieuse ou seulement curieuse se fût peut-être creusé la tête à chercher les raisons d'un si brusque revirement; mais ma mère et moi nous étions deux simples d'esprit; il ne nous vint qu'une idée : c'est que M. Simonnot était bon, juste et prévoyant; qu'il se croyait tenu de remplacer mon père, mort chez lui et pour lui; qu'il ne pouvait céder son fonds ni à un fils, ni à un gendre, et qu'il voyait sans doute en moi l'étoffe d'un futur associé.

Cette illusion rétablit la santé de ma mère et centupla mon ardeur au travail. Je devins, en moins de trois mois, le modèle des apprentis; au bout d'un an, je finissais une assiette comme notre plus vieil ouvrier. Cela ne marcha point sans quelques petits accidents, et plus d'une fois la boulette d'argile que je voulais aplatir en croûte fut lancée par la force centrifuge à l'autre bout de l'atelier. Mais la nouvelle couche où le patron m'avait introduit était bien plus hospitalière que le personnel du bureau. J'eus le bonheur de retrouver là, parmi mes anciens, quelques bons camarades de l'école primaire; ils m'aidaient et me conseillaient loyalement, grâce au *tu* fraternel dont nous n'avions jamais perdu l'habitude.

Malgré la monotonie apparente de mes occupations, cette année, qui était la dix-huitième de ma vie, fut singulièrement pleine et fertile en événements. J'avais à peine terminé le portrait de M$^{lle}$ Simonnot, quand cette grande fille, assez belle, parfaitement élevée, intelligente et sympathique, sinon très gracieuse, fut recherchée en mariage. Elle épousa, sans se faire prier, l'ingénieur du département, un vieux garçon de quarante-cinq ans qu'on disait riche. Je sus par le contrat qu'elle lui apportait une dot modeste, mais honorable, 120 000 francs payés comptant.

Vers la même époque, on apprit qu'il y avait rupture complète entre la banque Poulard et la fabrique. Cette nouvelle me parut grave. Sans doute le gros député vendait son argent un peu cher; mais si mon patron l'achetait, c'était évidemment faute de mieux. Je fis part de mes impressions à ma mère, et d'accord avec elle je portai nos titres de rente à M. Simonnot pour qu'il en fît argent, s'il daignait. Cela pouvait donner une quarantaine de mille francs, au cours du moment.

Il feuilleta les papiers sans rien dire, soit pour les évaluer en capital, soit pour cacher une sorte d'attendrissement, puis il me les jeta à la tête avec un rire forcé :

« Quel drôle de petit bonhomme vous faites ! Pas méchant, non ; mais rêveur et un peu fou de temps à autre. Où donc avez-vous pris que j'eusse besoin d'argent ? Si j'ai remercié Poulard, ce n'est pas seulement parce qu'il me volait, c'est que je n'ai besoin ni de lui ni de personne. Nous allons marcher sans béquilles, et bon train. Ne m'avez-vous pas demandé une force motrice pour pétrir, pour gâcher, pour tourner ? Je vous l'accorde ! La rivière n'est pas si loin, ni la transmission si difficile. Mon gendre vient dimanche ; il faudra que vous lui fassiez part de vos idées, à table, entre la poire et le fromage, et qu'il mette ses plans sous vos yeux. »

La transformation de l'outillage marcha vite, au grand étonnement de la ville, qui ne reconnaissait plus la fabrique ni le fabricant. Quelques personnes me firent l'honneur de supposer que j'avais converti M. Simonnot; mais qui donc lui avait donné les moyens de bien faire ? Les uns estimaient que son gendre avait pu prendre un intérêt dans la maison, qui était encore solide ; les autres rappelaient que plusieurs Anglais de passage avaient visité la fabrique : pourquoi ne l'auraient-ils pas achetée, en tout ou en partie, pour la mettre sur un bon pied ? On s'attendait à voir dans le journal du département l'annonce d'une commandite, la formation d'une société Simonnot et C$^{ie}$. Rien de tel ne parut, et la raison sociale ne changea point.

Quant à moi, sans rechercher si l'argent du patron était tombé du ciel ou sorti de la terre, je frétillais dans le progrès comme une truite dans un torrent. La fantaisie était obstinément proscrite par ordre supérieur ; il demeurait entendu que nous fabriquerions toujours le même produit, sauf à le faire plus rapidement et à meilleur compte ; mais dans ces étroites limites je trouvais le moyen de m'agiter. D'abord je voulais remplacer notre vulgaire terre cuite par un biscuit blanc, composé d'argile choisie, de galets cuits au four et étonnés dans l'eau, et même... pourquoi pas? de kaolin à bon marché, en proportion modeste. Je rêvais aussi de pétrir une faïence dure, une terre de fer ou de rocher, grâce à l'argile réfractaire que grand-papa La France avait trouvée, dix ans avant ma naissance, sur la route de Launay. Je piochais les émaux avec M. Lutzelmann dans le petit laboratoire du collège. Enfin je ne désespérais pas d'amener le patron à la faïence peinte, et, dans cette douce illusion, je dessinais et je gravais deux services sous la direction du père Doussot. Douze assiettes semées d'escargots, à l'usage des bons vivants et francs buveurs de la Bourgogne, et douze autres décorées d'écrevisses cuites, que je comptais écouler en Lorraine, en Alsace, en

Champagne, dans les Ardennes et partout où la digne bête fleurissait en gros buissons rouges à la fin des repas d'amis.

Vous n'imaginez pas ce qu'un jeune homme peut abattre d'ouvrage en douze mois lorsqu'il a le cœur au travail. J'avais du temps de reste pour enseigner le soir, à mes petits pâtissiers en terre glaise, l'arithmétique, la géométrie, la physique, la chimie, toutes choses que je savais très bien à l'heure de ma leçon, car je les ignorais la veille, et je les apprenais pour ainsi dire au jour le jour. Nos cours s'étaient organisés en 1845, à la fin des vacances. Sous le coup du refus trop sec de M. Simonnot, j'avais battu la ville et les faubourgs, prêchant ma petite croisade, appelant les bonnes gens au secours de ces illettrés, que Catherine nourrissait bien, mais à qui elle ne pouvait pas distribuer le pain de l'esprit. Les succès, comme les revers, se suivent à la file. J'étais le créateur de la cantine, j'avais la vogue, on m'accueillit, partout les bras s'ouvrirent devant moi.

Le principal, toujours prompt à bien faire, nous offrait la plus grande salle du collège, et M. Archoux, l'instituteur, mettait toute l'école primaire à notre disposition, lorsque M. Morand et le conseil décidèrent, d'un commun accord, que les leçons du soir se donneraient à la mairie. Dans les débats qui précédèrent la rédaction de l'arrêté municipal, il se dit des choses assez neuves et dignes de remarque. On écarta la proposition de M. Lutzelmann, de peur que les enfants de la fabrique ne se sentissent dépaysés sur les bancs que plusieurs générations de petits bourgeois avaient polis au frottement de leurs culottes. Le choix de l'école primaire avait un autre inconvénient : c'était d'humilier nos garçonnets et quelques-uns de nos adultes en les traînant, comme par l'oreille, à des devoirs que leur enfance buissonnière avait esquivés. L'hôtel de ville, maison commune, propriété collective de tous les habitants riches et pauvres de Courcy, était le vrai terrain sur lequel les savants, les demi-savants, tous les hommes de loisir et de bon vouloir pussent donner rendez-vous à leurs concitoyens arriérés. Un conseiller municipal objecta que le matériel scolaire y manquait absolument ; la majorité répondit par le vote d'une allocation qui fut bientôt triplée par les souscriptions volontaires, sans parler des dons en nature, livres, plumes, crayons, papiers, cartons de dessins, tabourets, bancs, chaises, quinquets. Le vestibule, la salle des mariages et la justice de paix étaient transformés chaque soir par nos élèves eux-mêmes, qui remettaient tout en ordre avant de partir.

On trouva, sans chercher, plus de maîtres qu'il n'en fallait. Les volontaires de l'enseignement accoururent de tous côtés ; ce fut comme une levée en masse. Vous auriez dit que le mot d'ordre de toute la population était : Enseigne ce que tu sais ! Les femmes se mirent de la partie. Depuis la sous-préfète et la mairesse jusqu'à ma pauvre maman, chaque bourgeoise adoptait une petite fille illettrée ou un petit garçon inculte qu'elle bourrait de friandises quand il avait bien travaillé. Cette méthode d'enseignement maternel attira une foule d'enfants qui n'appartenaient pas à la fabrique ; ils furent tous accueillis. Les cours d'adultes n'étaient pas seulement fréquentés par la classe ouvrière ; on y venait en partie de plaisir, pour peu que la leçon promît d'être intéressante ; nous-mêmes, les professeurs, nous allions écouter nos collègues et nous faisions nombre autour d'eux. Je réussis passablement dans mon nouvel emploi, et, un soir que je descendais du tréteau qui me servait de chaire, M. Morand eut la bonté de me dire en public :

« Pierre Dumont, tu payes largement tes dettes en nous rendant l'instruction que nous t'avons donnée. Si ton pauvre père était encore de ce monde, je pense qu'il serait content de toi. »

Cet éloge à la fois solennel et familier me troubla tellement que je m'enfuis comme un malfaiteur en oubliant ma casquette. La foule me laissa passer, mais à la porte de la salle deux bras m'arrêtèrent tout net en se serrant autour de mon cou, et la chère voix de maman me dit à l'oreille :

« Si ton père n'est pas là pour te bénir, j'y suis. »

Cette petite gamine de Bonafigue, que je ne remarquai pas dans la pénombre, ajouta de sa voix de clairon :

« Tè ! Pierrot, si tu crois que tu fais aller le commerce ! On ne voit pas un chat dans les cafés ; il n'y a pas eu un seul bal de tout l'hiver, et personne ne s'en est aperçu ! »

Je me souciais peu de savoir si l'on dansait en ville, quoique j'eusse pris goût à cet exercice dans le salon de M<sup>me</sup> Lutzelmann. La leçon hebdomadaire que j'allais prendre le soir, au collège, ne m'ennuyait jamais, car j'y étais en bonne et joyeuse compagnie, mais j'en sortais toujours moulu. On nous avait donné pour maître un petit vieux qui portait les cheveux en ailes de pigeon et qui faisait des entrechats : c'était le perruquier Buissonnet, homme des anciens jours. Trente ou quarante élèves des deux sexes bondissaient en mesure au son de sa pochette, sous les yeux des familles émerveillées ; mais ni garçons ni filles ne virent jamais le plafond d'aussi près que cet échappé des contes d'Hoffmann. La contredanse, comme il nous l'enseignait, était le dernier mot de la gymnastique transcendante, un travail de haute école humaine, un jeu aérien dont le quadrille que vous dansez n'est qu'une vile parodie. Buissonnet nous faisait valser, quelquefois par faiblesse ou par pitié, quand nous avions bien gagné dix minutes d'un tel repos. Mais la valse à trois temps, la seule qu'il reconnût viable, n'était pour lui qu'une denrée d'importation, une chose étrangère introduite chez nous dans les bottes des *Kaiserlichs*. Quant à la polka, il la niait. On avait beau lui dire qu'elle faisait fureur à Paris depuis trois ou quatre ans.

« J'admets Paris sans l'avoir vu, répondait-il, puisque son existence est officiellement démontrée. Mais, en ce qui concerne la polka, je ne veux même pas la discuter, je la nie. Et c'est encore beaucoup d'honneur que je lui fais. »

Lorsque nous avions bondi pendant deux heures autour de ce vieux petit phénomène dont les mollets ressemblaient à des cantaloups, M$^{me}$ Lutzelmann nous offrait une véritable orgie de boissons : elle faisait passer des sirops, de la bière et du cidre ; parfois même, en hiver, les marrons grillés, qui étaient le rafraîchissement favori de ses fils.

Ne vous moquerez-vous pas si j'avoue que ces jeux innocents me rendaient heureux ? Il faut dire, pour mon excuse, que, gymnastique à part, j'y étais engagé par un petit intérêt de cœur. L'arrière-nièce de M. Doussot trônait comme une reine au milieu de nos fêtes classiques. Elle était grande, elle était blonde, elle portait des bandeaux plats qui encadraient un visage ovale, d'une correction exquise, vrai modèle à donner dans les écoles de dessin. Sa taille de guêpe (il faut bien que je parle le langage du temps) était allongée en avant par un corsage en pointe qui descendait jusqu'aux genoux. Jamais Camille Roqueplan ni Eugène Devéria n'ont rêvé princesse plus idéale que cette ménagère de mon vieux maître. Je crois bien qu'elle avait cinq ou six ans de plus que moi, peut-être dix, mais elle n'en était que plus belle à mes yeux. Les gars de dix-huit ans n'ont jamais que des passions absurdes, et cela est heureux pour l'avenir du genre humain. Ma Dulcinée n'avait pas reçu de la nature deux magnifiques yeux bleus pour les garder en poche : elle voyait mon trouble, et elle usait de toutes les coquetteries permises contre ce pauvre cœur de gamin. Les passions enfantines ne tirent pas à conséquence ; on peut les éveiller et les entretenir en tout bien tout honneur. L'éblouissante Marguerite m'affichait donc un peu, sans penser à mal. Sûre de se marier tôt ou tard avec un homme de son choix, grâce aux écus du cher oncle, elle coquetait à cœur joie et se jouait de moi comme un chat d'une souris. Son manège a bien tourné, puisque le professeur qu'elle visait par-dessus ma tête est devenu une des plus éminentes nullités de la Sorbonne et de l'Institut ; mais, en attendant, j'étais, moi, la fable de la ville. Petits et grands éclataient de rire quand le vieux Buissonnet, sans avoir l'air d'y toucher, me criait du haut de sa tête :

« A quoi donc pensez-vous, monsieur Dumont ? Vous ne vibrez pas du jarret ! »

Quand c'était moi qui prêtais à mordre, personne n'avait la dent plus dure que Barbe Bonafigue. Au milieu d'une contredanse que nous ne dansions pas ensemble, car je craignais son contact comme le feu, elle trouvait moyen de me dire :

« Eh! *Pitchoun!* Elle se moque un peu de toi, cette vieille dessinandière. Mais ne vas pas te gendarmer! Tes respects lui sont dus, mon bon, attendu que premièrement cette Margot pourrait être ta tante. »

Cette mauvaise plaisanterie sur l'âge de ma belle me touchait d'autant moins que les romanciers à la mode servaient alors des hécatombes de jeunes filles, comme des salmis de bécasses, sur l'autel de la femme mûre, une divinité de trente ans selon les uns, de quarante ans selon les autres. Je tolérais également le sobriquet historique de Margot, car la nièce de mon cher maître, vue de profil, avait quelque chose des Valois. Mais ce qui me jetait hors des gonds, c'était la concurrence impertinente que ce petit crapaud de quatorze ans osait faire à ma noble idole : oui, vraiment, Barbe Luce avait recruté au collège une demi-douzaine d'admirateurs. Son entrain, son esprit, sa méchanceté même, effaçaient, paraît-il, l'impression que sa laideur avait produite ; on prenait goût à ses grimaces, on était fasciné par ses vauriens de grands yeux. Impossible à moi de trouver le mot de cette énigme, qui m'irritait un brin. Je savais dessiner, mon maître m'avait donné les éléments du style, j'avais creusé l'expression et poussé le caractère ; j'étais capable d'idéaliser une figure, c'est-à-dire de faire entrer le modèle vivant dans un moule antique ou moderne, mais toujours magistral, consacré par l'admiration des hommes. Eh bien! quand je faisais le portrait de la petite Provençale, et je le faisais tous les jours, j'étais conduit fatalement malgré moi-même, à lui tailler les oreilles en pointe et à marquer deux cornes naissantes à la racine de ses cheveux. Faunesse! Elle était, elle ne serait jamais pour moi qu'une faunesse. Je le lui ai dit bien des fois, au risque de me faire éborgner. Mais elle se contentait le plus souvent de m'appeler potier d'Étrurie, ou vieil Étrusque, ce qui ne m'humiliait pas du tout. Ah! si le patron m'eût permis de copier les vases antiques, comme on le faisait assez mal en Angleterre, chez Wedgwood! Mais l'article courant sévissait aussi cruellement que jamais dans notre malheureuse fabrique. Je l'avais quelque peu perfectionné ; il ne restait pas moins notre maître et seigneur à tous. Les assiettes incassables, en terre de fer, se vendaient cinq francs la douzaine, et nous ne suffisions pas à la demande. Cependant M. Simonnot disait encore par habitude : « Mes enfants, il n'y a que l'assiette à cinq sous pièce ; hors de l'assiette à cinq sous, pas de salut! »

La fabrique, en se transformant, se déplaçait et se concentrait. Les bâtiments nouveaux, construits par le puissant entrepreneur Basset, sur les plans de l'ingénieur notre gendre, étaient pour ainsi dire à cheval sur la rivière qui nous donnait la force motrice. Un hectare et demi de terrain dont nous n'avions plus que faire fut acquis par un briquetier, qui prit du même coup la moitié de notre banc d'argile réfractaire. Nous en gardions pour cent ans et plus, et la partie cédée payait le tout. C'était moi qui avais acheté et vendu : on reconnut mes bons offices par une nouvelle augmentation de 25 francs par mois. Le roi n'était pas mon cousin, et vous auriez couru cinquante lieues en poste dans notre florissante Touraine sans trouver un autre employé qui gagnât 1,500 francs à mon âge.

Malheureusement, le patron estima qu'en une année de travail acharné j'avais assez pétri et modelé la terre : il me donna la surveillance des fours, que je connaissais depuis longtemps et qui d'ailleurs marchaient tout seuls. Par cette erreur d'une belle âme, j'eus à la fois trop de loisir et trop d'argent, et j'abusai de l'un comme de l'autre. J'étais un peu livré à moi-même ; M. Courtois, depuis longtemps, n'était plus mon chef de service, et je n'en avais aucun autre ; ma mère, toujours trop bonne, disait : Il faut que jeunesse se passe. Catherine, mon gros Mentor en jupons, ne venait plus à la cantine : elle avait remis ses pouvoirs et sa cuiller à pot entre les mains d'une élève très distinguée. Mes plus vieux camarades, Auguste Poulard et Jean Bonafigue, étaient en pension loin de Courcy, l'un à Paris, chez le célèbre Gouron-Lasset, l'autre au collège de Villevieille. M. Doussot avait fiancé Marguérite au brillant professeur Carbouzières, et il organisait à Paris une vente de ses chers trésors pour la doter. Bref, je n'avais pas d'autre surveillant que mon ancien principal, et M. Lutzelmann était en même temps le plus naïf et le plus affairé des hommes.

Ma première folie, bien innocente en soi, fut l'achat d'un permis de chasse. Je menais une vie trop casanière à la fabrique et même au dehors ; mes muscles auraient bientôt fini par s'atrophier ; il me fallait plus d'exercice. Le fusil de mon père était bon ; mais son chien, le pauvre Pluton, ne vivait plus que par attachement à ses maîtres ; il avait pris ses invalides dans un petit coin de la cour. Pour remplacer ce vieux serviteur, dans un pays où les chiens ne se vendaient pas, mais se donnaient ou s'échangeaient dans un petit groupe d'amis, je dus, bon gré mal gré, faire visite à l'illustre M. Robiquet, prince de la jeunesse et président du club des Badouillarts. Il n'existait d'ailleurs ni club ni cercle dans la ville ; et le prince de la jeunesse était un gros garçon de cinquante à cinquante-cinq ans. Son père, président du tribunal, lui avait laissé une centaine de mille francs, dont il eût été difficile de retrouver aucune trace. L'enfant prodigue avait tout dévoré, et il y avait mis vingt ans, chose admirable! sans soupçonner un seul moment qu'à ce compte il pouvait vivre du revenu sans entamer le capital. Mais, quoiqu'il ne possédât plus que des choses futures, des héritages problématiques, des espérances hypothéquées sur une tante obstinément immortelle et deux cousins trop bien portants, on ne le tenait pas pour un homme ruiné. Son train n'était nullement réduit; il vivait de sa chasse, de son crédit, de la patience des fournisseurs, de la bonhomie provinciale qui s'entêtait à le voir riche et à le dire jeune, parce qu'il l'avait été autrefois.

Il me reçut un dimanche matin, en pantalon à pieds, rare élégance! et en robe de moine gris, dans un rez-de-chaussée orné de pipes, de fusils et de bêtes empaillées. Cela sentait le tabac et le chien, et cette combinaison de parfums m'inspira, je dois l'avouer, une admiration superstitieuse. Du reste, il fut bon prince et me donna généreusement un chien d'arrêt, par Dora et Lampo, magnifique animal à naître dans trois semaines. En attendant, il m'invita, pour le premier dimanche de novembre, à l'ouverture de ses chasses au bois. Il en avait trois : au Lézard, à Launay et à Brissy, plus giboyeuses l'une que l'autre. En prenant une action de deux cents francs, je serais là chez moi et je ne devrais rien à personne. J'acceptai précipitamment, avec cette timidité de pauvre qui n'ose marchander, et c'est ainsi que je devins badouillart, sans préméditation aucune.

Dans ce club distingué, qui tenait ses séances en plein air, je rencontrai les meilleurs vivants de Courcy, et je n'eus pas de peine à me lier avec eux. Nous comptions parmi nous un vieux médecin, deux clercs de notaire, un noble sans profession, le greffier du tribunal, un pharmacien, un cultivateur, un marchand de nouveautés, le géomètre-arpenteur, tous gens de bien. Ceux qui avaient des chiens courants les amenaient, mais nul n'oubliait d'apporter sa bouteille et sa gourde, avec un fort morceau de viande dans le carnier. Les provisions se partageaient et s'échangeaient en grande fraternité, et souvent il nous arriva de boire cinq ou six au même goulot, comme enfants d'une seule mère. On tirait bien et posément le matin, un peu plus vite et moins juste après le repas de midi. Chacun emportait son gibier, sauf à en distribuer quelque chose aux camarades, ce qui arrivait souvent. Dans les bois que l'incomparable Robiquet s'était fait adjuger pour 500 francs et qu'il sous-louait au quintuple, on trouvait du lièvre à foison, du lapin juste assez pour donner le change aux chiens et déranger la chasse, et un chevreuil par-ci par-là. Nous en avions en somme pour notre argent, quand nous ne péchions point par maladresse, et j'eus plus d'une fois le plaisir d'envoyer une bourriche opime aux maîtres qui m'avaient appris le maniement des armes à feu.

Hélas ! pourquoi faut-il que la chasse soit un plaisir qui mène loin ? Elle me conduisit à cent lieues au delà des limites que ma jeune sagesse avait tracées ; elle me fit franchir le seuil de M^me Mousse, la modiste en vogue, la grande maîtresse des élégances à bon marché sous le ciel bourgeois de Courcy. Une dame de la *société* l'avait jugée d'un mot, cette artiste en chapeaux Paméla et en bonnets pour soirées :

« M^me Mousse, avait-elle dit, fait aussi bien que le passage du Saumon, et moins cher ! »

Et l'oracle qui parlait en si bon style n'était autre que la belle Zénaïde Pommon, épouse du receveur particulier.

Aglaé Mousse était la veuve d'un vivant qui, trouvant le climat de la Touraine trop rude, était allé placer des vins de Bourgogne à Riga. Quel crû servait-il aux bons Russes ? Il nous l'a révélé lui-même, dans une lettre intime qui fit le tour du département :

« Je vends de l'à côté Vougeot, et ça se boit comme autre chose. »

La modiste puisait des consolations dans un vin mousseux du pays qui n'était pas de l'à côté Vouvray, et son deuil conjugal avait fait des élèves. Quatre vauriens femelles, quatre ouvrières de dix-huit à vingt-deux ans frétillaient toute la journée dans la boutique, jouant des yeux, tirant la langue et faisant la nique aux passants. Avant les circonstances et les entraînements qui me rendirent badouillart, je n'aurais pas lorgné pour un empire la devanture aux chapeaux fleuris. Mais les deux clercs de notaire et presque tous mes jeunes compagnons étaient admis chez M^me Mousse après la fermeture des volets. Ils y portaient leurs pipes et maint autre harnais de bouche ; tous les soirs, l'arrière-boutique se transformait en restaurant, en café, en salle de jeu, de concert ou de danse. J'ai vu là des parties de loto où les perdants laissaient jusqu'à deux francs cinquante ; j'y ai bu du punch en hiver, et en été des saladiers remplis de vin blanc et de limonade gazeuse. J'y ai entendu les chansons de Désaugiers chantées faux, mais avec un entrain prodigieux, par le greffier du tribunal ; j'y ai compté, en moins de deux heures, quatorze de ces calembours dont on achète cent pour un sou. Enfin, s'il faut tout dire et compléter ma confession, quoi qu'il en coûte, j'y ai valsé souvent, trop souvent, sans autre orchestre que la flûte du petit géomètre-arpenteur. Telle était la débauche en province, entre 1846 et 1847. Si ma mère avait eu vent de ces folies, elle aurait cru son fils perdu ; si le maire, le principal et les autres autorités de la ville avaient surpris le secret de mes débordements, les maisons les plus respectables se seraient fermées devant moi. Cependant, je ne m'amusais que par compagnie, comme on dit, c'est-à-dire pour imiter les autres. La fumée du tabac me faisait mal ; je n'ai jamais pu aller au delà de ma troisième cigarette. Je ne savais pas boire sans soif ; je n'éprouvais aucun plaisir à perdre mon argent, ni à gagner celui d'un camarade aussi pauvre que moi. Les jeux de mots m'effaraient tellement qu'il m'arriva bien des fois de goûter le sel d'un calembour après vingt-quatre heures de réflexion. La danse seule m'attirait à ces petites réunions bizarres ; la danse et les danseuses, ces petites élèves de M$^{me}$ Mousse, coiffées à la chinoise, et vraiment drôles avec leurs robes courtes et leurs tabliers ronds. Je leur parus d'abord un peu niais, mais cela ne dura guère, je devins bientôt l'enfant gâté de la maison.

Je m'amusais sans me déranger, c'est-à-dire que je gagnais mes appointements à l'usine ; je faisais ma leçon à la mairie, quand c'était mon tour de parler ; je m'associais le soir aux plaisirs et aux travaux du collège, et je ne me suis jamais couché sans avoir embrassé ma mère dans son lit. Mais j'étais mauvais sujet dans la mesure où un honnête garçon peut l'être ; ma conscience me grondait souvent, et je craignais pour ma petite réputation.

Une seule personne, dans tout Courcy, eut vent de mes escapades : c'est Barbe Bonafigue, et je suis sûr qu'elle n'en parla jamais qu'à moi. En octobre 1847, au lendemain d'une fête de village où quatre badouillarts, dont j'étais, avaient échangé leurs coiffures et leurs vestons avec les quatre élèves de M$^{me}$ Mousse pour danser un quadrille échevelé, ma petite amie m'arrêta au passage dans une avenue de la fabrique :

« Es-tu content de toi ? me dit-elle.

— Pourquoi ? A quel propos ?

— Es-tu content de toi ?

— Dame ! pas plus qu'à l'ordinaire.

— Pas plus, ni moins ?

— Moins, si tu veux. Mais que t'importe ?

— Il ne m'importe nullement ; tu n'as pas besoin de me rappeler que je n'ai aucun droit sur ta précieuse personne. Va, mon Pierrot ! Fais ton carnaval ! Tu reviendras à nous, j'en suis sûre, et tu finiras bien ; car, au fond, il n'y a pas beaucoup meilleur que toi dans ce bas monde. »

Là-dessus, elle me tourna le dos gentiment, sans rancune. Et qui est-ce qui resta penaud sur ses longues jambes ? Ce fut Pierre Dumont, le dadais sottement entraîné, qui, la veille, avait fait le cavalier seul en chapeau à rubans et mantelet de taffetas.

La confiance et la bonté de M. Simonnot allaient croissant, à mesure que j'en étais moins digne. Un mois après l'aventure que je viens de vous raconter, le patron fit une visite à ma mère ; il lui demanda si elle avait toujours ses titres de rente ?

« Oui, monsieur, à votre service.

— Eh bien ! je les accepterai de vous, si vous voulez me confier votre petite fortune. Ce n'est pas que j'aie besoin d'argent, au contraire. Dumont vous dira que l'usine entre en pleine prospérité. Mais la rente à 118 francs est meilleure à vendre qu'à garder. Je vous donnerai six du cent, c'est presque deux de plus que vous ne touchez sur le Trésor. Et, comme je me propose d'intéresser votre fils dans mes affaires, il faut que j'aie le droit de dire aux autres employés, plus anciens, qu'il a mis de l'argent dans la maison. Autrement, nous ferions des jaloux. »

## CHAPITRE XI

### UNE RÉVOLUTION

« Monsieur Dumont, je vous remercie de vos souhaits de bonne année. L'année sera bonne, en effet, tout me porte à le croire : nous sommes débordés par les commandes ; il y a du travail sur la planche pour nos 300 ouvriers. Je trouve juste que vous profitiez d'un succès auquel votre dévouement et votre esprit d'initiative n'ont pas nui. A dater de ce jour, vous êtes intéressé à nos affaires dans la proportion de 2 p. 0/0, et vous devez savoir que le compte profits et pertes, au dernier inventaire, donnait enfin ce total rond que vous aviez prématurément affirmé. Le chiffre de vos appointements ne change pas ; mais les frais de voyage vous seront réglés sur état, car vous allez courir la France. Notre voyageur se fait vieux ; il se reposera dans les bureaux et y attendra patiemment l'heure de la retraite. Vous possédez la fabrication dans tous ses détails ; vous avez appris notre comptabilité ; Bonafigue vous a enseigné l'emballage, qui est des principaux éléments de notre affaire ; car, si la casse est en principe à la charge du destinataire, c'est presque toujours nous qui finissons par la payer. Il vous reste à lier connaissance avec notre clientèle. Cela prendra du temps, mais le métier de voyageur n'est pas désagréable ; je l'ai fait à votre âge, et, si je pouvais recommencer ma vingtième année, je ne me plaindrais point de revoir le pays. On vous mettra en possession d'un cabriolet qui, sans être tout neuf, est encore solide ; d'ailleurs, je l'ai fait réparer. Cocotte est une bête de tout repos, sans un vice, infatigable malgré ses quinze ans : je ne crains pas qu'elle vous laisse en route. Vous conduisez bien, m'a-t-on dit ; je désire pourtant que vous fassiez connaissance avec la jument et la voiture. Prenez-les dimanche prochain et tous les dimanches suivants pour aller à la chasse. Vous apprendrez ainsi l'art de faire soigner un cheval par les garçons d'auberge : le voyageur doit surveiller lui-même sans affectation de méfiance, avec une bonhomie familière, le pansage et le picotin. Pour la première fois, je ne veux pas vous jeter sur les grands chemins en plein hiver. Votre tournée commencera le 1er mars ; soyez prêt ! »

Voilà comment M. Simonnot me donna mes étrennes, le 1er janvier 1848. Je me confondis en remerciements très sincères et bien mérités.

« Monsieur, lui dis-je, il y a longtemps que j'ai trouvé en vous un cœur de père ; mais, à ce redoublement de prévoyance et de bonté, on voit bien que vous avez acquis un nouveau grade. »

Sa fille venait, en effet, de l'élever au rang de grand-père.

Durant deux mois entiers, je vécus pour ainsi dire penché sur la carte de France, faisant des châteaux en Espagne, enivré par la vue du vaste monde qui allait s'ouvrir devant moi. Mais l'humeur inquiète et la curiosité pétillante du touriste ne troublaient pas le sens commercial, et, tandis que mon prédécesseur m'enseignait à ranger dans la caisse de la voiture tous les échantillons de l'article courant, j'emballais mystérieusement chez ma mère les assiettes aux escargots et le modèle aux écrevisses, que je comptais imposer à mon patron avec la complicité de ses clients.

Tous mes préparatifs étaient faits et j'avais presque terminé mes visites d'adieu quand j'appris, avec toute la ville, qu'on se battait dans les rues de Paris.

A quel propos ? pour qui et pourquoi ? Je fus au moins trois jours à le comprendre. Ah ! s'il s'était agi de la constitution romaine, du vote par curies ou par centuries, j'étais ferré. Mais jamais, au collège, nos maîtres ne nous avaient soufflé mot de la Charte, et peut-être ne l'avaient-ils pas lue eux-mêmes. Ils n'étaient pas électeurs, c'est à peine si deux ou trois d'entre nous devaient l'être plus tard, les affaires publiques ne nous regardaient pas, ni eux non plus. J'ai compris sur le tard comment papa La France, ce patriote, et mon père, ce philanthrope, étaient restés indifférents en matière politique ! C'est qu'ils ne payaient pas le cens électoral, ils n'appartenaient point à cette oligarchie de 250 000 individus, qui votaient pour toute la nation, en vertu du droit du plus riche. A quoi bon se donner la peine d'étudier des questions qu'on ne sera jamais appelé à résoudre? Celui qui n'est pas électeur peut être un excellent Français, mais il n'a ni les droits, ni les devoirs, ni la responsabilité d'un citoyen.

Dans mes rapports quotidiens avec nos ouvriers, j'avais vaguement entrevu un petit coin du problème social. La femme d'un de nos tourneurs les plus habiles m'avait dit un soir, tristement :

« Je crois bien que mon mari ne reviendra plus.

— Est-il malade? on le soignera.

— Non, mais il dit que ça l'ennuie d'être exploité par l'homme.

— Quel homme? M. Simonnot?

— Non; pas plus lui qu'un autre. Vous savez bien... l'exploitation de l'homme par l'homme!

— Qu'est-ce que c'est que ce baragouinage-là?

— Je ne sais pas, mais on parle beaucoup de ça parmi nous. Alors il ne veut plus travailler, pour l'exemple.

— Que fera-t-il? et que deviendrez-vous?

— Je n'en sais rien, il a son idée ; il veut être égal.

— Égal à qui?

— A personne. Comme ça ; je lui dis : Viens à la fabrique ! Il me répond que travailler comme on travaille ici, c'est contraire à l'égalité. »

Un autre jour, après dix heures de supplice, en plein été, dans un défournement terrible, j'étais allé chercher un peu de fraîcheur sur les bords du canal. Cinq ou six manœuvres, alignés sur la berge, déchargeaient philosophiquement, sans se presser, un bateau de pierres à chaux. Le plus spirituel de la bande dit aux autres, en me montrant du doigt :

« C'est toujours les mêmes qui travaillent et les mêmes qui se promènent. »

Je ne pus m'empêcher de répondre en secouant un peu la poussière de ses habits :

« Animal ! si je n'avais pas travaillé plus dur que toi, depuis ce matin, je n'aurais pas le crâne lézardé par la migraine? »

Ces deux petites aventures m'avaient ouvert les yeux sur la question sociale, mais la question politique était toujours lettre close pour moi.

Je dirai plus : les rares désœuvrés qui, du matin au soir, rompaient des lances pour ou contre le ministère Guizot, sur les petites tables des cafés, étaient si mal brossés, si peu considérés et si grossièrement embouchés, que je n'étais pas loin de ranger la politique au nombre des industries insalubres de première classe.

Nos grands notables, M. Morand, M. Poulard, M. Simonnot, étaient des conservateurs résolus qui adoraient dans la personne de M. Guizot le vrai génie de la France; mais ils n'allaient pas le crier sur les toits : le bon ton consistait à ne parler du gouvernement ni en bien ni en mal.

Je fus donc assez étonné quand j'appris, aussitôt après la proclamation de la République, que toute la population de Courcy, à part les fonctionnaires et neuf ou dix personnes un peu trop compromises, conspiraient depuis des années contre le gouvernement de Juillet. L'ouvrier qui ne travaillait pas et qui aimait mieux *être égal* revint à l'atelier tout exprès pour étaler une décoration qu'il s'était décernée à lui-même. C'était une pièce de deux sous au millésime de l'an IV, avec la République coiffée du bonnet phrygien.

« Te voilà donc revenue, ma vieille ! disait-il avec de vraies larmes. Nous te tenons enfin ; nous ne te lâcherons plus ! »

Tout le peuple de la fabrique foulait aux pieds la tyrannie. Martin Sec et mes anciens camarades du bureau, si durs naguère aux pauvres gens, fraternisaient comme des enragés avec ce « sale monde » dont ils avaient fait fi. Seul, le patron se raidissait dans un conservatisme sec et froid, proclamant les services de la monarchie, « qui avait fait la France ce qu'elle est, » et trouvant singulier que Paris imposât ses caprices à la nation. Il protestait en style hautain contre le suffrage universel, ajoutant toutefois que les gens de bien pourraient se rallier à la République si elle était honnête et modérée.

Par sympathie et par reconnaissance, j'étais tout près de me ranger à son avis ; mais le père Doussot, que j'aimais bien aussi, se révéla à moi comme un pur jacobin, et M. Lutzelmann ne voulut pas me cacher plus longtemps qu'il était socialiste dans l'âme. Pauvre petit garçon de dix-neuf ans et demi, je flottais au milieu de ces contradictions comme un bouchon tombé dans une cataracte. Où est le vrai ? pensais-je ; où est le juste ? Ah ! si papa La France ou mon père était là pour me diriger ! Dire que je serai bientôt électeur et que je ne sais pas l'A B C de la politique !

Ce fut Basset qui me tira d'incertitude le jour où il descendit à l'usine avec tous les pompiers et la garde nationale pour planter l'arbre de la Liberté. Nommé maire en remplacement du bon M. Morand, il portait bien l'écharpe ; le sous-commissaire du gouvernement, jeune avocat de Villevieille, avait l'air d'un enfant auprès de lui. Mais ce qui me frappa surtout, c'est la désinvolture avec laquelle il traitait les gens de l'usine, sans excepter M. Simonnot. Vous auriez dit qu'il était non seulement le maire de la ville, mais le maire de la maison. La déférence que mon patron lui témoignait ne fut pas moins remarquable ; on lui rendit autant d'honneurs que s'il avait été Alexandre le Grand, et la fabrique, Babylone.

L'ORATEUR FIT ALORS UN ÉLOGE...

Il présida à la plantation de l'arbre, un joli peuplier de dix ans, dans l'hémicycle qui s'arrondissait devant la porte de la cantine. Et, comme le travail n'était pas fait par des pépiniéristes experts, il y mit plus d'une fois la main. La foule n'était pas fâchée de voir un si gros personnage relever sans façon les manches de son habit. Lorsque la terre fut régalée et foulée, on l'arrosa de quelques discours, dont le meilleur sans comparaison fut celui de Basset. Prenant texte de la modeste et utile fondation qu'il avait sous les yeux, il dit que le patron et les bons employés de la fabrique n'avaient pas attendu la révolution pour proclamer et pratiquer la devise républicaine : Liberté, Égalité, Fraternité. La liberté luisait ici pour tout le monde ; jamais ni M. Simonnot ni personne n'avait voulu peser sur l'esprit des ouvriers ; leurs conversations, leurs lectures, l'échange de leurs idées, justes ou fausses, sur la politique et l'économie sociale, l'essor de leurs aspirations vers le possible ou l'impossible n'était ni contenu ni surveillé. Tout ce peuple de travailleurs était en possession de l'égalité vraie, celle qui n'admet pas d'autre supériorité que celle du mérite et de la conduite. Les patrons étaient niveleurs dans le bon sens du mot, car ils cherchaient à élever tous les hommes au même niveau par l'éducation et la science.

L'orateur fit alors un éloge bien trop magnifique de nos leçons du soir et du petit bonhomme qui les avait organisées. Il donna Courcy en exemple à toutes les villes de France et affirma que le premier devoir de la République était de transformer le pays en une vaste école où tous ceux qui ont eu le bonheur d'étudier partageraient gratuitement leur savoir avec les autres. La méthode d'enseignement que M. Lutzelmann avait inaugurée dans notre humble chef-lieu de sous-préfecture pouvait être appliquée partout sans coûter un centime aux communes, aux départements ou à l'État.

Enfin il s'étendit complaisamment sur la fraternité pratique, grâce à laquelle plus de trois cents personnes réunies librement en famille avaient chez nous la vie à bon marché. Il parla des sociétés coopératives de consommation ; il nous cita l'exemple des *libres pionniers* de Rochdale, qui, partis de fort peu de chose en 1843, étonnaient déjà l'Angleterre par leur prospérité. Mais il ne manqua pas d'ajouter que l'espérance de faire quelque chose de rien sera toujours une chimère, et que les hommes réunis, comme l'individu isolé, ne pourront jamais améliorer leur sort ni assurer l'avenir de leurs enfants sans le travail et sans l'épargne. « La République est préférable à la monarchie, parce qu'elle supprime un rouage inutile, parce qu'elle peut et doit alléger les charges communes et les répartir plus équitablement entre tous ; elle vous aidera donc à travailler, mais je vous avertis qu'elle ne travaillera pas pour vous. »

Cette sage péroraison avait été applaudie un peu plus froidement que le reste ; mais Basset réchauffa l'enthousiasme populaire en disant :

« La fête ne serait pas complète si nous n'attestions point par une agape fraternelle le sentiment qui nous unit. Mes concitoyens, mes amis, nous allons trinquer tous ensemble à l'avenir de la République sous l'arbre de la Liberté. »

A ces mots, la cantine s'ouvrit ; on en tira tout un chantier de planches et de tréteaux que les ouvriers de Basset disposèrent en un clin d'œil. Les tables et les bancs s'élevèrent par enchantement, sans désordre. Le couvert se trouva mis comme si les assiettes, les gobelets et les fourchettes étaient tombés du ciel. On apporta de la maison Simonnot une charretée de pains frais, des jambons, de grosses pièces de viande froide et d'énormes salades de légumes, avec tout un régiment de bouteilles. Le sous-commissaire du Gouvernement provisoire prit place au milieu de la grande table ; il fit asseoir Basset à sa droite et le patron à sa gauche. Basset, qui m'avait saisi par l'oreille, me cloua, malgré toutes mes résistances, entre lui et un gros conseiller municipal, M. Hanot. Je connaissais le père Hanot pour avoir visité sa ferme avec tout le collège, mais je ne connaissais pas son appétit ; il est merveille.

Quant à moi, j'étais si troublé par les événements et les discours que j'en avais perdu le manger et le boire.

« Ainsi donc, disais-je à Basset, c'est si bon et si beau que ça, la République ?

— Ni plus ni moins.

— Mais tout ce que tu nous as dit, je le pensais depuis longtemps. J'étais donc républicain sans le savoir ?

— Comme le bourgeois gentilhomme était prosateur, oui, mon vieux !

— Et mon père ?

— Ton père était carbonaro ; il conspirait contre la branche aînée ; il a même joué sa tête à ce jeu-là, quand tu n'étais pas né. Le mariage l'a rangé de la politique, comme tant d'autres. Mais je puis te jurer qu'il n'était pas de cœur avec Louis-Philippe, en 1832, quand je faisais le coup de feu au cloître Saint-Merri.

— Je me rappelle vaguement quelques-unes de ses paroles sur les Bourbons rentrés en France dans les fourgons de l'étranger, et sur Louis-Philippe, qui ne portait pas le drapeau assez droit ; mais c'est à peu près tout. Pourquoi, lui qui partageait ses idées avec moi comme son propre pain, ne me parlait-il pas politique ?

— D'abord parce que tu étais trop jeune, et sans doute aussi pour t'épargner bien des déboires. Vois-tu, mon gars, tout n'est pas roses pour les gens de bonne volonté. Faire des barricades, découper le velours du trône en lanières, fonder la République, à ce qu'on croit, et puis se voir escamoter tout ça par des farceurs !

— Mais aujourd'hui, quelle joie de penser qu'on a créé une œuvre impérissable !

— Espérons ! Mais quand on se rappelle qu'il y avait hier 500 000 républicains en France, et quand on voit qu'il y en a dix millions aujourd'hui, c'est trop beau. Ceux qui nous ont donné le suffrage universel sans crier gare ont peut-être été un peu vite. Parmi ces braves gens qui vont voter pour la première fois, il y en a bien les trois quarts qui ne sauront pas ce qu'ils font et qui feront peut-être des sottises. Entre les champions résolus de la République et ses ennemis déclarés, ceux qui ne sont ni chair ni poisson et qui oscillent de droite à gauche comme le vent les pousse, font un peuple bizarre que la crainte de la liberté rend autoritaire chaque fois que l'horreur de l'autorité ne le rend pas libéral. Ils sont tous à la liberté pour le moment, parce que les exagérations font patte de velours et que les violences rentrent leurs cornes. Regarde ton patron. Je l'ai connu réactionnaire à faire pâlir Guizot ; il ne l'est plus que par un restant d'habitude, et il se ralliera sincèrement à la République si dans l'usine et dans le pays les choses continuent en douceur. Mais qu'il entende un nigaud d'ouvrier déclarer que la République est l'augmentation des salaires avec la réduction des heures de travail : ce brave Simonnot ne se bornera pas à regretter Louis-Philippe ; il lui faudra un dictateur, un tyran, un bourreau du genre humain pour mettre les Français à la raison.

— Oui, le pauvre patron s'exalte quelquefois, mais on ne lui en fournira pas l'occasion. Nos ouvriers sont raisonnables en général, les Tourangeaux sont doux, la France entière a du bon sens.

— Chut ! écoute ton voisin de droite. »

Le père Hanot, légèrement surexcité, exposait son système au lieutenant de gendarmerie.

« Voyez-vous, disait-il, si la grande Révolution a réussi, c'est qu'elle a partagé les terres des fainéants entre les bons cultivateurs. Je n'ai pas l'honneur d'être M. Ledru-Rollin, ou M. de Lamartine, mais je sais qu'à leur place je recommencerais ce coup-là. C'est une honte de penser qu'en pleine République des domaines de deux cents hectares sont cultivés, comme la terre de Taillemont. D'abord je raserais le parc, et puis je lotirais, je lotirais...

— Malgré le propriétaire ?

— Ça, non ! puisqu'il ne le serait plus.

— Comment, monsieur Hanot ! C'est vous qui soutenez la thèse des partageux ? Vous qui avez de bon bien au soleil ?

— Trédame ! si l'on partageait seulement le ban de Courcy, savez-vous qu'avec ça et ce que j'ai, ça me ferait un joli lopin ? »

L'officier éclata de rire ; mais Basset, au contraire, devint tout à fait sérieux. « Eh bien, mon garçon, me dit-il, fais-tu toujours grand fond sur le bon sens du peuple français ? Ce bonhomme n'est pas un des moindres personnages de la ville ; si ses concitoyens l'ont élu au conseil municipal, c'est qu'ils ne le supposent ni sot ni malhonnête, et, véritablement, il n'a jamais démérité de l'estime publique. Mais il ne faut qu'une secousse pour mettre sa cervelle à l'envers. La sagesse s'apprend comme le grec et le latin, et personne n'a jamais songé à nous l'apprendre. Tous les gouvernements se contentent de nous faire payer l'impôt, tant en argent et tant en chair humaine ; on dirait que le reste ne les touche pas. Qu'arrive-t-il ? Que l'opinion publique, composée de toutes les ignorances et de toutes les déraisons individuelles, agit souvent comme une force aveugle. Lorsqu'un roi tombe assis par terre entre deux tas de pavés, il se demande, en tâtant Sa Majesté meurtrie, comment la noble bête, le généreux coursier qu'il régalait à grands coups de cravache et d'éperons a pu le jeter bas. Sire, ne vous en prenez qu'à vous-même. Les peuples sont ce qu'on les fait, et, quand on n'a pas pris la peine de les instruire, ils ne raisonnent pas avec vous. Ils vous supportent bêtement, ou ils vous précipitent brutalement : pas de milieu !.... Mais je ne sais pas pourquoi je t'en raconte si long, mon petit Pierre. Nous ne sommes pas à l'école aujourd'hui ; nous sommes à la fête. Fraternisons ! Buvons avec ces braves gens, nos concitoyens et nos amis. Profitons de l'heureux hasard qui nous met tous d'accord une fois dans la vie. Qui sait si nous ne nous entretuerons pas demain ? »

Il se leva, remplit son verre et porta la santé du sous-commissaire du Gouvernement, qui porta celle de M. Simonnot, qui but au conseil municipal. Personne n'avait pris soin de régler les toasts, aussi y en eut-il pour tout le monde. Les divers quartiers de Courcy, divisés en temps ordinaire par des rivalités d'intérêt, des questions d'éclairage et de voirie, oublièrent leurs anciennes querelles : la ville neuve but à la vieille ville, la ville basse à la ville haute, et, quand on eut fini de boire, on s'embrassa. Mon cœur fondait comme un rayon de miel au feu de cette grosse cordialité, peut-être inélégante, mais assurément très sincère. J'avais oublié les réserves, les soucis et les pronostics de Basset, et je m'abandonnais tout entier à l'espérance et à la joie. Sans oser prendre ou demander la parole, je débordais en approbations bruyantes, j'ajoutais de petits bouts de phrase aux périodes des orateurs, je faisais ma partie dans le chœur des enthousiastes. M. Bonafigue m'enleva par ses imprécations méridionales contre le roi déchu, et je maudis avec lui ce pauvre Louis-Philippe, qui ne m'avait fait ni bien ni mal.

Personne ne tenait plus en place ; on allait, on venait, on se groupait autour de l'orateur, pour l'entendre d'abord, et ensuite pour le féliciter. Je devins familier jusqu'à dire au père de Barbe, en lui serrant les mains :

« Quel beau jour, citoyen Bonafigue !

— Eh ! citoyen toi-même ! répondit-il en me bourrant.

— Pardonnez-moi, mais vous parliez si bien que j'ai cru... qu'il m'a semblé...

— Té ! j'applaudis à la chute de l'usurpateur ; mais diantre soit de ta République si elle ne nous ramène pas le vrai roi !

— Le roi... ou l'empereur, » grommela le père Michaud, tambour de ville.

Encore un qui ne comprenait pas la Révolution comme Basset.

Quelques jours après cette fête, je reçus une longue lettre d'Auguste Poulard :

« Mon vieux copain, me disait-il, lorsque je songe à toi, et j'y songe aussi souvent que l'importance et la variété de mes occupations le permettent, lorsque je te vois enfoui, avec tant de qualités éminentes, dans l'abominable fabrique de Courcy, j'éprouve la même impression que si je rencontrais à la foire de Romainville ou de Montmartre un œil d'aigle peint au fond d'un pot. Si la comparaison te paraît saugrenue ou même incongrue, pardonne-moi : je n'en trouve pas d'autre pour exprimer la disproportion qui existe entre tes facultés innées ou acquises et le triste métier de ton choix. Est-il encore temps de t'arracher à cette obscurité cherchée ? Peut-on te relever de cette déchéance volontaire ? J'aurai du moins l'honneur de l'avoir entrepris.

« Qui nous eût dit, Dumont, lorsque tu étais le coq de la classe, toujours premier, et que je te suivais, *non passibus æquis*, à la queue, tantôt dernier et tantôt pénultième, que le plus tôt arrivé de nous deux serait ce cancre de Poulard ? Quand le père Franquin ou M. Lutzelmann prédisait à quelqu'un de nous les plus brillantes destinées, le pronostic ne parlait pas de moi. Et pourtant celui qui t'adresse, à bonne intention et de franche amitié, cette modeste épître, est devenu en quelques jours un des hommes les plus populaires, les plus considérables et les plus puissants de Paris.

« Chaque fois que tu lis dans les journaux : « Le citoyen Poulard s'est « rendu à l'Hôtel de Ville à la tête de deux mille hommes, » ou : « Le citoyen « Poulard monte à la tribune du club, » ou bien : « La motion du citoyen

« Poulard, proposant que les locataires soient libérés du terme d'avril pro-
« chain, s'ils veulent bien offrir un drapeau à leurs propriétaires, est adoptée
« à l'unanimité des locataires présents, » tu supposes peut-être que le Poulard en question est l'ancien député de Courcy, revenu à des idées plus saines et converti à la Révolution? Non! Cher ami, papa n'a abjuré aucune de ses erreurs. D'ailleurs, une conversion si tardive ne l'eût conduit à rien. Son passé est trop connu ; un ancien *satisfait* ne peut pas se donner pour républicain de la veille. Et il ne faut que des républicains de la veille.

« Le chemin de Damas étant fermé momentanément, mon père a pris celui de Londres, comme Guizot et les autres séides du tyran. Et grâce au destin, qui sans doute avait déjà ses vues sur moi, je n'ai pas été du voyage : on m'a laissé dans mon four à bachot, chez l'implacable Gouron-Lasset. En voilà un qui n'aime pas la politique, ou du moins la politique républicaine! Pour un seul numéro du *National* et quelques gourmades dédiées au préfet des études qui voulait me l'ôter des mains, huit jours de prison! Je t'épargnerai le récit des tortures que j'ai endurées sous ces plombs pendant qu'on se battait dans le quartier. Enfin le 24 février, à quatre heures du soir, je vois la caserne voisine, évacuée par les gardes municipaux, se peupler de citoyens en armes. Je les acclame, ils me répondent. Je les adjure de venir au secours d'un détenu politique.

« — Qui?

« — Moi!

« — Pourquoi vous a-t-on mis en prison?

« — Pour avoir lu le *National!*

« — C'est un peu fort! Attendez-nous. »

« Cinq grands gaillards, dont l'un se croyait déjà le caporal des quatre autres, envahissent la pension, font comparaître Gouron-Lasset, lui arrachent l'aveu de son crime, réclament ma mise en liberté, ouvrent eux-mêmes, devant lui, les portes de ma prison, et me reçoivent dans leurs bras. Je jure de ne plus les quitter, ils répondent que je serai le bienvenu à leur caserne. Le vieux marchand de soupe essaye en vain de protester ; il me tient de mon père, dit-il, et ne doit me remettre qu'à lui. Mais on parle de l'emmener entre quatre chandelles, et, pris de peur, perdant la tête, il me livre la clef des champs.

« Me voilà dans la rue avec mes libérateurs. Je paye à boire, et nous faisons plus ample connaissance chez le marchand de vin. Ce sont des ouvriers d'un certain âge, républicains convaincus, hommes sérieux, un peu tristes. Ils veulent absolument me rendre ma politesse, et j'accepte pour ne les point désobliger ; mais quand j'offre une nouvelle tournée, refus formel. Nous visitons ensemble la caserne ; là, le monde est un peu plus mêlé ; on devine au milieu des vrais combattants un certain nombre de fantaisistes, comme on remarque aux râteliers des armes qui n'ont pas servi. J'en achète une pour vingt francs à un insurgé amateur ; c'est une arquebuse à rouet, canon damasquiné, bois incrusté, une pièce admirable, digne d'entrer au musée d'artillerie ou d'y rentrer, car, plus je l'examine, plus je me persuade qu'elle en vient.

« Tu penses bien, mon vieux, que je n'étais pas sorti de pension pour élire domicile à la caserne. Une heure ou deux après mon évasion, j'arrivais, l'arquebuse sur l'épaule, à l'Hôtel de la Marine ex-royale, où papa logeait d'habitude pendant la durée des sessions. J'y ai dîné souvent avec lui le dimanche, on m'y connaît : crédit illimité.

« Parti de là, c'est-à-dire de rien, je me suis poussé dans le mouvement, j'ai fait de belles connaissances et j'ai fini par occuper une situation plus qu'officielle, car elle domine le Gouvernement ou du moins elle le menace. Ton vieux camarade, mon cher, est tout simplement secrétaire du Club des conspirateurs, rien que ça ! Tous les soirs, en cravate rouge, ceinture rouge et gilet à la Robespierre, je siège au bureau. Nous avons pour président le grand homme par excellence, le génie sombre, froid, incisif, qui, du fond des cachots où il a passé le meilleur de sa vie, faisait trembler les rois sur leurs trônes. Il est poli comme une lame de poignard, doux pour les siens, excellent pour moi : non seulement il daigne me donner la parole lorsque je la demande, mais il m'envoie lui-même à la tribune, entre deux grands discours, pour amuser le tapis. C'est moi qui remplis les entr'actes. Je ne prépare rien, faute de temps, et, neuf fois sur dix, je commence sans savoir ce que je vais dire ; mais l'inspiration vient toujours à point nommé, bonne ou mauvaise. On rit, on rugit, on palpite, on siffle, on applaudit le plus souvent : peu m'en chaut. L'aplomb m'est venu vite, un véritable aplomb d'entrepreneur. Regarde-moi si tu veux voir un front d'airain. Je cingle aux réactionnaires des coups de fouet qui les font hurler ; j'égaye et je réchauffe les bons gars (le révérend père Duchêne aurait un mot plus énergique, mais je sais que tu ne garderas pas cette lettre pour toi seul, et il ne faut point effarer les indigènes de Courcy). Bref, j'ai le public dans ma main, la presse révolutionnaire à mes pieds. Si j'étais un ambitieux vulgaire, il ne tiendrait qu'à moi d'être bientôt, je ne dis pas ministre, car nous supprimons les portefeuilles ; ni préfet, car nous comptons bien en finir avec les préfectures ; ni receveur général, car nous abolissons les impôts, qui seront remplacés par une chose à trouver ; ni ambassadeur, car il est temps de balayer cette vieille diplomatie ; mais tribun, proconsul, agitateur en titre, épurateur, accusateur ; en un mot, titulaire d'un emploi lucratif et dominant, dans le nouvel ordre de choses.

« Car, afin que tu n'en ignores, la République fondée le 24 février n'est pas la bonne. Les bourgeois, qui l'ont confisquée à leur profit, trompent le peuple une fois de plus. Nous nous préparons donc, et très activement, à la détruire et à la remplacer par un nouveau régime cent fois meilleur, qui est à l'étude. Ah ! pourquoi n'as-tu pas suivi tes premières inspirations ? Tu avais une carrière si bien tracée jusqu'à l'École polytechnique ! Et comme élève de l'École, couronné de cette auréole qui brille autour du tricorne populaire, tu pourrais énormément pour nous. Jean Bonafigue est à Saint-Cyr, mais tous ces petits soldats nous ennuient ; ils ne connaissent que la consigne : je rirai bien quand ils viendront chercher leurs épaulettes. On leur dira : Mes chers amis, il n'y a plus d'armée !

« Mais assez bavardé pour un jour. Rappelle-moi au souvenir de nos maîtres et de nos camarades les moins *empotés*. Présente mes hommages à ta mère, et communique cette page d'histoire contemporaine à qui tu voudras, sauf M^me et M^lle Poulard, les gardiennes de mon foyer. A quoi bon faire dresser les cheveux sur ces deux chères et charmantes têtes ?

« Salut et égalité !

« Auguste Poulard,
« *Homme avant l'âge*. »

Pauvre garçon ! Il aurait mieux fait de signer : *Enfant après l'âge*. Car, tandis qu'il s'amusait à la démagogie comme on joue au ballon, sa mère et sa sœur partaient pour l'Angleterre en fugitives, et la banque de Courcy suspendait ses payements. Notre malheureux député, médiocrement assidu à la Chambre, s'était jeté dans le plaisir et dans la spéculation. Il avait pris ses habitudes à l'Opéra, il était de moitié dans une écurie de courses, il jouait la grosse partie au cercle du boulevard Montmartre, jetant l'argent sans compter et perdant partout ; mais la Bourse, où il fut d'abord insolemment heureux, réparait les brèches de sa fortune. Il croyait à la dynastie, au ministère Guizot, à la paix intérieure et extérieure ; en un mot, il était optimiste jusque dans ses moelles, et il avait pris à la hausse une position formidable. La Révolution lui coûta tout ce qu'il possédait, et peut-être un million de plus. On sut bientôt qu'il abandonnait son actif aux créanciers, et ses ennemis eux-mêmes reconnurent qu'il n'avait rien gardé pour lui ; mais sa femme, qui l'avait épousé sous le régime dotal, conserva une petite fortune, cent mille écus, pour elle et ses deux enfants.

Il suffit d'une douche pour calmer un fou. La ruine du gros banquier éteignit toute l'effervescence d'Auguste; j'eus le plaisir de voir que mon ancien camarade était devenu en un jour plus sage que son père et plus délicat que le reste de sa famille. Il refusa tout net de partager les épaves du naufrage et déclara que désormais il se suffirait à lui-même. La profession de clubiste rouge étant assez ingrate et médiocrement alimentaire, il s'engagea dans la garde mobile pour vivre et sans doute aussi pour défendre, le fer à la main, les « opinions de toute sa vie ». Ses camarades le firent lieutenant, sur sa bonne mine, et, quand les journées de juin le mirent en présence des anciens amis du club, il fit son devoir comme un autre, il fut intrépide dans l'action, juste et clément après la victoire. Basset, qui l'avait vu à l'œuvre, m'écrivit :

« Ton copain est en train de réhabiliter l'abominable dynastie des Poulard. »

Basset avait été élu représentant du peuple par 32 000 voix ; son nom fut le troisième sur la liste du département. Je crois bien qu'il serait arrivé premier s'il s'était laissé porter comme candidat ouvrier ; mais il repoussa obstinément cette supercherie à la mode.

« Oui, dit-il, j'ai été ouvrier, et je n'en rougis pas ; mais je ne le suis plus. Je suis patron, je ne travaille de mes mains que si cela me fait plaisir ; je dispose d'un capital, je ne vis pas au jour le jour ; je suis donc un bourgeois, et la preuve, c'est que mes compagnons et mes apprentis ne m'appellent que « le bourgeois ». Si les électeurs me choisissent comme bourgeois, ils me feront honneur ; autrement, serviteur à la compagnie : il faut qu'un homme ait le courage de sa situation. »

Je lui avais porté mes compliments et ceux de ma mère, après le dépouillement du scrutin. Cette démarche l'autorisait à nous rendre visite ; il vint donc à la ville haute, la veille de son départ, et, comme nous allions nous mettre à table, il accepta notre dîner sans façon. Les honneurs, après la fortune, l'avaient changé sensiblement ; il n'était plus ni guindé ni timide, et chez nous, comme à la fabrique, il avait l'air d'être chez lui. Sa familiarité courtoise et de bon ton nous mit à l'aise plus que je ne l'aurais espéré ; ma mère en éprouva la même impression que moi, et elle se détendit à vue d'œil. Nous fûmes bons amis comme autrefois, à la maison du canal, du vivant de mon père.

Basset, tout le premier, se souvint de cet heureux temps. Il était fier d'une victoire remportée sur les gros bonnets du pays, l'ingénieur en chef, l'ex-procureur du roi, le conservateur des eaux et forêts, le comte de Taillemont, qui, sur la liste réactionnaire, s'intitulait modestement : Taillemont, agriculteur.

« Agriculteur ! Tu sais, Pierrot, comment le père Hanot te jugeait l'autre jour à la fabrique. Et le père Hanot se connaît en mauvaise culture ! Il y excelle, ce doux partageux ! »

Mais l'orgueil du nouveau député était moins personnel que professionnel.

« Si mon regretté maître était là, disait-il, c'est lui qui s'en irait à l'Assemblée constituante. Et comme il y parlerait bien ! Et qu'en peu de temps ce grand cœur attirerait à lui tous les autres ! On en ferait un conseiller d'État, un ministre des travaux publics, un ambassadeur ! tout ! Lui seul était capable de désarmer les puissances et d'enseigner à ces affreux chafouins de la diplomatie l'amour de l'humanité. Il avait une idée, M. Dumont : il rêvait de fonder les États-Unis de l'Europe, sur le modèle de l'Amérique ; et il était homme à mener cette entreprise à bonne fin.

« Moi, que puis-je faire à Paris ? Écouter les discours des autres, ouvrir les deux oreilles et fermer mon gros bec ; voter la Constitution, et peut-être à l'occasion donner un avis dans les bureaux sur les traverses des chemins de fer et la construction économique des gares. Je gagnerai ainsi vingt-cinq francs par jour, c'est bien trop, et j'en perdrai deux cents, puisqu'il faut laisser la charpente.

« C'est égal ! Quand je pense que je retourne en législateur et même en constituant dans cette capitale où j'occupais le quart d'une chambre et la moitié d'un lit, au cinquième, rue du Petit-Carreau ; quand je me dis : tu vas siéger dans ce même palais Bourbon dont tu as réparé la toiture, et tu seras gardé respectueusement par les soldats avec qui tu échangeais des pruneaux de seize à la livre aux barricades de Saint-Merri ! j'éprouve un superbe dédain pour ces carrières libérales que tes maîtres, mon garçon, prisaient si haut. Les coups de main, les coups de tête, les violences et les folies ne nous rapportent rien de bon ; j'en parle par expérience. Le travail seul et la conduite mènent un homme à bien. Mais en quoi le travail manuel est-il inférieur à ce qu'on nomme le travail de l'esprit ? D'abord il ne réussirait pas sans une certaine dose de savoir et d'intelligence. Ensuite, la charpente, puisque charpente il y a, veut autant d'ordre, autant d'économie, autant de conscience que le professorat, la médecine, le barreau ou le bureau ; le public, notre juge à tous, est un grand connaisseur en hommes ; lorsqu'il a besoin de quelqu'un, il a bientôt trouvé, et il vous cueille n'importe où. Est-ce que le suffrage universel, cet enfant qui vient de naître, n'est pas allé me chercher sur les toits ? On t'a dit sottement que tu dérogeais, que tu abdiquais, que tu renonçais à tout avenir quand tu t'es mis à fabriquer des assiettes. Ne les écoute pas ; fais des assiettes, fais des couteaux, faits des bonnets de coton, fais des bottes ! Si tu t'acquittes de ton métier en homme capable et droit, tes concitoyens iront te prendre au magasin, à la fabrique, à l'établi, pour te confier leurs affaires.

— J'espère qu'ils n'en feront rien.

— C'est la grâce que je te souhaite, car, si l'on venait te chercher, tu n'aurais pas le droit de dire non. Le citoyen se doit à son pays, coûte que coûte. Crois-tu que j'aille là-bas pour mon plaisir ? On se jette dans une révolution comme dans un incendie, sans savoir si l'on en sortira mort ou vif. Les nouvelles qui m'arrivent de Paris ne sont pas aussi rassurantes que les articles des journaux. Je prévois que l'Assemblée aura maille à partir avec la misère, avec la paresse, avec la folie, avec le dépit des fruits secs, et enfin avec l'inévitable cabale de ceux qui ne sont jamais contents. Les vieux partis font les morts, ils nous laissent aux prises avec nous-mêmes. Mais si nous faisons la sottise de nous quereller, vous les verrez sortir de terre, et gare à nous ! Puisque nous sommes sur ce chapitre, écoutez, madame Dumont ! un dernier mot, le tout dernier, sur un projet qui n'a pas eu votre approbation. Vous avez bien fait de dire « non » quand je vous suppliais de répondre « oui ». L'apprentissage que je vais faire sera dur pour les hommes de conscience et de devoir. J'irai jusqu'au bout de ma tâche, dussé-je y trouver la prison, l'exil ou la mort. Vous n'êtes pas faite pour la lutte ; vos habitudes, vos affections, votre bonheur est ici : restez-y ! »

Sa voix s'était un peu troublée à la fin de ce petit discours. Je me moquai de ses pressentiments, pour lui remonter le moral :

« C'est la première fois, dis-je en riant, qu'un député prend son mandat au tragique. »

Il répondit, en hochant la tête :

« Je sais ce que je dis, parce que je sais ce que je ferais à l'occasion. »

Ma mère vint à mon aide, en affectant une gaieté qui n'était pas dans son cœur :

« Ah ! bah ! s'écria-t-elle, il en sera de vos dangers comme des nôtres. Vous souvient-il des jours où vous juriez de vous venger de nous?

— Mais je me suis vengé plus que vous ne croyez, chère madame. Vous saurez cela quelque jour. Êtes-vous satisfaite de votre sort ?

— Enchantée. Pierre m'aime, il est sage, il travaille ; il s'est créé une situation à part dans la fabrique ; M. Simonnot a voulu qu'il ne fût pas seulement employé, mais intéressé. C'est environ 3 500 francs qu'il gagnera désormais, ses frais de voyage payés, car il doit partir en voyage aussitôt que le commerce sera un peu rassis. Quant à moi, j'ai 2 400 francs de revenu assuré par cette charitable faïence qui a pris mon petit capital à six pour cent : c'est plus qu'il ne me faut pour Catherine et pour moi ; nous faisons des économies !

— Eh bien ! chère madame, et toi, Pierrot, continuez ainsi. C'est le commencement de ma revanche. La suite au prochain numéro, comme dit l'immortel auteur du *Comte de Monte-Christo* : c'est dans le feuilleton des *Débats* que j'ai appris la haine et la vengeance. Je pars demain matin, mes chers amis : embrassons-nous ! »

Quinze jours après ces adieux, il assommait de sa propre main un des envahisseurs de la Chambre, et, le mois suivant, comme il allait porter des paroles de paix aux égarés, il essuya, de compte à demi avec Alexandre Bixio, une effroyable décharge de mousqueterie. Plus heureux que son héroïque collègue, il en fut quitte pour une redingote mise en lambeaux et un chapeau criblé de balles. Mais ses aventures ne devaient pas finir là.

Les miennes commencèrent le 1$^{er}$ août, après un retard obligé. Le pays s'était calmé, les affaires avaient repris. On pouvait vendre les yeux fermés, il ne restait plus que les bonnes maisons, toutes les autres ayant fait faillite. Mon patron m'ouvrit la barrière avec un sourire vainqueur.

« Allez, me dit-il, et prenez autant de commissions qu'on vous en donnera ! Nous jouons sur le velours. »

Six heures du matin sonnaient à l'horloge de la fabrique. Mes adieux étaient faits depuis deux jours ; tout le monde me croyait parti, sauf ma mère, qui m'avait gardé pour elle seule, la pauvre femme ! et qui venait de consacrer sa nuit à la suprême revision de mon bagage. Elle me fit déjeuner, m'embrassa, me recommanda de soigner ce qu'elle avait de plus cher au monde, et s'assura que toutes mes poches étaient bourrées à craquer. Ainsi lesté, ma petite valise dans la main droite et ma couverture jetée sur le bras gauche, je courus d'un pied léger à la remise où le cabriolet, Cocotte et M. Simonnot m'attendaient. Une dernière poignée de mains au patron ; nous y sommes ! En route pour cinq mois, jusqu'aux étrennes de 1849. Inutile de pousser la bête ; elle a mangé son avoine, qui la fouette intérieurement. J'ai mon itinéraire en poche, et je sais que là-bas, tout le long du chemin, on m'attend. Une circulaire imprimée a fait assavoir aux clients que le vieux voyageur invalide est remplacé par *notre sieur* Pierre Dumont. Notre sieur ! ne l'est pas qui veut. C'est un titre exclusivement acquis aux associés, et par faveur aux intéressés. Hue, Cocotte ! Tu traînes plus et mieux qu'un voyageur ordinaire. As-tu seulement conscience de ta gloire, ô naïve percheronne que tu es ?

Nous n'avons pas encore franchi la nouvelle enceinte de la fabrique, et la jument s'arrête court. A qui donc en a-t-elle ? J'y suis ! Voici le petit nez

ADIEU, PIERRE.

retroussé de M^elle Bonafigue. Barbe et Cocotte ont conspiré ensemble contre moi.

« Adieu, Pierre. As-tu bien tout ce qu'il faut pour voyager?
— Oui, sois tranquille.
— Non ! Je parie que tu n'as pas seulement emporté des pantoufles.
— A quoi bon?
— Mais à ne pas marcher nu-pieds sur le carreau des chambres d'hôtel ! Vas-tu donc te chausser au saut du lit? Feras-tu ta toilette avec des bottes ? Là ! tu vois qu'une mère elle-même ne pense pas à tout. Prends ce petit paquet ; j'ai mis de mes cheveux dans la broderie pour qu'il y ait toujours un peu de ma tête à vos pieds, cher seigneur.
— Grand merci, damoiselle Barbérine. Je suis confus de vos munificences.
— Le temps va nous durer, sais-tu ?
— Bah ! cinq mois sont bientôt passés.
— Tais-toi ! nous finirions par réciter la fable des deux pigeons.
— Moins l'amour tendre. Mais l'amitié vaut mieux ; elle est meilleur teint et fait plus d'usage.
— Je ne te demande pas de m'écrire : tu me le promettrais et tu n'en ferais rien. Mais voici vingt-deux enveloppes à mon adresse, une pour chaque dimanche. Tu n'es pas forcé de les remplir, même avec une carte de visite ; jette-les seulement à la poste, pour que nous sachions où tu es. Veux-tu, dis ?
— C'est chose entendue.
— Tu me le jures?
— Foi de Dumont.
— C'est plus sûr qu'un serment par le Styx. Alors, viens m'embrasser. Cocotte sera sage, elle me l'a promis. »

Je sautai à bas de la voiture, et je mis deux baisers sur ses joues. Elle m'en rendit quatre et me dit à l'oreille :

« Dis donc, pas trop de carnaval ; la saison en est passée.
— Quand on a l'honneur de représenter la maison Simonnot père et fils, on se tient.
— Bravo ! merci ! et bon voyage ! »

Singulière petite fille ! A quinze ans et demi, elle avait tous les sentiments d'une femme et toutes les apparences d'une enfant. Sa personne ne se faisait pas, elle ne se développait ni en long ni en large ; mais une âme étonnante volait à tire-d'aile là-dessus. Au physique, un trognon de crapaud noir, dont on ne remarquait que les yeux ; au moral, une sensitive qui avait de l'esprit, et du meilleur, jusqu'au bout de ses folioles. J'étais bien sûr de ne pas l'aimer, et pourtant, si je n'avais pas été sur mes gardes, elle eût peut-être touché mon cœur par ses grimaces de singe attendri.

En montant la côte de Launay, je songeai à développer le journal qui enveloppait ses pantoufles. L'ouvrage était vraiment joli; un cuir souple de couleur havane, brodé de guirlandes de chêne. Les clairs se modelaient en fil d'or, et les cheveux, d'admirables cheveux noirs, formaient les ombres. J'aurais craint de commettre une profanation si j'avais mis mes pieds dans ce petit chef-d'œuvre en deux volumes, et je me promis d'acheter une vraie paire de savates chez un bon cordonnier, à la ville prochaine; ce qui fut fait.

Mon cœur battait la générale lorsque je vis les toits du cher village où mon père était né. Il me semblait que tous les indigènes de Launay devaient se mettre à leurs fenêtres pour applaudir mes débuts dans le monde. Mais ils étaient aux champs pour la plupart, depuis quatre heures du matin, et je passai inaperçu comme le conducteur d'un char de blé. Devant la maison paternelle et archipaternelle, je hélai un enfant, qui balançait ses livres de classe au bout d'une courroie :

« Eh ! moutard ! veux-tu gagner deux sous ? Tiens ma jument par la bride, tandis que je vais embrasser maman La France. »

Le gamin me reconnut au premier coup d'œil : c'était Isidore Laurent, du moulin, frère cadet de celui que nous appelions l'homme à l'écrevisse.

« Comment ! s'écria-t-il, c'est vous, monsieur Dumont, qui roulez voiture sur la route !

— Tu l'as dit. Seulement, la voiture est à mon patron, et je roule carrosse à peu près comme les postillons de la diligence.

— C'est déjà bien joli, et je voudrais en faire autant à votre âge. »

Ma grand'mère apparut devant sa porte, *in fiocchi*, avec la guimpe et le bonnet des jours solennels. D'un seul bond je tombai dans ses bras.

« Bonjour, chère maman ! C'est donc fête que tu es si belle ?

— Ne t'en prends qu'à toi seul; je t'attendais. On m'avait dit le jour de ton départ, et j'étais sûre que tu ne t'en irais pas sans m'embrasser, mon fils. Les devoirs, les tendresses et les plaisirs de la famille sont le seul luxe des pauvres gens comme nous. Entre ! Que t'offrirai-je ? »

Je connais la question pour l'avoir entendue cent fois. Ah ! ce n'est pas à maman La France qu'on aurait pu donner des leçons d'hospitalité.

« Il y a du lait sur le feu, me dit-elle, et de l'eau bouillante dans la chaudière. Voici dans cette boîte de fer battu du thé, qui vient encore de ton pauvre père; voilà du café grillé et moulu chaud; regarde ces deux tablettes de chocolat de Bayonne, et choisis !

— Mais, grand'maman, je n'ai plus faim, j'ai déjeuné à la maison ; je ne voulais que te serrer sur mon cœur avant de prendre ma course.

— Tu ne me feras pas cette injure. Lorsque ton père est parti pour son tour de France, comme toi, je lui ai servi une marmite de soupe aux choux, et le cher enfant n'en a pas laissé une cuillerée.

— Eh bien ! je prendrai une tasse de café, pour te prouver que l'espèce humaine n'a pas dégénéré tant que tu crois. »

En un clin d'œil, la chère vieille jeta la poudre du café dans un pot noir, elle y versa l'eau bouillante et laissa tomber un charbon rouge au milieu de l'infusion, à la vieille mode du pays.

Il était excellent, son café ; un peu trouble, malgré le charbon, mais d'un goût parfait. Elle me contraignit ensuite de boire une larme d'eau-de-vie, le fond de la dernière bouteille.

C'était ma mère qui l'avait envoyée de Courcy, et grand-papa La France l'avait vidée en trois mois, sauf le peu qui restait. Enfin, il me fallut soutenir un siège en règle, où je fus littéralement bombardé de provisions inutiles : pots de miel, pots de résiné, pots de confitures, gelée de coings, pour arrêter les petites indispositions, et toute la série des fruits secs, noix et noisettes, poires tapées, figues, cerises et pruneaux.

« Mais, grand-maman, disais-je, je n'ai besoin de rien. Songe donc que je vais déjeuner et dîner tous les jours dans des hôtels modestes, mais confortables, aux frais de M. Simonnot.

— Très bien ! répondait-elle, en fourrant ses petits paquets sous le tablier de la voiture. Mais tu peux avoir faim sur la route ; tu peux être forcé de t'arrêter la nuit dans un village de montagne où l'on ne trouve que du lait et du pain noir. Et puis, sont-ils si confortables, ces hôtels à grand tralala où le voyageur doit trois francs avant d'ouvrir la porte de sa chambre ? Je me suis laissé dire qu'on y mourait de faim à table d'hôte, avec un grand laquais galonné derrière soi. Prends donc ! prends ! ne me refuse pas le seul plaisir qui me reste ! Je ne bois rien, je ne mange plus, je dors à peine ; mais quand je peux donner la moindre chose à mes enfants, je me sens régalée pour un mois. »

L'oncle Joseph, sa femme et ses enfants étaient venus, comme par hasard, sans se presser, les uns après les autres, et ils assistaient, d'un front stoïque, à ce déménagement de comestibles. Leurs yeux, ceux des enfants surtout, s'ouvraient tout ronds au spectacle des bonnes choses qui allaient sortir de Launay. Il y eut un moment solennel, presque terrible : c'est lorsque ma grand'mère m'apporta quatre saucissons fumés, aussi gros que mon bras. Pour le coup, l'aîné des garçons, mon cousin Charles, prouva qu'il était homme en étouffant ses sanglots. Au fond, les pauvres gens avaient raison de s'étonner qu'on donnât tant à celui qui ne manquait de rien, lorsqu'ils manquaient de presque tout. Je sentais qu'ils m'auraient allégé de grand cœur et de grand appétit, mais je ne pouvais pas leur offrir une noix sans offenser maman La France. Pour réparer un peu l'injustice du sort, je tirai les petits à l'écart, et je leur distribuai des pièces neuves de la République. Quant à Charles, qui était un garçon de mon âge, je lui demandai s'il aimerait à entrer avec moi chez M. Simonnot?

« Tout de même, répondit-il.
— Tu sais bien travailler le bois?
— Comme ça.
— Et planter les clous?
— Comme ça.
— Et tu n'as pas peur de l'ouvrage?
— Pas plus que ça.
— Eh bien, dès mon retour, je te présenterai au directeur de l'emballage, et je suis presque sûr qu'il t'acceptera de ma main. Je connais mes devoirs; je n'ai pas oublié le testament de notre grand-père, et, si jamais je prends une certaine autorité dans la fabrique, il y aura du pain, à Courcy, pour tout Dumont qui voudra faire œuvre de ses dix doigts. »

Électrisée par ces promesses, la famille Joseph me pardonna les confitures, les fruits secs et même les saucissons. Ma grand'mère me bénit discrètement, à sa manière, en glissant sa petite main sous mes cheveux et en appuyant deux doigts sur ma tête; et, dûment embrassé par tous les miens, je partis.

C'était encore le bon temps, et j'imagine que, depuis lors, les choses et les gens n'ont pas changé à leur avantage. Les aubergistes ne ressemblaient ni à des banquiers ni à des notaires; on n'était pas servi par des espèces d'attachés d'ambassade en habit noir, cravate blanche et mains sales, qui parlent toutes les langues de l'Europe, excepté le français. Les nappes et les serviettes n'étaient pas damassées, on ne lisait pas le nom de l'hôtel imprimé sur les assiettes, gravé sur les couverts et tissé dans le linge; nous n'avions pas devant nous quatre verres de dimensions inégales, et une demi-carafe de vin tourné; on ne nous prenait pas nos fourchettes à chaque plat, pour nous en donner d'autres également désargentées et aussi mal lavées. Les surtouts de fausse orfèvrerie étaient inconnus, comme les imitations de vieille tapisserie peinte à la colle, et les plafonds de style, barbouillés à tant la toise par quelque Mazerolle forain. L'hôte était un bonhomme tout rond, expansif et curieux, qui vous interrogeait sur vos affaires et vous contait tout aussi volontiers les siennes. L'hôtesse, une femme avenante, souvent jolie, quelquefois distinguée, mais sans prétentions.

Le service intérieur était fait généralement par des filles jeunes et accortes, qui, pour un oui ou pour un non, riaient à belles dents. Les garçons d'écurie étaient des paysans à peine dégrossis, mais d'autant plus respectueux dans leurs rapports avec monsieur le voyageur, et sensibles au moindre pourboire.

Nos chambres à deux francs par jour, prix maximum, ne brillaient ni par les tapis, ni par les rideaux, ni par les papiers de tenture. Mais on y trouvait de bons lits, moelleux et chauds, dont les draps, un peu gros, sentaient une honnête lessive. La seule chose à laquelle je n'ai jamais pu m'acclimater, c'est la dimension des pots à eau et des cuvettes : je frémis encore à l'idée que mes concitoyens en route se lavent dans ces coquilles de noix.

Mais le triomphe de l'hospitalité française, au bon vieux temps dont je vous parle, était la table, une table qui n'en finissait pas et que le maître du logis se faisait un devoir de servir et de présider en personne. Les hôtels raflaient tout sur le marché des villes, grandes ou petites : le meilleur gibier, la plus belle volaille, le poisson le plus fin, leur revenaient de plein droit. Dix, douze, quinze plats, sans compter les hors-d'œuvre, défilaient, deux heures durant, sous l'œil du voyageur, assis et recueilli. Un seul vin, presque toujours bon, remplissait son unique verre ; il en usait à discrétion, *jusqu'à plus soif,* comme on disait. Dans les départements où la vigne n'est connue que de réputation, comme l'Aisne, le Nord et le Pas-de-Calais, la bière coulait à pleins bords. La Normandie parcimonieuse ne nous ménageait pas son cidre ; en Bretagne, par une heureuse anomalie, on nageait dans les vins de Bordeaux. Et tout cela pour rien, pour moins que rien. Dans le Finistère, à Landerneau, à Châteaulin, à Carhaix, à Plében, à Crozon, j'ai vu des tables d'hôte où les pensionnaires, petits employés, brigadiers des douanes, sous-officiers en retraite, payaient trente francs par mois deux repas follement plantureux, vin compris. Il nous en coûtait un peu plus, à nous autres oiseaux de passage, mais je vous prie de croire que j'en prenais pour mon argent et au delà. Dans ce pays de cocagne, chaque matin, sur le coup de onze heures, j'absorbais un demi-cent d'huîtres, six sardines fraîches, autant de côtelettes empruntées aux jolis petits moutons du cru ; après quoi, je commençais à déjeuner. Et peut-être supposera-t-on que les hôteliers éprouvés par les ravages d'un tel appétit vouaient le consommateur aux furies. Tout au contraire ! Ils le reconnaissaient l'année suivante avec un vrai plaisir et le saluaient amicalement par son nom.

Nous vivions à peu près de même sorte, je veux dire également bien au

Nord, au Sud, au Centre, à l'Est, à l'Ouest, que la maison fût grande ou petite, qu'elle s'intitulât hôtel de France, hôtel d'Europe, hôtel du Commerce, hôtel du Soleil d'or, des Deux-Clefs, de l'Aigle-Noir, du Cheval-Blanc. Rien de plus large, de plus généreux, de plus cordial que cette hospitalité mal payée, si ce n'est celle de nos clients, qui faisaient aux patrons d'auberge une concurrence gratuite.

« Monsieur, votre serviteur de tout mon cœur. Quoi ! c'est vous qui avez remplacé ce bon monsieur Vinot ! Nous étions informés du changement, et nous vous attendions de pied ferme. Vous êtes encore bien jeune pour représenter une maison aussi vieille et aussi respectable que celle de Simonnot père et fils. Mais la jeunesse est un défaut dont on se corrige tous les jours, comme dit l'autre. J'ai passé par là, et j'y repasserais bien encore, si la nature le permettait. — Bonne amie ! que je te présente M. Pierre Dumont, le nouveau voyageur de la fabrique de Courcy. Il nous fera certainement l'honneur et le plaisir de dîner avec nous ; pas vrai, jeune homme ? Nous ne pouvons pas vous servir, comme à l'hôtel, les sept merveilles du monde en salmis ; mais on aime à retrouver de temps en temps le vieux pot-au-feu du ménage. Va, bobonne ! Une simple truite, un cuissot de chevreuil, des grives, du goujon, des écrevisses, un canard, une poularde, des champignons, un seul plat de grosse viande ! pas deux ! Il s'agit, tu m'entends, de reposer l'estomac de notre hôte. Tandis que tu trotteras par la ville, j'irai chercher, derrière les fagots, quelques-unes de ces vieilles fioles que M. Vinot, homme d'âge et connaisseur expérimenté, prisait à leur valeur. Mais les affaires sont les affaires, mon jeune monsieur ; causons faïence en attendant ! »

Voilà comment, neuf fois sur dix, j'étais reçu par les clients de la fabrique, marchands en gros ou en demi-gros qui tenaient non seulement la faïence, mais la porcelaine et la verrerie, quand ils ne vendaient pas un peu de tout, selon les us de la province.

Je déballais mes échantillons officiels, et je notais les observations de l'acheteur. Nos produits se vendaient toujours bien ; la clientèle nous savait gré de nos efforts pour améliorer le biscuit et l'émail sans augmenter les prix. On goûtait nos nouvelles assiettes de terre dure ; c'était l'article demandé ; mais on s'étonnait quelque peu de nous voir stationnaires au milieu du mouvement général. Pourquoi ne pas abandonner la forme en calotte ? Pourquoi repousser systématiquement le décor, qui flatte l'œil et qui coûte si peu depuis qu'on y emploie la gravure ? Lorsque j'avais bien confessé le client, je tirais du fond de ma boîte les deux échantillons sur lesquels je fondais de si brillantes espérances. Les escargots étaient goûtés ; mais l'écrevisse, avec sa belle couleur rouge, éclipsait inévitablement le mollusque. Voilà ce qu'il faut au public, me disait-on. Si vous nous faites des prix raisonnables, l'écrevisse aura plus de succès que le coq du siècle dernier... Force m'était alors d'avouer que l'écrevisse et son compère l'escargot attendaient un passeport de mon patron pour faire leur chemin dans le monde. J'étais à peu près sûr de les livrer au prix de dix francs la douzaine; mais, malgré tout le zèle et tout le dévouement de mon collaborateur, M. Doussot, je n'avais encore gravé que six planches sur vingt-quatre; mes échantillons étaient entièrement exécutés à la main.

Tous les clients sans exception m'engageaient à persévérer. Les plus instruits et les plus avisés disaient que la faïence anglaise, si manifestement supérieure à la nôtre, ne serait peut-être pas toujours prohibée, et que, dans l'hypothèse où la protection de l'État viendrait à nous manquer, il faudrait être prêts à soutenir le choc de « la perfide Albion ». Je ne demandais pas mieux; mais, pour entraîner M. Simonnot dans ma voie, il fallait lui montrer un certain chiffre de commandes, au moins conditionnelles. Les bons marchands me comprenaient au premier mot, et ils s'empressaient de commettre l'un dix douzaines d'escargots, l'autre vingt douzaines d'écrevisses pour le jour où mes deux services seraient jetés dans le commerce. Je plaçai de la sorte en cinq mois six mille douzaines d'un article qui n'existait qu'à l'état de projet. M. Doussot, stimulé par mes lettres et enhardi par les premiers résultats de ma tournée, accélérait la gravure des planches.

« Je pousse le *clou*, m'écrivait-il, comme un jeune homme de vingt ans. »

Le *clou*, dans l'argot des graveurs, c'est le burin.

Après m'avoir nourri, abreuvé et encouragé, ces aimables négociants me promenaient. Ils me présentaient à leur cercle, quand il y en avait un dans la ville, ils me conduisaient au théâtre, et je serais fort en peine de vous dire combien de fois j'ai applaudi en leur compagnie la *Dame blanche* et le *Domino noir*. Les fabriques, que j'avais le soin d'étudier de près, suivant le précepte et l'usage de mon père, les édifices publics, les musées, où je m'initiais sans mot dire à une vie supérieure, les bibliothèques, gardées par un savant inconnu, mélancolique, isolé, qui sauterait volontiers au cou du visiteur, cet oiseau rare; les promenades plantées de beaux vieux arbres; les places, que n'embellit pas la statue généralement affreuse d'un grand homme oublié depuis longtemps; enfin les sites renommés du voisinage, je passais tout en revue avec une curiosité d'enfant, j'entassais tout dans les petits casiers de mon cerveau avec une avarice de vieillard. Les heures que j'ai données à ces passe-temps ont été non seulement les plus charmantes, mais aussi les plus fécondes de ma vie. La première fois que j'ai vu des tableaux de maître, c'est au musée de Lyon : j'en sortis transporté, presque fou.

J'avais pour guide un jeune commerçant, futur successeur de son père.

« C'est singulier, me dit-il en sortant ; l'huile produit sur vous le même effet que l'absinthe sur les Suisses ; vous ne marchez pas droit. »

J'avais emporté de Courcy quelques préventions contre mes futurs camarades, les voyageurs du commerce ; elles ne tinrent pas longtemps. Le Gaudissart de Balzac peut avoir été pris sur nature, mais le modèle était une exception. Comme type, il n'est pas plus ressemblant que l'épicier de Paul de Kock. En quatre ans de voyage, j'ai rencontré sur les chemins des milliers de jeunes gens et d'hommes faits qui exerçaient la même profession que moi. J'ai rompu le pain avec eux ; j'ai partagé leurs plaisirs, reçu leurs confidences, monté les côtes à pied, de bon matin, avec des compagnons rencontrés par hasard et qui n'étaient pas loin de me tutoyer quand nous remontions en voiture. Eh bien ! je ne crois pas qu'il existe une classe de citoyens aussi particulière, aussi intéressante et aussi sympathique. Je ne sais ce qu'il en reste aujourd'hui que les affaires se traitent surtout par la poste et le télégraphe ; il est possible aussi que les chemins de fer aient changé les habitudes, sinon l'esprit du voyageur. Mais à l'époque de mes débuts, en 1848, la corporation était nombreuse, florissante, homogène et unie. Assurément, on y pouvait rencontrer, par aventure, un hâbleur ou un fat ; on n'y eût pas trouvé un homme indélicat ; nous nous jugions fort bien les uns les autres, et nous faisions notre police nous-mêmes. Tous ces coureurs de grands chemins avaient le caractère droit, l'esprit ouvert, le cœur chaud, la main généreuse. Ils étaient toujours prêts à secourir un camarade dans l'embarras, prompts à se cotiser pour une œuvre de bienfaisance. Avec cela, libéraux jusqu'à l'excès et patriotes jusqu'à la folie. Bonne et saine population, éprise du juste et du vrai, passionnée pour les nobles causes, facile à enflammer comme une traînée de poudre. Je garde une sincère reconnaissance à tous ces jeunes gens, dont le frottement cordial a achevé en moi l'œuvre excellente du collège, et, si j'avais une vérité nouvelle à répandre dans ce pays, la propagande que je choisirais entre toutes est celle de mes anciens camarades, les loyaux voyageurs.

Ma première tournée, qui embrassait une moitié de la carte de France, s'acheva sans le moindre accident. La vie au grand air m'avait si bien bronzé que ni la neige, ni la gelée, ni la bise de décembre ne mordirent sur ma santé. J'avais correspondu régulièrement avec ma mère, avec mon patron et avec la petite Bonafigue. Ses réponses, qui me suivaient partout, comme à la piste, étaient pleines d'esprit et de gentillesse ; elles me firent honte quand je les comparai à mes premiers billets, beaucoup trop laconiques, et je me piquai au jeu jusqu'à écrire des sept et huit pages, un vrai journal. Tout le monde, au retour, admira ma bonne mine et trouva que j'avais *forci*. Par compensation, l'ami Basset avait perdu de son poids et de sa couleur. L'air de Paris lui réussissait mal ; admirateur fanatique du général Cavaignac, il n'avait pas encore digéré l'élection du 10 décembre.

Mon patron s'en était consolé tout de suite : la présidence de Louis Bonaparte, plus encore que la vue de mon carnet de commissions, le convertit au progrès et décida l'exécution des deux services en couleur. Je demeurai six mois à la fabrique pour diriger un travail inconnu des trois quarts de nos ouvriers. Il fallut même emprunter quelques femmes à la manufacture de Gien. Nos affaires marchaient à merveille, la ville était tranquille et gaie, le collège regorgeait d'élèves ; les cours du soir, à la mairie, faisaient fureur ; on n'avait pas perdu l'habitude de danser une fois par semaine dans le salon de M<sup>me</sup> Lutzelmann ; on donna plusieurs bals par souscription ; le club de Badouillarts chassa jusqu'à la fermeture ; je ne manquai donc pas des distractions.

Cependant j'attendais avec impatience le jour fixé pour mon second voyage. Cette fois, mon itinéraire était tracé à travers les départements du Midi. J'allais voir ces villes féeriques qui s'appellent Bordeaux, Pau, Toulouse, Marseille, Avignon ! C'était comme une seconde France à parcourir, la France du soleil, le pays des vins d'or, des olives, des oranges, où les lucioles en feu voltigent dans la nuit, où, le jour, on entend chanter les cigales. Je m'étais arrangé un Midi de fantaisie que je n'aurais pas donné pour l'Espagne, la Grèce et l'Italie.

Il fallut déchanter un peu, mais pas trop. La poussière, les mouches, les puces et la cuisine à l'ail ne me rendirent ni trop malheureux ni trop malade, et le spectacle, s'il ne répondit pas exactement à mon idéal, dépassa souvent mon attente. Je fis même, ou du moins je crus faire des découvertes. La cité de Carcassonne, par exemple, m'inspira presque autant d'orgueil que d'admiration : j'étais convaincu que personne ne l'avait vue avant moi !

Tandis que je battais la campagne, au propre et au figuré, M. Simonnot achevait de transformer la fabrique sur les plans que nous avions arrêtés avec Basset. On faisait table rase des hangars et des masures ; ma modeste cantine elle-même était remplacée par un bel économat, où le personnel de l'usine achetait au plus juste prix les aliments, le combustible, le vêtement, la chaussure, la literie, le mobilier, tout enfin, jusqu'à des montres d'argent pour les hommes et des jouets d'un sou pour les enfants.

Les nouveaux bâtiments, construits en briques et en fer, ne brillaient point par l'architecture. Partout la ligne droite régnait en maîtresse absolue. Quatre étages d'ateliers superposés formaient l'enceinte ; ils étaient reliés par des bâtisses parallèles, uniformes, d'égale hauteur. Une machine de vingt chevaux, destinée à aider et à suppléer au besoin la force hydraulique, remplissait dans la cour du sud un kiosque attenant à nos fours. Nous n'avions fait qu'un sacrifice à l'art décoratif: le pavillon central, dit pavillon de la cloche, parce qu'on y sonnait le commencement et la fin des travaux, était couvert de tuiles vernissées, multicolores, brillantes, comme celles de l'église Saint-Étienne dans la capitale de l'Autriche. Son dôme se voyait de loin, et, lorsqu'il n'était pas noirci par la fumée, il appelait des quatre points cardinaux les amateurs de céramique.

Et nous avions enfin de quoi contenter les plus exigeants, de quoi plaire aux plus délicats, sans éloigner notre vieille et modeste clientèle. A côté de l'assiette commune, à vil prix, qui était toujours demandée et qui l'est même encore aujourd'hui, car j'en vends des centaines de mille à deux sous pièce, nous fabriquions des services complets, d'un biscuit et d'un émail irréprochables, d'une forme élégante et d'un décor généralement heureux. Après mes naïves écrevisses, on lança coup sur coup un service de fleurs des champs, un service d'oiseaux, un autre de fruits et d'insectes. M. Doussot, mon cher professeur, était en pied dans la maison ; il dirigeait deux ateliers et faisait marcher de front le dessin et la gravure. Aux jeunes collaborateurs qu'il avait fait venir de Paris se joignirent bientôt quelques enfants de la ville, élèves du collège ou fillettes de la fabrique, promues au rang d'artistes peintres, grâce à nos cours professionnels.

Le vieux maître et son petit monde préparaient de concert un grand coup pour l'exposition universelle de Londres. Il ne s'agissait de rien moins que de battre Wedgwood et Minton sur leur propre terrain et d'étaler aux yeux de l'Angleterre tout un service japonais. Et non pas une traduction libre, une adaptation dans le style des chinoiseries de Rouen : tout était japonais dans notre affaire, depuis la forme des saucières et des raviers jusqu'au dessin calqué sur des albums originaux.

On y passa près de deux ans sans que le secret de cette entreprise capitale transpirât dans la ville. Il est vrai que M. Doussot, autoritaire comme un jacobin qu'il était, fit consigner impitoyablement toute personne étrangère à la fabrique. Il divisa la besogne en si petites fractions que les exécutants eux-mêmes ne savaient pas ce qu'ils faisaient. Le patron seul et moi nous étions dans la confidence, et l'on m'avait autorisé à dire sur ma route, aux clients de distinction :

« M. Simonnot vous ménage une surprise pour l'été de 1851. »

Il arriva enfin, le grand jour qui devait élever la faïencerie de Courcy au niveau des premières maisons de l'Europe. J'étais un robuste garçon de vingt-trois ans bientôt ; j'avais fait en quatre voyages deux tours de France bien complets. La seule ville de mon pays qui me fût à peu près inconnue était Paris, où nous avions un dépôt et un vendeur au faubourg Poissonnière. Tous les secrets de la fabrication m'étaient familiers. Je parlais l'allemand avec facilité, grâce à la famille Lutzelmann ; j'avais appris un peu l'italien ; je lisais et j'écrivais bien l'anglais, je l'entendais difficilement, faute d'habitude, et je le baragouinais de manière à n'être compris de personne ; mais, comme j'étais dans l'âge où l'on croit tout facile, il me semblait qu'un mois ou deux de séjour à Londres formeraient mon oreille et ma prononciation. J'étais d'ailleurs un des principaux employés et le seul intéressé de la maison : j'avais donc, selon moi, dix titres de plus qu'il n'en fallait pour représenter Simonnot père et fils au Palais de Cristal.

Le patron fut d'un autre avis. Lorsque M. Doussot se présenta chez lui pour poser ma candidature, il répondit sèchement que j'étais trop jeune et que je ne savais pas assez d'anglais :

« Notre agent de Paris est un homme de quarante-cinq ans, marié à une Anglaise : je l'enverrai à Hyde-Park avec sa femme, et Dumont fera l'intérim, rue d'Enghien. »

L'argument était sans réplique, et je me résignais, sans toutefois me consoler, quand une lettre de Basset vint changer la face des choses.

« Le séjour de Paris en ce moment, m'écrivait-il, ne vaut rien pour un garçon de ton âge et de ton caractère. C'est bon pour moi, qui patauge, comme dit le poète, à travers les toiles d'araignée fusionnistes et bonapartistes. Reste à Courcy, ou va-t'en à Londres ; pas de milieu. Je fais part de mes impressions au père Simonnot, et, s'il ne m'entend pas, c'est qu'il sera plus sourd que sa marchandise. Bonsoir ! »

Mon patron me fit appeler le lendemain et me dit :

« Il paraît que Londres vous attire. Pourquoi me l'avez-vous caché ?

— Mais, monsieur, je croyais...

— Quand vous désirerez quelque chose, — j'entends une chose juste et raisonnable, — ouvrez-vous-en directement à moi, sans intermédiaire. Vous nous avez rendu de grands services, des services plus importants que vous ne le croyez vous-même, quoique l'humilité ne soit pas le défaut qu'on vous reproche : vous avez donc le droit de prétendre aux postes d'honneur. Allez à Londres ; notre vitrine est prête, on me l'assure ; les marchandises vous attendent à la douane. Je compte sur vous pour les mettre en lumière et les faire valoir. Les prix marqués sont ceux de la vente à Courcy ; emballage et port à la charge de l'acheteur. Tâchez de faire des affaires, mais ce n'est pas le principal. Il s'agit, avant tout, de faire connaître la maison et d'obtenir la plus haute récompense possible ; en second lieu, vous avez à étudier nos concurrents de tous pays, afin de leur emprunter ce qu'ils ont de meilleur que nous. Ne regardez pas à l'argent ; je vous ouvre un crédit de 500 livres sterling chez Baring. »

J'étais si fier et si content de ma « mission extraordinaire » que je partis comme une fusée, sans prendre congé des amis les plus intimes. De peur que le patron ne changeât d'avis une seconde fois, j'embrassai tout juste ma mère et je n'attendis pas au lendemain. De Courcy à Paris, de Paris à Calais, de Calais à Douvres, de Douvres à Londres, je fis la route en quatre enjambées. C'est seulement à Old Bond Street, l'hôtel de famille où M. Simonnot m'avait adressé, que je pensai aux Bonafigue, aux Lutzelmann, au père Doussot, et à ce bon Basset, qu'il eût été si naturel de saluer en traversant Paris. J'ai été cruellement puni de cet acte d'ingratitude, le premier de ma vie, car, au nombre des bonnes gens que je quittais ainsi, à la légère, il en était plusieurs que je ne devais jamais revoir.

L'Exposition s'ouvrit mal, comme toutes les expositions universelles : personne n'était prêt, pas un industriel sur dix n'avait encore déballé. Dans toute la section française, il n'y avait qu'un faïencier présentable, et c'était moi. Ma précipitation maudite eut donc, au moins, cela de bon, qu'elle servit les intérêts de la fabrique. Mon étalage fut remarqué, le service japonais fit fureur, on en parla dans les journaux ; le prince Albert, qui avait daigné me questionner en français avec infiniment de bonne grâce, nous fit adresser une forte commande pour le château de Balmoral. En peu de temps, grâce au patronage d'un connaisseur si haut placé, la noblesse, la *gentry*, les grands clubs, la haute bourgeoisie, affluèrent autour de mon exposition ; je ne savais auquel entendre, et j'avais à peine le temps d'inscrire les commandes. Le commis, un jeune homme de Guernesey, qui me servait d'interprète, était, comme moi, sur les dents. Nos produits se recommandaient non seulement par le bon goût et la bonne fabrication, mais par le bon marché, un mérite qu'on ne dédaigne pas dans les plus riches pays du monde et dans les plus nobles classes de la société. Je donnais pour 20 livres (500 francs) le service japonais, 18 couverts, dessert et café compris, tel qu'on le voit encore, avec son prix marqué, au musée de Kensington. La faïence anglaise, aussi bonne assurément, mais moins belle et surtout moins originale, coûtait plus cher. Je l'appris en causant avec les richissimes faïenciers de Stoke-sur-Trent, qui nous firent l'honneur d'acheter nos produits pour les examiner de près et s'en inspirer au besoin. Les Anglais, il faut l'avouer, sont plus prompts que nous à reconnaître le mérite de leurs concurrents.

En résumé, le jury international nous décerna la plus haute récompense ; M. Simonnot, décoré depuis longtemps, reçut en France la croix d'officier, et j'eus la satisfaction de lui envoyer des commandes pour un million.

Après une campagne si glorieuse, il me semblait tout naturel de triompher un peu sur les promenades de Courcy. La saison s'avançait, l'Exposition n'était pas close, mais elle était usée, le ciel de Londres tournait au noir. Chaque matin, en m'habillant, je lançais à mes malles un coup d'œil d'intelligence qui voulait dire : A bientôt!

Aussi, quel désappointement le jour où mon patron m'intima l'ordre de partir, non pour Courcy, mais pour Copenhague, Stockholm, Pétersbourg, Odessa, Moscou, Constantinople ! Le programme s'arrêtait là ; il n'était question ni de l'Asie Mineure ni de l'Égypte, et l'on semblait me faire grâce des Indes orientales ; mais je crus lire entre les lignes que mon retour pourrait fort bien être un second voyage à travers l'Italie, l'Autriche, l'Allemagne du Nord, la Hollande et la Belgique.

« Battons le fer pendant qu'il est chaud ! » disait le maître de mes destinées. « Il s'agit d'exploiter partout notre succès avant que les Anglais aient eu le temps de nous rejoindre ou de nous dépasser. Ils connaissent le Japon mieux que nous, ils ont des artistes habiles, et ils sont outillés comme nous ne le serons jamais. »

A ces arguments péremptoires, ma mère et mes amis en ajoutaient de toute sorte, comme si l'on s'était donné le mot pour m'envoyer promener.

« Tu dois t'estimer bien heureux, » écrivait ma pauvre maman, « de visiter les plus belles villes d'Europe sans bourse délier. Sais-tu qu'en me chauffant les pieds à mon joli petit feu de sarments je pensais tout à l'heure que les fils de nos plus riches familles sont moins favorisés que toi? Il n'y a guère que les princes héritiers pour voyager ainsi. Mais rassure-toi, cher enfant, je ne suis pas jalouse. Jamais je ne me suis mieux portée, jamais je n'ai été si tranquille, si confiante dans l'avenir : ce sont des dispositions admirables pour te suivre de loin dans tes brillants ébats. »

Cette petite futée de Bonafigue me disait par le même courrier :

« Mon grand Pierrot, tu as eu là, vraiment, une fameuse idée. On fait bien de courir le monde quand on est garçon, car, une fois en ménage, n, i, ni, c'est fini. Tu es du bois dont on fait les vénérables bûches du foyer. Avant cinq ans d'ici, lorsqu'il te prendra fantaisie de pousser une pointe jusqu'à Launay, ta femme et tes marmots se suspendront en grappes à tes basques, et si tu ne lâches pas la redingote, c'est en veste que tu arriveras au seuil de la maison. Il n'est bruit que de toi dans Courcy, de toi et de mon frère, le vrai ; tu seras toujours un faux frère. Jean s'est couvert de gloire en

Algérie, dans un village de montagnes dont je n'écrirai pas le nom. Il écorche la bouche en passant par le gosier; à plus forte raison écorcherait-il le papier en passant par la plume. C'est tout là-bas, chez les Kabyles. Le sous-lieutenant Bonafigue en a tant aplati, de ces noirauds, qu'on l'a proposé pour la croix. Mais c'est son colonel qui a été nommé général. Voilà tout ce qu'il a gagné, notre Jean, avec une blessure sans gravité. Il nous mande cette Iliade en style gai, sans accuser personne et sans se plaindre. « Le temps des officiers de fortune est passé, nous dit-il; moi, je suis un « officier d'infortune. » Toi, mon Pierrot, tu m'as bien l'air de porter dans tes poches un kilomètre de corde de pendu. Profite, cher ami, profite! Tu n'échapperas pas à mes lettres, chemin faisant. Si le bureau de poste se déclare incapable de te porter la prose si loin, je m'adresserai au Bureau des longitudes. Signé : Barbara, la barbare, qui n'a peur de personne et qui ne doute de rien, pas même de toi. »

Le principal me prédisait qu'après un tel voyage je parlerais l'allemand mieux que Gœthe et Schiller réunis. Et M. Doussot m'indiquait les bons coups de collectionneur qu'on pouvait faire en route :

« Chercher à Stockholm les vieux livres et les belles reliures d'origine française; à Pétersbourg, trouver des armes circassiennes et des émaux byzantins, parmi les guenilles du Gastinoï-Divor. Au Bésestin de Constantinople, faire rafle des faïences persanes, qui se vendront un jour au poids de l'or et qui, en attendant, nous fourniront d'admirables motifs à copier. Ne pas trop dédaigner les plats de Rhodes, fabriqués par des prisonniers musulmans au service des chevaliers. Avoir l'œil aux vieilles étoffes, aux broderies d'or et d'argent, aux tapis de couleurs éteintes, souvent râpés jusqu'à la corde, mais bien plus beaux et plus précieux que les neufs; ils se donnent pour presque rien. »

Enfin, Basset m'écrivait de Paris :

« Tu veux donc enfoncer les sept sages de la Grèce? C'est un trait de génie, le sais-tu, que de courir l'Europe en ce moment? Cette France, que nous aimons jusque dans ses verrues, me fait peine et pitié. Qu'y voit-on? Dans le Parlement, les intrigues de quelques vieux roués qui se croient plus malins que nous et qui, à force de conspirer contre la République, se prendront un jour, avec nous, dans leurs pièges. Hors du Parlement, des orgies de prétoriens en délire, ou des génuflexions de bourgeois ahuris devant un grand sabre qui passe. Il y a pourtant quelque part une nation saine, sensée, honnête, libre, virile, qui fut et qui sera longtemps encore la première du monde. Oui, mais où s'est-elle fourrée? Je la cherche et je ne la trouve plus. Va t'en, Pierre! va-t'en! Je partirais de grand cœur avec toi, si je n'avais pas un mandat sur le dos. Où la chèvre est attachée... tu sais le proverbe. A chacun son métier, dans ce bas monde. Le mien est de rester, le tien est de partir, et je t'en félicite. A propos ! si tu rencontres sur la route un peuple aussi désorienté, éperdu, affolé que le nôtre, il faut me l'écrire, mon cher : cela me consolera un moment. »

Il n'avait jamais eu que des intentions droites, notre bon député, et généralement il visait juste ; mais cette fois il dépassa le but. Sans en savoir aussi long que lui sur les intrigues et les manœuvres du moment, je sentais la patrie en danger, et quelque chose s'éveillait en moi. Le séjour que j'avais fait en Angleterre, les jugements sévères et quelquefois iniques contre lesquels il m'avait fallu protester, la lecture des journaux étrangers, qui, soir et matin, disséquaient la France comme un cadavre d'hôpital, tout irritait mon patriotisme, tout me poussait vers la politique, vers cette politique que Basset, dans son dégoût des tripotages ambiants, appelait un sale métier ! J'étais électeur depuis l'automne de 1849, je n'avais pas encore eu l'occasion de voter ; il me tardait de faire acte de citoyen et de contribuer, pour ma petite part, à l'organisation de la République, à l'ordre dans la liberté, au bien-être de ce cher pays.

J'exposai mes sentiments au patron dans une lettre pathétique, et je le suppliai de me rappeler à Courcy. La réponse se fit attendre cinq jours ; elle était officielle et portait la signature Simonnot père et fils.

« Monsieur, me disait-elle, en réponse à votre honorée du 16 courant, nous nous empressons de vous informer que votre compte créditeur à ce jour s'élève à 82,376 fr. 11 centimes, y compris la commission extraordinaire que nous vous avons spontanément allouée sur les affaires de l'Exposition universelle. Cette somme sera mise immédiatement à votre disposition, si vous jugez à propos de rompre, par un refus formel d'obéissance, le lien qui vous attache à nous. Recevez nos salutations. »

A cette mise en demeure, je ne pouvais répondre que oui ou non ; c'était à prendre ou à laisser. Je donnai vingt-quatre heures à la réflexion, et, après avoir reconnu que j'avais passé l'âge où l'on entre dans les écoles du gouvernement ; qu'il était tard aussi pour entreprendre un nouvel apprentissage ; que ma mère ne voulait pas quitter Courcy, et qu'enfin la fabrique, où j'avais déjà placé deux cousins, pouvait seule assurer mon avenir et celui de ma famille, je m'inclinai devant la volonté du maître, et je partis.

Mon exil dura plus d'un an. Je parcourus les trois quarts de l'Europe avec l'album des Simonnot et ma caisse d'échantillons, sans revoir une fois ceux que j'aimais et, la plupart du temps, sans avoir de leurs nouvelles.

C'est par les journaux que j'appris à Moscou l'attentat du 2 décembre 1851. Les étrangers en général l'applaudissaient, parce qu'il avait réussi.

J'entendais dire un peu partout autour de moi que les insurgés, c'est-à-dire les défenseurs de la Constitution, n'avaient eu que ce qu'ils méritaient. Si je prenais sur moi d'exprimer un avis différent, il se trouvait toujours un bon négociant russe ou un honnête fonctionnaire allemand pour me répondre :

« Oh! vous autres, vous n'êtes jamais contents de rien! »

Je n'étais pas seulement triste, mais anxieux et fort impatient de savoir ce que mes amis avaient pu devenir. Mes lettres restaient sans réponse ou n'obtenaient que des réponses évasives. Le patron semblait enchanté ; il me disait :

« Nous travaillons à force. Continuez à prendre des commandes ; tout le monde sera servi, et nous ferons un inventaire d'or. »

Ma mère et Barbe semblaient être sous l'impression d'un malaise ; elles parlaient pour ne rien dire, en style diffus et contraint. Un avis anonyme, daté de Courcy, mais mis à la poste en Belgique, m'avertit que le secret des correspondances était mal respecté depuis quelque temps et que, si je ne voulais pas compromettre mes amis, je m'abstiendrais de leur écrire un seul mot sur la politique. Je me le tins pour dit, et je devins très circonspect. Mais j'eus beau adresser à M. Lutzelmann et au père Doussot des chefs-d'œuvre d'insigniflance, ni l'un ni l'autre ne répondit. Je leur avais pourtant expédié, chemin faisant, quelques petits souvenirs qui méritaient au moins un *merci*.

A Constantinople, en février, je fus assez heureux pour rencontrer un proscrit qui me donna des nouvelles de Basset. On l'avait arrêté dans son lit, enfermé à Mazas, puis transporté à la frontière belge. Banni par mesure de sûreté générale avec plus de soixante autres représentants du peuple, il avait passé de Belgique en Angleterre et de là très probablement en Amérique, où il parlait de s'établir sans esprit de retour.

Je le savais parfaitement capable d'un tel acte de désespoir ; mais comment ne m'avait-il informé de rien, lui qui connaissait pas à pas mon itinéraire? Sa première lettre me surprit, en juin 1852, à la poste restante de Vienne ; elle portait le timbre de San-Francisco, ce qui expliquait le retard. Mon vieil ami était plus qu'indigné, plus que découragé : il blasphémait le nom sacré de la France sur un ton qui eût mis grand-papa Dumont hors de lui!

« Je te l'avais bien dit, que le suffrage universel venait trop tôt. Ces esclaves étaient à peine émancipés qu'ils ont eu peur de leur ombre et qu'ils ont aplati la souveraineté nationale aux pieds d'un maître. Troupeau de pleutres! Rebut du genre humain! Je n'en suis plus, oh! non. J'aurai bientôt six mois de domicile en Amérique, et je redeviendrai citoyen d'un pays libre. Rien que cette espérance me dilate les poumons ; assez soupiré, je respire! On travaille rudement ici et de bon cœur, car on bûche pour soi, on n'appartient qu'à soi, on n'a personne au-dessus de soi. J'ai déjà retroussé mes manches jusqu'aux épaules. Je construis, comme entrepreneur, et souvent même comme ouvrier, un quartier de 400 maisons qui ne ressemblera pas au faubourg Saint-Germain, mais qui ne s'en portera pas plus mal. En attendant que la forêt où je taille mes matériaux en plein drap soit abattue et débitée, je suis logé très confortablement dans un cottage entièrement composé de caisses à biscuit et de vieilles boîtes à sardines. C'est léger, c'est brillant; cela rappelle, en beaucoup mieux, la littérature et les arts de ton joli farceur de pays. Ah! si tu n'étais pas un *empoté* comme tous les Français de ton temps! Quel chemin tu ferais ici, avec moi, sous la direction du vieux Basset! Mais le sol natal, la maman, les camarades, les habitudes, le café au lait du matin! Je sais, je sais; vous êtes trente-sept millions comme ça. Tenez-vous-y, mes enfants, restez ce que vous êtes. Toi, Pierrot, tu auras vingt-quatre ans aux mirabelles. C'est l'âge de grande raison, mon ami. Marie-toi, épouse une bonne petite femme; tu ne courras pas loin pour la trouver. Tâche d'avoir beaucoup d'enfants, élève-les dans la crainte du sous-préfet, du percepteur et du gendarme, et, pour doter tes filles, pour établir tes fils, fais des assiettes, fais des plats, des compotiers et des soupières. Fais-en beaucoup, fais-en trop, tu n'en feras jamais autant que j'en voudrais casser sur la tête de mes anciens concitoyens, ces ineptes et ces déchus! »

Après cette explosion de violence et de folie, l'exilé, dans un *post-scriptum*, se montrait doux, bon et prévoyant, tel que je l'avais connu jadis. Il me recommandait d'écrire régulièrement à ma mère, de lui épargner les tracas et les inquiétudes quand je reviendrais à Courcy, de tenir à égale distance les agents du pouvoir et certains orateurs de café dont l'audace provocatrice et impunie lui était suspecte. Il me chargeait enfin de veiller sur le père Doussot et la famille Lutzelmann, « les meilleurs de la ville », et, s'il leur arrivait de souffrir pour la bonne cause, de leur donner jusqu'à mon dernier sou : je serais remboursé par le caissier de la fabrique.

Hélas! le 20 novembre 1852, lorsque je réintégrai le domicile maternel, M. Doussot et M. Lutzelmann n'avaient plus besoin de rien, et le bonhomme Courtois, mon ancien chef de bureau, ne tenait plus les clefs de la caisse.

J'eus un pressentiment sinistre en apercevant à la gare un monsieur galonné d'argent, moustache en croc, képi sur l'oreille. A part le képi, la moustache et le galon, le personnage ressemblait trait pour trait à ce petit pointu de Martin-Sec, l'enfant du perruquier et l'expéditionnaire de la fabrique. Mais comment supposer? A coup sûr, je rêvais. Un salut ironique et un mauvais coup d'œil de ce monsieur me prouvèrent presque aussitôt que je ne m'étais pas trompé. C'était Martin, notre Martin, transformé par miracle en commissaire de police.

Ma mère ne me laissa pas le temps de la questionner. Elle me saisit par le bras et m'entraîna vivement dans la direction du logis, sans s'occuper de mes bagages.

« Sortons d'abord d'ici, me dit-elle, tu sauras tout. »

Je la suivis docilement, un peu surpris de voir qu'elle était seule à m'attendre dans un pays où j'avais laissé tant d'amis. Elle me raconta, tout en marchant, avec une hâte fébrile, les lamentables aventures que l'on avait eu soin de me cacher. Notre honnête petite ville, si douce, si paisible, maniable entre toutes, telle enfin qu'un enfant de quatre ans aurait pu la mener, n'avait pas échappé à l'infâme travail des commissions mixtes. M. Doussot, arrêté au milieu de la nuit, jeté dans une voiture cellulaire, avait été conduit à Brest. Comment un homme de soixante-dix-neuf ans était-il sorti vivant de cette cage roulante après un supplice de huit jours ? Il ne mourut pourtant que la semaine suivante, à l'hôpital, au moment où le mari de sa petite nièce obtenait que ce corps meurtri ne fût pas embarqué pour Cayenne. M. Lutzelmann, dénoncé comme socialiste, fut interné à Lambessa. Toute sa famille l'y suivit, après avoir réalisé en quelques jours ce qu'elle avait économisé en sept ans. Le climat de l'Afrique fut cruel à ces malheureux ; mon ancien principal se suicida dans un accès de fièvre chaude à la suite d'une insolation ; sa femme le suivit de près : deux garçons, les aînés, moururent de la fièvre typhoïde ou de la nostalgie, on ne sait trop. Il restait en tout Marguerite, mon amie Grédel, et un enfant de treize ans. Aux dernières nouvelles, la digne fille venait d'épouser un officier d'administration, Alsacien comme elle. La dot réglementaire était payée, et il restait de quoi terminer l'éducation du petit frère. « Nous avons trop, écrivait Grédel à ma mère, maintenant que nous ne sommes plus assez. »

La police avait fait des perquisitions chez tous les employés supérieurs de la fabrique ; on n'avait respecté que M. Simonnot. Ma mère avait vu sa maison fouillée de la cave au grenier, sans s'effrayer ni perdre contenance, toutes mes lettres étant serrées en lieu sûr. Les Bonafigue s'étaient montrés plus calmes que leur tempérament méridional ne le faisait espérer ; mais le pauvre vieux caissier, M. Courtois, avait reçu une telle secousse qu'il en restait paralysé du côté droit.

Lorsque ma mère eut fini son martyrologe, elle me dit :

« Remarques-tu que tous les coups ont porté autour de toi ? Devines-tu que le délateur ne pouvait être qu'un envieux, un ennemi aigri par tes succès, un homme intéressé à ta perte ? Si cet affreux Martin, cassé aux gages par M. Simonnot, est commissaire de police, crois-tu que ce soit simplement pour avoir crié « Vive l'Empereur ! » sur le quai de la gare, pendant que le train du prince-président renouvelait sa provision d'eau? Ne sens-tu pas qu'il s'était recommandé au nouveau sous-préfet, cet ancien clerc de notaire taré, par des services inavouables? Ai-je besoin de te désigner les complices de son infamie? Pense aux cabaretiers de la vieille ville, que tu as sevrés en un jour de tous leurs gains malhonnêtes ; souviens-toi de Luneau, ce gros bœuf que tu as étendu dans le ruisseau ! Et maintenant, cher fils, comprends-tu pourquoi ton patron, tes amis et ta mère ont travaillé d'un commun accord à t'éloigner de Courcy? Basset m'avait prédit en gros tout ce qui est arrivé depuis un an. Il ne te voulait pas au dépôt de Paris, parce qu'il voyait venir le coup d'État; s'il t'a fait mettre le marché à la main quand tu refusais de quitter la France, c'est qu'il craignait pour toi le sort de nos amis Lutzelmann et Doussot. Qu'aurais-tu fait ici contre une réaction sans scrupule et sans frein ? Tant que la résistance a duré dans les rues de Paris, nous avons constaté quelques symptômes d'opposition, discrets et timides. Le jour où l'on a su que force demeurait à la force, tout le monde a courbé la tête. A peine s'est-il trouvé cinquante hommes de cœur pour voter, non et au scrutin secret, encore! A présent, tout va mieux. La période de terreur a fait place à une ère de défiance. On sort le moins possible, on s'observe, on évite de parler politique, même entre amis. Courcy te paraîtra bien mort. Les cours de la mairie sont interdits depuis longtemps ; le collège est rentré dans l'ordre : il a sa porte de prison, ses internes parqués, son dortoir gardé à vue par deux maîtres d'étude, ses promenades sans but, ses classes sans intérêt, son réfectoire nauséabond arrosé d'*abondance ;* bref, on n'a mis qu'un jour à défaire tout le bien que nos pauvres amis avaient fait en plusieurs années. Comme on retombe aisément dans l'ornière ! Et il est si difficile d'en sortir! Je n'ai pas besoin de te dire que le nombre des internes était réduit des trois quarts à la rentrée.

— Et le conseil municipal n'a rien dit?

— Le conseil? Il y a beau temps que M. le Préfet l'a dissous et remplacé par une commission municipale. On a voulu remettre M. Morand à la mairie après l'exil et la proscription de Basset ; mais il a refusé, le cher homme ! Alors M. le comte de Taillemont, ce noble ruiné, a ramassé l'écharpe qui traînait. Croirais-tu que sa première pensée a été de faire scier le seul arbre de la liberté qui fût encore debout, le peuplier de la fabrique ?

— Mais la fabrique est une propriété privée !

— C'est cela qui leur est égal, le droit d'autrui ! M. le Maire avait monté sa partie de plaisir avec le sous-préfet et Martin-Sec; la brigade de gendarmerie était sur pied ; on avait requis Gélibert, le menuisier, avec sa scie des dimanches. Ton patron n'était pas content : s'il aime peu la République, il a le sentiment de son honneur, ce pauvre homme ; il voyait dans la violation de son domicile non seulement l'illégalité, mais l'affront. Demander protection à la magistrature, c'était trop enfantin : le président du tribunal, M. Delesvaux, est plus effronté à lui seul qu'une demi-douzaine de préfets. Heureusement ta petite amie Barbe, — tu la verras ce soir chez ses parents, — a trouvé dans sa cervelle d'oiseau la vraie solution du problème. Sans consulter M. Simonnot, sans même l'avertir, elle s'est concertée avec cinq ou six jeunes gens de la fabrique, amoureux d'elle comme ils le sont tous depuis qu'elle a tant embelli, et nuitamment l'arbre a disparu par magie. Ils l'ont transplanté avec soin dans la pépinière, au bout du jardin du patron, où il s'est perdu dans la foule. Le lendemain, au petit jour, quand les scieurs sont arrivés dans la cour dite du Peuplier, ils l'ont trouvée aussi nue que les autres et sablée uniformément de débris de colifichets, comme toutes les cours de l'usine. On n'a jamais rien vu de plus comique que leur colère, si ce n'est l'étonnement de M. Simonnot. Il paraît que tous ces gens-là se frottaient les yeux, sondaient la terre, battaient les murs, frappaient aux portes et aux fenêtres des ateliers encore déserts à cette heure et qui, par conséquent, ne surent leur répondre. Tel fut le dernier épisode de la révolution de février dans ta ville natale. Il n'en reste plus rien, pas même le pauvre petit arbre que tu avais si gaiement planté avec tes amis. Si c'est pour cela que les Parisiens ont fait des barricades, ce n'était vraiment pas la peine de déranger tant de pavés. »

## CHAPITRE XII

### TRISTIA

Nous étions arrivés chez nous, et déjà Catherine ouvrait ses bons gros bras pour m'étreindre. Je fus heureux de la revoir, heureux aussi de reconnaître un à un cent autres serviteurs moins animés et moins bruyants, mais qui étaient comme elle mes vieux amis et qui gardaient dans tous leurs coins quelque chose de mon enfance. Il faut avoir vécu hors de chez soi, couru les grands chemins, dormi sur l'oreiller banal des auberges, pour goûter la douceur des meubles de famille et vénérer leur sainteté. J'allais et je venais à travers la maison comme un somnambule qui n'a pas conscience de ses mouvements, et les souvenirs de toute sorte qui voltigeaient autour de moi me faisaient pour ainsi dire recommencer la vie. Certes, je n'avais rien oublié de cet intérieur, et pourtant j'y découvrais avec surprise mille objets bien connus et bien chers. C'était le grand fauteuil où mon père se reposait après nos courses à travers champs; son chef-d'œuvre de charpentier, sous verre; la bergère aux coussins de cretonne, où ma mère tricotait mes bas; la table où nous avions dîné tous ensemble pour la dernière fois; la bibliothèque où mes prix occupaient le rayon d'honneur, au-dessous de la collection des manuels Roret; un herbier; des cartons de tir; une collection de pierres ramassées le long des routes;

mes premiers dessins encadrés; des faïences que j'avais peintes; les portraits de M. Simonnot et de sa fille; mon fusil, mes cannes à pêche, un gant et un bouquet, souvenirs très fanés d'une soirée offerte aux Badouillarts par les élèves de M^me Mousse. Et tout à coup, sans transition, rien qu'en ouvrant la porte du cabinet voisin, je me retrouvais face à face avec le vieux berceau d'osier où j'ai dormi mon premier somme! Ma mère l'a toujours gardé pieusement pour l'aîné de ses petits-fils.

Tout cela est soigné, correct, entretenu avec la propreté miraculeuse qui est le luxe de nos provinces. Je voudrais en vain retrouver quelques grains de poussière dans les plis du manteau paternel, de ce manteau que j'ai jeté en revenant de l'incendie. Il est si bien brossé que vous le croiriez neuf.

Quelquefois, au milieu de ce voyage en chambre, je m'arrête, surpris par une douleur lancinante, comme si une épine oubliée au bout d'un doigt me rappelait tout à coup que l'homme est de chair. C'est l'horreur du présent qui se réveille en moi devant les aimables reliques du passé. Qu'est-ce qu'on m'a conté tout à l'heure de ce malheureux principal? Est-il vraiment possible que M. Doussot, mon vieux maître, ait échangé sa jolie maison, éclairée par des vitraux suisses et émaillée de faïences italiennes, contre une bière de sapin dans un cimetière d'hôpital? « Maman! viens ici, je t'en prie! Asseyons-nous comme autrefois, toi dans ta grande chaise, moi sur le tabouret, à tes pieds, et recommence l'abominable histoire que tu m'as contée en chemin! »

La chère femme ne se le fait pas dire deux fois; elle accourt, Catherine la suit de près, et les voilà qui me racontent en duo, avec des détails inédits, les trahisons, les violences et tous les petits crimes qui ont été la monnaie du grand. A tout propos, le nom de Barbe Bonafigue revient dans le récit, comme si la gamine provençale, fille d'un emballeur légitimiste et sœur d'un de ces prétoriens que Basset excommuniait en bloc, avait personnifié chez nous le génie de la résistance. Je lui savais infiniment d'esprit, pas mal de cœur et même un certain caractère; cependant, elle a dépassé mon attente, et de beaucoup. Mais ce qui m'étonne surtout, c'est d'apprendre qu'elle fait des passions : non, certes, que j'y trouve aucun mal, loin de là! je lui ai toujours souhaité un mari, et je voudrais la savoir heureuse. C'est égal, pour qu'on l'aime d'amour, il faut qu'elle se soit métamorphosée des pieds à la tête. A ce soir : qui vivra verra!

Je ne voulais plus y penser, et mon esprit revenait sans cesse à cette idée, comme on s'acharne à trouver le mot d'une charade, ou comme on cherche obstinément à compléter un quatrain dont on n'a retenu que trois vers.

Non seulement je n'étais pas amoureux de cette fillette, mais j'aimais ailleurs. Un jeune homme vraiment jeune, et je l'étais terriblement, ne saurait faire deux tours de France sans s'éprendre et se déprendre bien des fois. Les filles de notre pays sont si belles, si naturelles, si honnêtement enjouées! Il y a tant de bonhomie et d'ouverture de cœur dans cette grosse bourgeoisie marchande où j'étais accueilli, traité, fêté presque partout comme un enfant de la famille! Je ne dînais pour ainsi dire jamais en ville sans tomber amoureux; c'était ma manière de me griser. Mon vieux prédécesseur, M. Vinot, en avait, paraît-il, une autre : l'homme n'est pas parfait, que voulez-vous?

Heureusement pour mon repos, le vent qui souffle sur la grand'route est prompt à dissiper les fumées de l'amour. Lorsqu'une petite demoiselle de dix-huit ans, assise à la droite de son père, m'avait dit : « Monsieur Dumont, reprenez une tranche de ce baba, c'est moi qui l'ai fait, » je sortais de chez mon client la tête en feu, le cœur à l'envers. « Enfin! disais-je, la destinée a mis sur mon chemin celle qui sera la mère de mes enfants. Je l'aime, elle ne paraît pas me haïr; ses parents, qui m'ont témoigné tant d'estime et de sympathie, ne me refuseront pas sa main; ils n'ont pas l'air dénaturé du tout. Allons, je suis fixé, j'épouserai Amélie... ou Francine... ou Zoé; sinon, je mourrai vieux garçon. » Je me couchais par là-dessus, je rêvais de Zoé, de Francine ou d'Amélie; j'y repensais le lendemain et quelquefois le jour suivant; mais bientôt une autre mignonne aussi belle, plus belle, cent fois plus belle (car elle avait le mérite incomparable d'être là), m'offrait un pot de crème au chocolat ou un morceau de nougat qu'elle avait fait elle-même, et je partais sur une nouvelle piste en courant comme un fou.

La folie ne calcule pas. Caprices si l'on veut, mes caprices ne furent jamais ni éperonnés ni bridés par l'intérêt. Je ne m'informais pas si la dame de mes pensées serait dotée ou non, si elle était fille unique ou sœur d'une douzaine de cohéritiers : être enrichi par une femme ne me semblait ni honorable ni moral, et je me sentais assez fort pour nourrir une famille à moi seul.

Les impressions de mes premiers voyages s'étaient classées petit à petit pendant que je courais l'Europe. Le plus grand nombre, comme on peut croire, s'était évaporé sans laisser même un souvenir. Il me restait pour tout potage une vraie passion, un attachement, et un goût assez vif. L'objet de ma passion était la magnifique Berthe, fille aînée de M. Castenède, Fossés de l'Intendance, Bordeaux. Je correspondais de temps en temps avec son père; elle tenait la plume pour lui, et mon cœur battait fort, on peut le croire, chaque fois que je lisais en post-scriptum : « L'écrivain se rappelle au bon souvenir de M. Dumont. » La gracieuse Angèle Souque, de Marseille, rue Saint-Ferréol, occupait la seconde place. C'était la seule blonde, d'un blond franc, que j'eusse découverte aux environs de la Cannebière. Nous avions applaudi ensemble *Guillaume Tell*, au Grand-Théâtre, dans la loge de ses parents ; et, comme je soulignais d'un coup d'œil le vers classique de M. de Jouy :

>Ma présence en ces lieux est peut-être un outrage,

elle avait appuyé d'une légère pression de main la réponse du soprano

>On pardonne aisément un tort que l'on partage.

J'avais passé plus de vingt fois le lendemain devant le brillant étalage de son père, et nous avions échangé des œillades qui valaient presque un engagement formel. Enfin, j'appréciais beaucoup une belle Flamande de Roubaix, Gertrude Debruckhardt, ronde comme une pomme, rouge comme une fraise et savoureuse à l'œil comme une nymphe de Rubens. Elle m'avait donné une gifle, en jouant aux petits jeux dans le salon blanc et or de madame sa mère, et ce geste, à la fois puissant et familier, avait pénétré jusqu'aux ressorts de l'âme. Fermement résolu à me laisser gouverner par ma femme, et persuadé que le bonheur sur terre est à ce prix, je me disais souvent *in petto* que la main de Gertrude avait pris possession de mon être, et qu'il serait inutile de chercher mieux. Toutefois, comme j'avais dû partir pour Lille dans la nuit, et comme la superbe enfant ne m'avait pas donné de ses nouvelles, je ne me croyais pas irrévocablement lié.

Barbe était dans la confidence de ces amours et de bien d'autres. L'amitié toute fraternelle que je lui avais vouée dès l'enfance me faisait presque une loi de lui conter mes petits secrets. Elle s'en amusait beaucoup, et quand je lui parlais d'une nouvelle idole en disant : « L'épouser ou mourir ! » elle me répondait : « Va toujours ! ce n'est pas encore celle-là qui raccommodera tes gilets de flanelle. »

J'étais donc bien à l'aise avec cette petite Bonafigue ; sûr de ne pas l'aimer, si ce n'est de la bonne sorte, capable de lui donner un sage conseil et de lui désigner entre ses prétendants le plus capable et le plus digne. Et pourtant l'idée de la voir embellie, entourée, courtisée, sans m'inspirer aucune jalousie, dérangeait singulièrement les habitudes de mon esprit. Je

TU LA VERRAS CE SOIR.

m'étais arrêté devant ses fameuses pantoufles, dont j'avais fait des porte-allumettes dans ma chambre, à droite et à gauche de l'étroite cheminée ; et je me demandais par quelle combinaison la nature avait pu transformer le sol natal de ces cheveux-là ; et je me fatiguais à parcourir dans tous les sens le vaste champ des hypothèses, lorsque ma mère, venue à pas de loup, mit ses deux mains sur mes épaules, me plia jusqu'à elle et dit en m'embrassant : « Tu la verras ce soir ; le dîner est servi : allons nous mettre à table ! » Ces mères ont de si bons yeux qu'elles voient même ce qui n'est pas.

Catherine, comme on peut le croire, n'avait pas manqué de servir tous les petits plats que j'aimais. Le veau gras, trop volumineux pour un couvert de deux personnes, était remplacé par une paire de pigeonneaux en compote. Si on l'avait livrée à ses inspirations, elle était fille à mettre en broche le perroquet du pharmacien. Et le bon pharmacien de la ville haute, M. Pistorius, aimait tant à faire plaisir qu'il eût peut-être immolé son enseigne vivante au grand enfant gâté de Courcy.

En dépit des efforts et des talents de l'excellente fille, nous fîmes peu d'honneur à la cuisine. Ma mère était trop heureuse de mon retour et moi trop affligé de son récit. A sept heures, on leva la séance, et l'on se dirigea vers la fabrique. Je remarquai alors qu'en mon absence la ville s'était éclairée au gaz. Mais elle n'en paraissait pas plus brillante, et l'on voyait bien peu de monde dans les rues.

Chemin faisant, ma mère m'avertit de ne pas demander des nouvelles de Jean, si la famille ne m'en parlait pas. Le brave et malheureux garçon, obligé de voter à livre ouvert pour ou contre le plébiscite, avait voté non. Ses parents étaient fiers de son courage, mais désolés du résultat. Jean ne se faisait pas d'illusion ; il se savait disgracié pour la vie, sans autres chances d'avancement que l'ancienneté : un grade tous les dix ans et la retraite de capitaine. Mais ce n'est pas une raison, ajoutait-il, pour ne pas faire ce qu'on doit.

Quand nous fûmes arrivés devant la porte des Bonafigue, qui logeaient au second étage dans un bâtiment neuf, je vis qu'ils étaient encore à table, car il n'y avait de lumière que dans la salle à manger. Ce petit contretemps me suggéra l'idée d'aller voir mon patron d'abord. Je lui devais ma première visite, et j'avais à lui rendre compte de presque tout mon voyage en Belgique. Ma mère monta donc sans moi, pour annoncer ma visite à nos amis, et je me rendis chez M. Simonnot.

Il était seul, à son ordinaire, et se promenait de long en large dans ce grand cabinet que je connaissais trop. L'homme froid m'accueillit comme si nous nous étions quittés la veille et demanda à brûle-pourpoint si les frères Wuyss, d'Amsterdam, avaient fourni de bonnes références en me donnant une commission de 30,000 florins et plus. Il ne comprenait pas qu'une maison sérieuse préférât nos produits à ceux de Delft, infiniment supérieurs, qu'elle avait sous la main. Je répondis, sur le même ton, que Delft se copiait un peu lui-même et qu'il y avait en Hollande un public riche, éclairé, épris de l'art moderne et grand appréciateur de nos produits. Quant à la maison Wuyss, elle était assise sur des millions de capital et des siècles de probité commerciale, comme presque toutes celles que j'avais vues dans cet honnête pays. Là-dessus, il passa sans transition aux procédés des diverses faïenceries que j'avais sans nul doute étudiées dans le nord de l'Europe, et m'invita à lui communiquer immédiatement le résultat de mes observations. Je lui dis, sans me déferrer, que, vivant en wagon depuis tantôt un mois, je n'avais pas pu apporter dans mes poches un travail d'ensemble équivalent à un volume de cinq cents pages, mais que j'en possédais les éléments et que je les mettrais au net en peu de temps s'il me retenait à Courcy...

« C'est bien mon intention, reprit-il. M. Courtois est absolument invalide ; M. Vinot, qui le remplace, a contracté dans ses voyages certaines habitudes qui le rendent impropre au travail de la caisse. Vous êtes bon comptable, à ce qu'on dit ; vous entrerez en fonctions demain matin.

— A huit heures, n'est-ce pas ? »

Sans deviner ce qu'il pouvait y avoir d'ironie dans la question, il me répondit du ton de voix le plus naturel :

« Sans doute, à huit heures. »

Je pris congé de lui en demandant s'il n'avait pas d'autres ordres à me donner. Non, après une séparation d'un an et plus, cet invraisemblable patron ne trouva rien de plus à me dire. Comme je regardais du coin de l'œil, au passage, une sébile de verre remplie de pépites d'or, il me dit :

« Ne faites pas attention à cela. Ce sont des échantillons qu'un de nos associés... je veux dire un de nos correspondants, m'adresse de... de très loin, pour des essais à faire. L'emploi de l'or battu, sous couverte, est un moyen de décoration que presque tous les céramistes d'art ont cherché, mais sans succès. Nous en reparlerons un autre jour. »

Par une association d'idées que je ne me charge pas d'expliquer, cet or me rappela le pauvre Basset, qui construisait un quartier de ville en Californie.

Je trouvai chez les Bonafigue une de ces réunions qu'on peut qualifier de choisies, parce qu'elles ne sont ni nombreuses ni brillantes : dix ou douze personnes, y compris les maîtres du logis. La fête, morne et silencieuse, était éclairée par deux lampes.

Un petit vieux, coiffé d'une huppe de cheveux gris, accourut au-devant de moi en sautillant et me serra la main sans chaleur.

« Té ! dit-il, Pierre Dumont, comment se porte ta République ?
— Aussi bien que votre royauté, cher monsieur Bonafigue. »

Je saluai ensuite la maîtresse de la maison, qui ne me fit guère plus d'accueil, et je m'arrêtai indécis devant une inconnue que je voyais assise à côté de ma mère. Elle éclata de rire et se leva en disant :

« C'est donc ainsi que tu m'embrasses ? »

Les trois quarts et demi des assistants témoignèrent, par des grimaces variées, qu'une plaisanterie si familière n'avait pas leur approbation. Ma mère seule épanouit sincèrement son cher et doux visage. Je compris que je ne nageais pas en pleine sympathie, et, au lieu de tendre les bras à mon amie d'enfance, je lui baisai la main. Elle rit de plus belle et me demanda si j'avais fréquenté les cours étrangères.

Il eût été fort ridicule de lui dire *vous* quand elle me tutoyait, et, d'un autre côté, je sentais que le *tu* m'écorchait la bouche, tant l'héritière des Bonafigue ressemblait peu au bon gamin en jupons que j'avais laissé à Courcy. Je pris donc un moyen terme, et, sans employer ni le *tu* ni le *vous*, je lui dis :

« Il ne faut pas m'en vouloir si je n'ai pas reconnu au premier coup d'œil une transfigurée. On a grandi en dix-huit mois.

— J'ai mangé de la soupe.

— Ce joli petit nez était plus court l'année dernière.

— J'aurai mis une rallonge.

— Cette bouche semblait moins petite.

— J'ai fait un point de chaque côté.

— Et je crois bien que nous n'avions pas ce teint de crème.

— C'est l'âge qui m'aura passé un badigeon. Sans compliments, si tu me trouves changée en mieux, j'en suis fort aise.

— On ne juge pas quand on admire.

— Dis donc ! sais-tu que les voyages ne t'ont pas rendu amusant ? Ces messieurs que je vais avoir l'honneur de te présenter sont bien plus aimables que toi.

— Ils sont moins dépaysés ; c'est un avantage.

— Peut-être bien. Voici M. Thomassin, ancien élève de l'École centrale et chimiste de la fabrique. »

J'échangeai un salut assez froid avec M. Thomassin. C'était un grand jeune homme brun, légèrement voûté ; il portait des lunettes de myope. Barbe continua sa nomenclature :

« Mon valseur préféré, M. Bonnard, neveu de l'ancien maire de Villevieille, et employé dans nos bureaux. »

Ce gros garçon, qui appartenait à une riche famille de marchands de grains, reprit, d'un ton légèrement avantageux :

« Sous-chef, mademoiselle. J'ai l'honneur de venir immédiatement après M. Vinot dans l'ordre hiérarchique.

— Eh bien, monsieur, répliquai-je aussitôt, je tâcherai que vous ne perdiez pas trop au change, car demain je succède à M. Vinot. »

Il se mordit les lèvres et s'empressa de prendre un air modeste et gracieux avec moi.

« Ceux-ci, dit Barbe, sont deux artistes parisiens du plus grand mérite : M. Lambert, qu'on appelle Lambert des fleurs, pour le distinguer de vingt autres Lambert qui sont peintres et qui ont du talent, et M. Bergeron, graveur, qui fut l'élève et l'ami de notre pauvre M. Doussot. »

A celui-là, je tendis les deux mains. Mais je sentis qu'il me faudrait quelque temps pour m'accoutumer à tant de nouveaux visages et aux singuliers privilèges dont ces messieurs jouissaient dans la maison. Le peintre et le graveur étaient fort bien de leur personne, mais un peu débraillés et surtout plus familiers qu'il ne convient à de simples connaissances. Quant à M$^{lle}$ Bonafigue, que ses parents admiraient bouche béante, elle me plaisait beaucoup moins qu'au bon temps où elle était franchement laide. Elle avait le verbe trop haut, et, avec ses airs délurés, elle me fit un peu l'effet d'une coquette de village. Plus elle piaffait bruyamment, plus je me renfonçais en moi-même. Je dus paraître fort maussade aux beaux-fils, qui ne me connaissaient que de réputation. Heureusement j'avais dans la fatigue du travail un prétexte à souhait pour leur tirer à tous ma révérence, et j'en usai. Ma mère ne souriait plus.

Ma mauvaise humeur comprimée éclata dès le seuil de la porte. « Comment! nous n'avions plus d'autres intimes que ces gens-là, et, lorsque j'accourais à eux après une si longue absence, je trouvais leur intérieur envahi par toute une collection d'intrus! Quel besoin d'exhiber les esclaves que cette beauté triomphante avait attelés à son char? Le seul homme que j'aurais eu plaisir à voir dans leur salon était mon cousin Charles, dégrossi, cultivé, poli par tous les frottements de la ville, bon employé d'ailleurs, et placé directement sous les ordres du père Bonafigue : ils ne l'ont même pas invité! Est-ce donc qu'il aurait fait tache au milieu d'une réunion si brillante? »

Ma pauvre mère, un peu déconcertée, car elle avait espéré mieux, ne me trouvait ni juste ni raisonnable. Elle disait qu'après une très longue absence on doit s'attendre à trouver quelque changement, sinon dans les cœurs, au moins dans les habitudes de ceux qu'on a laissés. L'absence de mon cousin Charles s'expliquait suffisamment par un reste de timidité villageoise et par le besoin de s'instruire : il suivait le cours des adultes à l'usine même et travaillait souvent après dix heures du soir. Quant aux jolis messieurs qui semblaient me porter ombrage, pouvait-on reprocher aux Bonafigue de les recevoir en amis? M. Bonnard était l'héritier présomptif d'une belle fortune. M. Lambert et M. Bergeron travaillaient bien, on les payait à la pièce ; chacun d'eux gagnait deux fois plus que le plus gros employé de la maison. M. Thomassin, le chimiste, appartenait à une famille aisée; on lui reconnaissait du talent, et personne ne doutait de son avenir. Pourquoi repousserait-on de parti pris les prétendants honorables, lorsqu'on a une fille à établir? Car enfin Barbe était à marier; tout le monde le savait, excepté moi, qui m'obstinais à la traiter en fillette sans conséquence. Ses parents n'avaient pas de dot à lui donner, ou si peu que rien ; mais elle était jolie, elle était instruite et lettrée, elle maniait le crayon aussi adroitement que la plupart de nos dessinateurs de fabrique, elle excellait aux soins du ménage : on devait donc s'attendre à la voir épousée, et bientôt, par un brave garçon de son choix.

« Eh ! qu'elle se marie si bon lui semble ! Elle aura mille fois raison, et, loin de la blâmer, je suis homme à lui donner l'exemple. Je ne m'occupe pas de ses affaires ; aussi ai-je le droit de trouver surprenant qu'elle m'y mêle malgré moi, en me faisant passer la revue de ses amoureux.

— Mon cher enfant, quelle que soit la femme que tu choisiras, je l'aimerai comme ma fille ; tu en es sûr. Cela dit, laisse-moi te conter un rêve que j'ai fait bien des fois, sans dormir. J'ai rêvé que cette petite t'aimait depuis l'enfance ; qu'elle n'avait vécu, grandi, embelli que pour toi ; que son amour t'avait suivi partout, dans tes voyages, comme un lutin familier, veillant sur toi quand tu dormais, écartant les dangers, chassant les tentations, bourdonnant autour de ton chevet toutes sortes de bonnes paroles et de sages pensées. J'ai rêvé que, soumise à ses parents comme une digne enfant doit l'être, elle souffrait les assiduités des jeunes gens que les Bonafigue lui ont présentés, mais qu'elle attendait impatiemment l'arrivée de celui qu'elle préfère à tous. Enfin j'ai rêvé que toi aussi, mon fils, tu l'aimais, sans t'en rendre compte, sans te l'avouer à toi-même ; que tu n'avais pu te soustraire au charme pénétrant de cet être à la fois vif et tendre, subtil et bon. Tu crois n'avoir pour elle que de l'amitié, tu te trompes, et la preuve, c'est que tu es jaloux. Pour la première fois aujourd'hui, tu as vu clair dans ton cœur.

— Moi, maman! Je te jure que jamais, jamais, jamais je n'aimerai M{}^{lle} Bonafigue. Jusqu'à présent, elle ne m'avait pas plu, ce soir elle m'a fort déplu : telle est, en quatre mots, l'histoire de nos amours.

— Ce soir, elle a été bien maladroite, j'en conviens, mais cela même fait son éloge. Tu es sorti furieux; ces messieurs ne sont pas, j'en suis sûre, plus satisfaits que toi. Une coquette aurait trouvé le moyen de contenter tout le monde.

— On peut être coquette et maladroite en même temps. Bientôt, chère maman, je te présenterai une bru qui ne sera ni l'une ni l'autre.

— J'apprendrai bien vite à l'aimer, d'où qu'elle vienne. Mais, pour cette petite Barbe, c'était tout fait. »

Le lendemain matin, au coup de cloche, le patron m'installa lui-même à la tête de *ses* bureaux : il y en avait deux, outre mon cabinet, qui renfermait la caisse; et le personnel placé sous mes ordres se composait de dix-huit employés. M. Vinot ne me remit pas encore le service; on avait ménagé l'amour-propre de ce vieux serviteur en disant que je travaillerais avec lui jusqu'à ce que je fusse au courant; il passerait ensuite au magasin pour présider à la vente. Comme il avait fait sa philosophie à l'école des chansonniers français, le petit homme rubicond s'accommoda fort bien d'une disgrâce honorable, tranquille et passablement dorée.

Presque tous mes subordonnés étaient des enfants de la ville; ils m'avaient eu pour camarade au collège ou pour professeur à la mairie. Ils se soumirent de bonne grâce à mon autorité modeste et amicale. L'héritier des Bonnard, gros garçon de trente ans sonnés, donna l'exemple de la discipline : personne ne songea donc à me reprocher mon jeune âge.

D'ailleurs, je n'étais pas « sur leur dos », comme on dit dans le style familier de la bureaucratie. Notre maître à tous, le patron, se déchargeait sur moi d'une bonne moitié de sa tâche. Soit qu'il commençât à plier sous le fardeau, soit qu'il fût attiré à Villevieille par la tendresse de sa fille et le vacarme de ses petits-enfants, soit qu'il persévérât dans l'idée de former un associé et de se préparer un successeur, il me mettait à toutes sauces; il ne me laissait pas m'engourdir dans la félicité tiède et légèrement étuvée des bureaux. Quand M. Simonnot n'était pas à Courcy, et il avait pris l'habitude de s'absenter souvent, c'est moi qui faisais l'*intérim;* je recevais les visites du dehors et les réclamations du dedans; je répondais, je décidais, je tranchais les nœuds gordiens d'un coup de grattoir, sous ma responsabilité personnelle. Et lors même qu'il était là, mesurant son cabinet au compas de ses longues jambes, il entendait et prétendait que son principal employé, M. Dumont, fût présent partout, qu'on le trouvât, en même temps, à la cave et au grenier, au pétrissoir, au gâchoir, au tournage, au tournassage, aux séchoirs, au dessin, à la gravure, à l'impression, à la peinture, à l'engobage, à l'émail, aux fours, aux magasins, à l'emballage! C'est l'emballage que je ne hantais pas volontiers. Je n'avais revu qu'une fois la famille Bonafigue, et j'en étais rassasié pour longtemps.

Je fus très heureux, au contraire, de reprendre en main notre école lorsque M. Simonnot m'en confia la direction. Les cours municipaux du soir avaient changé de caractère; ce n'était plus qu'un enseignement privé, distribué dans la fabrique aux enfants et aux adultes de la fabrique par des régents du collège ou des maîtres de l'école primaire. Tous les bons bourgeois de Courcy que M. Lutzelmann avait faits professeurs malgré eux, mais qui avaient bientôt pris goût à ce métier, le plus noble et le plus charmant qui soit au monde, étaient condamnés au silence. Le régime nouveau se défiait de la parole humaine, comme de l'écriture et de l'imprimerie. Il ne croyait pas que l'on pût ouvrir la bouche sans médire de lui, et il prenait ses mesures en conséquence. Notre nouveau sous-préfet me fit l'honneur de commander une petite enquête de police sur notre école en général et mes leçons en particulier. Plusieurs de nos élèves furent mandés secrètement au cabinet de Martin-Sec; on les interrogea, on feuilleta leurs cahiers de rédaction, et l'on n'y trouva point à mordre. Les deux maîtres adjoints du père Archoux enseignaient la lecture, l'écriture et le calcul; les régents du collège donnaient à nos adultes quelques notions élémentaires de géométrie, de physique, de chimie et d'histoire naturelle; M. Lambert, le peintre, faisait un bon cours de dessin (figure et ornement); quant à moi, j'apprenais aux petits enfants l'histoire de France, et à nos hommes, ces grands enfants, j'exposais de mon mieux les lois de l'économie sociale, les relations du capital et du travail, les origines et les fondements de la propriété, la valeur et l'utilité de la monnaie, le mécanisme de l'impôt, le système dit protecteur et la théorie du libre échange. Mes grands élèves étaient nourris du catéchisme de Jean-Baptiste Say et armés de pied en cap par le bon sens de Bastiat contre les paradoxes économiques. Mes gamins et gamines n'étaient peut-être pas des perroquets accomplis, capables de défiler de bout en bout le chapelet des rois de France, avec leurs dates; mais ils savaient que notre patrie ne s'est pas faite toute seule, qu'elle a été créée lentement, péniblement, par le génie de quelques-uns, le travail et le courage de tous; que les frontières sont des lignes tracées sur la carte par le sang de milliers de soldats. Cette marmaille en blouses de toile et en robes de cotonnade était pleine de respect et de reconnaissance pour les aïeux qui ont créé la France. J'avais soin de lui rappeler à toute occasion que nous devons transmettre à nos enfants le commun patrimoine tel que nos pères nous l'ont laissé, et même un peu mieux cultivé, un peu plus riche, plus florissant et plus glorieux, en vertu de la loi du progrès.

Mon cousin Charles, qui avait reçu une instruction très sommaire à la petite école de Launay, suivait assidûment mes deux cours. Nous nous retrouvions à la sortie, et parfois il me reconduisait jusque chez nous, en devisant des affaires de la fabrique ou des nouvelles du village.

Un soir de février 1853, par une belle petite gelée, il s'arrêta devant moi au pied du raidillon de la ville haute et me dit d'un ton grave :

« On ne te voit plus jamais chez mon patron.

— Quelqu'un s'en est-il plaint ?

— Non ; c'est moi qui en fais la remarque.

— Eh bien ! je n'ai pas de secret pour toi, ni pour personne. Je te dirai donc franchement que le petit manège de Barbe au milieu de ses prétendants, quoique assez drôle en soi, n'est pas un spectacle à mon gré. La famille est fort estimable ; Jean, l'officier, sera toujours un de mes bons amis. Le papa, quoique un peu bavard, la maman, quoique un peu criarde, ne sauraient m'être indifférents : ils m'ont coûté trop cher pour que je m'en défasse à aucun prix. Mais j'attendrai pour reprendre mes habitudes dans la maison que leur fille ait fini de jouer aux quatre coins avec MM. Thomassin, Lambert et consorts.

— Alors, je crois que tu n'attendras pas longtemps.

— Il y a donc du nouveau ?

— Un peu ! Ni plus ni moins qu'une demande officielle.

— De tous les quatre ?

— Non, mais du plus riche des quatre. L'oncle de M. Bonnard est venu ce matin de Villevieille avec des gants. Il a déjeuné.

— Tu l'as vu ?

— Non, je déjeune et je dîne toujours à l'économat ; c'est plus commode, et l'on est quitte.

— Alors, comment sais-tu..... ?

— Je sais exactement ce qui s'est dit et fait. L'ancien maire a été très bien ; il ne veut pas un sou de dot, il assure à son neveu 300,000 francs, par contrat, payables à sa mort, et il s'engage à servir la rente. Si toutefois on pouvait décider M. Simonnot à accepter le jeune homme pour associé, la somme serait versée dans ta caisse. Autrement, on verrait à prendre une part dans une autre faïencerie, puisque l'apprentissage de M. Bonnard est à peu près fini.

— Mais c'est très bien, cela ! J'y souscris des deux mains, sous réserve de l'apprentissage, qui est à peine commencé. Les Bonafigue ont topé, cela va de soi.

— Les parents, oui. Ma patronne est même tombée les quatre fers en l'air sous le coup d'une émotion un peu trop forte. Le petit père sautait dans le salon comme un cabri. Il voulait courir au berceau et amener le jeune homme.

— Pas beaucoup de tenue, cet emballeur en chef.

— Oui, c'est un emballeur qui s'emballe lui-même, comme dit notre Parisien, M. Lambert.

— Mais tu ne me parles pas de l'heureuse fiancée.

— Ah ! voilà. C'est que M<sup>lle</sup> Barbe n'était pas si heureuse que ça. Elle n'était pas même décidée. Elle ne l'est pas encore : elle a dit qu'il lui fallait du temps pour réfléchir ; qu'elle estimait beaucoup M. Bonnard neveu ; que la démarche du gros oncle (il pèse au moins 250) la flattait au delà de toute expression ; qu'elle ne méritait pas une si haute alliance ni une si grosse fortune ; qu'une pauvre petite fille bien simple comme elle, avait tout au plus le droit de prétendre à la main d'un modeste employé.

— Après quoi elle a fait un effort héroïque et répondu franchement : oui !

— Mais je t'assure que non ; rien n'est fait, et la preuve, c'est qu'on a renvoyé la suite de la conversation au mois de juin. L'oncle est même parti sans avoir vu son neveu, car il importe, disait-il, de laisser les choses en l'état.

— Ah çà, dis donc, comment te trouves-tu si bien renseigné, toi qui n'assistais pas à l'affaire ? Je suis sûr qu'un Dumont n'écoute pas aux portes ; tu es également incapable de faire jaser les servantes et d'acheter les secrets d'autrui. Alors, quoi ?

— C'est la chose la plus invraisemblable, et cependant tu me croiras. La demoiselle du patron, qui ne m'a pas parlé dix fois en tout depuis quatre ans que je travaille ici, m'a fait chercher à l'atelier. Elle m'a reçu au salon, toute seule, son père était en bas et sa mère était je ne sais où, à se poser des compresses d'eau sédative sur la tête. « Monsieur Charles, m'a-t-elle dit, vous appartenez à une famille que j'estime, que j'aime, à qui je dois la vie. Comme il peut arriver dans six mois, dans un an, ou plus tard, un événement qui étonnera bien du monde dans la ville de Courcy, et que certaines gens seront tentées de mal juger, il faut que vous sachiez les choses dès leur commencement, et je vous prie de m'écouter avec attention, pour témoigner un jour, s'il le faut, de ma droiture et de ma sincérité. » Cela m'embarrassait un peu, moi, tu comprends : je n'ai pas l'habitude de recevoir les confidences des jeunes filles. Mais elle était si décidée et elle paraissait si émue qu'il m'a fallu courber la tête et essuyer l'orage, la pluie et tout. Car elle en a pleuré de ces larmes, et pourquoi, je te le demande? L'événement n'est pas si malheureux.

— Mon cher garçon, les coquettes pleurent à volonté, et c'est une franche coquette qui s'est jouée de toi. Elle n'a pas choisi son confident les yeux fermés; tout ce qu'elle t'a dit était à l'adresse d'un tien parent qu'elle enrage de voir trop raisonnable et qu'elle voudrait affoler.

— Ah! mais, tout beau, la belle! Ce n'est pas nous qu'on fait tourner en bourriques. Moi, je la croyais de franc jeu, tellement que j'ai presque pleuré avec elle. Es-tu bien sûr qu'elle soit si maligne que ça?

— La malice cousue de fil blanc n'en est pas moins de la malice. Écoute-moi, cousin. Cette fille a été laide, elle a souffert. La voilà qui devient jolie, elle en abuse : c'est l'histoire de tous les parvenus. Après avoir déplu à tout le genre humain, sauf quelques originaux comme moi qui la trouvaient gentille, elle veut plaire, éblouir, fasciner, faire émeute sur son passage, forcer les aveugles eux-mêmes à se retourner dans la rue. Depuis Alexandre et Pyrrhus, on compte une demi-douzaine de conquérants qui ont visé l'empire du monde : c'est par millions qu'il faudrait chiffrer les petites femmes, hautes comme une botte, qui ont rêvé la domination universelle par l'accaparement des cœurs. Ambition bizarre, absurde, inconsciente, pure de tout calcul intéressé, mais non pas inoffensive, car elle fait souffrir cruellement ceux qui ne badinent pas avec l'amour. Barbe, pour le moment, n'a qu'une idée : c'est d'enflammer celui de ses amis qui ne veut pas lui faire la cour. Les quatre malheureux qui se sont déclarés ne l'intéressent plus; elle les met dans le même sac, comme un chasseur jette au fond de son carnier la pièce qu'il vient d'abattre et, sans plus y songer, suit une nouvelle piste. Tu peux lui dire de ma part... ou plutôt non; elle croirait m'avoir piqué au vif; ne jouons pas la comédie du *Dépit amoureux*. La seule réponse à lui faire, c'est de me marier avant elle. J'ai déjà trop tardé, mais en doublant le pas... Bonsoir, Charles; il fera jour demain. »

Mon parti était pris. Je rentrai en chantant, j'embrassai maman dans son lit, je me laissai border par Catherine, et, la bougie éteinte, j'évoquai l'ombre un peu confuse, mais toujours radieuse, de Berthe Castenède, la plus belle enfant de Bordeaux. Par mes calculs, elle devait toucher à sa majorité; peut-être était-elle devenue un peu forte, car

SOUS LE COUP D'UNE ÉMOTION.

à notre dernière rencontre, il y a deux ans, elle manifestait quelque tendance à l'embonpoint; mais j'étais sûr de l'aimer ainsi. Pendant une heure, à force de tisonner dans mes souvenirs en soufflant sur la braise, je rallumai au fond de mon cœur un petit feu clairet et pétillant. La régularité de mes occupations et le calme de la vie provinciale accélérèrent ce phénomène intérieur que Stendhal a décrit sous le nom de « cristallisation ». Chaque jour embellissait à mes yeux le portrait idéal de M<sup>lle</sup> Castenède, chaque heure me la rendait plus chère, chaque minute me confirmait dans cette douce illusion que nous étions faits l'un pour l'autre. Mais une rêverie discrète et renfermée dans les profondeurs de mon âme n'avançait pas sensiblement les affaires; il eût fallu tout au moins que la superbe Bordelaise en fît autant de son côté et se mît à cristalliser pour moi, comme je cristallisais pour elle. Or la plus simple bienséance m'interdisait de lui écrire directement, ma timidité m'empêchait de demander sa main, de but en blanc, à M. Castenède ; la seule voie permise et commode, celle du *post-scriptum* sentimental, était déplorablement longue. Je suivis celle-là, faute de mieux, et la première fois que je pus envoyer une facture à notre client de Bordeaux, je lançai mon trait enflammé :

« *P.-S.* — L'écrivain prend la liberté de déposer ses plus tendres et ses plus respectueux hommages aux pieds de la belle mademoiselle Castenède. »

Et j'attendis. Un mois, un long mois s'écoula entre l'attaque et la riposte. Les espérances les plus folles et les craintes les plus chimériques bouleversèrent tour à tour ma pauvre tête durant trente jours et autant de nuits. Je savais mon *post-scriptum* par cœur, et, à force de le ressasser dans mon esprit, j'y trouvais tout un monde d'amour, de soumission, d'audace, une déclaration, une demande en mariage, une offense à la vertu de Berthe, une violation des lois de l'hospitalité, car j'avais dîné chez son père et j'y avais mangé des cèpes comme on n'en mange qu'à Bordeaux. Mes songes étaient de vrais chapitres de roman. Tantôt je voyais débarquer la famille Castenède en toilette de gala, Berthe vêtue de blanc, coiffée du voile des mariées et la fleur d'oranger au corsage. Le papa, ce digne homme, poussait sa fille dans mes bras et me disait avec un fort accent gascon :

« Puisque tu l'aimes tant, je te la donne ! »

Tantôt c'était le frère (elle n'en avait pas) qui venait me demander raison. Nous allions sur le pré, je faisais sauter son épée à vingt pas, et noblement je lui donnais la vie. Quelquefois c'était elle qui m'écrivait une lettre de dix pages, sévère au début, douce et presque amoureuse à la fin. Même en plein jour, si M. Simonnot me faisait appeler pour affaire de service, je rêvais que M. Castenède lui avait dénoncé ma conduite et que j'allais avoir à répondre des délits les plus graves : abus de signature, introduction du sentiment dans les affaires, manquement au devoir professionnel.

Enfin, le 12 avril 1853, en dépouillant notre courrier, je vis resplendir l'écriture adorée sur une lettre au timbre de Bordeaux. On accusait réception des marchandises, on promettait de faire honneur à la traite de Simonnot père et fils, et l'on commandait à nouveau six garnitures de toilette.

« *P.-S.* — En remerciant M. Dumont de son aimable souvenir, l'écrivain a le plaisir de lui annoncer son prochain mariage avec M. Isidore Charpin, propriétaire du Château Charpin, un des crus le plus honorablement classés dans le Médoc. »

Je m'étais déclaré trop tard! Charpin, l'horrible vigneron, avait lâchement abusé de ma discrétion pour me supplanter dans le cœur de Berthe. A force de relire cette annonce si froide en apparence, j'y découvris successivement l'expression d'une profonde douleur, un vif dépit, une ironie amère et cent autres sentiments que l'innocente fille, aujourd'hui bonne mère de famille, n'y avait certes pas mis. Et finalement je compris qu'elle n'avait jamais pensé à moi, que j'étais un grand sot de l'aimer, que je ne l'aimais pas, que mon imagination seule était entrée en danse, que cette grosse fille n'avait ni la beauté ni les mérites de toute sorte dont je m'étais plu à l'orner, et qu'il fallait profiter de la leçon.

J'en profitai si bien que, trois semaines plus tard, j'étais follement épris d'Angèle Souque, la blonde Marseillaise qui m'avait serré la main en musique, à *Guillaume Tell*.

Sûr de son affection et convaincu qu'elle ne pouvait pas m'avoir oublié, je résolus d'aller droit au but, c'est-à-dire au papa Souque. Je lui écrivis longuement avec tout l'abandon qu'autorisaient nos relations passagères, mais cordiales, et, sans nommer sa fille, j'exprimai le désir d'être marié à Marseille et par lui. Éloge de Marseille et de sa population féminine, qui unit tous les charmes à toutes les vertus. Compliments personnels à l'adresse de M. et de M<sup>me</sup> Souque, avec une allusion très délicate à leur fille. Exposé de la situation du requérant : il n'est pas riche, il possède en tout une quarantaine de mille francs, et sa mère, très bien portante et jeune encore, heureusement, n'en a pas davantage.

Ses appointements viennent d'être portés à 6,000 francs, et sa part dans les bénéfices de 1852 en a produit 3,000. Total modeste pour le présent, mais l'avenir! variations brillantes, véritable morceau de bravoure sur ce thème favori des jeunes gens : l'avenir est à moi! Et, pour conclure, on suppliait l'excellent M. Souque de trouver une jeune fille assez confiante, c'est-à-dire assez intelligente pour escompter l'avenir du très respectueux et très affectionné Pierre Dumont.

Le vieux renard était bon entendeur, et beau parleur par-dessus le marché. Il me comprit à demi-mot et s'expliqua de même dans un écrit des plus aimables et des plus étudiés. Après m'avoir remercié d'un témoignage de confiance qui l'honorait infiniment, il me combla d'éloges et enchérit sur mes prétentions les plus audacieuses, me promettant gloire et fortune et inscrivant mon nom par avance au livre d'or de l'industrie. C'est pourquoi il me dissuadait en ami, *presque en père,* de choisir une femme à Marseille. « Nous autres, disait-il, nous vivons plus vite que nature, nous sommes un peuple de gens pressés. Un père marseillais, quand il marie sa fille, prétend la voir heureuse non pas dans dix ans ni dans cinq, mais tout de suite. Il n'a pas la patience d'attendre le fruit du travail et du temps ; il souffrirait trop s'il voyait la pauvre se priver et tirer la langue, ne fût-ce que pendant six mois. Tous mes compatriotes, lorsqu'ils sont assez riches pour choisir, veulent des gens arrivés, du bien né et acquis, une fortune faite, rien de précaire et rien d'aléatoire. Je blâme leur travers, et cependant je le partage. Que voulez-vous ? On est de Marseille ou l'on n'en est pas. C'est dans notre cité, notre vieille cité phocéenne, qu'un négociant refusa sa fille au lieutenant Napoléon Bonaparte. L'autre avait foi dans son étoile ; il disait : « Vous « ne savez pas ce que vous perdez. » Le sage père de famille répondit à cet officier de fortune : « Ce n'est pas avec des étoiles qu'on fait la bouillabaisse ; « c'est avec treize espèces de poissons, dont je te fournirai la liste, si tu veux. » Tel est l'esprit de Marseille, mon bien bon. Vous feriez donc admirablement de vous choisir une compagne dans ce charmant pays de Touraine, qui est le vôtre. Les filles y sont aussi jolies et plus fraîches que chez nous, et les parents moins positifs. » La lettre se terminait par un éloge enthousiaste de notre province et de ses habitants. M. Souque avait mis une certaine coquetterie à me rendre la monnaie de ma pièce.

Cette dissertation éteignit le grand feu que j'avais allumé dans mon cœur pour la blonde de la rue Saint-Ferréol, et je me retournai tout d'une pièce vers la plantureuse Gertrude, de Roubaix, M$^{lle}$ Debruckhardt, surnommée l'Ange à la gifle. Je me remis à l'aimer comme si je n'avais pensé à aucune autre, et cela ne me coûta pas grand effort, puisque j'avais à peine vingt-cinq ans. Mais, éclairé par une double expérience, je n'écrivis ni à la forte enfant ni à sa mère. Il me parut plus sage de faire tâter le terrain par un jeune homme de leur ville, mon camarade Germain de Soncet, que j'avais connu sur les routes. Cette fois, la réponse ne se fit pas attendre un mois. L'ancien voyageur, élevé au rang d'associé dans la teinturerie paternelle, m'annonça en style folâtre que personne ne pourrait me disputer le cœur de Gertrude. L'enfant ne relevait que d'elle-même : maman Debruckhardt avait abdiqué tous ses droits. Seulement mon infante avait quitté la ville sans dire où elle allait, et par timidité apparemment, n'osant voyager seule, elle avait enlevé un capitaine de chasseurs à pied.

Et de trois ! Tous mes projets étaient à vau-l'eau ; je n'avais plus ni préférence ni espérance, et pourtant, à mes yeux comme aux yeux de ma mère, de mon patron, de nos amis, ma vie de garçon était finie, je ne m'appartenais plus, je roulais sur la pente. Lorsqu'un homme a pris son élan pour faire le grand saut du mariage, il n'y a pas d'obstacles qui l'arrêtent : il franchira le fossé. Tout le monde le sent et le dit, cela devient un bruit public, les jeunes filles sans dot vous lorgnent en dessous, les mamans font votre éloge tout haut, les marieuses vous invitent à leurs soirées d'échaudés et de thé suisse, les notaires ont toujours quelque chose à vous dire en particulier.

Les jolies filles bien élevées ne manquaient pas dans la bourgeoisie de Courcy. Il y en avait même trop, car l'égoïsme des jeunes gens, l'ambition des familles, la chasse aux grosses dots, condamnaient souvent les plus belles et les meilleures à coiffer sainte Catherine. Moi qui n'avais nul souci de l'argent, et qui depuis longtemps me croyais assez riche pour deux, je pouvais choisir dans l'élite. Après quelques hésitations, je choisis, sans enthousiasme, mais sans regret ni arrière-pensée, Caroline Baron, fille aînée et bientôt majeure d'un fort honnête marchand de bois. Elle était blonde, j'avais résolu de n'aimer qu'une blonde ; elle était grande, elle avait la taille longue, les mains effilées, les yeux d'un bleu de ciel ; enfin, je trouvais en elle, sauf quelques détails, le type que j'avais rêvé. Nous nous connaissions de vieille date, nous avions joué, jardiné, dansé ensemble. Mon père avait été l'ami du sien ; sa mère et la mienne échangeaient, bon an mal an, une demi-douzaine de visites.

Elle et moi, nous n'avions encore échangé que des propos vaguement sympathiques, malgré le zèle des intermédiaires et les provocations parfois gênantes des bonnes dames de son quartier. Mais le 1$^{er}$ octobre 1853, le destin se mit de la partie. Je venais de donner ma leçon d'histoire de France à quarante gamins des deux sexes ; une fillette de la fabrique, que j'avais dû relever quatre ou cinq fois du péché de paresse, tomba sur elle-même, comme un chiffon, à la porte de la salle.

Je la ramassai vivement ; elle avait mal au cou, disait-elle, et elle se sentait toute chose. Il me fallut donc la porter jusque chez elle, et ses parents étaient les voisins mitoyens du chantier Baron. La pauvrette entourait mon col de ses bras maigrelets, et, tout en se serrant contre moi comme un oiseau frileux, elle me disait d'une voix un peu rauque :

« Monsieur Pierre, vos enfants seront bien heureux, vous êtes si bon !

— Je vais te dire. C'est que, moi, je n'ai pas le droit d'être méchant. Tout le monde à Courcy m'a soigné quand j'étais petit. Tu ne sais donc pas qu'on m'appelle l'Enfant de la ville?

— Oui, mais on pourrait aussi bien vous appeler son père. A la fabrique, nous avons peur de M. Simonnot ; mais vous, monsieur Pierre, un chacun vous aime tout plein.

— Cela ne prouve qu'une chose : c'est que vous êtes de braves gens.

— Dites donc, monsieur Pierre, vous ne nous abandonnerez pas quand vous aurez des enfants à vous ?

— Pas de danger, m'amie. D'abord sais-tu si j'en aurai, des enfants ?

— Oui, puisque vous allez vous marier.

— Qui te l'a dit ?

— Tout le monde.

— Et avec qui me marie-t-on ?

— Je ne sais pas. Avec qui vous voudrez, pourvu que votre femme soit douce au pauvre monde comme vous. »

Nous étions dans sa rue, presque à sa porte. En passant devant le chantier, elle me montra les fenêtres de la famille Baron, vaguement éclairées par une lampe Carcel, et me dit :

« Là, je sais une bonne demoiselle.

— Je la connais aussi ; elle s'appelle Caroline.

— Justement. Quand mon père avait la petite vérole...

— Elle est venue le soigner ?

— Pour ça, non ! C'est trop dangereux. Mais elle ne nous a laissés manquer de rien. Monsieur Pierre, il faut vous marier avec M$^{lle}$ Caroline.

— J'y songerai, ma belle. Embrasse-moi, dors bien. »

Ses parents l'attendaient, je la remis entre leurs mains et je m'enfuis pour éviter les remerciements inutiles. Le lendemain, en allant au bureau, j'appris que ma petite élève était morte dans la nuit.

On l'enterra deux jours après, et au sortir du cimetière je contai au père Baron ce que la pauvre enfant m'avait dit. Il m'écouta avec une visible émotion, et j'osai lui demander s'il ne croyait pas comme moi que les volontés des mourants sont sacrées.

« Oui, oui, répondit-il, elles le sont quand elles arrangent tout le monde, et c'est le cas. Ma femme et moi nous sommes très flattés. Caroline sera contente. Il n'y a pas deux garçons comme vous dans Courcy; votre position es déjà bonne, et elle ne peut que s'améliorer. Entrez chez nous ; nous tremperons un biscuit dans un verre de vin d'Espagne, et, si les femmes y sont encore, on pourra se taper dans les mains. »

La maison, par malheur, était vide ; j'y revins le soir avec ma mère, qui, sans enthousiasme et presque sans conviction, mais non sans grâce, exposa ma demande et la fit agréer d'emblée.

Il n'y a pas de secret dans les petites villes ; on sut donc aussitôt que j'étais fiancé à la fille aînée du marchand de bois, et l'on apprit à vingt-quatre heures d'intervalle qu'il y avait promesse de mariage entre Barbe Bonafigue, sans profession, et Jules Bonnard, sous-chef à la fabrique. Les compliments ne me manquèrent pas. Mon patron me félicita non seulement d'épouser la fille d'un homme riche à 400,000 francs, mais encore et surtout d'avoir sauvé ma peau des griffes de la famille Bonafigue. C'était un vrai coup de fortune, au dire de M. Simonnot, que d'échapper à ces *sans le sou*. « Braves gens au fond, mais bohémiens incorrigibles. Le peu d'argent économisé par la mère et la fille s'évaporait au jour le jour entre les mains du père, qui devait avoir un vice secret. Peut-être jouait-il à la Bourse ? En tout cas, il lui arrivait trop souvent de solliciter des avances, et on ne lui connaissait pas un centime d'argent placé. Ce qui pouvait leur arriver de mieux, c'était de marier leur fille à un artiste. » Le patron faisait peu de cas des peintres et des graveurs et regrettait tout haut le bon vieux temps où la fabrique se passait de leurs services. Il laissait rarement passer l'occasion de mordre sur ces *viveurs* qui gagnent cent francs en un tour de main et les dépensent de même. Si je lui faisais observer que j'avais décoré avec M. Doussot les premiers services de la maison Simonnot, et qu'à ce titre je pouvais faire cause commune avec nos artistes industriels, il protestait éloquemment. Je ne vendais pas mes dessins au poids de l'or; je les donnais gratis à la maison, comme c'est le devoir d'un fidèle employé. J'avais de l'ordre, de la conduite ; je plaçais mes économies dans la fabrique, et, par tous ces mérites transcendants, je méritais d'être l'heureux époux de Caroline Baron. Ainsi soit-il !

Ma mère m'avait accordé son consentement sans joie, mais sans blâme. La vieille maman La France fut un peu moins réservée.

« Tu es libre de tes actions, me dit-elle, et tu aurais même le droit de faire une folie. C'est un mariage de raison que tu choisis ; l'opinion publique sera pour toi, et tu n'entendras qu'un concert de louanges. Cependant je ne dois pas te dissimuler que mon pauvre vieux avait d'autres projets sur ta personne. Le père Dumont était un esprit faux, je le lui ai répété tous les jours de sa vie, mais un cœur juste. Il ne se trompait pas en matière de sentiment, et lorsqu'il me disait : « Nous marierons ce grand garçon à cette petite, » m'est avis qu'il ne radotait point.

— Je sais de qui tu veux parler, grand'mère, et je vais mettre ta conscience en repos. La petite en question est fiancée à un employé de chez nous, M. Bonnard.

— S'est-elle fiancée avant ou après toi ?

— En même temps pour ainsi dire, à vingt-quatre heures d'intervalle, et il y avait plus d'un an qu'elle se laissait faire la cour. D'ailleurs M. Bonnard est un meilleur parti que moi, ce qui explique tout.

— Non, je ne la crois pas intéressée, et l'on ne m'ôtera pas de l'esprit qu'elle t'aimait bien.

— Tu avoueras du moins qu'elle s'est lestement consolée.

— C'est fait ; n'en parlons plus. Et maintenant qu'est-ce que je t'offrirai ? »

J'étais en règle avec ma famille et d'accord avec mon patron ; il ne me restait donc plus qu'à me laisser vivre jusqu'au grand jour : ma seule affaire était d'aimer et d'être heureux. Tous les matins, j'envoyais à ma jolie future le plus beau bouquet des serres de M. André ; tous les soirs, après mon travail, je dînais sur le pouce et je courais chez les Baron avec ma mère. Le gros marchand de bois était un bonhomme tout rond ; il parlait haut, riait aux éclats, contait volontiers ses affaires et frappait un peu trop souvent sur son gousset rempli d'or. Sa femme représentait le type d'une ménagère accomplie, habile aux confitures, très forte sur le prix des denrées, incomparable dans la lessive, excellente maîtresse de maison et tellement maîtresse à la maison que sa fille, la douce enfant, était impatiente d'en sortir. Avec beaucoup de tact et de discrétion, Caroline me laissa entendre, dès notre seconde entrevue, qu'elle voudrait bien être chez elle, avoir une servante à ses ordres et régner seule dans son logis, si étroit et si modeste qu'il fût. Sortir de chez sa mère pour entrer chez la mienne eût été, à ses yeux, un simple changement de prison. Ma pauvre maman, qui avait le génie du sacrifice, comprit la chose à demi-mot et choisit, sans rien dire, au sommet de la ville haute, un petit coin où finir ses jours. Elle nous abandonnait sa maison toute meublée du haut en bas, et Catherine pour nous servir. Elle se dépouillait gaiement, avec entrain, comme les autres s'enrichissent, incessamment occupée à chercher quelle privation elle pourrait encore s'imposer à notre profit. La première semaine d'octobre s'écoula vite au milieu de nos projets, de nos arrangements, des préparatifs du trousseau, des devis de la corbeille. Cependant, je ne trouvais pas dans ces occupations charmantes le plein contentement dont je m'étais leurré ; si la future s'épanouissait à vue d'œil, le fiancé était assez terne. J'avais beau me battre les flancs, une sorte de malaise pesait sur moi. Le travail du bureau m'ennuyait pour la première fois de ma vie ; je m'expliquais ce dégoût par l'absence de ma future et par l'impatience de la revoir ; mais le soir arrivé, lorsque j'entrais dans le salon si net et si correct de M$^{me}$ Baron, Caroline avait beau venir à moi, me tendre les deux mains, offrir son beau front à mes lèvres, mon abattement persistait, et je restais mélancolique. Du matin au soir, j'avais la tête lourde, sans douleurs vives, et le cœur affadi ; le soir, je me couchais avec la fièvre. Fièvre d'amour si vous voulez, mais fatigante et triste. Mon beau-père, ce vaillant rieur, qui buvait deux bouteilles de vin à son dîner pour chasser l'humeur noire, me dit un jour :

« Ah çà, j'espère que vous n'avez pas de regrets ? »

Je protestai avec chaleur, mais il insista :

« Mon garçon, c'est une physionomie d'hôpital que vous portez sur vos épaules. Tâchons de changer de visage, ou sinon l'employé de l'état civil est capable de se tromper et d'inscrire vos noces sur le grand livre des décès. Pas de bêtises ! »

Caroline elle-même, après m'avoir demandé pardon pour la grosse gaieté de son papa, me coula ces deux mots dans l'oreille : « Souffrez-vous ? » Et plusieurs ouvriers de la fabrique, bonnes gens à qui j'avais pu rendre quelques petits services, me demandaient de but en blanc : « Vous n'êtes pas fatigué, monsieur Pierre ? » Je répondais que non, mais sans conviction aucune. Une sorte de conscience physique me disait que j'étais touché à fond.

Le 10 octobre, au matin, je venais de m'éveiller avec un léger mal de gorge, une douleur très supportable dans le cou, un peu de surdité et surtout une forte addition de mélancolie, lorsque ma porte, battue à coups de poing laissa entrer le président du club des Badouillarts, M. Robiquet, et son vénérable acolyte le docteur Flan. Ces deux représentants de la folle jeunesse de Courcy venaient me rappeler l'article 17 et dernier de nos statuts :

« 17. Tout transfuge du club, *id est* tout Badouillart assez nigaud pour se laisser entortiller dans les prétendus doux liens du mariage, *alias conjungo*, devra se racheter en offrant à ses anciens collègues un banquet *sterling*, ou pharamineux, à son choix, dans les salons de la *Couronne*, antique et vénérable auberge de Courcy. »

Je m'excusai de mon ignorance en passant une robe de chambre, et je me mis à la disposition de ces messieurs pour le jour qui leur agréerait. L'illustre M. Robiquet, qui flairait un bon repas à dix lieues à la ronde, voulait qu'on mit la fête au lendemain, en vertu de l'axiome : « Aussitôt pris aussitôt pendu. » Mais le vieux docteur m'observait sans mot dire et surtout sans m'approcher de trop près. Il me posa cinq ou six questions sur ma santé, et, sans vouloir précisément me mettre la puce à l'oreille, il opina que pour le moment je ferais mieux de voir un médecin qu'un aubergiste.

« Mais, répondis-je, je suis tout servi, puisqu'un vent favorable vous a poussé chez moi.

— Peuh ! fit-il avec modestie, je suis hors d'âge; j'aime à dormir toute ma nuit, et je n'exerce plus qu'en consultation, quand mes jeunes confrères font appel à mon expérience. Prenez Cazal; c'est un gentil garçon ; n'a-t-il pas fait ses études avec vous ?

— Oui, il était de mes grands anciens au collège.

— Faites-le donc appeler, mon cher ami, si le malaise continue. Car vous n'êtes qu'à moitié bien, n'est-ce pas ?

— Tout au plus à moitié.

— Je ne serais pas surpris d'apprendre demain matin que vous êtes complètement rétabli ; mais le luxe de précautions n'a jamais ruiné personne. Voyez Cazal, et renvoyons le banquet à huitaine, afin que vous puissiez y faire honneur. »

L'illustre M. Robiquet ouvrait timidement la bouche pour protester contre un si long délai : un coup d'œil furtif du docteur lui imposa silence et me donna beaucoup à penser. Je remarquai que les deux visiteurs se retiraient plus vite que de raison, et qu'ils me secouaient la main moins rudement qu'à l'ordinaire. Toutefois je m'abstins d'appeler le docteur Cazal, de peur d'inquiéter ma mère, et je passai devant sa porte sans y sonner, de peur de m'éclairer moi-même : tous les malades sont des enfants.

Cette journée me parut bien longue ; mon inquiétude et ma tristesse étaient aggravées par les douleurs du cou et de l'oreille, et j'éprouvais comme un aplatissement moral. Au sortir du bureau, la fraîcheur du soir me donna quelques frissons passagers, suivis d'un peu de fièvre ; j'écrivis quelques mots à Caroline pour excuser ma première infidélité, et je me mis au lit. Ma mère, qui commençait à craindre, mais qui n'en disait rien, me donna le bonsoir et rentra ostensiblement dans sa chambre. Elle en sortit à pas de loup dès qu'elle me supposa endormi, et elle passa toute la nuit dans un fauteuil, écoutant ma respiration, observant mes mouvements à la lueur de la veilleuse. Mon sommeil fut agité par des rêves absurdes et lugubres. Ce fut d'abord un grand bal au collège. Tous mes amis du bon vieux temps étaient là, M. Doussot, les Lutzelmann, les Bonafigue, et l'on dansait le cotillon. Tout à coup, Martin-Sec sortait de terre au milieu du salon en disant : « Je vais vous apprendre une nouvelle figure. » Il tirait un canif de sa poche, se dirigeait en sautillant vers le principal et sa femme et les piquait l'un après l'autre. Il allait ensuite aux enfants, à M. Doussot, à Basset, piquant toujours, et tous ceux qu'il avait touchés tombaient morts sans répandre une goutte de sang. Personne ne semblait indigné ou étonné ; moi seul je m'agitais pour arrêter le misérable, mais mon patron me tenait par le bras, et j'étais comme cloué sur place. Cependant Martin-Sec se dirigea vers Barbe Bonafigue pour la frapper comme les autres. A cette vue, je bondis, je renverse tout, j'enlève ma jeune amie, et, passant à travers les murs, je l'emporte hors du collège. Me voici dans la rue de Navarre, haletant, effaré, mais soutenu par une idée fixe : déposer mon fardeau entre les mains du docteur Cazal. Seulement, ce n'est plus Barbe que je tiens, c'est ma petite élève de la fabrique ; elle se suspend à mon cou avec une vigueur qui m'étrangle, en même temps que sa bouche murmure les plus tendres remerciements à mon oreille. Nous allons, nous courons toujours, sans atteindre la maison du médecin, qui semble reculer devant nous. Mais je ne sens pas la fatigue ; au contraire, on dirait qu'à chaque enjambée mon faix devient moins lourd. Étonné, je regarde à la lumière du premier bec de gaz, et je vois la petite figure horriblement maigrie. Un peu plus loin, elle m'apparaît décharnée, et puis je ne porte plus qu'un squelette dont les os s'entrechoquent bruyamment comme des noix secouées dans un sac. Enfin, j'arrive au domicile de M. Cazal ; le jeune médecin est debout sur le seuil de sa porte et me dit :

« Je vous attendais. Ce vieil égoïste de Flan m'avait annoncé votre visite. Ah ! voici la malade ; elle a mauvaise mine, mais cela ne sera rien. Tant que le squelette est complet ! Regardez ! ça tient debout, comme une pièce de musée. En ai-je vu de ces personnages macabres chez les naturalistes du quartier latin ! On les guérit neuf fois sur dix. Restons ici ; ce n'est pas la peine d'entrer : j'ai vingt clients dans mon antichambre. Nous allons procéder par la méthode plastique. On assure que Phidias commençait par établir la charpente osseuse de ses statues et qu'il posait les muscles par-dessus. Je n'en crois rien, mais ce qui est absurde dans un art peut être sublime dans un autre. »

Tout en parlant, il prenait ma chair à pleines mains, l'arrachait sans effort et la jetait par grosses poignées sur le crâne, les côtes et les membres du squelette. Il l'étalait avec la paume et la modelait à coups de pouce, sans se presser, riant d'un air malin et me disant de temps à autre :

« Celle-ci, mon bien bon, sera vraiment la chair de votre chair. Que vous semble de cette tête ? »

Je la trouvais jolie, mais il l'avait encore changée. Ce n'était plus ma petite apprentie, la malade du 1ᵉʳ octobre, c'était Barbe elle-même, et florissante de santé. « Attendez ! cria le docteur, le cou est encore un peu maigre. Je veux lui faire le collier de Vénus. Encore un peu de cette bonne argile humaine ! » Il porta la main à ma gorge et y enfonça les cinq doigts avec tant de vigueur que je m'éveillai en criant :

« Monsieur Cazal ! Monsieur Cazal !

— Présent ! » répondit le docteur, qui venait d'entrer dans la chambre.

Ma mère, épouvantée par les agitations de cette nuit, avait pris sur elle de l'envoyer chercher.

Ce jeune savant, héroïque, comme ils le sont presque tous, assista d'un œil calme et souriant à mon pénible réveil. L'angine m'étouffait, j'avais la gorge sèche, la peau brûlante, et je criais la soif. La fièvre me clouait si bien sur l'oreiller que je ne songeai pas même à sortir du lit. Tout le jour et la nuit entière, je vécus de la vie étrange des hallucinés, débitant mille extravagances à ma mère et à Catherine, qui se multipliaient autour de moi dans leur zèle effaré. Le lendemain, 12 octobre, je saignais du nez sans m'en apercevoir, et mes mains rougies tachaient de leurs gestes inconscients les draps du lit, le tablier de Catherine, les manchettes du docteur, tout ce qui se trouvait à leur portée. La gorge était toujours serrée, mais le délire plus calme ; je divaguais comme on raisonne en état de santé, froidement, d'un air convaincu.

Les trois journées suivantes ne furent qu'un long accès de folie. Enflammé par la fièvre, je voulais courir au bureau. J'entendais le patron qui m'appelait à la fenêtre pour arrêter les comptes de Castenède, de Souque et de la veuve Debruckhardt. C'était aussi mon cousin Charles qui venait me chercher de la part de M. Bonafigue. Un bruit de cloches rassemblait toutes les nations du monde autour de notre petit arbre de la liberté, et mon père leur parlait éloquemment de la paix sans nuage et de l'harmonie universelle. Mais tout à coup, sans transition, les peuples se ruaient les uns sur les autres. J'entendais distinctement le tambour, et je voyais papa La France, le sabre en main, dans son vieil uniforme, à la tête d'un bataillon républicain.

N'est pas bon malade qui veut. J'avais pris en horreur la pauvre Catherine, je refusais ses soins, le timbre de sa voix m'agaçait, je lui reprochais de sentir la cuisine, quoique le feu de ses fourneaux fût éteint depuis plusieurs jours. Ma mère seule avait le don de me calmer un peu lorsqu'elle me tenait la main ou qu'elle soufflait sur mon front. J'abusai de son dévouement et j'épuisai ses forces jusqu'au jour où je m'aperçus qu'elle était accablée, qu'elle respirait avec peine et que son cou et sa mâchoire inférieure, également enflés, ne faisaient qu'un. Alors je la chassai de ma chambre, je voulus qu'elle se mît au lit. Elle ne s'y mit pas spontanément, car elle était déjà trop faible, mais elle s'y laissa porter par Catherine et le docteur Cazal.

A partir de ce jour, 18 octobre, jusqu'au 6 du mois suivant, je ne reconnus personne, et je vécus, si c'était vivre, aussi inconscient qu'une plante de serre chaude, sans idées, sans volonté, sans désirs, étranger aux amis dévoués qui prenaient soin de moi, et ne songeant pas même à demander ma mère. Je ne me rappelle rien de cette agonie, sinon ce qu'on m'en a conté plus tard. Il paraît que pendant huit jours on me fit boire goutte à goutte, on me lava la bouche et le gosier avec du jus de citron, et que ces soins minutieux entretinrent en moi comme un reste de vie. Le 26, j'étais si faible que je ne délirais presque plus ; mais il fallait chercher mon misérable pouls, et le peu qui restait de moi était plongé dans une somnolence continuelle. Le 29, l'agitation me reprit, je toussai, j'expulsai quelques fausses membranes, je bus avidement, et je dormis d'un sommeil si profond que Catherine appela par ses cris ma seconde garde-malade, une autre femme que je ne connaissais pas, mais qui me soignait bien aussi.

« Il est mort, mademoiselle ! Il est mort ! »

Enfin, le 6 novembre, je m'éveillai avec la soif et la faim, mais la soif et la faim d'une bête. Je reconnus le docteur Cazal, je reconnus ma vieille servante, je reconnus la petite Barbe Bonafigue. Sa présence ne m'étonna nullement, pas plus que l'absence de ma mère. L'admirable enfant me baisa sur les yeux et me dit :

« Te souviens-tu qu'à l'enterrement de ton père nous t'avons déclaré, Jean et moi, que nous serions heureux de t'offrir notre vie ? »

Je répondis comme une brute :

« Alors, donne-moi du bouillon. »

Cela lui sembla tout simple ; elle me fit boire et manger. J'eus alors quatre jours de fausse convalescence, pendant lesquels, enivré de ma propre faiblesse, je fus tout au plaisir de revivre, et dans mon égoïsme idiot j'oubliai tout ce qui n'était pas moi.

Mais le 10 au matin, en mangeant un œuf à la coque, je rencontrai une mouillette qui refusa obstinément de passer. Je voulus prendre un peu d'eau rougie et je rejetai la boisson par le nez. Une mortelle angoisse m'avertit que je n'étais pas quitte envers la maladie et qu'il fallait me préparer à un nouvel assaut. Ce fut d'abord un douloureux fourmillement dans les jambes et dans le bras droit, puis une paralysie presque complète.

ELLE ME FIT BOIRE.

Je n'avais plus à moi que ma tête et mes yeux, et je n'en jouis pas longtemps, car, au bout de cinq ou six jours, ma vue se troubla, mes yeux se fermèrent; je me sentis aveugle et paralysé pour la vie.

A cette idée, le désespoir me prit, la fièvre se ralluma, l'agitation et le délire recommencèrent; je traversai une de ces crises violentes dont l'homme ne peut sortir que mort ou promptement guéri.

J'en sortis à mon avantage, très faible, mais affranchi de toutes les infirmités passagères qui s'étaient abattues sur moi. Le 20 novembre, M. Cazal dit : « Il est sauvé, mademoiselle, et l'honneur vous en revient plutôt qu'à moi. » Trois jours après, Catherine m'emportait au salon dans une couverture; on aérait ma chambre et l'on faisait mon lit. Mollement étendu sur un grand canapé, devant un feu flambant, je songeai pour la première fois à demander ma mère. Barbe ne savait que répondre, Catherine dissimulait de son mieux sa robe noire et son bonnet de deuil. Mais le docteur, comprenant dans sa jeune sagesse que j'avais l'esprit assez faible et la sensibilité assez émoussée pour recevoir un grand coup sans mourir, me raconta comment la pauvre femme avait succombé à son mal, au mien, pour mieux dire, après deux jours de souffrances.

Il avait bien raison de compter sur l'abominable égoïsme des convalescents, car le premier cri de mon cœur fut celui-ci :

« Oh! ma mère qui m'aimait tant! A-t-elle pu mourir quand j'étais si malade! »

Je ne me pardonnerais jamais ce mouvement stupide et féroce, chère femme, douce martyre, si je n'avais devant moi toute une vie pour te bénir et te pleurer!

## CHAPITRE XIII

### LA VIE A DEUX

Elle repose à côté de mon père, dans ce coin de terre donnée où elle renouvelait pieusement les arbustes et les fleurs. C'est Barbe qui lui a rendu les derniers devoirs après l'avoir soignée au péril de sa vie. Aussi longtemps que je fus seul en cause, ce petit être héroïque subit la loi des convenances en se tenant clos et coi. La future de M. Bonnard avait-elle le droit de s'asseoir en garde-malade au chevet de Pierre Dumont? Jamais ! A peine eût-on permis cet acte de généreuse folie à Caroline Baron, ma fiancée, qui d'ailleurs ne s'en avisa point. Elle était bonne, et elle avait fait ses preuves de générosité, mais la prudence la plus bourgeoise réglait tous les mouvements de son cœur. « Si M. Pierre était mon mari, disait-elle, je sais quels seraient mes devoirs. Mais il ne m'est encore rien; nous n'avons pas mis en commun les peines et les plaisirs de la vie, comme il est écrit dans la loi. » Les parents de la belle blonde étaient émerveillés de sa philosophie. Mᵐᵉ Baron expliquait que l'union projetée entre nous était de pure convenance et ne comportait pas les coups de tête, comme un mariage de roman. L'estimable marchand de bois ajoutait : « Je n'ai qu'une parole en affaires. Ma fille est promise à Dumont, je ne m'en dédis pas;

mais à Dumont bien portant, solide, capable de gagner très largement sa vie. Qu'il guérisse, et je suis lié. En attendant, restons comme nous sommes. De deux choses l'une : il guérira, et il aura ma fille ; ou il mourra, et nous saurons nous retourner. Caroline est en âge de s'établir ; j'ai vendu des valeurs, déposé la dot chez mon notaire ; les épouseurs ne manqueront jamais. Je ne veux pas avoir sur les bras, pendant deux ou trois ans, une veuve d'autant plus triste, plus nerveuse et plus embarrassante qu'elle n'aura pas été mariée. » Ces raisons paraissaient excellentes à la plupart des bourgeois de Courcy, mais surtout au jeune notaire, maître Pichenot, qui avait la dot entre les mains et qui l'eût conservée avec plaisir, ne fût-ce que pour payer son étude.

Les affaires en étaient là quand ma pauvre mère, épuisée par les veilles, les fatigues et les angoisses, reçut le coup mortel. Le bruit s'en répandit aussitôt dans la petite ville ; le docteur Cazal avoua que ce nouveau cas de diphthérite présentait de tels caractères qu'il n'espérait pas le guérir. Barbe n'hésita point : elle ne consulta ni ses parents ni personne ; elle mit quelques hardes en paquets, escalada la ville haute et fit irruption dans la chambre où ma mère râlait déjà.

Ni Catherine ni le docteur n'eurent assez de force pour l'arracher à ce qu'elle regardait comme un devoir sacré. Le docteur, qui s'était chargé d'avertir la famille, fut reçu comme un animal malade de la peste ; M^me Bonafigue, debout devant sa maison pour en défendre la porte, avait les deux poings sur les hanches, et le vieil emballeur faisait vibrer dans l'air mille malédictions ardentes et colorées. Quant à M. Bonnard, le fiancé, il annonça d'abord qu'il viendrait arracher sa future à cette atmosphère de mort ; mais lorsqu'il sut que ma mère avait succombé en quarante-huit heures, il se calma. « Un jeune homme dans ma position, disait-il, n'a pas le droit de jouer sa vie à pile ou face. Mon oncle est sans enfants, je suis son unique héritier : je dois lui conserver loyalement à sa fortune. » Les jeunes ouvriers et la plupart des employés de la fabrique glosèrent amèrement sur cet exposé de principes, mais cinq ou six fils de famille jugèrent que Bonnard se *défilait* en garçon d'esprit.

Il paraît que ma pauvre mère fut enterrée presque en fraude, au petit jour, par une vingtaine de parents et d'amis. Barbe l'avait mise au cercueil avec l'aide de Catherine et de maman La France, qui voulut absolument me garder ce matin-là, répondant à toutes les remontrances : « Pour le peu de vie que j'expose, ce n'est pas la peine d'en parler. » Le deuil fut conduit par l'oncle Joseph et par mes deux cousins, Charles et Victor. On remarqua la présence de M. Simonnot dans le modeste cortège.

M. Bonafigue n'y vint pas. Le bonhomme disait : « Je me réserve pour enterrer cet animal! »

Je n'ai connu tous ces détails qu'après un an ou deux, et la petite Barbe a attendu bien plus longtemps pour me conter que la mourante, dans cet instant de lucidité qui précède souvent l'agonie, lui avait murmuré ces mots : « Aime-le bien, ma fille! »

La recommandation était peut-être superflue ; je crois pourtant qu'elle ne fut pas étrangère à l'héroïque résolution de mon amie. Barbe estima qu'après avoir quitté la maison paternelle, essuyé les malédictions du vieux Marseillais et planté là M. Bonnard, il ne lui restait plus qu'à persévérer dans son œuvre et à soigner le fils comme elle avait soigné la mère. L'opinion des petites villes est souvent injuste et quelquefois cruelle, mais elle n'est jamais perverse, et tôt ou tard elle s'incline devant les braves et les bons. « Si Pierre meurt, pensait la courageuse fille, je ne lui survivrai guère, et alors que m'importe le qu'en-dira-t-on? Si je le sauve, il a trop bon cœur pour me sacrifier à cette grande égoïste de Caroline : il m'appartient. Si cependant, sauvé par moi, il s'avisait d'en aimer une autre? Eh bien, tant pis! J'aurai fait mon devoir, payé la dette de ma famille, mérité l'estime des honnêtes gens. Le bonheur n'est pas le principal, c'est un accessoire ; les trois quarts du genre humain ne le connaissent que de nom, et ils s'en passent. Fais ce que dois, comme disait papa La France dans ses préceptes aux Dumont. Je suis une Dumont par le cœur, et je reste ici, quoi qu'on dise. »

Quand elle prit ce grand parti, elle était fermement résolue à s'envoler chez ses parents aussitôt que je serais hors de danger. Mais ma convalescence fut longue, comme toutes les convalescences d'hiver ; jusqu'aux premiers jours de mars, je menai une vie précaire et chancelante ; il fallut me soigner comme un vieillard ou comme un enfant.

C'est au milieu de cette période de langueur que, par un clair matin de janvier, tandis qu'elle me faisait la lecture, je me levai sur les coussins qu'elle avait entassés autour de moi et lui dis à brûle-pourpoint :

« Barbe, tu m'aimes donc?

— Moi? répondit-elle en riant de son bon rire ingénu, je n'ai fait que cela toute ma vie.

— Oui, mais est-ce que tu m'aimes d'amour?

— C'est le mot, provisoirement, jusqu'à ce qu'on en invente un plus fort. *Je t'aime* est un peu froid, *je t'adore* est un peu banal. L'Académie va peut-être grogner, mais tant pis! Mon cher Pierrot, je t'amoure! Et toi, dis?

— Je ne sais comment te répondre, car il n'y a pas longtemps que je commence à voir clair en moi-même. Mais, quand je fais mon examen de conscience, il me semble décidément que depuis une dizaine d'années mon cœur est partagé entre ma mère et toi. Vous m'avez inspiré ensemble, ou tour à tour, mes meilleures pensées et mes résolutions les plus droites. Mon père t'a sauvée sans te connaître, ma mère t'a adoptée dès qu'elle t'a connue, mes grands-parents te plaçaient à cent piques au-dessus des autres filles de Courcy. Mes vieux amis, les Lutzelmann, M. Doussot, Basset, chaque fois qu'ils faisaient ton éloge, me regardaient d'un air qui voulait dire : « Pierre Dumont, tu n'es qu'un sot! » Oui, j'étais un grand sot, comme tous les vaniteux. Je ne te trouvais pas assez jolie, parce que le caractère de ta beauté n'était pas à la mode, parce que tu ne ressemblais pas aux poupées du *Follet*, de la *Sylphide* et des autres journaux coloriés. La première fois que mes yeux t'ont rendu justice, au retour de mon grand voyage, c'est encore la vanité, sous sa forme la plus ingrate et la plus odieuse, qui s'est interposée entre nous. J'ai été jaloux des nigauds qui te faisaient la cour, et j'ai perdu la tête à l'idée que tu pouvais les préférer à moi. Et sans comprendre, sans deviner, sans chercher le secret de cette coquetterie innocente qui cachait mal un sentiment profond, j'ai couru au mariage comme un désespéré va se jeter à la rivière.

— Je sais bien, mon ami. Ces deux yeux, que papa La France appelait des pruneaux, ont toujours été clairvoyants. Quand tu faisais tes frasques à Courcy avec ces vieux vauriens de Badouillarts, j'étais vaguement ennuyée, mais non pas inquiète. Lorsqu'en voyage tu t'amourachais de Gertrude, de Berthe ou d'Angèle, et que tu m'adressais tes confidences par la poste, je n'arrosais pas ton papier de mes larmes : à quoi bon? j'étais sûre de toi. Ah! par exemple, il y a eu un rude moment après tes fiançailles. Un mariage décidé, conclu, affiché devant la mairie, c'était, tu l'avoueras, de quoi troubler une cervelle plus forte que la mienne. J'ai donc perdu la tête, et mes parents ont un peu abusé de mon égarement pour m'arracher un *oui* presque fatal. Mais, crois-moi si tu veux, même ce mot lâché, je ne perdis pas l'espérance.

— Sur quoi comptais-tu donc?

— Que sais-je? sur l'imprévu, sur l'impossible, sur la fin du monde. Tout me semblait plus vraisemblable qu'un abîme creusé par nous deux entre nous. Et je ne me trompais pas, car nous voilà rejoints par un détour auquel personne n'avait songé. Il n'y a plus d'obstacles entre nous. M. Bonnard s'est retiré à Villevieille, très vexé, mais majestueux, répétant à qui veut l'entendre qu'un jeune homme dans sa position n'épouse pas la garde-malade de M. Pierre Dumont. Quant à la belle Caroline, elle a profité d'un beau jour où le bruit de ta mort courait en ville pour agréer les assiduités du notaire; elle reçoit son bouquet tous les matins et sa visite tous les soirs.

— Grand bien lui fasse! Mais tes parents me pardonneront-ils ta généreuse équipée?

— Il faudra bien qu'ils te pardonnent, puisqu'ils n'ont pas d'autre gendre à choisir. Papa n'est plus jeune, il est fatigué, il a des jours de nostalgie. Le soleil de la Touraine est trop tiède à son gré, il rêve de se griller l'épiderme au grand feu de Provence. Nous possédons là-bas, vers les Martigues, un simple *cabanon* dont il a fait une *bastide*, puis une *campagne* entourée de vignes, de figuiers et d'oliviers, avec la pinède de rigueur. Toutes les économies de la famille y ont passé; mais, par compensation, un vieux couple de bonnes gens qui ne sont ni sots ni manchots y peut vivre à l'aise. Dès qu'ils nous auront mariés, ils s'en iront planter leurs choux ou leurs pastèques. Je crois bien qu'ils regrettent au fond du cœur de ne pas me laisser riche en bien né et acquis, et qu'ils préféreraient le capital de M. Bonnard à toutes tes espérances; mais ils se consoleront bientôt en pensant que je suis la plus heureuse des femmes.

— Ainsi soit-il! Et quand m'épouses-tu?

— Quand je voudrai, grand enfant bête, mais pas aussitôt que tu crois. J'entends et je prétends que mon mari me fasse honneur aux yeux de toute la ville, et il ne me plairait nullement de te porter à la mairie comme une poupée de chiffon. Tu es guéri; le docteur Cazal m'a juré qu'il n'y aurait pas de rechutes; c'est avec une joie quasi-maternelle que je contemple sur l'oreiller ta bonne tête de chien reconnaissant, mais il faudra des mois de bouillon, d'œufs à la coque et de côtelettes saignantes pour te remplumer. Notre sort est entre tes mains : bois, mange, dors, marche quand tu le pourras : répare! Tu ne veux pas que l'on m'accuse d'avoir détourné un majeur, enlevé un faible, et capté un paralytique. Redeviens donc le beau, solide et vaillant gars que tu étais chez Caroline Baron à ta dernière visite, afin que la pécore éclate de dépit dans sa peau neuve de notaresse! C'est bien entendu?

— Si tu veux.

— Eh bien, puisque nous entrons aujourd'hui dans une vie nouvelle, puisque tu n'es plus mon malade, mon patient, mon grand baby plaintif, mais mon prétendant déclaré, mon futur et mon amoureux, je me sauve. Chut! ne crie pas, calme-toi, tâche de comprendre que désormais ma place n'est plus ici. Je vais tout de ce pas réintégrer le domicile paternel, dût-on m'y étriller un peu dans l'allégresse du premier moment. Tu ne me reverras qu'à la fabrique, bâtiment B, deuxième étage, sous les regards farouches, mais pas féroces, de mes parents. Catherine m'apportera mes paquets. Prête-moi ce museau pâle, que je l'embrasse sur les deux joues. A ton tour! c'est assez : le monde a l'œil sur nous. A bientôt, mon grand bonhomme aimé; à toujours! »

Lorsqu'elle m'eut abandonné, je me sentis horriblement seul, et il ne resta plus qu'une idée dans mon cerveau à moitié vide : la revoir, me rapprocher d'elle, rentrer, n'importe comment, par la porte ou par la fenêtre, dans cette ruche laborieuse où elle m'avait donné rendez-vous. J'écrivis de ma main tremblante une lettre à M. Simonnot ; je lui dis que j'étais assez rétabli pour reprendre mes occupations, mais trop délicat pour aller et venir deux fois par jour entre l'usine et la ville haute. Tout s'arrangerait aisément s'il voulait bien me prêter ou me louer deux chambres, pour Catherine et pour moi, à proximité du bureau. D'ailleurs, il me tardait de quitter la maison où ma mère était morte et où personne n'osait venir me voir, tant on craignait encore d'y respirer un air fatal.

Le patron m'envoya chercher le jour même, dans sa vieille voiture à deux chevaux, qui fit événement dans notre rue escarpée. J'y trouvai une boule d'eau chaude et des couvertures à foison ; le cocher m'annonça qu'il avait ordre de revenir au bout d'une heure avec un fourgon pour enlever les meubles auxquels j'étais particulièrement attaché. Ma vieille servante prit soin de m'empaqueter comme un enfant qu'on envoie en nourrice, et elle me suivit à pied.

Tout doucement, au petit pas, car on avait enrayé la voiture, les grands mecklembourgeois de M. Simonnot me traînèrent jusqu'à sa porte, sur le pavé glissant des rues et les colifichets gelés dans la cour.

L'homme froid qui avait fait prendre de mes nouvelles deux fois par jour, mais qui n'était jamais venu me voir, descendit au-devant de moi jusqu'au bas du perron, et pour la première fois de sa vie il me reçut à bras ouverts. Je l'embrassai sur les deux joues, et je me laissai conduire à son cabinet, où il avait fait préparer une légère collation de gâteaux secs et de vieux vin de Bordeaux.

« Mon cher enfant, me dit-il, après m'avoir installé dans son propre fauteuil, cette maison désormais sera la vôtre. Vous y êtes chez vous, un peu par droit de naissance, et beaucoup par droit de conquête. Tout le monde vous aime ici, depuis le maître jusqu'au plus humble de nos manœuvres et au plus jeune de nos apprentis. Toute la population de la fabrique serait allée vous saluer à la grille si je n'étais intervenu pour vous épargner une émotion dangereuse. Vous retrouverez tôt ou tard l'expression des bons sentiments que vous avez inspirés à tout ce monde de pauvres gens ; si votre cœur est un peu frileux, on le tiendra au chaud, et ce sera justice. Quant à votre bien-être matériel, c'est moi qui m'en charge. Ma table sera la vôtre, et j'ai fait préparer pour vous l'ancien appartement de ma fille. La chambre est peut-être un peu blanche pour un garçon, mais vous l'arrangerez à votre guise, et Catherine, qui devient aussi ma locataire, vous aidera. »

J'étais profondément ému de son accueil, d'autant plus que le cher homme ne m'avait pas gâté dans ma première jeunesse. J'acceptai donc cordialement ce qu'il m'offrait, mais en l'avertissant que je n'abuserais pas de son hospitalité, et que je comptais m'émanciper à bref délai par le mariage.

Il accueillit cette nouvelle avec beaucoup d'étonnement et un peu d'embarras : peut-être me croyait-il toujours féru de la volage Caroline. Je le détrompai aussitôt, et je lui déclarai gravement que, sans méconnaître la valeur de ses conseils et l'autorité de ses remontrances, j'avais résolu d'épouser ma petite amie. Son front se rembrunit une seconde, pour s'éclairer aussitôt.

« Bah ! dit-il, ce n'est pas votre dernier mot ; j'en mettrais ma main au feu.

— Et vous vous brûleriez en pure perte. Je sais que Barbe n'est pas ce qu'on appelle un bon parti ; vous me l'avez prouvé dans le temps. Son père, s'il n'est pas précisément le dépensier, le joueur, le bohème que vous avez cru voir en lui, a fait un placement de ses économies qui ne lui permettra jamais de doter ses enfants. Mais que suis-je moi-même ? un capitaliste pour rire et un employé de fabrique, révocable à merci. »

Il reprit solennellement :

« Voilà, mon bon ami, ce qui vous trompe. Et puisque vous m'avez amené sur ce chapitre, oublions, je vous prie, les amourettes, et parlons de nos affaires. Attendez ! »

En deux pas de ses longues jambes, il atteignit une armoire à porte de fer qui s'enchâssait dans la muraille, il l'ouvrit et la referma soigneusement et revint avec un cahier de quinze à vingt pages in-folio.

« Ceci, mon cher, est l'acte de société de MM. Simonnot et Dumont, propriétaires en commun des terrains, des bâtiments, des machines, des modèles, de l'outillage, des marchandises, du fond de roulement et, en un mot, de la faïencerie de Courcy, telle qu'elle est et se comporte aujourd'hui, le tout évalué à deux millions. Vous avez intégralement soldé votre moitié du capital social, tant en argent qu'en services de toute sorte ; la transformation de l'usine est votre œuvre ; c'est vous qui l'avez arrachée à la routine et à la gêne, pour en faire un des établissements les plus beaux et les plus florissants du pays.

— Mais, monsieur, je n'y ai pas mis cent mille francs en tout!

— Eh! qu'importe? c'est grâce à vous que nous occupons quatre cents ouvriers. C'est par vous que le bénéfice net s'est élevé de 25,000 francs par an à 250,000. Il est donc juste que nous partagions en frères le capital et le revenu.

— Je rêve, assurément. Quoi! monsieur, la fabrique à nous deux, sans commandite?

— Pas plus de commandite que sur la main. Je suis seul maître ici, la maison est à moi, je sais ce que je vous dois, et je m'acquitte.

— Dites plutôt que vous m'écrasez sous un présent royal!

— Simonnot fils n'est ni un roi ni un prodigue : c'est un homme d'affaires, voilà tout.

— Mais dans aucun pays du monde on n'a traité les affaires ainsi! Je comprends que vous ayez l'idée de m'attacher à la maison, puisque, sans fausse modestie, j'ai rendu et je puis rendre encore des services. Mes appointements, même grossis de l'intérêt que vous m'avez accordé, sont modestes; je pourrais trouver mieux ailleurs, je le sais, je ne l'ai jamais dit. Mais enfin il y a cent façons de me récompenser et de m'attacher sans m'offrir de but en blanc la moitié de votre fortune. Admettons que vous soyez las du métier, qu'il vous tarde d'aller à Villevieille voir grandir vos petits-enfants : vous pouvez m'établir ici comme gérant, fondé de pouvoirs, que sais-je? Je vais plus loin : je suppose que vous voulez céder le fonds; les acquéreurs ne manqueraient pas, on mettrait l'affaire en actions; nos clients se disputeraient les parts; j'en prendrais quelques-unes, sauf à les libérer par termes, sur mes économies. Mais donner en pur don à un simple employé ce monstrueux engin de production industrielle qui s'écrit en sept chiffres et s'appelle un million, vous n'y avez pas réfléchi, mon cher monsieur Simonnot : c'est un acte de pure folie!

— Assez causé, mon jeune ami. Je ménage le convalescent et je considère l'associé. Montez à votre chambre; ruminez à loisir notre acte de société ; corrigez-le, si vous trouvez qu'il ne fait point votre part assez large; mais si la modestie et le désintéressement vous incitent à rogner sur vous-même, retenez bien mon dernier mot : je suis payé.

— Quoi! payé d'un million?

— Payé, payé, archi-payé! C'est moi qui fais la bonne affaire.

— Vous voulez dire la bonne action!

— Les philanthropes de votre école prétendent que c'est tout un, et par exception, mon très cher, je me trouve d'accord avec eux... »

Il me remorqua doucement jusqu'au premier étage et me laissa en tête à tête avec le projet d'acte dans une chambrette aussi tiède qu'un nid. Je lus et je relus la prose du notaire, et je n'y trouvai rien à reprendre, si ce n'est un contraste effroyable entre les services rendus et la récompense octroyée. Le nom de M. Simonnot était au bout de ce grimoire. Il ne fallait donc plus qu'une signature, la mienne, pour métamorphoser en millionnaire le fils de mes pauvres parents. Signons! nous verrons bien si le grincement de la plume sur le papier nous éveille de ce beau rêve!

Le patron me surprit en contemplation devant son grand cahier.

« Est-ce fait?

— Oui, monsieur. Je ne comprends pas, mais je prends, fermement résolu d'ailleurs à mériter cette fortune. »

Il s'assit devant moi, tisonna un moment et demanda, sans quitter les pincettes :

« Êtes-vous toujours décidé à épouser M<sup>lle</sup> Bonafigue?

— Si je le suis? Ah! mille fois plus que jamais. Encore ce matin, j'avais quelques scrupules; je ne savais pas si j'étais assez riche pour élever une nombreuse famille. On ne vit plus de rien, comme au bon temps du père La France; les besoins vont croissant, le prix des moindres choses a doublé. D'ailleurs, je puis retomber malade, mourir jeune, et alors que deviendrait la pauvre mignonne? Comment élèverait-elle ses enfants? Leur patrimoine était si peu de chose! Maintenant, je ne doute plus, j'ai pleine confiance; l'avenir de mon petit monde est assuré. Ah! monsieur Simonnot, vous êtes un digne homme! »

Il se remit à tisonner en faisant la grimace et en murmurant :

« Tu! tu! tu! Je suis payé. »

Puis, élevant la voix tout à coup :

« Ah çà, mon cher associé, vous ne vous êtes donc pas avisé d'une chose? »

J'attendais. Il reprit :

« Vous ne vous êtes pas avisé qu'un garçon de votre âge et de votre intelligence, lorsqu'il est outillé d'un million par-dessus le marché, a le droit de choisir sa femme entre les plus riches héritières?

— Non; cela ne m'était pas venu à l'esprit.

— L'article manque un peu sur la place de Courcy; mais il y a de belles fortunes à Villevieille, à Blois, à Tours, à Orléans, et dame, un million en vaut un autre. Or un et un font deux.

— Deux millions à moi! Pour quoi faire?

— Ne fût-ce que pour acheter ma part et pour commander seul à la fabrique!

— Vous ne me gênez point, cher monsieur, et je crains bien de n'avoir pas la vocation du pouvoir absolu.

— Soit ; mais on peut entrer dans une famille ancienne...

— Il n'y a pas plus ancien que les Dumont.

— Épouser une jeune personne du monde, qui joue du piano, qui porte bien la toilette...

— J'aime mieux Barbe avec les robes et les chapeaux qu'elle se fait elle-même. Ou plutôt non, je ne l'aime pas mieux, car je n'en connais aucune autre ; je l'aime tout simplement, et c'est mon dernier mot. »

Comme il était homme de sens, il n'insista pas davantage et traita désormais « cette petite sans le sou » en future associée. Ce n'est pourtant pas lui que je chargeai de la demande officielle : il eût été capable de dire à ses subordonnés, les Bonafigue, qu'on leur faisait beaucoup d'honneur. Maman La France s'acquitta de l'ambassade avec cette délicatesse du cœur qui remplace avantageusement l'usage du monde. La paysanne octogénaire ne parla de mon prodigieux avancement qu'après avoir obtenu le *oui* un peu grognon, mais positif, de la famille. Et, lorsqu'elle eut écrasé mes beaux-parents sous le poids du capital, elle eut le bon goût d'ajouter qu'elle avait toujours rêvé leur alliance et qu'elle s'applaudissait d'avoir assez vécu pour voir cet heureux jour.

Ma visite suivit la sienne à une demi-heure d'intervalle, car, si j'étais radieux, je n'étais pas encore fringant, et je ne mettais pas un pied devant l'autre sans avoir tâté le terrain. Barbe m'embrassa comme une folle ; rien de plus intrépide que l'innocence. Maman Bonafigue fut tout miel, et le vieil emballeur me prodigua les assurances de son *respèque*. Après quoi l'on parla d'affaires.

Sans arrêter la date du mariage, qu'il fallait bien subordonner à mon rétablissement complet, on convint unanimement que je ne pouvais pas m'installer avec une femme dans le petit appartement de M<sup>lle</sup> Simonnot. Le couple provençal offrit de me céder la place et d'évacuer peu à peu le mobilier sur les Martigues, tandis que les reliques de mes pauvres parents descendraient de la ville haute, une à une, sans se presser. L'appartement était neuf et assez bien décoré ; j'avais le temps de l'embellir au gré de Barbe et à ma fantaisie. Mon cousin Charles, qui devenait bientôt chef de service, garderait sa chambre au troisième, en attendant qu'on lui trouvât un logis assez vaste pour héberger ma tante et mon vieil oncle Joseph.

Le patron, je veux dire mon associé, approuva nos projets par le menu aussitôt qu'il en eut connaissance. Je ne lui cachai pas que je me proposais d'attirer peu à peu autour de moi tous les Dumont qu'on pourrait employer

IL S'ASSIT DEVANT MOI, TISONNA UN MOMENT.

à la fabrique ; il répondit avec une bonhomie toute nouvelle : « Faites, mon cher. N'êtes-vous pas chez vous ? Je suis sûr que vous ne sacrifierez jamais nos intérêts communs au bien-être de votre famille. Du reste, on est content de Victor au magasin, et Charles a fait son chemin à travers les tonneaux d'emballage. Si vos autres cousins sont capables comme ces deux-là, ils seront les bienvenus parmi nous. Le temps approche où je ne vaudrai plus grand'chose : entourez-vous donc d'hommes sûrs et dévoués. »

Je repris peu à peu mes occupations, non pas à la caisse, où l'on m'avait parfaitement remplacé en mon absence, mais dans les ateliers, autour des fours et partout. Ce travail de surveillance générale fut secondé par toute la population de l'usine, artistes, employés, ouvriers, apprentis. On ne se contentait pas de témoigner à ma pauvre personne endolorie cette sympathie banale qui coûte peu : c'était à qui travaillerait de son mieux pour m'épargner la fatigue et l'ennui des remontrances. Un chef d'équipe, en tirant les oreilles d'un apprenti qui avait cassé une grosse pièce, lui disait : « Animal ! tu veux donc que M. Dumont se fasse de la bile ? » Je surpris au vol cette objurgation, et j'en fus profondément touché. Les bambins des deux sexes qui suivaient nos cours du soir m'appelaient entre eux le petit père Dumont, malgré ma taille d'un mètre quatre-vingts. Les ouvrières ne s'adressaient qu'à moi lorsqu'elles avaient besoin d'un secours ou d'une avance. L'économat, qui avait résolu en partie le problème de la vie à bon marché, était désigné sous le nom de « boutique à Dumont. » Voilà ce qui aurait flatté mon pauvre père !

Le caractère de M. Simonnot était méconnaissable. Non seulement cet homme entier jusqu'à l'absurde ne semblait pas jaloux de ma popularité, mais il prenait un étrange plaisir à me pousser au premier plan, à s'effacer derrière moi, à se faire petit garçon : vous auriez dit que le pouvoir n'avait plus de charmes à ses yeux depuis qu'il était partagé. Moi, je ne pouvais pas oublier que cet homme quinteux m'avait tiré de la poussière, et je refusais obstinément d'usurper la moindre chose sur mon bienfaiteur. Peine perdue ! Il est peut-être plus difficile de retenir un découragé qui aspire à descendre que d'arrêter l'ambitieux qui veut monter.

Deux jours avant mon mariage, il me retint après déjeuner. J'étais toujours logé dans sa maison, et nous faisions table commune. « Mon jeune ami, me dit-il, j'ai encore une affaire à vous proposer. »

Je sautai sur ma chaise en riant, et je lui demandai s'il allait m'offrir la deuxième moitié de la fabrique.

« Tout juste ! me répondit-il. Écoutez bien. Plus nous allons, plus je me sens dépaysé ici. Sauf mon habitation, tout est neuf dans ces bâtiments qui m'entourent et dont les plans ne sont pas de moi. Ces machines que vous avez inventées ou importées ne me connaissent pas plus que je ne les connais. Tous les procédés de fabrication sont changés; la matière première elle-même est un composé d'éléments où j'ai du mal à retrouver la bonne vieille argile de ma jeunesse : votre laboratoire de chimie fait dresser mes derniers cheveux sur la tête ; quant au produit manufacturé, il n'a rien de commun, sauf le nom, avec cette faïence que j'ai fabriquée de père en fils. En un mot, je ne suis plus de la maison que comme propriétaire d'une partie du capital. Depuis que vous avez la haute main, je ne commande pas, je commandite. La seule différence entre un commanditaire et moi, c'est qu'il est libre d'aller et de venir, de transporter son domicile où bon lui semble, de vivre avec les siens, de se lever quand il lui plaît, de ne pas écouter la cloche, de ne pas assister au défilé bruyant et poudreux des ouvriers. Eh bien, rendez-moi le service de m'affranchir ; délivrez-moi d'un métier que j'aimais autrefois, mais que j'ai pris en grippe. Je vous ai mis dans la fabrique ; mettez-moi dehors, et, foi de Simonnot, nous serons quittes. »

Après m'être assuré qu'il parlait sérieusement, je répondis que je n'avais rien à lui refuser et que je ferais valoir ses capitaux avec un zèle infatigable.

« Non ! reprit-il, ce n'est pas encore ce que je veux. J'aime mieux vous vendre ma part, au juste prix, et réaliser mon avoir dans un délai raisonnable. En dix ans, par exemple ; engagez-vous à me payer dix fois 125,000 fr. pour le capital et les intérêts, et donnez-moi première hypothèque : je partirai demain.

— Cher monsieur, l'affaire est trop grave pour qu'on la tranche au pied levé. Rien ne presse d'ailleurs, car nous serions désolés et mortifiés, Barbe et moi, si vous n'assistiez pas à notre mariage. Je consulterai ma nouvelle famille, je m'interrogerai moi-même, et le 1$^{er}$ septembre prochain (nous étions au 20 août) vous aurez une réponse.

— Soit, mais décidez-vous ! J'ai preneur. »

Le même jour, il m'arriva de San-Francisco une lettre signée Basset. Mon excellent ami n'en était plus à m'adresser ses condoléances sur la mort de ma mère, ni même ses compliments à propos de mon mariage. Je lui avais annoncé la bonne et la triste nouvelle aux premiers jours de ma convalescence, et il m'avait répondu avec tout son cœur. Comme tous ceux qui m'aimaient pour moi, il me destinait de tout temps à épouser « sa chère petite Bonafigue », et il ne m'eût jamais pardonné d'en choisir une autre.

« Elle mérite d'être ta femme, disait-il, rien que pour avoir enlevé à la barbe de ces chenapans notre arbre de la liberté. »

Maintenant que le grand jour était proche, le bon Basset se désolait de n'avoir pas un présent de noces à nous offrir. Il promettait de boire un fort coup à la santé des heureux époux, mais c'était à peu près tout ce qu'il avait à notre service. Dans ce pays bouleversé, les sauvages n'avaient plus d'industrie, et les Européens n'en avaient pas encore. Le seul produit un peu intéressant était celui dont j'allais recevoir un échantillon entre deux gendarmes. Il citait à ce propos, en le modifiant un peu, le refrain d'une vieille romance :

> Et si je ne suis pas là,
> Mon baril du moins y sera.

« Je ne sais pas si l'on sert encore des dragées aux noces de France. Les miennes vous paraîtront un peu dures, mes chers enfants, mais ce n'est pas une raison pour les jeter par la fenêtre ; cela se fond. »

Le petit tonneau mystérieux arriva le lendemain matin dans une voiture du chemin de fer sous l'escorte d'un employé et de deux gendarmes. Il pesait environ cent kilogrammes ; les dragées qu'il contenait étaient des pépites d'or pur, absolument semblables à celles de M. Simonnot ; il y en avait pour 300,000 francs.

Mon associé, qui semblait familier avec ce genre de monnaie, l'accepta sans difficulté comme acompte et réduisit le surplus de ses prétentions à 800,000 francs, payables en huit ans. Moyennant quoi, le greffier de la mairie inscrivit sur le registre de l'état civil : « Barbe-Luce Bonafigue, sans profession, et Pierre Dumont, propriétaire de la faïencerie de Courcy. »

M. le comte de Taillemont, député, chambellan et maire, montra qu'il était gentilhomme en refusant de nous marier lui-même. Il délégua son deuxième adjoint, un marchand de fourrages, qu'il avait eu longtemps pour cocher. Mais les noces n'en furent pas moins brillantes ; la ville et la fabrique avaient envahi la mairie et toutes les rues d'alentour. Riches et pauvres voulaient nous embrasser ou nous serrer les mains ; il n'y manquait que les fonctionnaires et les mouchards ; encore Martin-Sec se montra-t-il en grand uniforme, à distance respectueuse.

J'avais mis en réquisition, moyennant finance, toutes les voitures de la ville et quelques-unes des environs. Elles formaient un cortège bizarre par l'âge et la variété des modèles, dont quelques-uns dataient du premier Empire. Cinquante-six Dumont des deux sexes s'y empilaient tant bien que mal, en redingote, en habit noir, en veste, en blouse, les femmes en robes de soie, de lainage ou de cotonnade, selon la condition de chacun. Maman La France était la plus belle de toutes et la plus triomphante aussi, dans son costume de 1796. L'oncle Louis, le riche cordier, était là, avec sa femme, ses enfants et ses petits-enfants; la tante Rosalie avait amené son mari, le charron de Grancey, et une nombreuse postérité. *Item*, l'oncle Joseph et tous ceux de Launay; l'oncle Bernard, cordonnier à Courcy, sa femme et leurs cinq filles, dont deux mariées; l'oncle Cadet, le canut de Lyon, veuf avec trois enfants; je leur avais payé le voyage. Ma vieille Catherine, ai-je besoin de l'indiquer? faisait corps avec la famille.

Les Bonafigue étaient quatre en tout, comme le jour de l'incendie. Jean avait obtenu, non sans peine, une permission de quinze jours pour assister au mariage de sa sœur. C'était un charmant garçon, pas trop grand, mais bien fait, cambré, svelte et nerveux, à l'œil brillant, à la moustache noire; un amour d'officier français; mais, hélas! l'épaulette à gauche, et pour longtemps; mauvaises notes politiques! Mes témoins étaient M. Simonnot et le docteur Cazal; ceux de Barbe, M. Vinot et le greffier, vieil ami de nos deux familles.

Après avoir signé l'acte solennel et irrévocable qui de deux vies n'en fait plus qu'une, je montai seul avec ma femme dans la voiture de M. Simonnot, et, suivis d'une centaine d'invités, nous reprîmes le chemin de la fabrique. Un festin pantagruélique, comme on n'en sert plus qu'en province, nous attendait dans une vaste salle du rez-de-chaussée, tendue de toile écrue et décorée de feuillage et de drapeaux. Les fillettes de notre école professionnelle offrirent un bouquet à leur nouvelle patronne en chantant une cantate absurde et ampoulée qui nous fit tous pleurer comme des veaux. Je m'apprêtais à recevoir de nos garçons une semblable bordée, mais ils m'en firent grâce, les vauriens! C'est sur la table même du banquet qu'on avait préparé ma surprise.

Je demeurai saisi en découvrant un magnifique service entièrement inédit, le plus beau qui fût jamais sorti des fabriques de France et d'Angleterre. Il était décoré de toute une collection d'orchidées et d'oiseaux exotiques, et sur chaque pièce on avait remplacé le chiffre du destinataire par un médaillon où le profil de Barbe et le mien s'appliquaient l'un sur l'autre, comme dans les camées antiques.

Devant ma place, en guise de menu, se dressait sur trois pieds une pancarte de faïence qui simulait un papier de Hollande un peu roulé aux coins et imperceptiblement fripé. Une main très savante y avait peint en lettres gothiques de sept couleurs l'adresse que voici :

« *Monsieur Pierre Dumont!*

« Les artistes, les employés, les ouvriers et ouvrières, les apprentis et apprenties de la fabrique se sont unis et cotisés pour vous offrir ce témoignage de respect et d'amitié. Ils vous souhaitent de tout cœur, ainsi qu'à M<sup>me</sup> Dumont, des jours heureux et une nombreuse famille. Puissiez-vous être continué par vos enfants comme vous continuez votre regretté père, mort ici dans un acte de courage et d'humanité. »

Barbe, qui avait lu avec moi, devina que j'éprouvais le besoin de répondre à ces bonnes paroles. Nous étions tous debout autour de la table; je distinguais vaguement les chefs de service et les artistes de l'usine à leurs places et un groupe d'ouvriers des deux sexes empilés avec leurs enfants aux deux portes de la salle, et je me dandinais assez niaisement, comme font les orateurs inexpérimentés. La petite femme me tirait par un pan de mon habit; elle se haussait sur la pointe des pieds pour murmurer à mon oreille : « Ne dis rien! ne dis rien! » mais trop tard : j'étais déjà parti.

« Mes amis! mes bons chers amis! C'est une trahison. Vous m'avez pris au dépourvu. Je suis profondément touché, et cependant la parole me manque pour vous remercier d'une manifestation si... magnifique et si... sympathique. Mais nous sommes gens de revue, et... certainement, un jour ou l'autre, vous me payerez ça! »

On applaudit sans trop comprendre, et l'on s'assit.

« Là! me dit la petite méchante, je t'avais prévenu; tu as pataugé. Voilà ce que c'est que de désobéir à sa femme. Laisse-toi donc aller, grand bête! fais comme moi : pleure! Deux gouttes d'eau salée sur les joues sont mille fois plus éloquentes qu'un discours. »

Sur ce, le potage apparut. Et, comme les convives étaient gens de bel appétit, on mangea et l'on but jusqu'à cinq heures de relevée.

Mes beaux-parents avaient pris leurs mesures pour nous quitter sans cris et sans déchirements, par le train de six heures quinze. Tandis que Barbe mettait un déshabillé de ville pour les conduire à la gare, je tirai M. Bonafigue dans un coin et je lui dis :

« Cher monsieur, nous n'avons pas encore tout réglé.

— Té! mon bon, que veux-tu encore? Faudra-t-il que je t'offre meilleur, plus neuf et plus beau que ce que je t'ai donné? Je t'avertis qu'il n'y a pas *mèche*.

— Je ne réclame rien; au contraire, je vous redois.

— Ah çà, me prendrais-tu pour un oncle de Lyon? Monsieur se flatte apparemment de nous payer notre voyage?

— Non. Changeons de ton, s'il vous plaît. Ce n'est pas le gendre qui parle, c'est le patron.

— Oh! alors mon *respèque!*

— Comme gendre, monsieur, je trouverais malséant de vous offrir mes petits services, dont vous n'avez nul besoin, on le sait.

— A la bonne heure! Si tu voyais le paradis que je me suis arrangé là-bas! si tu connaissais les Martigues! Plus beau que Marseille, mon cher! moins bâti, mais cent fois plus beau. Et la pêche! et la chasse! Des douze hirondelles par jour, sans compter les moineaux et semblable gibier à plume. C'est simplement l'abondance qui m'ouvre ses bras.

— J'en suis fort aise, et d'ailleurs, comme vous ne m'avez pas vendu, mais donné votre charmante fille, je ne me reconnais pas le droit de vous enrichir.

— Tu es un bon garçon. C'est en Algérie que les maris payent des dots à leurs beaux-pères.

— Mais c'est le patron qui vous parle, tête de bois!

— J'allais l'oublier. Mon *respèque!*

— La fabrique, monsieur, sans prétendre rivaliser avec les administrations publiques, a le droit et le devoir de servir des pensions de retraite aux bons employés qui lui ont consacré une partie de leur existence.

— Le devoir? Je ne sais pas trop, car enfin il n'y a jamais eu de retenue proportionnelle; mais le droit peut se soutenir.

— Je m'y renferme. Eh bien, monsieur le chef du service des emballages, avez-vous consacré tout votre temps, toutes vos forces, toutes vos capacités au bien de la maison?

— Celui qui soutiendrait le contraire!...

— Parfait. Je ne vous demande pas si vous vous êtes contenté de vos modestes appointements sans chercher des profits illicites.

— Troun de l'air!

— Ne nous fâchons pas! Alors force vous est de reconnaître que, comme M. Courtois, comme M. Vinot et comme plusieurs autres employés de notre maison, vous avez mérité de toucher jusqu'à la fin de vos jours les trois quarts de votre traitement d'activité?

— Mille écus! A moi, mille écus de rente viagère! Tu plai..., vous plaisantez, je crois?

— Le patron de la fabrique de Courcy ne plaisante jamais.

— L'autre, non; ça c'est vrai. Mais vous! mais toi! Sangodémi! Si je m'étais attendu à celle-là! C'est qu'avec mille écus de rente on est richissime aux Martigues. J'armerai des navires; je ferai la traite des anchois; je t'enverrai de la boutargue; tu boiras de mon vin, noir comme taupe et épais à couper au couteau! Tu recevras en plein hiver des melons quinze fois plus gros qu'une calebasse, bagasse! Allons trouver ma femme et lui conter la grande nouvelle. Elle partage mes principes. Du gendre, pas un sou. Du patron, tout ce qu'il voudra dans sa générosité magnanime! »

Cet incident répandit un peu de gaieté sur la séparation. Barbe se consola du départ de ses parents en pensant qu'ils seraient heureux dans leur paradis de poussière et qu'ils n'y manqueraient de rien, grâce à nous.

Je terminai, pendant que j'étais en train, tous mes arrangements de famille. L'oncle Auguste, ou Cadet, reçut à titre de prêt la somme assez modeste dont il avait toujours eu besoin pour acquérir deux ou trois métiers et s'établir fabricant à son compte. Victor, le fils aîné de ma tante Rosalie, était déjà chez moi; je pris encore un de ses frères, et ces deux bons garçons promirent d'acheter sur leurs économies la maison de Grancey que leur père tenait à loyer. En attendant, je fis l'avance. L'oncle Joseph, avant de prendre ses quartiers de vieillesse à la fabrique, voulait établir sa fille aînée : on avait le mari sous la main, mais la dot manquait. J'insinuai à Charles qu'il lui appartenait de doter sa sœur et que c'était le devoir d'un bon frère. Il accepta de bonne grâce une retenue de cinquante francs par mois pendant trois ans, et je versai 2,000 francs pour faire la somme ronde. Il ne me restait plus qu'à retenir maman La France auprès de nous, mais j'y perdis mon latin. Ses habitudes étaient prises, elle voulait obstinément mourir dans son village. On eut beau lui prouver qu'elle s'y ennuierait toute seule après le départ de Joseph; elle ne se décida jamais à quitter la maison tapissée de lierre où elle avait élevé ses enfants et fermé les yeux de son mari. Tout ce que je gagnai sur cet entêtement respectable, ce fut la permission de meubler un peu le logis, de le ravitailler à ma guise et d'y mettre une servante choisie, la propre nièce de Catherine, qui conduisit tout doucement ma chère vieille jusqu'à l'âge de quatre-vingt-seize ans.

Lorsque tout fut réglé au contentement de chacun, la famille prit congé de nous. Il était dix heures du soir, l'heure tranquille, honnête et sage où la province se met au lit.

Barbe, en entrant dans notre chambre, qui avait été celle de ses parents, devint très sérieuse; elle se mit à penser tout haut :

« Tu ne les connais pas, me dit-elle, ces deux pauvres oiseaux déplumés qui se sont envolés ce soir pour nous laisser leur nid tout chaud. Un gendre ne voit que les travers de ses beaux-parents. Ils sont bons comme le pain;

ils m'ont choyée, ils m'ont gâtée! Je t'apprendrai à les apprécier et à les aimer comme j'aimais ta chère maman. C'est elle qui serait heureuse si elle pouvait voir tout le bien que tu fais autour de nous. Tu as hérité de ton père, aujourd'hui; tu as repris la suite de ses affaires. Je ne suis pas superstitieuse, mais il me semble que cette pluie de bénédictions sur nos deux têtes nous portera bonheur. Cependant je ne me sens pas aussi gaie que je devrais l'être. Pourquoi? Peut-être tout simplement parce que le mariage est chose grave et que la fondation d'une famille est l'acte le plus solennel de la vie. Nous allons dormir côte à côte dans ce grand lit que tu as commandé exprès pour nous. Je n'ai pas peur de toi; bien au contraire : j'aime à penser que nous serons ainsi toujours l'un avec l'autre, jusqu'au jour de l'inévitable séparation. Pourtant il faudra tôt ou tard qu'un de nous deux y reste seul. Pierre, mon bien-aimé, promets-moi que je mourrai la première!

— Égoïste! Regarde-toi donc au miroir, et dis-moi si cet être jeune, brillant et fougueux n'a pas cent ans à vivre! »

Les fêtes de notre mariage se prolongèrent, en s'éteignant, jusqu'à la fin de la semaine. Jean, mon beau-frère, partit le dernier, après tous les Dumont de la terre. Il avait si souvent partagé ses billes et ses confitures avec moi que je ne craignis point d'offrir, ni lui d'accepter un léger supplément de solde. L'État, je ne sais trop pourquoi, condamne les officiers français à s'endetter un peu tous les ans jusqu'au grade de capitaine. Il suffirait d'ajouter une bagatelle à leur nécessaire; trop exactement calculé, pour leur donner le repos et l'indépendance. La pension que je servis à Jean se bornait à un chiffre minime, pour ne pas dire dérisoire; elle fit cependant de ce charmant garçon un officier tranquille, aisé, libre de souci, tout à son devoir, ce qu'on appelle au régiment un jeune homme bien de chez lui.

Pendant tout le mois de septembre, M. Simonnot fit ses paquets. Cet homme inexplicable, qui m'avait jeté à la tête une moitié de sa fortune et qui m'avait vendu l'autre moitié en chipotant comme à la halle, voulait absolument me céder ses vieux meubles, ses vieux rideaux, ses vieux tapis, sa vieille batterie de cuisine, ses vieux chevaux et sa vieille voiture, le tout à des prix d'affection, c'est-à-dire au double de la valeur réelle. Je fus tenté un moment de me faire écorcher par simple nonchalance, pour entrer dans une maison toute meublée et ne pas recommencer mon installation. Mais, après quelques jours de réflexion, je m'en tins au précepte de Musset, ce fou plein de cœur :

> Que tout vous soit nouveau quand la femme est nouvelle !

Et je me donnai à moi-même un an pour construire et capitonner le vrai nid.

La maison était grande et solidement bâtie, mais sans aucun caractère et assez mal distribuée. J'en refis les façades à grand renfort de majolique polychrome. Partant de ce principe que l'enseigne d'un faïencier doit être la faïence, je me logeai derrière une collection de carreaux riches, brillants et variés comme une carte d'échantillons. On nous en mit par-dessus la tête, c'est-à-dire que la poterie vernissée remplaça agréablement la tuile rouge.

Le rez-de-chaussée fut consacré à l'administration, le premier étage à la réception, et le deuxième à l'habitation proprement dite. Le cabinet de M. Simonnot fut lambrissé de vieux chêne, égayé par quelques vitraux et flanqué d'un jardin d'hiver où j'entrais de plain-pied lorsqu'il me prenait fantaisie de dégourdir mes muscles sans sortir au grand air. Je plaçai les archives de la maison dans une salle voisine qui devait servir de bureau à mon secrétaire particulier. Il y avait ensuite une bibliothèque de prêt, pour instruire et pour amuser le personnel de la fabrique, et l'aile droite s'arrêtait là. En traversant le vestibule, on trouvait deux vastes galeries adossées l'une à l'autre. La première renfermait la série complète de nos produits et la collection de tous nos cuivres gravés pour l'impression de la faïence; la seconde était destinée à un petit musée où je me promettais de loger des spécimens de l'art céramique empruntés à tous les temps et à tous les pays.

La distribution du premier étage fut une erreur assez coûteuse, mais qui nous occupa fort agréablement, ma femme et moi. Après la cuisine, l'office, la lingerie et une grande salle à manger décorée de quatre panneaux symboliques (la moisson, la vendange, la chasse et la pêche), j'eus la malencontreuse idée de construire, d'orner et de meubler trois salons et un boudoir. Ces trois coquins de salons étaient de taille à contenir huit cents personnes, c'est-à-dire huit fois plus de bourgeois des deux sexes qu'une battue en règle n'en eût ramassé dans Courcy. Quant au boudoir, une merveille de luxe et de confort, Barbe n'y entra pas quinze fois en quinze ans.

Nos chambres à coucher, en revanche, étaient aussi commodes qu'élégantes; je m'étais inspiré des Anglais, ces grands maîtres dans l'art du confort. Monsieur et madame occupaient une vaste pièce au milieu de la maison, sur le devant, avec trois fenêtres de façade. Un lit aussi large que long, 2 mètres 30 dans tous les sens, était debout, la tête au mur, entre deux consoles de marbre blanc pour la lampe et le livre du soir; un mobilier très simple et très solide en chêne laqué, blanc et bleu; deux grandes glaces appliquées au mur pour la toilette de madame; dans la cheminée, un grand feu de gaz enfermé par une grille de fer forgé. Une pendule et deux flambeaux de vieux saxe, un petit lustre de verre de Venise; la tenture et les rideaux de perse claire, renouvelés et lavés tous les trois mois, un tapis gris piqueté de rouge qui couvrait tout l'appartement, sauf le cabinet de toilette, qui était revêtu de nattes de Chine du haut en bas.

Ce luxe infiniment plus simple, mais aussi plus hygiénique que le capitonnage à la mode, était du goût de ma femme et du mien. Et, comme nul que nous et Catherine ne montait l'escalier du second étage, nous n'avions pas à tenir compte de l'opinion d'autrui. Je soupçonne pourtant que notre cabinet de toilette aurait pu faire des jaloux avec ses marbres purs, ses faïences gaies, les torrents d'eau chaude ou d'eau froide qu'on y faisait venir à volonté, rien qu'en touchant un bouton de cristal, et sa grande baignoire de bronze, où je me lavais en athlète, de pied en cap, suivant le précepte et l'exemple de mon bon père le charpentier.

La *nursery*, construite pour loger un peuple de jeunes Dumont, nous bornait à droite et à gauche. Barbe avait fait passer de terribles quarts d'heure à l'architecte : « Il faut, vous m'entendez, que j'aie la main sur mes petites filles. Cependant vous n'allez pas reléguer mes grandes filles à un kilomètre de leur mère ! Et mes garçons, monsieur ? Je compte les nourrir aussi, sans toutefois les garder dans ma chambre : le repos du père est sacré. Arrangez-vous de telle façon que la nourrice sèche puisse me les apporter sans éveiller personne lorsqu'ils auront besoin de moi. »

L'architecte fit de son mieux, et son mieux n'était pas trop mal, en vérité, pour la province. Mais on ne peut pas tout prévoir. Savait-il, le pauvre homme, en décorant le boudoir de ma femme, qu'elle ne me quitterait jamais d'une semelle, vivrait pour ainsi dire dans ma poche, apporterait sa chaise basse et ses petits ouvrages d'aiguille dans le cabinet du patron, dépouillerait la correspondance, répondrait aux clients, et économiserait à la maison Dumont la dépense d'un secrétaire ?

Pouvait-il deviner surtout que ces jolies chambres d'enfants, achevées avec tant de soin, surveillées avec tant d'amour au moment de l'Exposition universelle de 1855, seraient encore inhabitées en janvier 1860 ?

Tout allait pourtant à merveille dans la fabrique et dans la maison. Nous avions obtenu la grande médaille d'or à Paris pour le service d'orchidées et d'oiseaux, sans le camée du milieu, bien entendu. La demande nous débordait ; notre faïence était vendue avant d'être cuite : les étrangers la disputaient aux nationaux. Mon personnel, toujours croissant, arrivait à 580 ; mes bénéfices m'avaient permis de solder M. Simonnot avant le terme convenu. J'étais non seulement maître chez moi, mais propriétaire sans hypothèques. Et pas d'enfant ! Pas même, en près de six années, une vague et fugitive espérance ! Et Barbe avait si bonne mine ! Elle était si jolie, si gaie ; elle faisait ses trois repas d'un si brillant appétit! Nous nous aimions tant! Je la vois, assise à ma droite dans la victoria neuve que je lui avais fait venir d'Orléans. En entrant dans la grande avenue qui coupe en deux le bois du Lézard, elle me dit :

« Tu crois peut-être que je ne pense à rien, parce que je ne bavarde pas. Eh bien, tu te trompes, grand bête! Je me disais justement : Il est bon et il m'aime, ce mari que j'ai là. C'est lui qui m'a donné la voiture et les chevaux bai-cerise, et le cocher en livrée vert-bouteille. Sans lui, je n'aurais rien de tout cela ; je ne suis pas née pour faire la dame ; mais il me gâte, il m'aime, il est bon ; je ne mérite pas d'être à lui ! »

Au cours des deux premières années, nous parlions à toute minute des enfants que nous aurions. Puis l'habitude nous en passa ; Barbe ne m'arrêta plus dans nos promenades pour me faire admirer un morveux barbouillé de raisiné, qu'elle embrassait. Ce fut ensuite à qui de nous deux dirait le plus de mal de cette abominable marmaille qui casse tout dans la maison, s'oppose au travail sérieux, trouble l'intimité des parents. Nous nous trouvions très bien ainsi, on ne pouvait pas être mieux, l'invasion d'un intrus gâterait la parfaite ordonnance de notre vie.

N'importe ; il y avait des jours où la maison nous semblait bien déserte, et d'autant plus déserte qu'à nous deux nous ne faisions qu'un. J'aurais donné de bon cœur la moitié de ce que je possédais pour voir rouler une poupée sans bras dans l'escalier ou rencontrer un cheval de carton sur trois pattes à la porte de mon cabinet.

## CHAPITRE XIV

### LA FAMILLE

M. Cazal, mon médecin, devenu mon ami, m'avait dit quelquefois, dans les premiers temps de mon mariage : « Je ne vous souhaite pas d'être père trop tôt. » Peut-être *craignait-il* que le goût de l'argent, surexcité par l'esprit de famille, n'étouffât peu à peu mes sentiments d'humanité et ne me rendît aussi dur que M. Simonnot et tant d'autres riches patrons. Le fait est que mon stage, infiniment trop long à mon gré, ne fut pas perdu pour tout le monde. Un homme sain d'esprit épargnera sans doute pour lui-même, mais il ne liardera jamais qu'au profit de ses héritiers directs.

De 1855 à 1860, n'ayant que des collatéraux à pourvoir, je m'occupai pour ainsi dire exclusivement de ma grande famille ouvrière. J'organisai une société de secours mutuels et je la dotai ; je savais que dans le prolétariat c'est le premier argent qui coûte. La caisse d'épargne de Courcy n'avait pas grand succès avec ses quatre pour cent d'intérêt ; elle ne servait guère qu'à recéler les profits illicites des cuisinières. Je lui fis concurrence en empruntant les économies de nos ouvriers à un taux que la loi n'a prévu que pour l'interdire. Ces braves gens devinrent tous des usuriers sans le savoir, car ils prêtèrent à dix pour cent. Peu m'importait de payer l'argent cher, puisque mon capital produisait au moins dix ; d'ailleurs l'essentiel était de rendre l'épargne attrayante : une fois le pli pris, le petit capital ébauché, on peut laisser le prolétaire à lui-même ; il a le cœur bourgeois. Tous les chefs de famille que j'occupais chez moi assurèrent leur vie ; il m'en coûta une légère subvention, mais j'y gagnais encore, puisque les orphelins ne furent plus à la charge de la fabrique. Mon personnel, largement payé, nourri et vêtu à bon compte, ne s'aperçut pas du renchérissement général. Ce fléau du second Empire, attiré par la dépréciation de l'or et de l'argent, par l'achèvement des chemins de fer, par les grèves, passa près d'eux sans les toucher. Mais j'eus à lutter vaillamment contre le mal de l'agiotage, contre les placements aléatoires, contre ces abominables loteries à 25 centimes, qui ont volé des millions aux pauvres et aux ignorants.

Pour donner une satisfaction légitime à ce goût de l'*alea*, cet amour de l'éventuel qu'on trouve au fond du cœur de tous les hommes, j'instituai les gratifications d'inventaire. C'était le partage inégal, mais équitable, d'un tantième de mes bénéfices entre mes collaborateurs. Les éléments essentiels de ce travail étaient la prospérité de l'usine et le mérite des parties prenantes ; toutefois on faisait entrer en ligne de compte la situation personnelle du travailleur et particulièrement ses charges de famille. J'associais ainsi la main-d'œuvre et le capital, le travail roulant et le travail consolidé ; mais je le faisais à titre purement gracieux, sans permettre à qui que ce fût de s'ingérer dans mes affaires et sans reconnaître aucun droit sur le gain à ceux qui n'avaient pas risqué la perte.

Tout cela marchait à merveille, et Basset, mon grand conseiller, m'applaudissait de loin comme le modèle des patrons, lorsque j'eus enfin le bonheur d'être père.

Pierre est né le 12 mai 1860, à huit heures du matin, par une pluie battante. Je me vois encore, nu-tête, en pantoufles, courant comme un fou sous l'averse, de la maison aux bureaux, des bureaux aux magasins, des magasins aux ateliers, des ateliers aux fours, et criant à qui voulait l'entendre : « Messieurs ! mes amis ! mes enfants ! j'ai un fils ! Oncle Joseph, vous avez un petit-neveu ! Charles, tu as un petit-cousin ! Victor, j'ai un fils ! Venez tous que je vous montre mon fils. »

Les employés me félicitèrent, la famille m'embrassa, les ouvriers poussèrent des vivats à n'en plus finir : « Vive M. Dumont ! vive M$^{me}$ Dumont ! vive le petit Dumont ! » Un des plus vieux me dit en me serrant la main : « Ma foi ! patron, vous avez assez fait pour les autres : il était temps de penser à vous. »

J'allai, je vins, je courus ainsi pendant une heure, jetant à tous ces braves gens le trop-plein de ma joie, mais revenant sans cesse à la maison, pour m'assurer que Barbe se portait bien et que l'enfant était toujours là. Pomponné par les mains de Catherine, il dormait sur mon oreiller, tout près de sa chère maman, qui ne me parut jamais plus jolie. Elle était rose, elle était fraîche, ses yeux brillaient ; la voix seule semblait un peu languissante lorsqu'elle me disait :

« Papa, tu n'es pas raisonnable de courir ainsi sous la pluie. Tu veux donc enrhumer le père de mon enfant? »

Catherine me forçait de me changer, le docteur me faisait asseoir, mais je ne tenais pas en place. J'aurais voulu être partout, et cependant je n'étais bien que là, au pied du lit.

Nous trouvions tous que Pierre était énorme et qu'il devait peser très lourd. M. Cazal hochait la tête : « C'est un enfant comme les autres, ni gros ni petit, ni fort ni faible, mais bien bâti : on peut s'en contenter tel qu'il est.

— Il ressemble à son père, disait Barbe.

— Non, répondais-je ; c'est tout ton portrait. Voyons, docteur !

— Vous n'y entendez rien ni l'un ni l'autre, mes amis. Cet illustre héritier ressemble, pour le moment, à tous les jeunes messieurs de son âge ; il est sensiblement moins beau qu'un chat ou un chien nouveau-né, et il a l'air d'une cerise à l'eau-de-vie.

— Fi ! l'horreur !

— O les illusions ! tant paternelles que maternelles ! »

Ma chérie, qui pensait à tout, me dit :

« Fais atteler le coupé ; il faut que tu ailles à Launay embrasser maman La France et nous l'amener, si tu peux. Tu passeras par la mairie, pour déclarer ton fils, et tu annonceras la nouvelle à l'oncle Bernard. Entre au télégraphe et envoie une demi-douzaine de dépêches à nos autres parents ; je sais que tu n'oublieras ni Jean, ni les bons vieux des Martigues. Ce soir, tu écriras à Basset et à tous les amis. A propos ! L'ancien maire, qui t'a adopté au nom de la ville, M. Morand, a droit à une visite. Le pauvre homme est cloué dans son fauteuil depuis bien des années : raison de plus pour l'aller voir. »

Quelle femme ! elle ne songeait qu'aux devoirs et aux bienséances. Au lieu de se dorloter comme tant d'autres et de prendre un repos qu'elle avait bien gagné, elle travaillait, travaillait dans son infatigable petite tête.

J'exécutai tous ses commandements de point en point, et je suivis l'itinéraire qu'elle m'avait tracé, mais ce ne fut pas sans faire bien des crochets. La pluie avait cessé, on voyait quelques passants dans les rues de Courcy, et j'étais incapable de saluer tout simplement les visages de connaissance. Bon gré mal gré, il me fallait arrêter la voiture, sauter sur le pavé, raconter la nouvelle, embourser des compliments, échanger des poignées de mains. L'homme heureux ne connaît pas d'indifférents, il ne rencontre que des amis.

La maman Dusommier, papetière, qui vendait des jouets d'enfants, me salua du seuil de sa boutique. Je m'arrêtai et je descendis : la bonne dame avait beaucoup connu ma mère, et elle m'embrassa comme autrefois lorsque je passais devant chez elle avec mes prix.

En regardant du coin de l'œil les joujoux de toutes couleurs qui emplissaient son étroite maison, j'eus une idée.

« Chère madame, lui dis-je, faites-moi le plaisir d'envoyer tout ce stock aux écoles primaires : moitié pour les garçons, moitié pour les filles. C'est Pierre, le petit, qui paye ainsi sa bienvenue à ses futurs concitoyens. Mon caissier règlera la facture sans marchander. »

Le secrétaire de la mairie se chargea de transmettre au bureau de bienfaisance une somme très ronde pour les pauvres inscrits, et le brave M. Morand en accepta une autre, un peu plus forte, pour les pauvres honteux, qu'il assistait toujours secrètement, en souvenir de sa longue magistrature. Je donnai à l'hôpital, à l'hospice des vieillards, aux détenus de la prison de ville : j'aurais voulu donner aux mauvais riches et aux avares, pour que tout le monde fût content.

Avant de partir pour Launay, je pris la route à gauche et je me fis arrêter devant le cimetière. La porte était fermée et le fossoyeur absent; mais peu m'importait, ce jour-là : j'avais des ailes. Je franchis la muraille, je courus à la tombe où mon père et ma mère dorment ensemble du grand sommeil, et je m'entretins longuement avec eux. Je promis à celui qui avait sauvé ma chère Barbe, et à celle qui était morte pour moi, d'élever leur petit-fils dans le culte de leur mémoire, dans le respect de leurs idées et la pratique de leurs vertus.

Maman La France, informée de l'événement par la rumeur publique, n'avait eu garde de m'attendre au gîte. Je la rencontrai à mi-chemin, au bas de la côte, juchée sur une botte de paille dans la charrette de Laurent du moulin, l'homme à l'écrevisse, mon ancien camarade de Launay. Ce bon grand diable arrêta ses chevaux, enleva ma grand'mère à bout de bras et la porta dans ma voiture. Il ne voulut pas accepter le prix de son service. « C'est d'amitié, dit-il ; et d'ailleurs on n'a pas tous les jours l'occasion d'embrasser un homme heureux. »

Oui, j'étais bien heureux ! Heureux jusqu'à l'affadissement, au malaise, à la pâmoison. En revoyant la vieille mère de nous tous, je fus comme assailli par une multitude confuse de souvenirs joyeux et tristes ; je pensai surtout à tous ceux qui manquaient à la fête après avoir tant peiné, tant lutté pour me faire ce que j'étais. Et les misères, les angoisses, les douleurs du passé contrastaient tellement avec la félicité présente que je me sentis défaillir. Maman La France devina ce que j'éprouvais, et elle n'imagina rien de mieux que de m'allonger un grand coup de fouet dans le côté le plus sensible : « Or çà, dit-elle, en route ! il me tarde de voir Dumont. »

Au fait, ce petit Pierre, avec sa tête grosse comme une orange d'un sou dans un bonnet de toile de Hollande, était l'aîné de ma maison, l'héritier du vieux nom plébéien, le chef d'une nouvelle famille. Je n'y avais, ma foi ! pas songé ; c'était la première fois qu'on me disait en un mot tant de choses sur son compte ; et il me tardait de le voir sous son aspect nouveau. Fouette cocher ! Allons voir si Dumont a passé une bonne journée !

Je le trouvai éveillé sur les genoux de sa nourrice sèche, qui le gorgeait d'eau sucrée. Catherine fusillait de ses regards cette pauvre étrangère qui lui avait volé le petit. Mais il fallut que ma vieille bonne se fît une raison. Je ne plaisantais pas sur l'éducation ; je voulais que mon fils fût élevé par une Anglaise, et qu'il apprît l'anglais en même temps que sa langue maternelle ; car je savais par mon expérience et par celle de l'ami Basset que, dans l'ancien et le nouveau monde, un homme qui parle anglais en vaut deux.

Maman La France était un peu scandalisée des libertés que la bonne anglaise octroyait à son arrière-petit-fils. Abandonner ce corps frêle à lui-même ! L'affranchir du maillot traditionnel ! C'était vouloir sa mort... « Ton père, ta tante, tes oncles ont été ficelés, pendant au moins six mois, comme de vraies andouilles : dis-moi si leur santé en a souffert ou si leur caractère s'en est jamais ressenti ! » Lorsqu'on promenait l'enfant au grand air dans le jardin de la fabrique, elle nous demandait si nous prenions à tâche de l'enrhumer. La digne femme poussait les hauts cris en voyant les repas de Barbe, et les bouillons, les verres de vin de Bordeaux, les biscuits qu'elle absorbait sans relâche entre le déjeuner et le dîner. « Grand'maman, répondait ma chérie, le premier devoir d'une nourrice est de se nourrir elle-même : c'est pourquoi je bois à ma soif et je mange à mon appétit. » Au bout de quinze jours de ce régime, la petite mère trottait comme une souris dans la chambre, et l'enfant éclatait de santé. Alors maman La France, sans avouer que sa méthode n'était pas la meilleure, fut rassurée sur l'avenir de la famille et reprit le chemin de Launay « pour voir si ses poules avaient bien pondu ». Je la reconduisis moi-même, et je m'assurai par mes yeux qu'elle était comme un coq en pâte dans sa vieille moitié de maison. Nous étions partis à une heure, au sortir de table, et mes chevaux avaient brûlé la route en vingt minutes. Cependant elle me dit avant de prendre place dans sa bergère : « Qu'est-ce que je vais t'offrir ? » L'hospitalité des campagnes !

A l'heure où j'écris ces mémoires, Pierre, mon fils aîné, est à l'École polytechnique. Je ne voudrais pas l'exposer aux risées de ses camarades en détaillant les souvenirs très chers que sa première enfance nous a laissés. Un sergent (car il l'est, et mon cœur paternel se gonfle à cette idée), un sergent de l'École par excellence est presque un personnage. Ce serait peut-être entamer son prestige, écorner son auréole, dédorer son galon, que de raconter sa vie intime d'un an à cinq, les bosses qu'il se fit au front sur le tapis de la *nursery*, malgré un bourrelet qui avait un faux air de couronne royale ; l'escargot qu'il cueillit sur une haie et dévora tout vif, au grand effroi de la bonne anglaise, et le coup de bec qu'il reçut tout près de l'œil droit, en voulant dénicher des œufs de dinde blanche. Tirons un voile sur ces événements ! Oublions qu'il eut la rougeole avec son frère Jean, saint-cyrien de la dernière promotion, et qu'il me donna la coqueluche en dépit de Catherine, qui répétait obstinément : « C'est impossible ; tu l'as eue en 1832 ! »

Contentez-vous de savoir qu'en dix ans ma femme me donna deux fils et deux filles, qu'elle les nourrit tous d'un lait riche et généreux, et que ce petit monde vint à bien. Les garçons, après avoir hésité quelque temps, prirent le parti de me ressembler. Les filles se modelèrent d'emblée sur le type fantasque et charmant de leur mère ; elles étaient petites et brunettes, mais nullement ébouriffées. Ils étaient blonds, robustes et très grands pour leur âge. Tout ce petit monde s'aimait et nous aimait ; on faisait de belles parties le matin en chemises longues, sur mon grand lit, que le docteur Cazal appelait leur champ de manœuvre. Je leur fis au second étage une grande salle d'étude tendue de cartes géographiques, de dessins d'animaux, de tableaux instructifs, et meublée de grandes armoires en chêne clair, où ils avaient sous la main leurs collections d'histoire naturelle, leurs pièces d'anatomie élémentaire, leur microscope et quelques autres instruments de physique, enfin les meilleurs livres des librairies Hachette et Hetzel. Leur gymnase était dans mon jardin. Quant à leur salle de récréation, c'était la fabrique.

Lorsque les deux bonnes anglaises et la Fraulein hanovrienne ne suffirent plus à la tâche, je fis venir comme renfort une ancienne maîtresse de pension, M^me Santeuil, et un jeune professeur de collège, M. Evrard ; mais je n'abdiquai jamais mon droit de contrôle. Comme vieux lauréat et surtout comme instituteur émérite laissé pour mort au champ d'honneur, j'avais voix au chapitre ; le maître et la maîtresse m'écoutaient avec plus de déférence qu'un père de famille ordinaire, servi pour son argent. Je leur rendais leur politesse en égards et en prévenances, mais j'avais l'œil ouvert ; je proscrivais impitoyablement les légendes les plus accréditées, les hypothèses les plus commodes et les mensonges historiques les plus officiels. Le mot d'ordre de la petite classe était : ne rien enseigner aux enfants qu'on ne puisse prouver ou expliquer. Persuadé que le travail assis est, jusqu'à un

JE LE TROUVAI ÉVEILLÉ.

certain âge, un supplice inutile, je l'avais limité, même pour les garçons, à deux séances d'une demi-heure au maximum ; mais ils étudiaient toute la journée en regardant, en écoutant, en questionnant, et, lorsqu'ils cessaient d'occuper leur esprit, c'était pour exercer leur corps. Pierre et Jean galopaient sur deux jolis poneys des Landes. Ils tombaient quelquefois, mais adroitement, bien en dehors de leurs montures, sans s'exposer aux coups de pied.

Leur éducation morale était exclusivement réservée à leur mère et à moi. Nous avions tout lieu d'espérer qu'ils ne seraient pas méchants, étant issus de nous, ni malhonnêtes, puisqu'ils ne manqueraient de rien. Mais je craignais la sotte vanité, si commune chez les enfants riches, le mépris des inférieurs, l'insolence qui fleurit en pleine terre autour des parvenus. Je ne me serais jamais consolé si mes garçons avaient été ce qu'on appelle des « fils de famille ». On ne pouvait pourtant pas leur crever les yeux pour leur cacher l'aisance de la maison, le luxe qui les entourait, l'autorité que nous exercions sur le peuple de la fabrique. Mais j'eus soin d'écarter tout ce qui ressemblait à de l'ostentation. Mes chevaux étaient bons, mais l'écurie n'était pas somptueuse ; nous avions des voitures simples, des harnais modestes, des serviteurs en petit nombre et sans livrée. Jamais on ne parlait d'argent en présence des enfants, et lorsqu'ils en parlaient, lorsqu'ils lançaient une question indiscrète, on répondait invariablement : « Papa travaille du matin au soir pour gagner sa vie et la vôtre. »

Un jour que Pierre avait traité un domestique avec hauteur, je lui fis observer que moi, son père, je témoignais toujours la plus respectueuse amitié à Catherine.

« Bah ! reprit-il, Catherine n'est pas domestique chez nous.

— Eh bien ! qu'est-ce qu'un domestique ? »

Il se gratta la tête et finit par répondre :

« Dis-le-moi !

— Un domestique est un ouvrier qu'on paye au mois ou à l'année pour faire dans la maison cinq ou six métiers très difficiles, dont tu ne sais pas un seul. Essaye seulement ce soir, à dîner, de changer une fois les assiettes. »

Il essaya, fit maladresse sur maladresse, cassa un peu, salit beaucoup, et finit par demander grâce... « Juge un peu, lui dis-je, si tu étais forcé de faire un lit, de frotter un parquet, de cirer les souliers, de brosser les habits, d'épousseter les meubles, de nettoyer les glaces et les carreaux, de passer les couteaux à la planche et l'argenterie à la peau, de laver la vaisselle et de faire la cuisine ! Il y a pourtant neuf maisons bourgeoises sur dix où ces industries sont exercées par une seule personne qui s'appelle bonne à tout faire. Justement Catherine était bonne à tout faire chez mes parents; elle savait même soigner les malades au péril de sa vie, et c'est pourquoi je la respecte et j'aime de tout mon cœur. »

Mais les défauts des enfants ne se corrigent pas d'un seul coup ; c'est un travail qui se fait par mille et mille retouches. A quelque temps de là, mon polisson me demanda à brûle-pourpoint, devant plusieurs personnes :

« Papa, les ouvriers, avec qui ça se marie-t-il ?

— Avec qui, mon garçon ? Mais par exemple avec ta grand'mère. »

Il ne comprenait pas. Je poursuivis :

« Oui, mon père était ouvrier comme ceux que tu vois là-bas, lorsqu'il demanda et obtint la main de ma regrettée mère.

— Et elle a bien voulu ?...

— Serais-tu là, nigaud, si elle avait dit non ? Heureusement pour moi, elle a répondu oui, et d'autant plus volontiers qu'elle-même était fille d'un ouvrier. Mais moi aussi j'ai travaillé de mes mains. Il n'y a pas un atelier dans la fabrique où je n'aie retroussé mes manches, comme apprenti d'abord, ensuite comme ouvrier et enfin comme contremaître

— Tu n'étais donc pas au collège ?

— J'y avais été. »

Il ne répliqua plus, mais je vis bien qu'il lui restait un doute. Aussi, le lendemain matin, à huit heures, je revêtis la blouse blanche et je l'invitai à me suivre. Il me fit observer que c'était l'heure de sa première leçon.

« Tu n'y perdras rien, lui dis-je ; c'est aussi une leçon que je vais te donner. »

Je le menai tout droit à un des ateliers de tournage, et je m'arrêtai avec lui devant un de nos plus vieux ouvriers, le père Garnet.

« Mon cher Garnet, dis-je au bonhomme, je vous présente mon fils Pierre.

— Oh ! je le connais bien, monsieur Dumont.

— Peut-être un jour serez-vous son professeur, comme vous avez été le mien.

— C'est pourtant vrai, monsieur Dumont, que je vous ai mis la main à la pâte. »

Tout en causant, il adaptait l'anse à un vase de l'usage le plus intime et le plus familier.

« Parbleu ! lui dis-je, donnez-moi votre place et passez-moi une boulette. Je veux faire mes preuves devant ce petit monsieur et lui offrir un spécimen de mes talents. De cette façon, mon ami, tu ne te mettras pas au lit sans penser au métier de ton père. »

J'exécutai la pièce en maître, et je l'envoyai au séchoir, après l'avoir marquée de mon cachet. Deux jours après, le petit Pierre assista à la mise au four. Quand le biscuit fut refroidi, je le décorai de peintures, je l'émaillai moi-même et j'en fis quelque chose de très soigné. Nos Tourangeaux s'amusaient fort de cette fantaisie rabelaisienne, mais Pierrot riait un peu jaune. Il eut son vase, il le garda, il s'habitua à répondre sans morgue et sans colère aux ouvriers qui lui demandaient, en passant, si le pot n'était pas cassé.

En octobre 1869, il entra comme externe au collège. L'enseignement y était des plus médiocres; mais la camaraderie était bonne, comme dans toutes les écoles de l'État. Le petit homme se frotta, s'assouplit, émoussa peu à peu les angles de son caractère, et tout fut pour le mieux. Mais ma grand'mère, un jour que nous étions allés tous à Launay, le trouva pâle. Elle étendit sa critique à Jean et aux fillettes. « Tes enfants, me dit-elle, ne font pas de bonne viande; on voit qu'ils sont des citadins, je dis plus : des nourrissons de manufacture. Tu leur fais prendre de l'exercice, c'est bien, mais ce n'est pas assez. L'ombre de tes bâtisses énormes pèse sur eux. Il manque à leur régime le bon air et surtout le grand air. Je te conseillerais de les laisser à Launay, si j'avais dix années de moins. Mais pourquoi n'achètes-tu pas, près de la ville, un petit bien de campagne? L'argent est peu de chose en comparaison de la force et de la santé. C'est ici que tu as fait provision de vigueur, et tu y as acquis par-dessus le marché la science des champs, qui en vaut bien une autre. A toi de réfléchir et d'aviser ! »

Elle avait raison, ma grand'mère. Raison, toujours raison ! comme dit Figaro, ce drôle très humain. Barbe s'émut de son diagnostic; elle opina qu'il fallait acheter ou louer n'importe quoi, une chaumière ou un château, mais plus tôt que plus tard.

Ce fut un château qui s'offrit ; car, dans ce siècle très pratique, sur cent propriétés de luxe, il y en a toujours cinquante à vendre. Mon notaire, qui n'était pas M. Pichenot (car l'heureux époux de Caroline Baron avait levé le pied sans sa femme et ses deux enfants), mon honnête notaire, M⁰ Lavaur, me parla de Larcy, l'ancien domaine des Poulard. On avait tout vendu après la fuite du fameux député ; les fermes étaient morcelées et donnaient de bon blé à six douzaines de paysans ; mais le château, le parc et un bout de réserve, en tout soixante hectares clos de murs, avaient souvent changé de mains sans trouver un propriétaire définitif. Le premier avait fait argent du mobilier et vendu les plus beaux arbres du parc ; le second avait exploité une carrière, et il y avait perdu de l'argent ; le troisième avait habité bourgeoisement, mais il s'était bientôt aperçu que l'entretien des toitures, la réparation du mur d'enceinte, le ratissage des allées et l'impôt des portes et fenêtres absorbaient les trois quarts de son modeste revenu. Bref, ce pauvre Larcy était à vendre pour la quatrième fois depuis vingt ans, et dans le plus piteux état, le château délabré, les communs lézardés, les sauts de loup comblés, vingt brèches dans les murs, les pelouses envahies par la mousse, l'herbe à faucher dans les allées, la réserve en friche : elle n'avait pas vu, en cinq ans, une voiture de fumier. Aussi le dernier acquéreur était-il résigné à donner le tout pour un morceau de pain : deux mille francs l'hectare, les bâtiments compris.

Comme la station de Larcy n'est qu'à dix-sept minutes de la ville par les trains omnibus, il ne me fut pas malaisé d'étudier l'affaire sur place, et je m'assurai par mes yeux que le mal était plus apparent que réel. Le château, d'un bon style, construit sous Louis XVI, en matériaux de premier choix, pouvait se restaurer à bon compte. Les communs, bâtis en *léger,* étaient plus malades, mais réparés *légèrement,* comme on les avait faits; ils donneraient, sans grande dépense, une écurie de dix chevaux, une remise de dix voitures, les chambres de dix domestiques, c'est-à-dire deux ou trois fois plus de couvert qu'il ne nous en fallait. Quelques journées de terrassiers et de maçons rétabliraient la clôture, dont les grilles étaient solides et splendides; la herse et le guano remettraient les pelouses en bon état; une brouette-sarcloir et quelques tombereaux de gravier feraient reparaître les allées; quant à la ferme, il suffirait de dix bœufs et de deux cents moutons pour réveiller sa fécondité endormie. Au demeurant, la cognée des Vandales avait oublié de beaux chênes dans les massifs; les taillis avaient repoussé; les pièces d'eau restaient parfaitement étanches dans leur béton bordé de pierre; la petite rivière courait, fraîche et limpide, entre deux rangées d'iris jaunes, sur les cailloux argentés. Le potager manquait de fruits, de fleurs et de légumes, c'est-à-dire de tout; l'orangerie était déserte, et les deux serres, la chaude et la tempérée, avaient cela de commun qu'elles étaient également vides; mais j'estimai en père de famille qu'une trentaine de mille francs, sagement employés, raccommoderaient tout. Là-dessus, je repris le train, je passai chez M° Lavaur, je l'invitai à payer au plus tôt 120,000 francs avec les frais, et je rentrai en disant à ma femme : « Embrasse le nouveau seigneur de Larcy! »

Savez-vous ce qu'elle me répondit?

« Je t'adore! »

Il n'y a cependant aucune corrélation entre l'achat d'un domaine rural et les sentiments légitimes d'une femme pour son mari!

Barbe vint avec moi prendre possession de *ses terres;* elle me donna des conseils et dirigea les premiers travaux, car nous nous étions empressés de mettre l'entrepreneur en campagne.

Je tombai, de fortune, sur un gaillard actif. Il ne possédait pas un sou vaillant et subsistait au jour le jour sur mes avances; mais il avait le diable au corps : aussi est-il devenu presque riche en moins de dix ans.

Aussitôt après les grands froids, qui ne sont jamais bien terribles dans nos pays, il jeta du monde partout, dans le château, dans les communs, dans les allées, dans la petite ferme, à la clôture. Larcy ne fut qu'un immense chantier; les terrassiers et les maçons couchaient littéralement sur la brèche. Les couvreurs arrivèrent bientôt; les peintres, vitriers et colleurs de papier emboîtèrent le pas. Bref, nous étions chez nous le 1er juin, petitement meublés, car le tapissier de Villevieille ne m'avait pas tenu parole, mais campés à la bonne franquette dans des appartements où l'on se perdait quelquefois.

Tous les matins, à sept heures et demie, je prenais le train avec Pierre; il allait au collège et moi à la fabrique. Nous déjeunions ensemble, en garçons, servis par Catherine, qui s'était, elle-même, constituée gardienne du logis. La journée faite, l'enfant me retrouvait à la gare. Barbe, Jean, Geneviève et Pauline nous attendaient à la station ou à la principale grille du parc. On s'embrassait à la ronde, et l'on allait dîner au grand air si le temps était beau, tantôt ici, tantôt là, selon le caprice de ma femme. Elle variait nos plaisirs et donnait à chacun de nos repas le charme et l'imprévu d'une partie de campagne. Pauline était toujours de la fête, quoiqu'elle eût à peine dix-huit mois. Tous nos enfants ont dîné à table dès qu'ils ont pu se tenir sur une chaise haute. Cette coutume entraîne un supplément de blanchissage, mais la santé et l'éducation rachètent bien ce qu'il en peut coûter.

Un beau soir de juillet 1870, Pierre, qui venait de composer pour les prix, me dit en montant en wagon :

« Papa, est-ce vrai ce que l'on raconte au collège? Nous allons déclarer la guerre aux Prussiens? »

Je confessai sans aucune honte que je n'en savais rien, n'ayant pas ouvert un journal depuis quinze jours ou un mois. La politique était ma bête noire : comment aurais-je pu lui pardonner la mort ou l'exil de mes plus chers amis? La souveraineté nationale, confisquée violemment par un homme et stupidement abdiquée par les trois quarts des électeurs, n'était plus qu'un mot vide de sens. Aussi m'étais-je toujours abstenu de faire acte de citoyen. Pourquoi voter, lorsque le candidat officiel était élu d'avance? Je ne savais pas si les urnes étaient de marbre, de bronze ou de bois. Aux élections de 1869, lorsque l'esprit public commença à se réveiller, l'*Union libérale* du département voulut opposer ma candidature à celle du gros Taillemont. Je répondis au président :

« Cher monsieur, je fais de la faïence et non de la politique ; je ne suis pas citoyen de Courcy, mais de Faënza. »

J'avais tort, et grand tort. Que celui qui ne s'est jamais trompé sur ses devoirs de Français me jette la première pierre !

J'avouerai, pendant que j'y suis, que les questions de guerre et de paix me laissaient généralement calme. J'avais suivi avec un intérêt assez vif la campagne d'Italie, parce que, si la France est notre mère, l'Italie est la grand'-maman. Encore avais-je été déçu et écœuré par le traité de Villafranca. Mais que l'on fît tuer nos soldats en Crimée pour les Turcs, en Chine pour les Anglais, au Mexique pour un banquier suisse ou pour un archiduc d'Autriche, voilà ce qui ne faisait pas vibrer en moi la fibre patriotique ! Et cette sempiternelle campagne d'Algérie ! Cette pluie d'or et de sang tombée sans interruption depuis quarante ans sur une terre où nous n'avons jamais récolté que de la graine d'épinards ! C'est ainsi que j'envisageais les aventures militaires du gouvernement impérial. Je n'y voyais qu'un jeu brillant, joué par une ambition dynastique qui engageait la partie en notre nom, la gagnait pour notre compte et nous forçait ensuite à payer.

Lorsque Pierre me raconta les bruits qui circulaient dans la cour du collège, l'outrage fait par le roi de Prusse à notre ambassadeur, l'indignation soulevée au Corps législatif et l'imminence d'une nouvelle campagne, je haussai les épaules en homme que cela n'émeut guère, et je dis à l'enfant :

« C'est bien simple. L'armée française est invincible : elle battra les Prussiens, elle ira à Berlin ; on signera la paix, et notre dette s'augmentera d'un milliard, dont nous aurons la rente à payer, moi d'abord, toi ensuite, et tous nos descendants jusqu'à la fin des siècles. »

Il fallait être un grand génie, avoir le coup d'œil de M. Thiers pour risquer une autre hypothèse. Les hommes de simple bon sens, comme moi, croyaient aveuglément à la supériorité de nos généraux, de nos soldats, de nos canons, de nos fusils, de nos mitrailleuses. Mon beau-frère, Jean Bonafigue, qui n'était pas un sot, prétendait que rien ne résiste à la furie française. « Placez-moi, disait-il, avec ma compagnie devant une batterie de canons aussi perfectionnés qu'on voudra. Je n'aurai que trois mots à dire : *A la fourchette !* Ils s'élancent au pas gymnastique, baïonnette en avant, embrochent les servants sur leurs pièces, enclouent les canons ou les retournent contre l'ennemi, et le tour est joué. Pas plus difficile que ça ! »

Pauvre garçon ! Il le disait parce qu'il le croyait, et il le croyait parce qu'il l'avait vu de ses yeux, plutôt deux fois qu'une. Sa confiance était partagée par toute la famille. Barbe doutait si peu de la victoire qu'en écoutant les nouvelles que nous lui apportions, elle battit des mains et s'écria :

« Quel bonheur ! il y aura peut-être enfin de l'avancement pour mon pauvre frère ! »

Il venait seulement de passer capitaine, à quarante ans.

Les leçons de mon père, ce citoyen du monde, et surtout mon voyage autour de l'Europe, avaient tué en moi le patriotisme exclusif du grand-papa La France. L'*ennemi* était à mes yeux un être de raison, un pur fantôme; on pouvait en médire à satiété : je souriais, je n'y croyais plus. Les Anglais, que j'avais pratiqués dans leur île riante et largement hospitalière, avaient mon estime et ma sympathie; je gardais le plus tendre souvenir aux loyaux Scandinaves de la Suède et du Danemark; les Russes étaient charmants, les Autrichiens pleins d'esprit et de bonne grâce, les Magyars admirables dans leur noblesse et leur fierté; les Roumains, de vrais Français égarés sur le Danube. Je pardonnais aux Turcs un peu de fanatisme, racheté par beaucoup de courage et d'honneur; j'aimais les Grecs pour leur ambition peut-être folle, mais sublime ; les Italiens pour ce prodigieux bon sens qui s'élève chez eux à la hauteur du génie, les Espagnols pour la grandeur des sentiments, la magnificence du langage et l'esprit subtil qui pétille en bons mots dans leurs discours familiers. J'avais trouvé en Portugal un grand peuple logé à l'étroit; la bonhomie solide et cordiale des Hollandais m'avait pris par le cœur; je goûtais fort l'ingénieuse activité de nos frères belges et au courant d'idées libérales qui circule en tous sens à travers leur riche pays. Pour ce qui est des Allemands du Nord, ils m'avaient quelquefois éprouvé par de grosses faillites, mais je ne les en estimais que plus. Leur seul défaut, à mon avis, était une candeur maladive, je ne sais quel excès de tendresse et de confiance, la culture de la petite fleur bleue poussée un peu trop loin. J'avais bien entendu parler du comte de Bismark, qui n'avait pas précisément les allures d'un berger d'Arcadie; mais, à l'annonce de cette guerre, ce n'est pas le terrible homme d'État, le diplomate cuirassé qui me préoccupait; je pensais surtout à sa petite sœur allemande, à la blonde, à la chaste, à la timide et rougissante Gretchen. Pauvre enfant! Que deviendrait-elle entre les mains victorieuses de nos zouaves et de nos turcos? J'avais la mémoire hantée par certains souvenirs historiques; la campagne de Turenne dans le Palatinat me donnait de vrais cauchemars. Je me représentais une petite villa de ma connaissance, envahie par les soldats d'Afrique, noirs ou tannés. La digne mère est à son bas, qu'elle tricote, le respectable père à sa bière, qu'il sirote, et l'ange du foyer à son piano, qu'il tapote. Que vont-ils devenir, ces innocents, ces malheureux?

Le 5 août, les dépêches de Wissembourg détournèrent le cours de mes idées : je pensai pour la première fois aux maisons de l'Alsace française, violées par le soudard allemand.

C'était la même chose, à peu près ; seulement c'était le contraire, et ce qui me semblait regrettable vingt-quatre heures plus tôt me paraissait indigne, infâme, odieux, intolérable! La face et le revers de la médaille sont deux, quoique frappés dans le même disque de métal.

Nos désastres se succédèrent pendant tout le mois d'août comme des coups de foudre dans une nuit d'orage. Il y en eut de bien glorieux, par exemple la bataille de Gravelotte, mais la gloire n'est pas le salut. On ne pouvait plus guère ignorer que notre armée était vaincue, et, s'il était encore permis de compter sur un retour de la fortune, je n'avais pas le droit de me dissimuler à moi-même le fait certain, cruel, humiliant : l'invasion. L'ennemi commandait en maître dans nos départements de l'Est ; des armées allemandes foulaient insolemment le sol sacré que mon grand-père avait défendu les armes à la main et arrosé de son sang. Le triste jour cent fois prédit par le vieux patriote était venu : n'avais-je rien à faire ? Je repassais dans mon esprit les exhortations du vieillard, ses volontés dernières, mes promesses formelles, l'engagement qu'il avait pris en mon nom et qui restait gravé sur sa tombe.

Il est vrai que je n'étais plus un jeune homme ; j'avais quarante-quatre ans. Mais mon grand-père en avait quarante-deux lorsqu'il partit en 1814 pour combattre les alliés. D'ailleurs j'étais encore svelte et aussi robuste que jamais. Pas une infirmité à alléguer, aucun cas de réforme. Ma qualité de père de famille était-elle un cas d'exemption ? Oui, sans doute, aux yeux de la loi, mais non pas au gré du brave homme qui s'était enfui de Launay en laissant six enfants à la maison et deux écus de cinq francs dans l'armoire. Quoi qu'il advînt de moi, j'étais sûr que mon petit monde serait à l'abri du besoin.

Cependant, j'hésitais encore ; je demeurai longtemps indécis. Comme la plupart des Français sous l'Empire, je m'étais désintéressé peu à peu de la chose publique. L'homme qui disposait en maître absolu de nos droits, de nos ressources et de nos forces, et qui garantissait en échange notre repos et notre prospérité, était le seul auteur de cette guerre : ne devait-il pas la mener à bonne fin, sous sa responsabilité personnelle, avec l'armée qu'il avait organisée à sa guise et les moyens d'action que nous ne lui avions pas marchandés ? Je ne vous donne pas ce raisonnement pour très bon ni surtout pour très héroïque ; mais, hélas ! des millions de Français valides l'ont fait en même temps que moi. Que d'hommes en état de porter les armes se sont dit, entre le 15 juillet et le 1ᵉʳ septembre 1870 : « C'est la querelle de Guillaume et de Napoléon ; qu'ils la vident ensemble ! »

L'irréparable catastrophe de Sedan et la chute piteuse de l'Empire ont dissipé les incertitudes et mis les mauvaises raisons à néant. Il n'est resté que deux nations en présence, mais deux nations dont l'une avait déjà malheureusement un avantage marqué sur l'autre. Le 4 septembre, au matin, en apprenant la funeste nouvelle, je pris mon parti. Le 5, le 6 et le 7, les habitants de Courcy firent leur petite révolution, à l'exemple de Paris, et j'eus trop d'affaires chez moi pour songer à quitter la place.

Il nous tomba du ciel un sous-préfet inespéré dans la personne de mon ancien camarade Auguste Poulard. Après le licenciement de la garde mobile, il avait été soldat en Afrique, journaliste au quartier latin, secrétaire d'un écrivain poussif, le savant M. Carbeuzières, et, de temps en temps, maître d'étude. La destinée capricieuse l'avait nourri de truffes quelquefois, fréquemment de pommes de terre frites, en le faisant jeûner plus souvent qu'à son tour.

Au milieu de ces vicissitudes, il était resté gai, franc du collier et scrupuleusement honnête, fuyant la bohème comme le feu et craignant d'emprunter deux sous pour son tabac, « attendu, disait-il, que c'est assez d'un insolvable par famille. » Sous le ministère Ollivier, il avait publié, avec l'argent d'un jeune Valaque, un journal littéraire où l'on ne faisait que de la politique ; et sa petite campagne contre le plébiscite du 8 mai n'avait manqué ni d'esprit ni de courage. C'est pourquoi, dans la soirée du 4 septembre, un ancien ami du club des Conspirateurs, parvenu à un poste secondaire, mais important, au ministère de la place Beauvau, le fit prendre dans son galetas, lui offrit la sous-préfecture, l'envoya se vêtir de neuf et lui glissa dans une poignée de mains un billet de mille francs qui ne sortait pas du Trésor.

Le bon Auguste, un peu vieilli par les secousses de la vie, mais encore solide et décidé à bien faire, nous arriva comme un sauveur. On cassait des carreaux, on décrochait des enseignes, les jeunes fous rossaient le guet sous l'uniforme de quatre malheureux agents de police, et les ouvriers de la fabrique avaient la prétention de m'installer à la mairie malgré moi. Ce qui était plus grave, on cherchait Martin-Sec, notre affreux commissaire, pour lui faire expier ses méfaits de décembre 1851, et l'on finit par le trouver au fond d'une alcôve chez Mᵐᵉ Mousse. Hélas ! oui, chez la vieille modiste hospitalière dont j'avais fréquenté la maison, du temps que j'étais jeune et badouillart ! Mon nouveau sous-préfet paya de sa personne. Il n'avait aucune raison de s'intéresser à ce drôle, mais il ne devait pas tolérer le désordre et la violence. Il fit prendre les armes à la garde nationale, releva le moral des agents, prit le commissaire au collet en lui disant à l'oreille : « Laisse-toi faire, animal ! je te sauve la vie. » Et il le mit en sûreté dans la prison de ville, sous la garde de quatre citoyens résolus. Malheureusement le Martin était tellement effaré qu'il se fit justice lui-même. En lui apportant à dîner, on le trouva pendu à un barreau par sa cravate et ses bretelles. A part cet accident, qui fit couler fort peu de larmes, tout alla bien désormais dans notre chère petite ville, et Auguste Poulard put se livrer sans distraction à la levée des mobilisés, selon le vœu du gouvernement de la Défense nationale.

Quoique l'élément civil, découragé par les défaites successives de nos soldats, eût besoin d'être galvanisé, les Tourangeaux s'en allaient au dépôt ou au camp d'instruction sans se faire tirer l'oreille. Des hommes mûrs et des adolescents imberbes s'engageaient pour la durée de la guerre. Tous les célibataires de la famille Dumont, mes cousins, mes neveux à la mode de Bretagne, étaient sous les armes ; déjà même le pauvre Victor venait d'arriver à Coblentz : parti avant nous tous, il avait été pris avec 80,000 autres dans la souricière de Sedan.

Au risque d'aller le rejoindre, je faisais mes paquets en grand mystère ; j'avais choisi ma garnison : c'était Belfort, où mon beau-frère Jean commandait une compagnie du 4e bataillon au 84e de ligne. Mes voyages quotidiens à Courcy rendaient la fraude assez facile ; Barbe ne savait rien de mes projets, rien de mes arrangements. Je comptais lui brûler la politesse et partir à l'anglaise, le 20 septembre, par le train express de midi, en jetant une lettre d'adieu à la poste.

Tout marcha bien jusqu'au jour que j'avais fixé. Mais lorsque je sortis du lit à six heures et demie, Barbe, qui d'habitude se levait après moi, sauta dans ses pantoufles et me dit : « A nous deux ! J'espère que tu n'as pas la prétention de me cacher tes pas et démarches ? Ce serait la première fois. Mon ami, je sais où tu vas. Les bons maris, et tu en es un, n'ont pas de secrets pour leurs femmes, quand même ils ne leur disent rien. Depuis un mois, je suis la confidente de tes aspirations, de tes incertitudes, de ta résolution définitive. Tu n'as jamais rêvé tout haut, mais nous dormons assez près l'un de l'autre, mon bien-aimé, pour que je lise à livre ouvert dans le fond de ton cœur. Vous vous imaginez, vous autres, qu'en fermant la bouche et les yeux, vous passez à l'état de coffres-forts : que vous êtes donc jeunes ! Mais, rien qu'à la façon dont tu as embrassé nos enfants hier soir, j'ai deviné que c'était pour aujourd'hui. N'essaye pas de mentir ; à quoi bon ? Tu n'en es pas capable, mon Pierrot ; je t'assure que tu es transparent, au moins pour moi, comme un homme de verre. Je sais ce qui te pousse et ce qui te retient; j'ai noté la minute où un argument décisif a fait pencher la balance. Veux-tu que je te dise non seulement ce que tu vas faire, mais encore où tu vas? Tu vas rejoindre mon frère au fort des Barres, sous Belfort. Est-ce vrai? »

J'étais si bien cloué par la stupéfaction que je trouvai à peine assez d'esprit pour lui répondre : « Eh bien, soit! c'est la vérité. Mais si tu voyais tout, et si tu ne m'as pas arrêté à moitié chemin, tu m'approuves, ou du moins tu me pardonnes? » Elle m'attira vers elle, me fit asseoir au pied de notre lit, prit mes mains dans les siennes, fixa ses beaux yeux sur les miens, et me parla avec une tendresse grave, presque solennelle :

« Mon cher mari, je ne suis qu'une femme, mais je suis une Française. J'ai appris à aimer la patrie en t'aimant; ton pauvre grand-père m'a fait comprendre qu'elle devait m'être aussi chère, et, s'il se peut, plus chère encore que toi. Tu n'as jamais oublié ces leçons d'un vrai citoyen, ni moi non plus. Pierre! on ne pardonne pas à l'homme qui fait son devoir, on ne le félicite même pas; on lui dit : Tu as pris le bon chemin; marche! Si j'essayais de te persuader, au moment d'une telle séparation, que je suis contente ou tranquille, tu ne me croirais pas, et tu aurais raison. J'ai peur, comme tu auras peur la première fois que les obus allemands éclateront autour de toi, mais je fais ce que tu feras alors, mon bien-aimé : je tiens bon. Notre cause est juste, elle est de celles pour lesquelles il serait également beau de vaincre ou de mourir. Sers-la donc de tout ton courage. Si tu reviens, comme j'en ai le ferme espoir, je t'aimerai plus qu'autrefois, ce qui sera un joli tour de force. Si tu ne reviens pas, je ferai quelque chose de plus fort et de plus méritoire : je vivrai pour élever nos enfants dans l'admiration de leur père, dans l'amour du pays et le culte de la liberté. Sommes-nous d'accord? Oui. Alors va-t'en; épargnons-nous l'un à l'autre les attendrissements qui cassent bras et jambes. Tu as besoin de toutes tes forces, mon grand soldat, et moi aussi. Je jure de ne pas verser une larme avant midi cinq. »

Elle assista sans sourciller à ma toilette, vint avec moi embrasser nos filles dans leur chambre, tira les oreilles des garçons qui cueillaient des champignons sous les chênes du parc, et me conduisit au chemin de fer en me donnant de vive voix quelques petites commissions pour son frère. A la dernière minute, elle fut bien tentée de me suivre plus loin et de pousser jusqu'à Courcy. Mais elle ne se sentit pas assez sûre d'elle, ou peut-être de moi, et, après m'avoir appliqué sur les joues deux bons gros baisers de nourrice, elle s'enfuit et disparut.

A la fabrique, je mandai tous les chefs de service, l'un après l'autre, et, sans leur faire mes confidences, je parlai d'un voyage assez long, d'une régence possible, des pleins pouvoirs que la patronne prendrait en main, le cas échéant. Le travail marchait assez bien, quoique la guerre nous eût enlevé les hommes les plus valides. Notre population ouvrière était presque réduite aux vieillards, aux femmes et aux enfants, mais les commandes venaient toujours, les matières premières ne manquaient pas, le bassin de l'Allier nous donnait du charbon en abondance; les transports seuls n'étaient plus ni très réguliers ni très sûrs.

Catherine me servit à déjeuner la côtelette inévitable après les œufs brouillés de rigueur. Je lui annonçai le retour de la famille et je lui recommandai mes enfants, ce qui la faisait toujours rire, car mes enfants étaient à elle autant et plus qu'à moi. Mes malles m'avaient précédé à la gare, je m'y rendis en promeneur, je pris mon billet pour Lyon (Paris était bloqué depuis la veille), et je me promenai sur le quai en attendant le train, qui avait trois quarts d'heure de retard.

Cet express avait un faux air de train de marchandises; il transportait plus de munitions et d'approvisionnements militaires que de voyageurs. A l'appel des employés : « Courcy! cinq minutes d'arrêt! » un seul wagon s'ouvrit, et j'en vis sauter un gros homme de soixante-dix ans, tout blanc de barbe et de cheveux, mais joliment ingambe pour son âge et son embonpoint. Il tenait son billet à la main et s'élançait vers la sortie avec tant d'impétuosité qu'il me heurta au passage. Je le pris par l'épaule en l'appelant brutal. Il me sauta au cou en m'appelant : « Pierre! Cher Pierre! » et je l'embrassai en pleurant : c'était Basset.

« Où vas-tu? me demanda-t-il.

— A la frontière. Et toi?

— Moi aussi, mais après t'avoir vu. Et, puisque je te tiens, je ne te quitte pas. En route!

— Mais ton billet?

— Je payerai en arrivant.

— Et tes bagages?

— Je n'en ai pas. Nous autres Américains, nous voyageons les mains dans nos poches. »

Il monta en wagon avec moi, et j'eus le temps de l'examiner des pieds à la tête. L'âge ne l'avait pas visiblement fatigué. Sa personne un peu épaissie, mais solide et compacte, semblait faite d'os et de muscles. L'œil scintillait sous le sourcil blanc, les dents brillaient sous la moustache de neige; le teint uniformément coloré indiquait un tempérament sanguin bronzé par la vie au grand air. Les cheveux coupés ras formaient une brosse touffue; la barbe courte et claire sur les joues se terminait en longue pointe comme celle d'un bouc. Une casquette de drap gris à visière de cuir verni, un vêtement complet, couleur de poussière, des souliers lacés de cuir jaune, à semelles épaisses et larges, une chemise de flanelle et un faux col de percale composaient tout son accoutrement; une sacoche de maroquin noir lui tenait lieu de bagage.

« Nous autres Américains, disait-il, nous jetons notre linge quand il est sale, et nous le remplaçons par du neuf : c'est une économie de blanchissage.

— Ah çà! décidément, tu l'es donc, citoyen d'Amérique?

— Non, mon cher. Impossible! Je n'avais qu'un papier à signer, la chose était faite. J'ai essayé dix fois, vingt fois, cent fois : la plume m'est toujours tombée des mains. Tu n'imagines pas à quel point cette bêtise ou plutôt cette infirmité m'exaspérait; j'étais furieux contre moi-même. Maintenant...

— Maintenant?

— Eh bien! oui, maintenant, j'aime autant ça. S'il est écrit que MM. les Allemands me casseront les os. les morceaux en seront français. »

## CHAPITRE XV

### LE SIÈGE DE BELFORT

Je n'avais pas choisi ma garnison au hasard. Après le désastre de Sedan, la France n'avait plus qu'une armée, celle de Bazaine. Elle était nombreuse, exercée, disciplinée, héroïque, commandée par des officiers admirables, et, pour tout dire, en un mot, capable de délivrer notre pays. Malheureusement, elle était immobilisée autour de Metz par un blocus allemand et surtout par les ambitions ténébreuses et les détestables calculs de son chef. Je croyais encore à Bazaine, comme tous les bons Français ; mais je ne me sentais pas de force à traverser les lignes prussiennes pour rejoindre ce futur sauveur. Strasbourg était assiégé comme Metz et serré de plus près, sans autres défenseurs que ses courageux citoyens et quelques soldats échappés à la défaite de Reichshoffen. Paris levait et exerçait une milice patriotique qui n'eût pas manqué de bien faire si on lui en avait donné l'occasion ; mais on n'entrait plus dans Paris ; la place était strictement investie. Tous nos départements commençaient à fourmiller de soldats volontaires, mobiles, mobilisés, francstireurs ; il y avait déjà plus de 200,000 hommes sur pied, mais sans armes, sans équipements, sans officiers exercés et surtout sans direction. M. Crémieux et M. Glais-Bizoin représentaient le gouvernement à Tours, dans notre voisinage. Je les connaissais de réputation, comme les plus honnêtes gens et les meilleurs républicains du monde ; mais ces deux bons vieillards pouvaient-ils organiser les forces nationales et les pousser à l'ennemi? Le patriote ardent, le citoyen résolu, le fou glorieux qui devait dans ces tristes jours sauver au moins l'honneur de la France, était ministre de l'intérieur à Paris.

La seule place de guerre où un soldat de bonne volonté pût entrer sans passer sur le corps des Prussiens était Belfort. Cette petite ville avait trois mérites à mes yeux : c'était un avant-poste, un camp d'instruction militaire et la garnison de mon ami Jean. Basset trouva mes raisons excellentes, d'autant plus qu'il espérait se rendre utile aux ingénieurs comme auxiliaire civil, tandis que son âge et son poids auraient pu l'embarrasser quelquefois en rase campagne. Il m'avoua, chemin faisant, qu'il avait vu le feu d'assez près pendant la guerre de sécession : ses amis, les républicains du Nord, l'avaient fait malgré lui colonel du génie.

« Je sais bien, disait-il, qu'en prenant du service à l'étranger, on s'expose à perdre la qualité de citoyen français ; mais la cause était bonne, l'Empire ne pouvait pas me proscrire deux fois, les princes d'Orléans faisaient campagne en Amérique, et je ne m'attendais pas à revoir ce coquin de pays que j'adore. Depuis que je le vois malheureux, humilié, foulé aux pieds par ces tailleurs et ces cordonniers invincibles, il me semble, mon cher, que je ne l'ai jamais tant aimé. »

La locomotion devenant plus difficile de jour en jour, il nous fallut tout près d'une semaine pour atteindre Belfort. Il est vrai qu'on nous arrêta cinq ou six fois comme espions prussiens, grâce à l'accent yankee de Basset ; c'étaient les menus plaisirs du voyage. Deux individus, sans papiers, dont l'un portait une sacoche lestée de souverains anglais et l'autre une ceinture de marchand de bœufs chargée de deux cents louis en or et en papier, devaient être suspects au patriotisme effaré des commissaires de police.

Enfin le 26 septembre, à dix heures du matin, je tombai dans les bras de mon beau-frère, place de l'Église, sur le seuil d'un café très propre où il allait déjeuner avec une vingtaine de camarades. Je le reconnus au premier coup d'œil et réciproquement, quoiqu'il eût engraissé beaucoup pendant que je vieillissais un peu ; mais je fus obligé de lui dire le nom de Basset. A l'accueil des officiers ses amis, je compris aisément qu'il avait été question de moi dans les causeries de la pension et du café. Basset fut reçu poliment, mais avec une certaine réserve, qu'il attribua par erreur à sa notoriété politique. La politique de parti était alors inconnue ou oubliée des officiers français : sous le drapeau national, les cœurs ne battaient que pour la patrie. Mais mon vieil ami, grand parleur et incapable de cacher ses impressions ou ses projets, avait lâché deux ou trois jugements assez vifs sur l'état des défenses et les travaux à faire. On en conclut que sa visite à Belfort n'était pas désintéressée ; or le militaire se défie instinctivement des entrepreneurs comme des fournisseurs. Basset n'eut qu'à se louer des convives, au point de vue de la politesse et de l'hospitalité (car nous étions chez eux) ; mais, lorsqu'il essaya de payer sa bienvenue en offrant le vin de Champagne, ce fut à qui prétexterait les nécessités du service pour nous laisser seuls avec Jean. Je ne hais pas cette délicatesse ombrageuse de nos officiers.

Le capitaine Bonafigue, arrivé à Belfort le 18 août avec son bataillon, connaissait toute la population et en était connu ; il n'eut donc pas de peine à trouver un logement meublé et une vieille servante dont l'ancien député s'accommoda sans chercher mieux. Quant à moi, j'insistai pour entrer au régiment le jour même ; il fallait m'acclimater sans retard.

Quand je parle du régiment, c'est pour la forme. Notre régiment s'appelait le 35e de marche, mais il n'existait que de nom. Il était composé de deux bataillons assez indépendants l'un de l'autre et qui gardèrent jusqu'à la fin du siège une sorte d'individualité. On nous a toujours désignés, même dans l'histoire du siège, sous les titres que nous avions apportés à Belfort ; on disait et l'on dit : le bataillon du 45e et le bataillon du 84e.

Jean me présenta donc à son chef et au mien, le commandant du 4e bataillon du 84e, M. Chapelot. Je fus accueilli rondement par un petit homme brun, à l'œil vif, aux cheveux frisés ; la taille était svelte, la poitrine cambrée, la tenue correcte sans prétention, la voix claire sans sécheresse et plus sympathique que je ne saurais dire. Lorsqu'on m'introduisit en sa présence, il fumait une petite pipe d'écume que je n'oublierai jamais, quand je vivrais cent ans, et savez-vous pourquoi ? C'est parce que j'ai vu le commandant Chapelot, à Pérouse, pendant la formidable attaque des Prussiens, dans la nuit du 20 au 21 janvier 1871, au milieu des maisons incendiées, sous une grêle d'obus et de schrapnells, fumer cette petite pipe aussi tranquillement que sur la place de Belfort.

Nos officiers ne sont pas phraseurs, nos soldats le sont encore moins, s'il est possible ; mais la langue de l'armée française, comme le turc qu'on parlait devant M. Jourdain, excelle à dire beaucoup de choses en peu de mots. Lorsque le commandant Chapelot parlait de ses soldats, il avait une telle façon de prononcer : *mes hommes,* que vous auriez entendu : *mes enfants.* Et lorsque l'on disait de lui : *le commandant,* c'était avec un tel mélange de respect, de confiance et de dévouement, qu'on n'eût pas autrement parlé d'un père. Je n'ai pas lieu de m'inscrire en faux contre le proverbe qui dit : Les bons maris font les bonnes femmes. Au bataillon du 84e, j'en ai appris un autre, aussi vrai, pour le moins : c'est que les bons chefs font les bons soldats. Mais, pardon! je n'ai pas encore endossé l'uniforme.

Le commandant me tendit la main, nous fit asseoir tous deux (nous avions laissé Basset à son installation) et me dit comme un homme du monde à un égal :

« Ainsi, monsieur, vous avez quitté une belle et heureuse famille pour venir partager notre sort ? »

Je m'inclinai; il poursuivit :

« Je ne puis que vous approuver, et je voudrais que tous les Français de votre éducation fussent aussi bons patriotes. A ce prix, la levée en masse ne serait plus un rêve. Ce sont les cadres qui manquent. Non pas chez moi, j'ai des officiers et des sous-officiers au-dessus de tout éloge; mais chez ces malheureux mobiles et mobilisés. Tous gens de cœur et bons Français, résolus à se faire tuer, mais beaucoup moins bien organisés pour tuer les ennemis. Quelques bons officiers par-ci par-là, quelques sergents de valeur, mais pas de lien, ou pas de lien assez étroit entre ces unités estimables. Comment cette agglomération de dévouements isolés se comportera-t-elle au feu ? Quand je dis à mes hommes : Restez là jusqu'à nouvel ordre ! je puis dormir sur les deux oreilles : je sais qu'ils y resteront, morts ou vifs. Mais c'est de la vieille troupe, monsieur; on n'improvise pas la vieille troupe.

— Je ferai de mon mieux pour gagner mes chevrons en peu de jours.

— Oh! je ne suis pas en peine de vous; je pense à d'autres. Vous savez tenir un fusil ?

— Je suis chasseur. De plus, j'ai appris l'exercice au collège, il y a longtemps.

— Il en reste toujours quelque chose. Et puis, le moral y est. Le moral, voyez-vous, c'est la moitié d'un bon soldat. Ce qui m'ennuie un peu, c'est le métier que vous aurez à faire en attendant que l'ennemi nous honore de sa visite : la caserne, la casemate, le bivouac, la gamelle et tout ce qui s'ensuit. Une fois que la poudre a parlé, on se moque de ces petites misères ; mais jusque-là, c'est assez dur. Il est vrai que rien ne vous force d'endosser le harnais *hic et nunc*.

— Pardon ! J'ai fort à cœur de m'y mettre au plus tôt. Vous m'avez dit vous-même qu'on ne devient pas vieux soldat en un moment.

— C'est juste ; il faut frayer avec les camarades, s'habituer à sentir les coudes des voisins. Mais cela viendra promptement, surtout si vous entrez dans la compagnie de Bonafigue.

— J'en aimerais mieux une autre. Jean est presque mon frère ; il me ménagerait malgré lui, et quand même il n'en ferait rien, il en aurait toujours un peu l'air.

LE COMMANDANT ME TENDIT LA MAIN.

— Ma foi ! monsieur, vous avez raison. Il faudra, mon cher Bonafigue, que nous donnions votre beau-frère au capitaine Perrin. Vous le présenterez vous-même.

— C'est fait ; j'ai eu l'honneur de déjeuner avec MM. les officiers du bataillon.

— Eh bien ! vous dînerez avec les soldats, et, morbleu ! vous serez encore en bonne compagnie. »

Je ne revis Basset que le surlendemain, dans son modeste gîte. Il trônait sur ma grande malle, au milieu d'une demi-douzaine d'entrepreneurs civils, et dans son vêtement de voyage il leur parlait en maître. Personne ne contestait son autorité ; il avait tout l'aplomb et le ton de commandement d'un colonel du génie ; d'ailleurs il parlait de la place et des ouvrages extérieurs en homme qui les avait étudiés à fond. Il connaissait aussi le prix courant de la main-d'œuvre et des matériaux ; la fin de conversation que j'entendis était bourrée de chiffres énormes ; le nom du commandant Denfert, cité par tous avec respect, revint plus de dix fois à mon oreille.

Lorsqu'on nous eut laissés en tête-à-tête, l'ancien député de Courcy passa la revue de ma personne et décida que l'uniforme du 84ᵉ ne m'allait pas trop mal. Un peu de gaucherie dans ma démarche et dans mon geste ajoutait à l'illusion : j'étais un vrai conscrit de quarante-deux ans.

« Quant à moi, me dit-il, j'ai trouvé de l'occupation autant que j'en voulais. La place est bonne pour travailler de mon état : il y a tout à faire.

— Je croyais cependant...

— Eh bien, tu croyais mal. L'Empire nous a trompés sur Belfort comme sur le reste. Les trois quarts des défenses sont illusoires ou insuffisantes, l'armement suranné ; pas une batterie de campagne, presque pas de canons modernes ; les trois quarts des projectiles datent de Vauban. Un brave homme d'intendant s'est mis en quatre, depuis un mois, pour amasser des vivres ; c'est ce qui manque le moins. Il est vrai que la garnison n'est pas chère à nourrir : 16,000 hommes en tout, dont 13,000 soldats improvisés, la plupart en blouse de toile, pantalons de civils et chaussures de pacotille, avec des fusils à piston.

— Comme tu en sais long, pour un nouveau venu !

— Je me suis promené partout, j'ai fait usage de mes yeux et de mes oreilles.

— Et tu n'as vu ni entendu que des choses désolantes ?

— Peu s'en faut. C'est ici la terre promise du découragement, et je le dis sans blâmer personne. Il y avait une fois, au début de cette chienne de guerre, un septième corps d'armée, composé de trois divisions, qui devaient se réunir à Belfort. La première arrivée reçoit l'ordre de marcher sur Reichshoffen ; elle y court, elle s'y fait prendre, sous les auspices de ce grand innocent héroïque qui s'appelle Mac-Mahon : n'en parlons plus. La deuxième, qui était à Mulhouse, est revenue ici le 8 août, si précipitamment et dans un tel désarroi que tous les habitants des campagnes, rien que pour l'avoir vue passer, resteront effarés toute leur vie et incapables de repousser quatre uhlans. La troisième, qui s'était formée à Lyon, avait à peine rejoint la seconde qu'on les a dirigées ensemble sur le camp de Châlons et de là sur Sedan, par étapes si savamment calculées que les Allemands ont tout pris. Belfort possède donc une armée *in partibus infidelium;* elle est là-bas, bien loin, dans les châteaux du roi Guillaume. La République, prise de court, l'a supléée comme elle a pu : 13,000 conscrits et 3,000 hommes de vieilles troupes pour défendre un point cardinal de la France ! Qu'en dis-tu ?

— Mais alors...

— Mais alors il ne faut pas jeter le manche après la cognée. Car enfin rien ne prouve que nous serons attaqués, et j'ai même quelques raisons de craindre, ou d'espérer qu'on nous laissera bien tranquilles.

— Oh ! la trouée de Belfort !

— Cher ami, on n'a pas besoin de passer par un trou lorsque les portes sont ouvertes, et c'est le cas de nos chers Allemands. Ils ont passé le Rhin chez eux ; nos imbéciles de généraux n'ont pas su les arrêter dans les Vosges ni même faire sauter les tunnels du chemin de fer. Strasbourg et Metz, qui se défendent encore, n'ont pas empêché l'ennemi d'arriver en nombre et en force sous les murs de Paris. A quoi servons-nous donc, défenseurs de Belfort ? A troubler le sommeil du conquérant, à préoccuper ceux qui occupent notre territoire. A leur couper la retraite sur un point important, s'ils étaient battus ; à rassembler et à instruire dans notre camp retranché une armée qui pourrait au besoin reprendre la ligne des Vosges et même envahir le grand-duché de Bade, où sont les Vosges des Allemands. A l'heure où je te parle, nous ne sommes plus défensifs pour un liard, mais nous sommes encore offensifs, et nous le serons aussi longtemps que le château restera debout sur son rocher. C'est un fait de notoriété militaire ; M. de Moltke le sait au moins aussi bien que Trochu.

— Donc, nous serons assiégés.

— Oui, quand les Allemands n'auront rien de plus pressé, lorsqu'ils tiendront Metz et Strasbourg. Et, si nous sommes assiégés, nous serons pris.

— Jamais !

— Tu verras bien. Nous autres Américains..., je veux dire nous qui avons fait la guerre en Amérique, nous savons qu'une ville assiégée est une ville prise. Au bout d'un temps déterminé, je te l'accorde, et sous réserve de l'intervention d'une armée de secours. Mais les armées qu'on improvise dans notre malheureux pays arriveront-elles à point? J'en doute.

— Faisons notre devoir, advienne que pourra !

— Tu parles, mon garçon, comme les sept sages de la Grèce. Faisons notre devoir, et d'abord allons manger la soupe, car c'est un axiome militaire qu'un homme bien nourri en vaut deux. »

Le lendemain, on apprit par le télégraphe la capitulation de Strasbourg. La nouvelle n'était que trop vraie; cependant personne n'y crut. A Belfort, aussi bien qu'à Paris, on se faisait d'étranges illusions sur le génie du bonhomme Uhrich, ancien général de la garde.

Le patriotisme local s'exaltait plusieurs fois par semaine au récit des assauts repoussés, des sorties écrasantes et de maint autre exploit attribué, je ne sais par qui, aux héroïques mais impuissants défenseurs de la capitale alsacienne. Un des pires fléaux de cette guerre fut la diffusion incessante des fausses nouvelles et surtout de ces bonnes nouvelles qui vous transportent au septième ciel. On n'en descend pas, on en tombe, et l'on se casse bras et jambes.

L'événement du 28 septembre, en libérant une partie des forces allemandes et en livrant un beau matériel de guerre à leurs chefs, alluma la guerre dans les Vosges et nous priva des services du général Cambriels. Il partit pour une campagne difficile et médiocrement heureuse et céda le commandement de la place au général de Chargère, qui fut bientôt remplacé lui-même par le général d'artillerie Crouzat. M. Crouzat, nommé le 7 octobre, fut remplacé le 19 par le commandant Denfert-Rochereau, promu au grade de colonel du génie. C'est avec un profond respect, une sincère admiration et (pourquoi ne pas le dire?) avec une véritable amitié, que je nomme ce savant héros, ce patriote stoïque, ce fier républicain qui fut l'âme de la défense et l'immortel soldat de Belfort.

Un simple soldat est myope, quand même il aurait de bons yeux; il ne voit guère au delà des officiers de sa compagnie. Mais le siège nous a tellement rapprochés, le feu de ce bombardement nous a si bien fondus ensemble que j'ai presque le droit de traiter en ami le commandant Chapelot et le colonel Denfert; le colonel est mort; notre commandant, éprouvé par l'injustice des hommes autant et plus que par les douleurs de la vie militaire, jouit de sa retraite, si c'est jouir, dans un modeste logement des Batignolles ! Honneur aux braves ! Notre pays n'est pas un ingrat; il payera ses dettes tôt ou tard.

Ce mois d'octobre 1870 fut assez dur pour la garnison de Belfort et surtout pour les simples soldats, dont j'étais. Une sorte d'instinct, à défaut de toute information précise, nous annonçait l'approche de l'ennemi. Les lourdes bottes du soldat prussien foulaient avec un bruit croissant le sol cher et sacré de notre Alsace. Schlestadt et Neuf-Brisach, deux places difficiles à défendre, ne s'étaient pas assez défendues. A Colmar, à Mulhouse, sur le terrain des Jean Dollfus, des Bartholdi, des Kœchlin-Schwartz et de tant d'autres patriotes, les masses populaires avaient opposé une certaine mollesse à l'entraînement généreux des savants, des artistes, des riches. Il semblait, chose étrange! que le dévouement au pays fût refoulé par l'invasion dans le coin des bourgeois millionnaires. De l'aristocratie locale, il n'était pas question. Un simple professeur du collège d'Altkirch, mon caporal, disait à ce propos : « La noblesse alsacienne, messieurs, est à cheval sur le Rhin ! »

Jusqu'à la veille de l'investissement, c'est-à-dire jusqu'au commencement de novembre, j'eus la consolation de correspondre assez régulièrement avec ma femme. Nous nous écrivions tous les jours, et les lettres arrivaient comme elles pouvaient, deux par deux, trois par trois ; il s'en égara quelques-unes. J'ai conservé celles de Barbe, elle a gardé les miennes ; nous en avons fait un volume que nos enfants ne jetteront pas au feu, j'en suis bien sûr : c'est le meilleur de leur patrimoine.

Voici ce que ma chère petite m'écrivait à la date du 28 octobre :

« Ta femme et tes enfants se portent bien, mon adoré, et il n'y a pas péril en la demeure. Si tu apprends un jour que Courcy est envahi ou seulement menacé par ces abominables Bavarois, ne te mets pas en peine. Sois sûr que j'aurai décampé en temps utile avec notre chère marmaille et gagné les Martigues, où nos lits sont tout faits. Mais nous n'en sommes pas là, bien au contraire. Depuis que l'ennemi est en possession d'Orléans, il a poussé quelques reconnaissances aux environs, mais c'est tout. J'ai lieu d'espérer qu'avant peu c'est lui qui recevra de vos nouvelles. On forme ici deux grands corps d'armée, le 15° et le 16° (où sont les quatorze autres ?), sous le commandement des généraux d'Aurelle et Pourcet. Les défenseurs de la patrie arrivent de tous côtés ; il est même venu d'Afrique un malheureux 2° de zouaves qui ne doit pas avoir trop chaud ; les hommes sont à moitié nus. D'ailleurs la blouse et le pantalon de toile sont à la mode dans la plupart des nouveaux régiments, en attendant mieux ; mais personne ne se plaint.

« La discipline est encore un peu fantaisiste, au dire des généraux, mais je ne sais pas si eux-mêmes sont bien disciplinés, car ils déblatèrent tout haut contre le ministre de la guerre, M. Gambetta, et son bras droit, M. de

Freycinet. Les gros bonnets (à poil) n'obéissent qu'en rechignant à deux pékins, et ils s'étonnent de n'être pas obéis aveuglément par leurs soldats, pékins de la veille. M'est avis qu'en présence de l'ennemi un peu de confiance réciproque et beaucoup de cordialité feraient merveille, comme le chassepot. A propos, je ne suis pas sûre que nous ayons des chassepots pour tout le monde. Mais nous avons des hommes en veux-tu en voilà. Tours, Blois, Bourges, Vierzon, fourmillent de fantassins et de cavaliers. Il y a un camp à Salbris. Et partout le désir de bien faire, le dévouement au pays, l'esprit de sacrifice, l'impatience de donner ce grand coup de collier qui délivrera Orléans d'abord et, après, Paris!

« Nous avons eu hier la visite d'un bataillon du 8ᵉ mobiles; ce sont des jeunes gens de la Charente-Inférieure, très gentils, l'air bien décidé; ils se rendaient à Villevieille. On leur a fait former les faisceaux sur la place de Navarre. J'y ai couru avec les enfants; d'ailleurs toute la ville était là. Comme les pauvres gens manquaient de bien des choses, mais surtout de tricots et de souliers, j'ai mis l'oncle Bernard au pillage et dévalisé la mercière et le marchand de nouveautés. Tes fils ont voulu à tout prix faire une distribution de cigares, et comme il n'y en avait plus que de mauvais, d'un ou deux sous, dans les débits, j'ai dû remonter en voiture et courir à la maison. Mon pauvre chien, la moitié de ta provision y a passé, mais tant pis! tu en feras venir d'autres. Nous ne sommes pas encore ruinés.

« Le travail à l'usine marche tout doucement, mais l'expédition devient chaque jour plus difficile; les chemins de fer ne transportent pour ainsi dire que des troupes et des munitions de guerre. Je ne le leur reproche pas, mais nos magasins sont encombrés de commissions tout emballées qui voudraient bien partir. Le personnel de la fabrique se conduit admirablement; je suis obéie comme toi et presque mieux, car ils m'entourent de mille prévenances. Tu n'imagines pas ce qu'ils sont pour la pauvre petite patronne abandonnée de son mari et seule au monde dans ton auguste cabinet.

« Quant aux enfants, je n'ai pas encore eu l'occasion de les gronder une fois. Pierre a été cette semaine premier en orthographe. Il n'avait que trois fautes dans une dictée si difficile qu'elle en est bête. Geneviève apprend à lire pour te faire une surprise à ton retour. Les deux fillettes dorment avec moi dans le grand lit; je les ai l'une à droite, l'autre à gauche; elles m'enlacent, elles me couvent. Chacune a pris possession d'une moitié de sa maman; Pauline jette les hauts cris lorsque sa sœur étend la main pour toucher mon bras droit. Les garçons viennent tous les soirs nous embrasser, pieds nus, dans leurs longues chemises. Nous nous plaçons en ligne devant ton portrait, que j'ai fait monter dans ma chambre ; nous t'envoyons nos cinq baisers, et nous disons tous ensemble : Bonsoir ! Vive la France !

« Je me suis procuré un plan de Belfort et des ouvrages extérieurs ; je connais le Château, la Miotte, la Justice, le fort des Barres. Quel bonheur de penser que tout cela est bien bâti, solide, à l'épreuve du canon ! Et puis j'ai confiance dans notre ami Basset : dis-lui bien que j'approuve infiniment son système de blindages. Un journal annonçait hier que vous allez être attaqués, je n'en ai rien cru. Si pourtant cela arrivait, je ne te demande pas de fuir le danger, tu as couru le chercher ; mais promets-moi de ne pas t'exposer inutilement. Pense à cette maison, cette chère maison où tu es le maître, le mari, le père, le tout !

« Mille et mille baisers, mon cher soldat.

« Barbe Dumont. »

Nous ne nous étions pas donné le mot, et pourtant j'avais, moi aussi, l'habitude de leur adresser cinq baisers tous les soirs avant de me jeter sur mon lit. Leurs portraits, serrés dans un petit portefeuille, ne m'ont jamais quitté ; jamais je ne me suis endormi, même sur la paille, même sans paille, au fond d'un trou humide et glacial, sans envoyer cette bénédiction paternelle et conjugale à travers les lignes prussiennes : « Bonsoir, Pierre ! bonsoir, Jean ! bonsoir, Geneviève ! bonsoir, Pauline ! bonsoir, la maman des quatre ! »

Le 31 octobre, on apprit la capitulation de Metz et l'on y crut ; un mois plus tôt, nous avions refusé de croire à la reddition de Strasbourg. Grâce à M. Bazaine, l'ennemi se trouvait en possession d'une armée disponible ; il songea aussitôt à nous. Non certes que le siège de Belfort offrît alors aucun intérêt stratégique ; on pouvait achever la campagne de France par la réduction de Paris sans nous tirer un coup de canon. Mais la politique allemande avait d'autres visées ; elle voulait que Belfort fût pris avant la paix, parce qu'elle aspirait à le garder.

Donc, le 1er novembre, l'armée du général de Treskow, passant à travers les francs-tireurs de M. Keller, marcha sur nous.

Le colonel Denfert-Rochereau, qui ne prenait conseil que de lui-même pour éviter les indiscrétions, avait un plan. Après avoir fortifié la place autant qu'il l'avait pu, il n'eut garde d'y cloîtrer la garnison et de laisser le champ libre aux approches de l'ennemi. Ce jeu, le plus prudent et le plus sûr en apparence, faisait prendre la ville en deux mois. Le plan du colonel, qui consistait à tenir tête aux ennemis depuis le premier jour jusqu'au dernier, à leur disputer le terrain pied à pied, à les harceler sans relâche,

BONSOIR, VIVE LA FRANCE!

à refouler leur ligne d'investissement loin de la place, à retarder autant que possible l'installation de leurs batteries et, par suite, le bombardement, fut le salut de Belfort. Un homme a conservé cette ville à la France.

Les Allemands nous investirent en trois jours, mais à distance respectueuse, et on leur fit comprendre dès le premier moment qu'ils n'avanceraient pas sans combattre. Notre petite armée, peu aguerrie encore, mais pleine de bon vouloir, occupa tous les villages de la circonférence et s'y retrancha de son mieux sous la protection des forts, qui dispersaient à coups de canon les colonnes prussiennes.

Notre compagnie, la première du bataillon, était de grand'garde, le 3, lorsqu'elle reçut le baptême du feu. Trois coups de canon vinrent fouiller autour de nous le bois de la Miotte. On salua naturellement, puis on rit. Le capitaine fut content de nous.

C'était un fameux homme, ce capitaine Perrin ; le type du sergent qui a enlevé tous ses grades à la baïonnette. Petit, trapu, grêlé, le nez en pied de marmite et la visière retroussée à l'avenant ; un peu colère, un peu brutal à l'occasion, et bon avec cela comme une mère. Il tutoyait tous ses soldats. A un homme qui se plaignait de la faim il répondait : « Tu n'as pas de pain ? Tu as jeté ton biscuit, animal ? Eh bien, claque du bec, comme les cigognes de Médéah ! » Deux minutes après, le pauvre diable si rudement secoué voyait tomber du ciel un gros morceau de pain bourré de jambon, presque tout le déjeuner du capitaine ! A un jeune officier de mobiles qui avait eu un peu de mal à entraîner ses hommes il disait : « S'ils ne marchent pas, on leur brûle la cervelle et l'on dit qu'ils sont venus au monde comme ça. » En revanche, au combat de Bessoncourt, quand notre sous-lieutenant, un tout jeune homme blond, à peine sorti de Saint-Cyr, courut jusqu'à la droite de notre ligne pour porter l'ordre de tourner le village, le capitaine avait une larme au coin de l'œil. C'était un étrange spectacle que cette course d'un officier de vingt ans à travers choux, sous une grêle de balles. Il tomba, et j'entendis deux ou trois de mes camarades dire en même temps : *Il y est !* Mais il rebondit aussitôt, repartit de plus belle, donna l'ordre et revint haletant, fourbu et crotté, sans une égratignure. Le capitaine l'embrassa et lui dit : « Mon brave enfant ! j'ai cru que je vous avais fait tuer ; je ne me le serais pardonné de la vie. Cinq cents mètres sous un tel feu ! » Nous aimions tous le capitaine.

La nuit du 3 au 4 novembre fut assez dure, au moins pour moi. Couché à la belle étoile dans un fossé humide, je m'éveillai raide de froid. La vue d'un uniforme prussien me regaillardit aussitôt. « Mon garçon, pensais-je en glissant une cartouche dans mon fusil, je vais me réchauffer à tes frais. »

Je vise et je manque, heureusement. En vrai conscrit, j'avais tiré sur un parlementaire. On lui fit des excuses, on lui banda les yeux, et il alla porter au commandant supérieur la sommation si polie et si insolente du général de Treskow. Le colonel Denfert lui répondit sur le même ton, de main de maître. Quant à moi, je fus tancé d'importance par le capitaine Perrin.

Ma compagnie fut encore de grand'garde dans la nuit du 7 au 8. Comme le temps était clair et le froid sec, je ne souffris pas trop ; il me sembla que je m'acclimatais. Sans un coup de canon qui nous éveilla désagréablement, à minuit, en passant au-dessus de nos têtes, nous aurions presque bien dormi. Mais le 12 (3ᵉ grand'garde), je fus rudement éprouvé par la pluie, la neige fondue et la boue, malgré la bonne peau de mouton que Basset m'avait dénichée je ne sais où. Mes pauvres camarades moisissaient sur pied, dans leurs godillots et leurs guêtres de toile. Les dames de Mulhouse, qu'on ne saurait trop bénir, envoyèrent plus tard, en contrebande, des bas de laine et des guêtres de drap.

Le 14, on nous annonça, pour la première fois, une bonne nouvelle : victoire près d'Orléans ! Je pensai à Courcy, à ces braves mobiles de la Charente-Inférieure qui s'étaient arrêtés sur la place, et je ne regrettai pas mes cigares de la Havane. Enfin, le 15, à une heure du matin, nous eûmes l'espérance de vaincre à notre tour. Une dépêche de la place nous envoyait en reconnaissance offensive à Bessoncourt, sous les ordres du brave commandant Chapelot.

Bessoncourt est à l'est de la place, en avant de Pérouse, au sud de Denney, au nord de Chèvremont. Denney, Bessoncourt, Chèvremont, placés en éventail du nord-est au sud-est, et reliés à Belfort par trois routes, étaient occupés par l'ennemi ; mais nous ne savions pas s'il y était en force ou s'il n'y avait que des avant-postes. Pour s'en assurer, le colonel Denfert organisa trois colonnes, dont l'une devait faire une fausse attaque sur Denney, l'autre marcher sur Chèvremont, et la troisième attaquer de front les retranchements de Bessoncourt. Notre bataillon composait la troisième colonne avec les mobiles de la Haute-Saône, commandés par un admirable officier, M. Lanoir. On nous fit prendre position à droite et à gauche de la route, entre Pérouse et Bessoncourt, en avant d'un bois qui cachait notre ambulance. L'artillerie qui devait nous seconder était en batterie au milieu du 84ᵉ ; elle se composait en tout de deux canons de 4 et d'un canon rayé de 12 ! Je crois vous avoir dit que les généraux de passage à Belfort avaient oublié d'y laisser une artillerie de campagne. La cavalerie attachée à notre colonne était forte de quatre hommes et d'un maréchal des logis ; elle fit de son mieux et rendit de vrais services en portant les ordres du commandant.

A la pointe du jour, vers six heures, M. Chapelot, calculant que les colonnes de droite et de gauche avaient eu le temps d'arriver à leur destination, jugea opportun de dessiner l'attaque sur Bessoncourt : il fit marcher les mobiles.

Tout alla bien d'abord ; le commandant Lanoir avait l'air de mener ses hommes au bal. Malheureusement, un coup de fusil tiré par une vedette prussienne alluma le feu des mobiles. Ces jeunes gens, sans mesurer le kilomètre qui les séparait de l'ennemi, se mirent à décharger leurs armes. Il n'en fallait pas davantage pour éveiller l'attention des Allemands. Ils répondirent sur un ton qui prouva que nous avions affaire à forte partie. Un peu d'hésitation s'ensuivit dans les premiers rangs.

« Appuyez-moi ces gaillards-là, dit M. Chapelot à nos chefs de compagnie. Le 84ᵉ, en avant ! »

Et nous voilà partis, sans brûler une cartouche, et si calmes sous le feu des Prussiens, qu'un certain nombre de mobiles, éparpillés par la première émotion, vinrent spontanément se ranger avec nous. J'ai vu, par leur exemple et par le mien, combien la confiance des vieux soldats est communicative et comme on s'aguerrit au contact des bons durs à cuire. Lorsque nous fûmes à 300 mètres des Prussiens, le capitaine Perrin nous cria :

« Maintenant, amusez-vous ! »

Je ne sais pas combien de temps je demeurai accroupi dans un champ de betteraves, ni combien de cartouches je brûlai, mais cela me parut long. Le coup d'œil était magnifique ; les Prussiens, abrités par un haut et solide retranchement, avaient l'air de tirer un feu d'artifice ; nous répondions de notre mieux ; l'artillerie du lieutenant Verchère envoyait ses obus, par-dessus nos têtes, dans le tas des Prussiens. Pour un petit combat, c'était une belle musique. Les canons ennemis faisaient rage, et ils étaient plus nombreux que les nôtres. Heureusement, le fort de la Justice se mit de la partie ; il en démonta quelques-uns.

Mais les renforts accouraient là-bas, il en venait de tous côtés, tandis que la colonne de Denney continuait à briller par son absence. Quatre compagnies des mobiles du Rhône, formées de soldats jeunes, mais pleins de feu, nous auraient fait grand bien par une diversion sur la gauche. Elles n'arrivèrent pas.

Égarées par un guide (ô la topographie !), elles avaient manqué leur mouvement, laissé à l'ennemi le temps de réunir des forces supérieures, et, en désespoir de cause, la première colonne secondaire s'était repliée sur Pérouse. La deuxième secondaire avait l'ordre d'attendre devant Chèvremont que Bessoncourt fût enlevé ; elle attendit : rien à lui dire.

Lorsqu'il fut avéré que notre reconnaissance offensive ne pouvait plus nuire qu'à nous, le commandant de la sortie, M. Chapelot, voyant que sa petite artillerie manquait de munitions, que le chef de bataillon des mobiles, M. Lanoir, s'était fait tuer, avec deux capitaines, à la tête de ses hommes, nous donna l'ordre de la retraite. C'est notre bataillon qui la couvrit; nos compagnies s'échelonnèrent en tirailleurs jusqu'à l'entière reconstitution de la colonne, et il y eut quelque mérite à la chose, car l'ennemi rêvait de nous garder. Un fourrier de ma compagnie, nommé Planson, fut assailli par vingt Allemands, comme il emportait un blessé. Il les chargea à la baïonnette, mais il eut la figure coupée d'un coup de sabre et disparut. Un sous-lieutenant du 84ᵉ, Rossignol, officier de la veille, ancien sergent des zouaves en Crimée, type admirable du soldat, a le bras fracassé par un obus; il conduisait une section de la 4ᵉ compagnie. Il va au commandant, demande à être remplacé, et gagne tranquillement l'ambulance. Notre major, le docteur Desbrousses, voulait lui couper le bras sur le champ de bataille; un boulet les couvrit de terre.

« Décidément, dit Rossignol, nous serions dérangés ici; j'irai bien jusqu'à l'hôpital. »

En rentrant à Belfort, le capitaine Perrin s'est approché de moi et m'a dit :

« Dumont ! Es-tu ambitieux ?

— Moi, capitaine ? Pas du tout.

— C'est dommage. Je t'aurais proposé pour caporal. Tu ne sens pas combien ça serait drôle, un caporal millionnaire ? Sérieusement, je t'ai vu; tu n'es plus un conscrit, mais un soldat.

— Je vous remercie, capitaine. C'est pour l'instant le plus beau titre du monde.

— Eh bien, avant huit jours, bon gré mal gré, je t'en ferai avoir un autre, qui t'ira.

— Lequel donc ?

— Éclaireur.

— Ah ! Vous m'en direz tant ! »

Il y avait déjà quelques jours qu'on parlait de former dans chaque régiment une compagnie destinée au service le plus difficile, le plus pénible, le plus ingrat, mais le plus actif et le plus intéressant : éclairer les grand'gardes, les secourir lorsqu'elles étaient attaquées, arrêter les incursions des Prussiens, leur tendre des embuscades, enlever leurs postes. Ces compagnies devaient en outre combiner leurs efforts pour une action commune, ce qui n'arriva pas souvent, je le confesse en toute sincérité.

Mais aussi, à partir du 20 novembre, jour de notre organisation, je n'eus pas le temps de m'ennuyer. Une nuit sur deux, pour le moins, je courais les bois dans la neige, ou je restais à grelotter derrière une haie avec une douzaine de camarades, baïonnette au canon, le mouchoir entre les dents pour étouffer la toux : défense de tirer avant d'avoir usé de la fourchette. Jamais le destin n'a permis qu'une patrouille d'Allemands nous tombât sous la main, mais que de fois un souffle de vent, un oiseau de nuit, un mulot nous a donné des émotions poignantes! Attendre l'ennemi comme nous l'attendions est une toute autre affaire que de courir sur lui. Si je relis les notes que je griffonnais en rentrant, je trouve bien souvent la mention mélancolique : « R. de n. » (rien de nouveau)! Je me rappelle aussi les interrogations ironiques des camarades du régiment quand je rentrais en ville :

« Eh bien, Dumont, quoi de neuf ?

— Rien.

— Comme toujours, alors. »

Ces gaillards-là avaient couché dans leurs lits, et ils se moquaient de moi par-dessus le marché ! N'importe ! ma conscience ne me disait pas que mon métier fût un métier de dupe. Quelques affaires sérieuses, comme Vétrigne, Andelnans et Pérouse, arrivèrent toujours à point pour arrêter le découragement. J'éprouvais d'ailleurs une joie un peu amère, mais orgueilleuse, à cette idée que l'ennemi, supérieur en nombre, supérieur en force et en moyens d'action, toujours vainqueur, tous les jours un peu plus rapproché de Belfort que la veille, nous trouvait partout devant lui et n'avançait d'un pas qu'en nous marchant sur le corps.

Le 2 décembre, après une expédition concertée avec soin, mais que les camarades nous avaient laissés faire tout seuls, j'eus la consolation d'apprendre une grande victoire de Trochu. Hélas ! en avons-nous appris de ces grandes victoires ! Les Prussiens nous en régalaient à satiété, spéculant sur les effets presque immanquables de la déception. Le lendemain, ils commencèrent à nous bombarder. La ville, le fort des Barres, le château, l'arsenal, se partagèrent les premiers projectiles ; il y en eut pour tout le monde. Ce n'était pas encore ce projectile monstrueux, l'obus de 78 kilogrammes, que nous avons appelé successivement « le mouton, le veau, l'enfant de troupe ». Non, c'était du 24 rayé, modèle français, pris à Metz. Les bienfaits de M. Bazaine arrivaient ainsi jusqu'à nous. On enterra quelques victimes. Notre préfet, M. Grosjean, adressa une magnifique proclamation aux citoyens de la ville, qui d'ailleurs n'avaient pas besoin d'être encouragés. Ces pauvres gens ont été tous héroïques, et, s'ils sont encore Français, ils ne l'ont pas volé.

Le 4, en revenant d'une promenade matinale qui avait été égayée par les obus, je trouvai Basset à la porte de notre casemate.

« Arrange-toi pour être libre ce soir, me dit-il. Nous dînons chez moi à cinq heures avec Jean, le bon Schuller et quelques autres officiers. Ton capitaine ne peut pas te refuser la permission; il est des nôtres. Je me suis procuré des nourritures invraisemblables : un plat de truites, un cuissot de chevreuil, des écrevisses de la Savoureuse.

— Et à quelle occasion ce festin ?

— D'abord on n'a pas tous les jours une victoire à célébrer. Et puis... et puis, tu verras bien. A tantôt! »

Le capitaine Perrin me prit, ou plutôt m'empoigna vers cinq heures moins un quart, et nous étions chez Basset à l'heure dite, militairement. Un obus nous avait précédés, mais la maison louée par mon vieil ami était un vrai chef-d'œuvre de blindage, et le projectile allemand avait ouvert un cône renversé dans le sable sans émouvoir les poutres qui le portaient. Nous pouvions nous croire à l'abri pour toute la soirée, en vertu de l'axiome : *Non bis in idem,* et l'on se mit gaiement à table. Schuller avait sa place marquée, une place d'honneur, en face de l'amphitryon.

C'est que Schuller, simple sous-lieutenant d'artillerie, était déjà coté comme un héros du siège. D'abord il avait la stature, la force et la beauté d'un combattant de l'*Iliade* ; ensuite il était Alsacien, et le plus enragé patriote de sa noble et malheureuse province; et puis on le savait ambitieux dans mon genre. Au début de la campagne, en septembre, lorsqu'on fit les premières propositions d'avancement, son capitaine lui avait dit : « Mon bon *marchef,* dressez l'état, et portez-vous en tête. » Le brigand s'oublia lui-même. On lui renvoya le papier avec ordre formel d'y inscrire son nom. Il n'en fit rien, et force fut au capitaine de lui infliger l'épaulette à son corps défendant. Officier, il ne tarda pas à se faire remarquer de toute la garnison, malgré sa chienne de modestie. Il vivait sur le parapet, voyant tout, observant l'ennemi nuit et jour, s'ingéniant à l'atteindre partout, à des distances invraisemblables. Il avait pour lui le courage, la patience, la volonté, l'intelligence et, ce qui vaut encore mieux que tout, la haine, une haine de Mohican pour les envahisseurs de l'Alsace.

Le seul jour où j'ai eu l'honneur de dîner avec lui, il était bien content de sa besogne. Nos ennemis, paraît-il, avaient fait une lourde sottise en établissant leurs batteries au sud-est de la place, entre Essert et Bavilliers. Schuller disait, avec son bon accent des bords du Rhin : « C'est trop bête d'attaquer le taureau par les cornes, et à trois kilomètres de distance. Est-ce qu'ils ont la prétention de démolir le roc qui porte le Château? Veulent-ils ouvrir la tranchée contre Bellevue, et puis contre les Barres, et puis contre tous nos travaux de la gare et des faubourgs ? Jamais Belfort ne sera pris par là. » Mon beau-frère, Jean Bonafigue, répondait :

« Ces gens-là sont la prudence même ; ils attaquent les points que nous n'avons pas défendus, parce que nous les jugions imprenables.

— Oui, répondit Schuller, mais nous avons déjà retourné nos batteries, et ils ont dû s'en apercevoir. »

Le fait est que nos artilleurs, sous l'inspiration de M. de La Laurencie, capitaine, avaient trouvé moyen de braquer sur l'ennemi un certain nombre de pièces masquées par le Château ou par la tour des Bourgeois. En abaissant la vis de pointage et en établissant des points de repère sur les toits, on arrivait à tirer avec justesse par-dessus nos bâtiments. Les Allemands étaient foudroyés par des canons invisibles qu'ils ne purent jamais démonter. « Ça va, ça va ! disait le bon Schuller ; j'ai vérifié tous les coups, la journée est bonne, nous en avons démoli pas mal. Je n'ai jamais fêté la Sainte-Barbe aussi gaiement. Vive la République ! »

On fit chorus, et Basset se leva, le verre en main :

« Oui, messieurs, dit-il, c'est aujourd'hui la Sainte-Barbe, la fête des artilleurs, et je vous remercie d'avoir bien voulu la célébrer avec moi. Mais c'est aussi la fête... Allons, Pierre ! lève le nez ! la faïence de mes assiettes n'est pas digne de captiver ton attention. C'est la fête, messieurs, d'une petite Française qui a autant de patriotisme et de courage à elle seule que nous tous ensemble, sans excepter le bon Schuller. Elle est la sœur du capitaine Bonafigue, elle est la femme de ce grand éclaireur qui se mouche pour ne pas pleurer ; elle est mère de quatre enfants dont deux seront un jour des hommes. Pierre, te souviens-tu du temps où tu ne voulais pas l'épouser parce qu'elle s'appelle Barbe et que ce nom te semblait ridicule ? Je suis sûr que tu n'en riras plus désormais. Allons, messieurs, buvons ensemble et saluons les sœurs, les femmes et les mères françaises dans la personne de M$^{me}$ Barbe Dumont. »

Il y a des fibres du cœur humain qu'on ne devrait pas mettre en jeu dans une ville assiégée. Nous n'avions pas vidé trois bouteilles entre nous tous, et voilà que nous nous levons pour nous embrasser pêle-mêle, à tort et à travers, comme des ivrognes et des fous.

Oh ! ce Basset ! Il avait fait son chemin, à Belfort, sans toutefois monter en grade. Son premier soin fut d'appeler, avant l'apparition des Prussiens, cent mille francs qui sommeillaient en compte courant chez son banquier de Londres. Il employa le tout aux ouvrages de la défense, sans accepter même un bout de papier en échange.

« Ma peau vaut plus que mon argent, répondit-il au colonel Denfert; si vous acceptez l'une, je ne vois pas pourquoi vous refuseriez l'autre. D'ailleurs je suis représentant du peuple, car mon mandat à la Législative n'est pas périmé ; j'ai donc le droit de servir le pays à ma guise. Est-ce vous, vieux républicain, qui m'en donneriez le démenti? »

M. Denfert-Rochereau lui tendit la main pour toute réponse, et, dès ce jour, mon vieil ami fut accepté par le génie comme auxiliaire civil. Son incontestable talent lui fit autant d'amis que son patriotisme ; et c'est pourquoi vous voyez les meilleurs officiers de la place fêter la Sainte-Barbe chez lui.

Le repas fut plantureux ; rien ne manquait encore dans la ville à qui pouvait payer. L'ennemi bombardait nos forts sans leur faire aucun mal ; nos forts répondaient sagement, comme des forts qui n'ont pas de boulets à perdre et qui ménagent les provisions accumulées par Vauban ; quant à nous, nous nous donnions le luxe d'oublier pendant quelques heures les dangers de la veille et du lendemain.

On ne se sépara qu'à minuit. Schuller avait fait ma conquête ; je le reconduisis au Château, où il était logé. Tout en piétinant dans la neige, il me parlait de l'Alsace, il m'invitait à venir chasser le chevreuil avec lui, autour de son village natal, quand nous serions débarrassés de ces « animaux-là » ; il me faisait une description magnifique de la cave, où papa Schuller avait encore en fût le bon vin de 1834.

« En attendant, me dit-il, je leur prépare pour demain un coup de canon qui leur fera fumer la barbe. J'en causerai avec Catherine dès ce soir. »

Catherine était une pièce de vingt-quatre rayée, presque aussi populaire dans la ville et dans la garnison que Schuller lui-même. Il me quitta en m'embrassant ; nous nous tutoyions comme deux frères.

Pauvre Schuller ! Il lui restait exactement vingt-sept jours à vivre. Le 31 décembre 1870, sa belle tête fut brisée par un éclat d'obus. La place perdit en lui un de ses plus vaillants défenseurs, l'armée un de ses officiers les plus capables, la France un de ses plus nobles enfants.

Que vous raconterai-je de plus ? Je ne suis pas l'historien de cet épouvantable siège qui a duré cent quatre jours, dont soixante-treize de bombardement continu, et que le général de Treskow poussait encore, avec une sérénité admirable, trois semaines après la capitulation de Paris. Des témoins mieux placés que moi pour tout voir ont consigné nos gloires et nos douleurs dans une demi-douzaine de volumes que mes enfants savent par cœur.

Quand je relis ces livres, quand je repasse dans ma mémoire, encore assez fidèle, ce que j'ai vu, fait et souffert, je ne puis pas garder rancune au général de Treskow. Il avait ordre de prendre la ville à tout prix, ce galant homme ; il y a employé tour à tour et simultanément la ruse et la force. Il avait fait apprendre à ses clairons nos sonneries de retraite, afin de troubler les mobiles sans expérience et quelquefois un peu naïfs. Plusieurs soldats prussiens, choisis sans doute parmi les protestants de la révocation de l'édit de Nantes, profitaient de la nuit pour crier, sans aucun accent : « A nous, mobiles ! Vive la France ! » Ils nous faisaient ainsi des prisonniers. On nous communiquait tous les huit jours une grande victoire des armées nationales pour exalter notre espérance, mais on ne manquait pas de démentir le fait dans les vingt-quatre heures, avec preuves à l'appui, pour nous démoraliser. La mort même de nos officiers et de nos soldats était savamment exploitée par cet ingénieux ennemi, et, s'il nous rendait un cadavre, c'était avec une mise en scène qui devait nous navrer. Voilà pour la ruse.

Quant à la force, oh ! c'est bien simple ! M. le général de Treskow en usa dans la plus large mesure et nous fit tout le mal qu'il put. Il mit deux cents pièces de canon en batterie contre Belfort et nous gratifia de 5,000 à 6,000 projectiles par jour, en moyenne : quel autre homme de guerre eût fait mieux ? Il tua par le fer et le feu non seulement les soldats qui défendaient la place, mais les bourgeois qui l'habitaient, les vieillards, les femmes, les enfants ; il n'épargna pas même les prisonniers prussiens, ses anciens compagnons d'armes, que nous avions abrités de notre mieux.

Il avait commencé par une faute en installant ses batteries de siège entre Essert et Bavilliers. Mais il reconnut son erreur et la répara vite. Il nous prit Danjoutin, mal gardé ; il enleva de haute lutte le village de Pérouse, où mon capitaine gagna cent fois pour une ses galons de commandant ; enfin il s'établit aux Perches et s'y trouva en mesure, comme il a bien voulu l'écrire lui-même, « de réduire Belfort en un monceau de ruines et d'ensevelir les habitants sous les débris de leurs maisons ». Et il l'eût fait comme il le disait, n'en doutez pas, si le gouvernement français n'eût relevé le colonel Denfert de sa faction héroïque. Pauvre gouvernement de la défense ! Les partis ne lui ont ménagé ni l'outrage ni la calomnie ; mais son seul crime est d'avoir trop compté sur le patriotisme et la résolution des Français.

C'est égal ; nous lui avons dû, à Belfort, quelques bonnes journées. Depuis le 15 janvier jusqu'au 18, une armée de secours, recrutée et organisée par ces vaillants hommes d'État qui voulaient espérer contre toute espérance, s'est approchée de nous. Nous l'avons entendue, quelques-uns même se flattent de l'avoir vue. Elle était commandée, nous disait-on, par le général Bourbaki, un rude homme. Ah ! comme il nous tardait de la rejoindre ! Avec quel entrain nous aurions harcelé l'ennemi, qui craignit un moment, paraît-il, d'être pris entre deux feux ! Lorsque le bruit du canon se rapprochait, nous étions sûrs de la victoire ; chaque fois qu'il semblait s'éloigner, nous disions : C'est le vent, c'est le dégel, c'est la pluie qui nous trompent.

A la date du 19, je lis sur mon carnet de notes cette exclamation stupide, mais sincère : « O chère canonnade ! on ne t'entend plus. »

L'homme est un étrange animal. Croiriez-vous qu'à la fin du siège, le 18 février, lorsque notre colonne, après toutes les autres, quitta Belfort sous le commandement du colonel Denfert, j'étais moins sensible à la joie de revoir ma famille, mes amis, mon pays natal, qu'au regret de quitter ce monceau de ruines où j'avais lutté et souffert ?

## CHAPITRE XVI

### RELEVONS-NOUS !

Le départ fut navrant, au moins pour moi ; quelques-uns de mes camarades laissaient percer un contentement qui redoublait ma tristesse. Je plaignais du fond de mon cœur ces pauvres habitants de Belfort, qui après tant de sacrifices n'étaient pas sûrs de rester Français. Ils nous firent des adieux touchants à la porte de France. Le maire, M. Mény, un homme antique, qui s'était prodigué nuit et jour, allait et venait dans nos rangs, serrant les mains de celui-ci, embrassant celui-là, et retenant ses larmes avec peine. Nous comptions tous quelques amis dans la population civile ; ils se serrèrent autour de nous jusqu'à midi, l'heure fatale. Une pauvre vieille affolée, qui avait perdu tous les siens par le feu, la variole et la fièvre typhoïde, vint se camper devant moi et me demanda à plusieurs reprises : « Après vous ? Après vous ? Après vous ? »

La réponse était malheureusement trop facile : Après nous, l'ennemi.

Jean, mon beau-frère, nommé commandant depuis dix jours, passa son bras sous le mien, me tourna vers la ville et me dit : « Regarde et souviens-toi. C'est une école que nous avons là sous les yeux. Désormais le nom de Belfort, en langage militaire, est synonyme d'effort continu, de défense offensive. Le galon coûtait cher ici, mais je suis bien heureux d'en emporter un petit bout. »

Basset n'était plus avec nous. Notre département l'avait spontanément élu le 8 février, tandis que le Haut-Rhin nommait MM. Denfert-Rochereau et Grosjean. Le colonel ne songea pas un moment à quitter son poste ; M. Grosjean, préfet sans préfecture, et Basset, entrepreneur sans ouvrage, prirent le chemin de Bordeaux ; là encore, après nous tous, ils défendirent Belfort.

Mon vieil ami m'avait promis de passer par Courcy et de me donner des nouvelles. Il m'écrivit en effet, mais trop tôt ; le siège n'était pas levé, les Prussiens gardèrent sa lettre, et, s'ils l'ont lue, je crois que leur orgueil n'a pas dû en être flatté. J'avais écrit à Barbe deux fois par nos ballons, dont un seul tomba bien, et vingt fois par les contrebandiers suspects qui traversaient trop commodément les lignes prussiennes, mais pas un seul mot de réponse n'était arrivé jusqu'à moi. Je ne savais donc rien de ma famille, rien de mes intérêts, rien de ce cher pays de Touraine, que j'avais laissé si beau et que les Allemands avaient peut-être saccagé. En ce temps-là, une moitié de la France ignorait l'autre.

Ce n'est qu'au bout de dix-sept jours, après bien des étapes, bien des fatigues, bien des angoisses, que je reçus le 6 mars, à Grenoble, la dépêche suivante :

« *Grenoble de Courcy*, 6. 3. 71. 8. 25.

« Cendres déblayées, cœurs fermes, santé parfaite. Mille tendresses de tous. A quand ?

« Barbe Dumont. »

De quelles cendres parlait-elle ? La fabrique avait donc brûlé une seconde fois ? J'avais pourtant eu soin de la construire en brique et en fer, avec aussi peu de bois que possible ; et des réservoirs sur les toits, et des prises d'eau partout. Un incendie chez moi ne pouvait s'expliquer que par le crime ou par les fatalités de la guerre.

Je lus et je relus la feuille sibylline avec une anxiété croissante, et je finis par la porter à mon nouveau capitaine, le saint-cyrien blond qui avait gagné ses éperons à Belfort.

Ce jeune homme plein de cœur fronça le sourcil : « Mon pauvre monsieur Dumont, me dit-il, voilà qui sent le Prussien ou le Bavarois. Vous êtes de Courcy : je crois bien avoir lu dans quelque vieux paquet de journaux que l'ennemi est allé jusque-là. Le général Pourcet l'en a chassé ; mais on peut faire beaucoup de mal en peu de temps. La poste nous apportera bientôt le mot de cette énigme. Mais pourquoi donc n'iriez-vous pas le chercher vous-même ? Je ne vous renvoie pas ! Lorsqu'on a le très grand honneur de commander à des soldats tels que vous, on voudrait les garder toute la vie. Mais l'ami qui nous fait part de ses chagrins nous autorise à chercher des consolations. Monsieur Dumont, vous avez contracté un engagement limité à la durée de la guerre. Or les préliminaires de paix ont été signés à Versailles le 27 février ; Paris est délivré du voisinage des Allemands depuis le 3 mars : vous êtes donc moralement libre ; il ne reste que certaines formalités à remplir. Dès aujourd'hui, je suis certain que notre lieutenant-colonel, chef du corps, signera la permission d'un mois que je vais de ce pas lui demander pour vous. Vous pourrez partir ce soir même et attendre paisiblement à Courcy votre congé définitif. Avertissez votre famille, prenez congé du commandant Bonafigue et bouclez votre sac ; le reste me regarde, cher monsieur ; j'en fais mon affaire. »

Je remerciai chaudement cet aimable et digne officier, et je courus au télégraphe : « A demain, chère femme ; je pars ! » J'embrassai mon vieil ami Jean ; je pris congé des camarades ; je m'équipai en civil chez la Belle-Jardinière de la place Grenette, car mes malles avaient suivi Basset, et l'étalage de mon pauvre uniforme en lambeaux dans les rues de Courcy m'eût semblé prétentieux et ridicule.

Mais l'armée est une machine savante et compliquée où rien ne marche vite, au moins en temps de paix. Mon capitaine mit un jour à trouver le lieutenant-colonel, qui avait ses détachements éparpillés autour de Grenoble. Le grand chef, M. Marty, était un homme un peu méticuleux ; il l'avait bien prouvé en nous faisant passer à la deuxième étape, Audincourt, une revue de détail. Ma permission ne me parvint que le 8, après le départ du dernier train. Je partis pour Lyon le 9, et, comme le service des chemins de fer n'était encore qu'à moitié organisé depuis la guerre, mon voyage de Lyon à Moulins, de Moulins à Bourges, de Bourges à Courcy, fut arrêté ou ralenti si fréquemment qu'il ne dura pas moins de quarante-huit heures.

Un gros marchand de moutons, entré dans mon wagon à la gare de Bourges après un dîner sérieux, me raconta en fumant sa pipe que les Bavarois avaient pillé ma ville natale, rasé l'admirable fabrique de M. Dumont et emmené M. Dumont lui-même en Allemagne avec le sous-préfet Poulard. Ce dernier trait me rassura un peu, en me prouvant qu'il y avait à prendre et à laisser dans la légende.

Enfin je descendis à Courcy sur les neuf heures, avec deux heures et demie de retard. La gare était déserte et à peine éclairée ; il n'y avait qu'un employé, à qui je donnai mon billet. Pas une voiture à la porte, pas même l'omnibus jaune de la *Couronne*. Personne ne m'attendait, naturellement : on m'avait attendu quatre jours. Je pris tout seul le chemin de la fabrique entre deux rangs de becs de gaz dont les trois quarts n'étaient pas allumés et le reste ne brillait guère. Mon portier, vieux soldat de Crimée et d'Italie, toujours fidèle au poste, ne s'éveilla qu'à la dixième sommation et n'ouvrit pas sans défiance. Lorsqu'il me reconnut, il poussa de vrais cris : « Ah! patron! Ah! patron! Madame vous croyait mort une fois de plus. Elle est encore allée au train de sept heures avec les enfants. C'est elle qui sera contente! Elle et nous tous, employés, ouvriers, la ville entière. Ah! patron! cher patron! »

Quoique la nuit fût assez noire, j'avais vu du premier coup d'œil que la fabrique n'était pas rasée ; et, après avoir serré la main du fidèle serviteur, je m'élançais vers mon cher nid, lorsqu'il me retint par le bras.

« Patron, dit-il, laissez-moi vous conduire. Depuis qu'ils ont brûlé la maison, madame et les enfants ont pris l'appartement de M. Charles, où monsieur a logé dans les temps, après M. et M$^{me}$ Bonafigue. »

Je le suivis machinalement, en lui demandant des nouvelles de tous les miens, un à un. Le reste me semblait non pas indifférent, mais secondaire. J'avais d'ailleurs le temps d'apprendre tous nos malheurs.

Il n'eut pas besoin de sonner. Catherine, avertie par son instinct plus que maternel, avait déjà ouvert la porte et noué ses gros bras autour de mon cou : « C'est toi! c'est toi! C'est lui, madame! Les enfants dorment, mais tant pis! madame, revoilà monsieur! »

J'entrai. Mes pauvres êtres s'étaient tous endormis dans la salle à manger, autour de la table où mon couvert était mis. Barbe s'éveilla la première et se leva un peu péniblement, soit parce qu'elle avait grossi en mon absence, soit parce qu'elle portait notre Pauline dans ses bras. « Je t'ai donc enfin! me dit-elle ; tout le reste n'est rien, mon bien-aimé! »

Pauline se secoua au bruit de nos baisers ; elle ouvrit de grands yeux, saisit ma barbe à pleines mains et cria : « Papa n'est pas mort! » en versant un fleuve de larmes.

Les autres se dégourdirent lestement, d'autant plus qu'à part le potage ils n'avaient pas dîné. Pierre et Jean chevauchaient sur mes genoux ; l'un me trouvait très beau, l'autre très laid. « Tu m'apprendras la guerre! » disait l'aîné. Le cadet se hissa sur mon épaule et me glissa ces mots à l'oreille : « Si les Prussiens nous avaient tué notre père, nous aurions tué les enfants des Prussiens. »

Geneviève sommeillait encore un peu ; mais, lorsqu'elle eut soupé avec moi, qui mourais de faim, elle refusa énergiquement d'aller au lit. « J'aime mieux papa que dormir! » disait-elle en s'accrochant à mes habits.

Ma femme et Catherine triomphèrent doucement de ces mignonnes résistances. Les chers garçons mirent un point d'honneur à me montrer comment deux hommes se couchent. Je pris plaisir à déshabiller pièce à pièce les deux

J'AIME MIEUX PAPA QUE DORMIR!

fillettes, qui avaient grandi et embelli. Elles fermèrent leurs yeux l'une après l'autre, dans mes bras, et lorsque tout ce petit monde eut émigré au pays des rêves, je dis, *sotto voce*, comme à Belfort :

« Bonsoir, Pierre ! bonsoir, Jean ! bonsoir, Geneviève ! bonsoir, Pauline ! bonsoir, la maman des quatre !

— J'espère bien, dit Barbe, qu'avant trois mois je serai la maman des cinq. Et il faudra que la cinquième soit une fille, car j'ai déjà choisi son nom. Elle s'appellera France, en mémoire de ton grand-père, et pour l'amour de la patrie, notre mère à tous. »

Cette jolie petite tête, plus jolie que jamais, me détailla sur l'oreiller, longtemps après minuit, tout le mal que les Allemands nous avaient fait.

« Je ne les ai pas attendus, me dit-elle. Dès qu'ils ont menacé Ville-vieille, j'ai fait un paquet des enfants et emporté le tout aux Martigues, où papa et maman nous ont gâtés : ils t'adorent, ces pauvres vieux ! Je voulais emporter nos valeurs, mais ton oncle Joseph m'a fait observer que les routes n'étaient pas sûres et qu'un million de papiers, presque tous au porteur, courait grand risque entre mes mains. Il se chargeait de tout mettre en sûreté, et j'ai foi dans la malice des paysans, grands cachotiers de leur nature. Cependant j'ai pris note des numéros, à tout événement. Un vague instinct de conservation m'a fait aussi recommander à ce digne homme notre collection de planches gravées. Nous en avions, tu sais, pour une centaine de mille francs, et ces cuivres, il faudrait cinq ou six ans pour les refaire. Or le consommateur n'admet plus que la faïence décorée. L'oncle a compris, il n'est pas bête ; en une nuit, avec ton jeune cousin Paul, deux charrettes et six chevaux, il a transporté nos dessins dans une clairière du bois du Lézard et enterré le tout sous un gazon épais, doublé de neige. Quant aux valeurs de portefeuille, il n'a pas pu se décider à les loger si loin de lui, mais il les a serrées dans un coffre de fer qu'il a caché au fond du magasin n° 5, sous 40,000 kilos de terre glaise. C'était fait, et bien fait, quand j'ai quitté la ville.

« Les Allemands arrivent. On leur résiste un peu, pas assez pour leur faire rebrousser chemin, assez pour leur donner le droit de nous traiter en ville prise. Ils peuplent la fabrique de leurs soldats, de leurs chevaux, de leurs canons, de leurs fourgons et de charrettes réquisitionnées un peu partout. L'économat, la cave, nos provisions sont pillés dès le premier jour. Le lendemain, on s'occupe activement de tout déménager, meubles et marchandises. Des centaines de commissions emballées depuis longtemps, les faïences en magasin, la collection de nos modèles, ton musée céramique, notre linge, nos lits, nos voitures, nos tapis, nos rideaux, nos pendules, trois trains de choses volées chez nous s'en vont en Allemagne, à moins qu'on n'ait vendu le tout en route aux corbeaux qui suivent l'armée.

« L'oncle Joseph assistait à ce pillage sans sourciller. Il disait au chef des bandits : « Vos coups de main ressemblent à des coups de commerce. « On pourrait ouvrir boutique à Berlin et monter une manufacture à « Munich avec ce que vous nous avez pris. » L'autre répondait d'un air rogue en fumant un de tes cigares : « C'est la guerre ! » Et le vieux paysan répliquait : « Alors, monsieur, la guerre est une affaire. » C'était tellement une affaire pour ces gens-là qu'un beau jour ils ont eu l'aplomb de réclamer nos planches gravées. Le lieutenant qui se chargea de l'ambassade est un de nos anciens ouvriers, nommé Merckel. Tu ne te rappelles pas ce soi-disant Alsacien qui faisait des parties de campagne et dessinait un album des environs de Courcy? Il a été espion chez nous pendant dix-huit mois, et c'est lui qui a eu l'idée de nous voler les cuivres, pour nous faire chômer indéfiniment. Ton oncle a soutenu *mordicus* qu'il n'y entendait rien, qu'il n'avait jamais vu de cuivre qu'à la cuisine, où l'on s'était emparé de nos casseroles, et que d'ailleurs le cuivre était un métal inutile aux Allemands, qui se servaient de canons d'acier. Pour se venger de sa résistance, ils l'ont expédié au fin fond de leur affreux pays, dans le grand-duché de Posen, et il y est encore, mais il m'annonce son retour. Les planches gravées par M. Doussot, par toi, par Bergeron, sont retrouvées, grâce à ton cousin, qui savait la cachette et qui ne l'a pas perdue de vue un seul jour. Malheureusement, la cassette de fer où l'on avait enfermé nos valeurs est partie dans les fourgons de l'ennemi. Je ne sais si c'est par malice ou par trahison que les brigands ont pu la déterrer sous cette montagne d'argile. Comme j'avais gardé les numéros, j'ai mis opposition à la vente des titres sur tous les marchés de l'Europe, mais je ne me fais pas d'illusions : c'est un million perdu.

« Les malfaiteurs en armes qui nous ont dépouillés ont voulu effacer par le feu la trace de leurs crimes. Le jour de leur départ, dix incendies ont éclaté à la fois sur divers points de la fabrique. Notre pauvre maison d'amour, qui n'était plus bien neuve, puisqu'elle datait de la jeunesse de M. Simonnot, a flambé comme une allumette ; il n'en reste plus même les quatre murs. Les braves pompiers de Courcy, exaltés par le souvenir de ton père, ont fait des efforts surhumains pour sauver le reste. Le mal est grand, mais il est réparable. Sauf la chambre des machines et les fours, où ils avaient placé des cartouches de dynamite, l'outillage pourra servir.

« Et dire que nous ne sommes pas les plus malheureux de la ville ! Notre voisin, le fabricant de briques réfractaires, a coupé les fils télégraphiques qui faisaient communiquer les soudards avec leur état-major cantonné dans notre pauvre Larcy. Dénoncé par une coquine, jugé par trois Allemands, et fusillé en une heure ! « Je ne regrette qu'une chose, a-t-il dit en mourant, « c'est de ne vous avoir pas fait assez de mal. Vive la France ! »

« Tu n'iras pas voir Larcy, je t'en prie. Je l'ai vu, moi, et c'est assez. Catherine y tenait garnison pour défendre notre bien, elle a fait une résistance admirable. Ils lui ont arraché la peau des mains avec nos clefs. Ils ont empaqueté devant elle jusqu'aux lambrequins des rideaux avec les patères et les cordons de tirage, et ce qu'ils n'ont pas pris, ils l'ont sali. Les glaces, les dessus de porte, les tableaux leur servaient de cibles ; les jalousies, les volets, les boiseries sculptées, les arbres rares, déodoras, wellingtonias, araucarias, camélias, rhododendrons, magnolias, sans compter les trésors de l'orangerie, leur servaient de bois de chauffage. Ils fendaient les bûches sur la mosaïque du vestibule et découpaient la viande de nos moutons southdown et de nos pauvres petites vaches bretonnes sur ton billard. A table, ils se versaient notre vin de Champagne comme de l'eau de Seltz dans notre vin de Château-Laffite. Le parc est plein de trous qu'ils ont faits pour chercher des trésors ; la glacière est éventrée, les murs crénelés de trois en trois mètres, les pavillons démolis, la faisanderie et les serres effondrées ; dans toute la propriété, j'ai compté trois carreaux intacts, par oubli. Pas un livre de ta bibliothèque, pas une gravure de ton cabinet qui n'ait subi les plus abominables outrages. Et ils ne sont restés que huit jours ! Et l'Europe lorgnait d'un œil très sympathique cette œuvre de civilisation ! J'espère qu'ils feront au moins une visite de politesse à tous ceux qui les ont approuvés ! »

Lorsque ma chère femme eut soulagé son cœur par ces imprécations un peu trop véhémentes, mais assurément légitimes, je lui proposai de dormir. Elle se garda bien d'y contredire ; je passai mon bras gauche sous sa jolie petite tête, je l'embrassai sur les deux yeux, et j'oubliai en moins de cinq minutes que j'étais un homme ruiné.

Mais au bout de quelques heures le souci fut plus fort que la fatigue ; je m'éveillai et je gagnai à pas de loup la chambre voisine, dont les fenêtres, sans volets ni tentures, donnaient sur les ruines de mon ancienne habitation. Les ruines elles-mêmes avaient péri, comme dit le poète romain ; les murs, rasés jusqu'au niveau du sol, faisaient l'effet d'un plan tracé au tire-ligne sur la planche de l'architecte. Barbe, qui avait toujours le sommeil léger d'une souris, me surprit au milieu de cette contemplation mélancolique. « Tu cherches ce qui n'est plus, me dit-elle ; viens donc voir plutôt ce qui est ! » Bon gré, mal gré, elle me promena en pantoufles dans l'appartement aux trois quarts démeublé, et elle me força d'admirer nos enfants, l'un après l'autre, dans leurs lits. « Vois comme ils dorment bien ! Sont-ils beaux et brillants de santé ! Et solides ! N'est-ce pas un plaisir de travailler pour eux, d'assurer l'avenir de ces amours-là? »

Oui, sans doute, c'était un plaisir; c'était même un devoir. Mais je ne me sentais plus capable de rien; la lassitude et le découragement m'avaient anéanti.

Recommencer une fortune, rebâtir une maison, refaire un mobilier, une bibliothèque, une cave et le reste, c'était trop pour un homme qui gardait soixante-treize jours de bombardement dans les oreilles et seize étapes dans les jarrets. Je n'avais plus d'autre ambition que celle du repos : vivre à Launay, dans la maison de mon grand-père, avec six mille francs de rente!

« Eh bien, s'écriait Barbe, que faisons-nous de la loi du progrès? Crois-tu qu'il serait fier de toi, ton grand-père, s'il voyait sa postérité tourner sur elle-même, au lieu d'aller de l'avant? Tu veux 6,000 francs de rente? J'en ai refusé 25,000 avant ton retour. Le parc de Larcy, tout perdu et déshonoré qu'il est, vaut 100,000 francs à vendre au détail comme terre de labour. Et Bonnard, tu sais bien, le gros Bonnard, ton ancien employé, mon ancien prétendant, est venu en personne m'offrir 400,000 francs des bâtiments de la fabrique. Il est très riche, ce garçon, quoiqu'il n'ait pas encore hérité de son oncle. Il a fait à l'armée des fournitures de souliers belges, américains ou suisses dont les semelles n'étaient peut-être pas en cuir. On parle d'un procès, il l'attend de pied ferme et dit : « Si les soldats n'ont pas marché, « c'est leur faute; mes affaires marchaient très bien ! » Je l'ai moins bien reçu, car la fabrique vaudra toujours son prix lorsque nous aurons dépensé quelques centaines de mille francs pour la réparer.

— Mais cet argent, où le prendrons-nous?

— Cela, je n'en sais rien. J'ai consulté M° Lavaur, ton notaire. Il prétend que le prêt sur hypothèque est passé à l'état de fiction, et que le Crédit foncier, ayant vu ses obligations tomber au-dessous du pair, s'est mis en grève. Qu'importe? Nous sommes connus et estimés partout, aimés dans le pays : ce serait grand miracle si nous ne trouvions pas à emprunter le nécessaire. D'ailleurs, on nous doit çà et là ; nous ferons bien quelques rentrées.

— Ah! comme j'abandonnerais tout, et de bon cœur, s'il ne tenait qu'à moi!

— Soit, mais as-tu le droit d'abandonner ces quatre innocents qui dorment en toute confiance et qui ne doutent plus de l'avenir, depuis que leur papa est revenu? Peux-tu laisser dans la misère cette population d'ouvriers, d'employés, d'artistes, qui compte obstinément sur toi? Ils se sont bien conduits, du haut en bas de l'échelle. M. Lambert a été blessé au combat de

Beaune-la-Rolande, et décoré. M. Bergeron a gagné la médaille militaire à Bapaume, sous les ordres du général Faidherbe. Ce pauvre Thomassin, coupé en deux par un obus au plateau d'Avron, laisse une femme et un enfant qui n'auront pas besoin de nous : la famille est à son aise ; mais nous avons sept ouvriers blessés, trois morts, dont les veuves et les enfants sont dignes d'intérêt, tu l'avoueras ! Et les autres ? Cinq ou six cents malheureux de tout âge, qui chôment à leur grand désespoir depuis l'invasion des Allemands, et qui ne trouvent ni le pain, ni le vin, ni la viande à crédit. Les fournisseurs leur disent d'un air narquois : « Adressez-vous à M. Dumont ! « La fabrique vous nourrira. Il faut manger à la cantine. » Ceux-là sont plus à plaindre que nous, car, enfin, avec le peu d'argent que j'ai rapporté des Martigues et les bijoux que tu m'as donnés autrefois, nous avons du pain sur la planche. Écoute, mon Pierrot : nous sommes nés, toi et moi, de pauvres gens qui gagnaient péniblement leur vie. Le bien nous est venu trop vite et comme par enchantement. Je n'ai jamais compris, entre autres choses, comment le père Simonnot, cet homme sec, t'avait donné pour rien la moitié de son usine. Mais la fortune n'a pas eu le temps de nous gâter à fond ; elle nous a un peu amollis, c'est tout. Eh bien ! voici l'occasion de nous retremper dans le travail, dans les privations, dans le souci des échéances, dans l'incertitude du lendemain. Si nous ne trouvons pas assez d'argent pour rétablir la fabrique en six mois, nous marcherons pas à pas, comme un jeune ménage parti de rien. On achète ou l'on répare une machine, on monte un atelier, puis deux ; on reconstruit un four. La femme reste à la maison pour diriger les opérations qu'elle connaît ; le mari fait quelques voyages, visite la clientèle, renoue les relations. Chacun de son côté s'ingénie à trouver des procédés économiques, à créer des produits nouveaux ; on risque de temps à autre un effort audacieux ; sans abandonner les assiettes à bas prix, on vise à l'œuvre d'art, au plat de mille écus. Pour travailler ainsi, on n'a pas besoin d'habiter un hôtel ; le plus modeste appartement, celui-ci, par exemple, est assez bon et assez beau. Un château et un parc, en été, ne sont pas choses indispensables ; on fait comme les trois quarts des bourgeois, on reste en ville, et, quand le temps est beau, on va promener les enfants au bois du Lézard ou sur les berges du canal. Faisons cela, veux-tu ? Nous ne nous en aimerons pas moins, au contraire. Il me manquait d'avoir partagé avec toi un bon plat de misère, et j'y mordrais bien volontiers de mes trente-deux dents, cher ami ! »

Le réveil des enfants interrompit cet entretien, et, jusqu'au déjeuner, on dépensa le temps en caresses. Mais le bruit de mon arrivée s'était déjà répandu dans la ville : je vis accourir nos parents, nos amis, nos ouvriers surtout; il en vint plus de cent, hommes, femmes, garçons et filles. Ces bonnes gens me regardaient comme un sauveur. Aucun d'eux ne mettait en doute la reprise immédiate ou très prochaine du travail. Abandonner la fabrique ou m'asseoir sur ses ruines comme Marius à Carthage eût été une banqueroute morale, ni plus ni moins. J'avais beau répéter à qui voulait l'entendre : « Mes amis, je n'ai pas le sou ! » Ils étaient tellement accoutumés à mes splendeurs que cette plaisanterie les faisait rire.

Je ne pris point d'engagement, mais le Français est esclave de sa réputation presque autant que de sa parole. C'est pourquoi je vendis mon pauvre Larcy, le jour même, à un marchand de biens. Barbe, de son côté, faisait passer ses diamants à un de nos correspondants de Londres, qui en tira deux mille livres sterling. Notre agent de Paris vint m'apporter en personne le peu qui restait dans sa caisse, une dizaine de mille francs. Cette somme, ajoutée au prix des diamants, fut à peu près tout notre capital jusqu'à la fin de la Commune. L'acquéreur de Larcy ne devait payer que par termes, en dix-huit mois. J'avais encore une ressource : c'était d'emprunter à Basset ; mais sa fortune, dont il ne disait mot, était placée en Amérique. D'ailleurs, il m'eût coûté de recourir à lui après ce qu'il avait fait pour nous et l'envoi des fameuses dragées. Il me sembla plus naturel et plus honorable de puiser dans la bourse de mon ancien patron. Il était riche, nul ne connaissait mieux que lui la valeur de son usine, et j'étais sûr qu'il ne me prêterait pas ses chers écus sans intérêt. Je partis donc pour Villevieille, et j'allai trouver le bonhomme chez son gendre, l'ingénieur en chef.

La maîtresse de la maison me reçut avec sa grâce sèche et sincère ; elle me montra son portrait, mon chef-d'œuvre, encadré richement et placé à la cymaise dans un grand salon blanc et or ; toutefois, elle m'avertit que je trouverais son père un peu changé : le contre-coup des derniers événements l'avait frappé au cerveau. Il était toujours excellent pour les siens, très doux avec les enfants, poli avec les étrangers ; mais il fallait lui pardonner quelques absences et lui épargner les émotions.

Elle m'introduisit elle-même chez le vieillard et prit soin de lui dire mon nom. M. Simonnot me serra la main avec force en s'écriant : « Bonjour, monsieur Basset ! »

Sa fille le reprit doucement :

« Papa, c'est M. Dumont.

— Oui, dit-il, reçu de Basset et porté au compte de Dumont (Pierre). Remercie-le bien, mon enfant, il a payé ta dot : 120,000 francs ! Monsieur Basset, vous êtes un digne homme. Vous m'avez délivré de Poulard, qui m'exploitait. Vous avez rebâti la fabrique à vos frais ; ma fortune est votre œuvre. Pourquoi donc avez-vous donné votre moitié à ce grand nigaud de Dumont?

— Papa! M. Dumont n'est pas un nigaud.

— Si, ma fille! Car il a cru que je lui offrais en pur don la moitié de l'affaire. Moi, jeter mon argent par la fenêtre! As-tu vu ça? Monsieur Basset, je suis un homme juste, mais pratique. Dès l'école primaire, mes petits camarades disaient : Simonnot tient aux noyaux. »

Je m'éloignai de ce pauvre homme à travers les politesses et les excuses de sa fille, fort affligé de l'avoir vu dans un tel état, mais satisfait de connaître enfin par son bavardage inconscient le secret de mon avancement trop rapide. Plus de doute! Je devais tout à l'ancien ouvrier de mon père, au fidèle et respectueux admirateur de la pauvre martyre, à celui dont j'avais repoussé l'adoption avec une sorte de fureur. Et ce digne Basset, dans son exquise délicatesse, avait eu soin de me faire gagner, du moins en apparence, ses épargnes qu'il me donnait.

En rentrant à la fabrique, je ne fus pas médiocrement étonné d'entendre un froufrou de machines qui annonçait la résurrection du travail. Ma femme était venue me chercher à la gare avec nos deux fillettes; elle jouit délicieusement de ma surprise. « C'est moi, dit-elle, qui t'ai joué ce mauvais tour. Les Allemands, en faisant sauter nos machines à vapeur, ont oublié la force hydraulique; ou du moins le mal qu'ils ont fait à nos turbines était facile à réparer. Viens voir où nous en sommes! »

Je ne me fis pas prier pour la suivre, et elle me montra un atelier de tournage où vingt personnes travaillaient avec un visible plaisir. Dix autres réparaient le moins endommagé de nos fours; un homme de confiance rangeait soigneusement les cuivres gravés dans leur grande armoire de chêne. Une petite fabrique était éclose dans les ruines de la grande.

« Vois-tu, mon pauvre chien, me dit la chère petite femme, créer est beau, mais refaire ce qu'on a fait est peut-être plus méritoire. Il faut savoir recommencer un livre comme un tableau, une fortune comme un livre, et l'on n'est homme qu'à ce prix.

— Alors, lui répondis-je en l'embrassant, c'est vous, madame, qui êtes l'homme, et demain je me commanderai des jupes chez mon tailleur. »

Notre usine se releva peu à peu, malgré le trouble profond que les abominables folies de la Commune avaient jeté jusque dans ma province. Il fallut vivre petitement, mais les privations partagées nous semblaient douces, et nous les dégustions comme des friandises. Tandis que Barbe allaitait notre troisième fille, France Dumont, qui naquit le 10 juin 1871, je refis connaissance avec tous nos clients dans un voyage beaucoup moins gai que les premiers, mais sensiblement plus rapide. L'oncle Joseph et mes deux cousins étaient revenus de leur captivité; le jeune Victor se montrait aussi diligent que capable. Nos artistes, nos employés, nos ouvriers se remirent à la besogne; ils obtinrent pour la première fois un succès de faïence artistique en 1873 à l'Exposition de Vienne. C'est l'année qui vit naître mes deux gentils petits jumeaux, Camille et Maurice, et mourir à soixante-treize ans mon ami et mon second père, le vieux républicain Basset. Il fut frappé d'apoplexie à Paris, dans la matinée du 25 mai, et rendit le dernier soupir en faisant le geste d'étrangler quelqu'un. Son testament nous laissa très riches, mais nous nous suffisions déjà, et nous nous serions bien passés de cette triste aubaine, ainsi que de nos titres volés dont on retrouva les trois quarts en 1875 à Bruxelles, chez un changeur innocent.

Mon camarade Auguste Poulard a suivi la carrière administrative; c'est dire qu'on l'a révoqué et replacé tour à tour, selon les temps. Grâce à un bon ministre qui le connaît et qui l'estime, il est préfet de troisième classe, mais indigent de première classe, car il n'aura jamais fini de payer les dommages-intérêts qu'il doit à la famille de Martin-Sec. Le tribunal de Courcy, tout en reconnaissant que la séquestration arbitraire de l'affreux policier pouvait avoir eu pour principe un sentiment d'humanité, a déclaré Poulard coupable de n'avoir point protégé le prisonnier contre lui-même. Et c'est un crime qui vaut cher.

Si j'étais député, je sais bien quelle loi je proposerais sur la magistrature française; mais je ne suis ni député, ni conseiller général, ni même conseiller municipal. Je vote de mon mieux, et je ne ménage pas mon influence à la veille des scrutins, ayant compris par la réflexion qu'on ne se désintéresse pas des affaires publiques sans manquer au premier devoir du citoyen, mais je n'accepterai aucun mandat et je mourrai, comme mon père, sans avoir rien été. Mes amis politiques me disent : « Vous changerez d'avis quand vous serez retiré des affaires. » Je leur réponds : « Jamais je ne me retirerai des affaires. »

Pourquoi donc en sortir? La fabrique marche toute seule; nous produisons avec une égale facilité et un invariable succès les assiettes de deux sous et les plats de cinq mille francs. Si quelque chose ou quelqu'un se dérange dans la maison, je redresse tout d'un coup d'œil. J'ai rebâti depuis longtemps ma maison de Courcy, qu'on vient voir par curiosité, car elle est toute en céramique, comme la tour défunte de Nankin; mais je passe l'été dans notre terre de Taillemont, où je fais un peu de culture. Nous l'avons eue à bon marché après la déconfiture du chambellan, et nous nous y sommes tellement acoquinés que nous ne la céderions à aucun prix.

Je ne suis plus un jeune homme, il s'en faut; mes cheveux ont blanchi et ma barbe grisonne; mais ma femme et mes enfants me trouvent bien ainsi, et c'est le principal. Les chers petits ne m'ont encore donné que de la joie et de l'orgueil; peut-être un jour écrirai-je à l'usage des autres pères de famille l'éducation de ce petit monde et les tracas qu'entraîne le choix d'une carrière pour les garçons, le choix d'un mari pour les filles.

Ma chère femme n'a pas changé depuis le jour de notre mariage. Elle est toujours aussi jolie et aussi jeune, au moins à mes yeux. Je ne sais pas s'il en existe au monde une plus belle, car l'idée de la comparer à une autre ne m'est jamais entrée dans l'esprit. Ce que je puis vous assurer, c'est que je l'aime aujourd'hui un peu plus qu'hier et un peu moins que demain.

Mais voici Barbe qui m'arrache la plume en me disant : « Assez! grand bête; tu leur racontes des affaires qui ne regardent que nous deux. »

# TABLE DES MATIÈRES

| | | |
|---|---|---:|
| **CHAPITRE** | Ier. — Les Dumont | 1 |
| — | II. — Mes semblables | 13 |
| — | III. — Nos rêves | 25 |
| — | IV. — Le réveil | 35 |
| — | V. — Le collège | 51 |
| — | VI. — Le nouveau principal | 63 |
| — | VII. — Chacun pour tous | 79 |
| — | VIII. — Les devoirs imprévus | 97 |
| — | IX. — La fabrique | 113 |
| — | X. — La cuisine et l'école | 135 |
| — | XI. — Une révolution | 163 |
| — | XII. — Tristia | 203 |
| — | XIII. — La vie à deux | 237 |
| — | XIV. — La famille | 261 |
| — | XV. — Le siège de Belfort | 283 |
| — | XVI. — Relevons-nous! | 307 |

**LIBRAIRIE HACHETTE ET C<sup>ie</sup>, 79, Boulevard Saint-Germain, Paris**

COLLECTION A L'USAGE DE LA JEUNESSE

1<sup>re</sup> Série, format in-8 jésus

CHAQUE VOLUME : BROCHÉ, **7 FR.**, RELIÉ EN PERCALINE A BISEAUX TR. DORÉES, **10 FR.**

---

ABOUT (Ed.) : **Le Roman d'un brave homme.** 1 vol. illustré de 52 compositions par ADRIEN MARIE.
— **L'Homme à l'oreille cassée.** 1 vol. illustré de 64 compositions par EUG. COURBOIN.

BEAUREGARD (G. DE) et H. DE GORSSE : **Le Roi du timbre-poste.** 1 vol. illustré de 80 gravures d'après VUILLEMIN.
— **Les plumes du Paon.** 1 vol. illustré de 65 gravures d'après ALFRED PARIS.

CAHUN (L.) : **Les Aventures du Capitaine Magon.** 1 vol. illustré de 72 grav. d'après PHILIPPOTEAUX.

DILLAYE (FR.) : **Les Jeux de la Jeunesse.** 1 vol. illustré de 205 gravures.

DU CAMP (MAXIME) : **La Vertu en France.** 1 vol. illustré de 57 gravures d'après DUEZ, MYRBACH, TOFANI et E. ZIER.

FLEURIOT (M<sup>lle</sup> ZÉNAÏDE) : **Cœur muet.** 1 vol. illustré de 57 gravures d'après ADRIEN MARIE.
— **Papillonne.** 1 volume illustré de 50 gravures d'après E. ZIER.

LA VILLE DE MIRMONT (H. DE) : **Contes Mythologiques.** 1 volume illustré de 50 gravures.

LEMAISTRE (A.) : **L'Institut de France.** 1 vol. illustré de 85 gravures d'après les dessins de l'auteur.

MAËL (P.) : **Terre de Fauves.** 1 vol. illustré de 52 gravures d'après A. PARIS.
— **Robinson et Robinsonne.** 1 vol. illustré de 52 gravures d'après A. PARIS.
— **Fleur de France.** Ouvrage illustré de 50 vignettes dessinées par TOFANI.
— **Au pays du mystère.** 1 vol. illustré de 50 gravures d'après A. PARIS.
— **Seulette.** 1 vol. illustré de 60 gravures d'après E. ZIER.

MOUTON (EUG.) : **Voyages et Aventures du Capitaine Marius Cougourdan.** 1 vol. illustré de 66 gravures d'après E. ZIER.
— **Aventures et mésaventures de Joël Kerbabu.** 1 vol. illustré de 64 gravures d'après ALFRED PARIS.

ROUSSELET (LOUIS) : **Nos grandes Écoles militaires et civiles.** 1 vol. illustré de 169 gravures d'après A. LEMAISTRE, FR. RÉGAMEY et P. RENOUARD.
— **Nos grandes Écoles d'application.** 1 vol. illustré de 155 gravures d'après BUSSON, CALMETTES, LEMAISTRE, RENOUARD.

TOUDOUZE (G.) : **La vengeance des Peaux-de-Bique.** 1 vol. illustré de 52 grav. d'après J. LE BLANT.
— **Le démon des Sables (1798).** 1 vol. illustré de 52 gravures d'après ALFRED PARIS.

WITT (M<sup>me</sup> DE), née GUIZOT : **Les Femmes dans l'histoire.** 1 vol. illust. de 80 grav.
— **La Charité en France à travers les siècles.** 1 vol. illustré de 81 grav.
— **Père et fils.** 1 vol. illustré de 80 gravures d'après VOGEL.

---

5364-99. — CORBEIL, Imprimerie ÉD. CRÉTÉ. — 4-99.

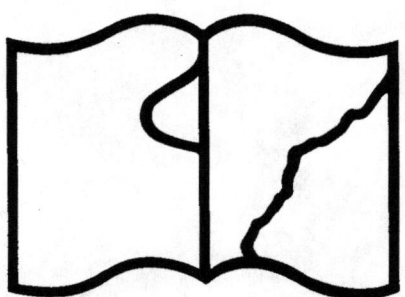

Texte détérioré — reliure défectueuse
**NF Z 43**-120-11